Das große 4 in 1 Buch

Hochsensibilität und Empathie Komplettset

Empathie ohne Stress | Berufung finden | Sensible Menschen in Beziehungen | Hochsensibilität neu entdecken

Katrin Winter

Inhalte

Vorwort..1

Empathie ohne Stress..5

Deine Berufung als Empath.. 139

Sensible Menschen in Beziehungen............................. 265

Hochsensibilität neu entdecken.................................... 389

Vorwort

"Bist du aber sensibel!". "Kannst du nicht mal cool bleiben?", "Entspann dich doch einfach mal!" - hörst du solche Sätze öfter? Ertappst du dich immer wieder einmal mit dem Gedanken, dass dein Umfeld mit diesen Aussagen recht haben könnte? Oder fragst du dich vielleicht, warum dich alles so mitnimmt, während deine Mitmenschen absolut locker sind? Möglicherweise sind Freunde, Kollegen oder auch der Partner sehr robust gestrickt. Es kann aber auch sein, dass du hochsensibel bist.

Vielleicht hast du dich für dieses Buch interessiert, weil du im Internet einen Selbsttest gemacht hast und über das Ergebnis "hochsensibel" erstaunt warst. Oder du weißt schon länger, dass du sehr empathisch bist. Möglicherweise möchtest du auch endlich verstehen, warum du dich immer für andere aufopferst, die Ungerechtigkeiten und Missstände in der Welt nicht nur siehst, sondern auch ganz intensiv fühlst. Vielleicht haben dir deine Mitmenschen auch geraten, therapeutische Hilfe in Anspruch zu nehmen, da du dich immer anstellst und dir geraten, etwas "robuster" zu werden.

Gleich, welcher Impuls dafür ausschlaggebend war, dass du diesen Sammelband in die Hand genommen hast - du hast dir instinktiv das ausgesucht, was du als Empath jetzt brauchst. Denn du musst dir deine sensiblen Wahrnehmungskanäle nicht mühsam abtrainieren, mit dir selbst hadern und dir "Ellenbogen" zulegen. Auf der anderen Seite hast du es auch nicht nötig, ein Magnet für Narzissten und Energievampire aller Art zu sein. Mit diesem Buch begibst du dich auf einen Weg, der genau in diesem Moment begonnen hat. Du bist nicht falsch, sondern deine Empathie ist eine ganz große Gabe. Mit der gilt es, umgehen zu lernen, damit du endlich dein Potenzial voll nutzen kannst.

Du hast als hochsensibler Mensch bereits das große Glück, dass dein Bauchgefühl dir automatisch sagt, woran du bist. Gleichzeitig springst du in kritische Situationen oft mit beiden Füßen hinein. Du wirst gebraucht, willst retten und ehe du dich versiehst, bist du in einer Achterbahn der Gefühle gefangen. Zunächst einmal bist du eingeladen, herauszufinden, welche Art von Empath du eigentlich bist. Denn der Kurs richtet sich ganz danach, ob du eher sozial, kognitiv oder emotional veranlagt bist. Die Kunst besteht darin, den Kontakt zu deiner Intuition nicht zu verlieren und gleichzeitig gesunde Grenzen zu setzen. Das kann bedeuten, dass du auf dieser Reise auch einmal mit unangenehmen Dingen konfrontiert wirst und intensiv wirst in den Spiegel schauen müssen.

Doch genau dort liegt die Chance für dein Wachstum. Du kannst natürlich weiter in der Gefühlsachterbahn sitzen bleiben und versuchen, dich irgendwie den Irrungen und Wirrungen des Lebens anzupassen. Aber wäre es nicht angenehmer, eine grundlegende Stabilität deiner Gefühlswelt zu erreichen und die Dinge aus wohltuender, kritischer Distanz zu beobachten? Das erlaubt dir, die Achterbahn dann zu verlassen, wenn du es für richtig hältst. Oder unter Umständen gar nicht erst einzusteigen. Du gehst die Dinge einfach in deinem Tempo an und lässt dich nicht mehr aus der Fassung bringen.

Die Strategien, die du in diesem Sammelband erhältst, umfassen alle Bereiche deines Lebens. Gerade Beziehungen können zu einem echten Schlachtfeld für Empathen werden. Du wirst hier eine neue, vielleicht sehr ungewohnte Sicht auf die empathische Liebe erfahren. Denn zum ersten Mal geht es nicht um den anderen, sondern nur um dich. Mit vielen Übungen und Fallbeispielen wird es dir endlich gelingen, den Wunschpartner in dein Leben zu ziehen und eine Beziehung zu führen, in der du geborgen und angekommen bist.

Auch für die große Baustelle Beruf findest du hier einen Wegweiser. Du findest heraus, ob du wirklich am richtigen Platz bist. Falls ja, kannst du nach der Arbeit mit diesem Buch und natürlich auch schon währenddessen deinen Fokus so justieren, dass Überforderung der Vergangenheit angehört. Damit klappt es dann auch endlich auf der Karriereleiter so wie du willst? Hast du hingegen das Gefühl am falschen Platz zu sein, wirst du nun die Kurskorrektur angehen können. Nebenbei wirst du bemerken, dass auch alles andere in deinem Leben sich neu und zu deinem Vorteil sortiert.

Wie du mit diesem Buch arbeitest, bleibt dir überlassen. Vielleicht pickst du dir ein ganz bestimmtes Themenfeld heraus und bearbeitest das zuerst. Oder du arbeitest dich von vorne nach hinten durch. Natürlich mit Pausen, denn manchmal sollte man neue Dinge erst einmal sacken lassen. Oder beginne intuitiv mit einem Abschnitt. Gerade Empathen finden immer das Kapitel, das sie gerade brauchen.

Und jetzt viel Spaß damit, deine Lebensqualität nachhaltig zu steigern!

Katrin Winter

Empathie ohne Stress

Wie du Menschen mit deinem Mitgefühl hilfst und dich vor negativen Emotionen schützt | Ein praktischer Wegweiser für sensible Persönlichkeiten

Katrin Winter

Inhaltsverzeichnis

Einleitung 9

Was ist Empathie? 15

Emotionale, kognitive und soziale Empathie 17

Abgrenzung zu den Bereichen Hypersensitivität und Hochsensibilität 19

Empathie im Alltag 23

Ich liebe meine Empathie – wenn ich allein bin 25

Das verschlossene Herz - Warum es manchmal leichter ist, nichts zu fühlen 27

Empathie, deine Gabe 28

Gelebtes Mitgefühl im Alltag 29

Empathie und die Gefühlswelt 33

Meine und deine Welt - worauf soll ich mich nun konzentrieren? 35

Was bin ich, was bist du? 40

Das offene Herz 43

Gutmütigkeit versus Sanftmut 47

Dein Einfühlungsvermögen als positiver Beitrag mit Vorbildcharakter 50

Anders zu dir stehen, anders wahrgenommen werden 51

Der gesunde Zusammenhang zwischen Selbstbewusstsein und Empathie 53

Gesunde Grenzen setzen 57

Innere Blockaden bezüglich deiner Grenzen 63

Ein Nein ist kein hartes Herz 66

Empathie in Beziehung **69**

Gesunde Beziehungen leben 73

Ein offenes Herz beibehalten 74

Das größere Bild der Beziehung 76

Empathie und Berufung **81**

Vor- und Nachteile deiner Sensibilität 83

Empathie als Leuchtturm – finde deine Berufung durch Mitgefühl 87

So findest du deine Berufung 88

Kommunikation **101**

Praktische Übungen und Tipps **105**

Spiritualität/Sinnsuche 108

Gemeinschaft 114

Beziehung zu dir selbst 125

Träume 127

Nachwort **133**

Quellen und weiterführende Literatur **135**

Einleitung

Liebe Leserin, lieber Leser,

willkommen in einem Raum, in dem du sein darfst. Diese Lesezeit schenkst du dir, um dich tiefer mit deinem Herzensthema auseinanderzusetzen. Sie gibt dir wertvollen Input und aufschlussreiche Informationen, sowohl auf der sachlichen als auch auf der seelischen Ebene.

Empathie ist die Gabe der Beherzten. Es lohnt sich, Zusammenhänge aus einer nüchternen Perspektive auf der Logikebene zu betrachten, um deine individuellen Muster und Persönlichkeitsmerkmale tiefer begreifen und lenken zu können. Damit einhergehend möchte die Gefühlsebene dich darin unterstützen, das Gelernte in deinen Alltag zu integrieren und umzusetzen.

Als Empath wirst du mit großer Wahrscheinlichkeit deine Entscheidungen intuitiv aus dem Bauch treffen und dein Leben danach ausrichten. Diese Herangehensweise kann klug und besonnen angewendet werden, je tiefer du deine eigenen Verhaltensweisen greifen und verstehen kannst. So gehen Logik und Gefühl, Kopf und Bauch Hand in Hand und lassen die Gabe der Empathie in deinem Leben mit neuer Kraft erblühen. Du lernst, fundierte Anregungen und Impulse für dich zu nutzen, um Muster, unter denen du bislang leidest, umzuwandeln. Dein Einfühlungsvermögen möchte dir in all deinen Lebensbereichen dienen und Räume schaffen, in denen eine heilsame Atmosphäre gedeihen kann.

Deine Erfahrungen im Zusammenhang mit Einfühlungsvermögen und Mitgefühl anderen gegenüber könnten bisher gegenteilige Ergebnisse erbracht haben:

Empathische Menschen fühlen sich sowohl im Beruf als auch auf dem Beziehungsfeld oftmals auf mehreren Ebenen verkannt. Aus gut gemeinter Motivation heraus übergehen sie, meist lange unbeachtet, ihre eigenen seelischen, materiellen und körperlichen Grenzen, um ihrem Umfeld Gutes zu tun. Sie möchten Verständnis ausdrücken, freundlich, zugänglich und hilfsbereit sein. Ihr Werteverständnis vom liebevollen Miteinander, Achtsamkeit und sanftem Umgang in einer emotional sicheren Umgebung dient ihnen als Grundlage für ihr Handeln und sie verstehen nicht, wie dies immer wieder zu entgegengesetzten Ergebnissen führen kann.

Sie müssen feststellen, dass sie sich ausgelaugt, ungesehen und ausgenutzt fühlen. Sie kämpfen mitunter mit Erschöpfung, Einsamkeit und Beziehungen mit einseitigem Input.

Aus einer getätigten Überstunde aus gutem Willen wird schnell ein für alle gewohnter Ablauf; die Akten landen wie automatisch nach Feierabend auf dem Schreibtisch des Empathen, denn er ist stetig zur Stelle. Ein Nein ist aus seinem Mund selten zu vernehmen.

Empathen schenken vieles extra: Extra Zuhör-Zeit, extra Kuchen backen, extra Arbeit, extra nachgeben, extra schweigen. Sie stecken einmal mehr einen unfreundlichen Spruch ein, werden einmal mehr verlassen und suchen doppelt und dreifach die Schuld bei sich. Viele geben sich mit fadenscheinigen Entschuldigungen zufrieden und erklären sich selbst das Verhalten ihres Gegenübers: „Er meint es nicht so. Sie hat eine harte Zeit, es ist sicher nur eine Phase. Ich wünschte mir an seiner Stelle auch, dass jemand für mich da ist und ich sein kann, wie ich grade bin."

Fühlst du dich mit diesen Fragen vertraut:

„Warum ich?"

„Warum bedient sich jeder wie selbstverständlich an meinen Ressourcen?"

„Warum beschleicht mich das Gefühl, dass etwas in Schieflage geraten ist – und fühle ich mich bei diesem Gedanken schuldig, weil es mir im Kern tugendhaft und erstrebenswert erscheint, für die Menschen, die ich liebe, jederzeit mein Bestes zu geben?"

Obwohl du oft müde und erschöpft bist, beschäftigst du dich in Gedanken mehr mit dem Wohlbefinden deiner Mitmenschen, als zu erspüren, was du gerade brauchst. Vielleicht hast du in Momenten der Überforderung auch schon plötzliche Wut verspürt, hättest am liebsten laut geschrien und deinem Frust Luft gemacht. Doch dann treten die guten alten Erklärungen zu Tage, mit denen du das Verhalten deines Gegenübers entschuldigst. Du hast die Wut verdrängt, die du ihm nicht zusätzlich zumuten wolltest. Deine Bedürfnisse nach dem Ausleben deines Mitgefühls und dem, was du brauchst, um ebenfalls genährt zu sein, führen immer wieder dazu, dass du dich mit dir selbst nicht im Reinen fühlst.

Empathen drehen sich ihrer Gabe gemäß um die Frage: Wie kann ich dazu beitragen, meinem Umfeld das Leben möglichst angenehm und schön zu gestalten und vor allem nicht mehr Anstrengung verursachen, als es bereits mit sich bringt? Wie kann ich durch mein Verständnis, Zurückstecken, Zuhören und Raum geben dir das Gefühl schenken, geliebt zu sein, angenommen, sein zu dürfen, wie du bist?

Hinter der Ausrichtung auf das Wohl anderer Menschen liegen oft tiefe Zweifel und Wunden vergraben. Vielleicht bewegt dich hintergründig die Frage nach deinem Selbstwert: „Würden andere dasselbe für mich tun?" Du umschiffst sie mit geschäftigem Treiben, doch lässt du sie zu, quält dich die mögliche Antwort. Werde ich gesehen? Werde ich wahrgenommen, interessiert sich jemand aufmerksam und ernsthaft für mein Befinden? Wann konnte ich zum letzten Mal mit jemandem, den ich liebe, darüber sprechen, wie es mir geht? Wen habe ich in der vergangenen Zeit ohne schlechtes Gewissen um Hilfe gebeten? Fühle ich mich nicht öfter einsam, als mir lieb ist, wenn ich abends von der Arbeit nach Hause komme? Ist mir nicht, um ehrlich zu sein, mein Job, mein Alltagsgeschehen viel mehr zuwider, als ich zugeben mag?

Die Wahrheit darüber, wie du dich heimlich fühlst, mag dich vielleicht sogar dazu bewegt haben, zu diesem Buch zu greifen. Du möchtest weiterhin ein empathischer Mensch sein und bleiben – es ist eine wunderschöne, erfüllende und gemeinschaftsfördernde Eigenschaft. Doch der Frust über die Schieflage möchte nicht länger ignoriert werden. Du möchtest lernen, deine Bedürfnisse für wertvoll zu erachten und ernst zu nehmen, ihnen zu begegnen und deine Empathiefähigkeit gesund und kraftvoll leben.

Vielleicht ahnst du bereits, dieses Wirrwarr gilt es zu entknoten. Sei ermutigt – die Erklärungen und Lösungen für dein Dilemma existieren. Dieses Buch gibt dir Werkzeuge an die Hand, um dein weiches Herz zu schützen, gesund und tief aufgehen zu lassen für die Herzen und Belange anderer Menschen, darin deinen Werten treu zu sein und dennoch neu an Kraft, Zuversicht, Horizont, Freude und einer Menge persönlichem Ausdruck zu gewinnen. Wäre es nicht wundervoll, beides miteinander zu kombinieren?

Wenn du dir wünschst,

- gleichzeitig kraftvoll und sanftmütig deinen Weg zu gehen und zu deiner Sensibilität zu stehen
- leidvolle Erfahrungen im Zuge deiner sensiblen, empathischen Haltung zu minimieren
- von deinem Umfeld als Mensch mit Charakter und individuellem Ausdruck wahrgenommen zu werden
- dass deine Freunde und Freundinnen von sich aus ein offenes Ohr schenken, damit auch du dein Herz ausschütten kannst und Empathie erfährst
- ohne schlechtes Gewissen klarere Grenzen ziehen zu können, die deinen Horizont erweitern, dich atmen lassen und die richtigen Menschen in dein Leben ziehen
- Mut zu finden, Situationen zu ändern oder zu verlassen, die dir nicht guttun
- Empathiefähigkeit zu erforschen und Teil einer Gesprächs-

und Umgangskultur zu werden, die Mitgefühl und Miteinander wieder mehr in den Fokus rückt

- deine Berufung und deine Träume wieder mehr in den Fokus zu rücken und zu erfahren, was Empathie damit zu tun hat

bietet dir dieses Buch hervorragenden Inhalt mit viel Hintergrundwissen, Inspiration und praktischen Übungen.

Du lernst, was Empathie wirklich bedeutet, warum du dich manchmal so fehl am Platz und „anders" fühlst, wie deine Umwelt dich stark beeinflusst und dein Mitgefühl sich entweder förderlich oder destruktiv auf deine seelische Gesundheit und deine Beziehungen auswirkt.

Zudem erfährst du, wie bewusster Umgang mit Empathie deine Beziehungen verwandeln, deinen Stand am Arbeitsplatz verändern und deinem Selbstwertgefühl nachhaltig auf die Sprünge helfen kann.

Alten Strukturen werden durch frische, neue Gedanken und Gewohnheiten ersetzt und somit ein Leben auf Basis deiner Werte, nach deinen Bedürfnissen, Freuden und Wünschen möglich. Viele Tipps und Schreibübungen begleiten dich dabei.

Erlebe mit diesem Buch eine entspannte Reise in dein empathisches Seelenleben, viele aufgehende Lichter und neuen Mut, zu dir zu stehen. Werde deiner empathischen Begabung im vollen Umfang gerecht – auch und gerade für dich und dein seelisches, körperliches und geistiges Wohlbefinden.

Viel Spaß!

Was ist Empathie?

Empathie bezeichnet die Fähigkeit, sich in die Lebens- und Gefühlswelt eines anderen Menschen/Lebewesens intensiv hineinversetzen und seine Emotionen, Motive, Einstellungen und darauf aufbauende Verhaltensweisen nachempfinden und verstehen zu können. Ein empathischer Mensch ist fähig, unabhängig von seinen eigenen Emotionen in die Welt des anderen hineinzuschlüpfen. Er erlebt, was der andere erlebt, als stecke er in dessen Haut.

Carl R. Rogers, ein US-amerikanischer Psychologe und Psychotherapeut, drückte es treffend so aus: *„Empathisch zu sein, bedeutet, die Welt durch die Augen der anderen zu sehen und nicht unsere Welt in ihren Augen."*

Mitfühlende Menschen finden sich häufig darin wieder, in Momenten des gelebten Einfühlungsvermögens emotional mehr beim anderen zu sein, als bei sich selbst. Sie reagieren unmittelbar und instinktiv auf das Verhalten des Gegenübers, indem sie sich deeskalierend positionieren und dem anderen als Spiegel zur Verfügung stehen. Dabei nehmen sie ihre eigenen Empfindungen zurück.

Ist dein Gegenüber beispielsweise wütend auf dich und du kannst diese Wut nachempfinden, könnte deine erste Reaktion sein, zu adaptieren, indem du dich verkrampfst, versuchst, die Person zu beschwichtigen oder anderweitig die starke Emotion des anderen auszugleichen.

Empathen sehen sich der Herausforderung gegenüber, gleichzeitig zu fühlen, was der andere fühlt, darauf einzugehen und dennoch bei sich zu bleiben. Da die seelische Verfassung der Mitmenschen gleichsam der eigenen erlebbar ist, benötigt der gesunde Umgang mit dieser Gabe ein hohes Maß an Aufmerksamkeit.

Empathen neigen dazu, die emotionale Welt des Gegenübers mitgestalten zu wollen, ihm zu helfen, seine Gefühle zu navigieren, in seichtere innere Gewässer zu finden und tröstend, helfend, unterstützend zur Seite zu stehen. Weil sie unliebsame Gefühle wie Schmerz, Scham, Trauer etc. sehr stark mitempfinden, ist Empathie oft auch an Mitleid gekoppelt. Aufgrund dessen neigen Empathen dazu zu versuchen, die Seelen- und Lebensumstände von geliebten Menschen verbessern zu wollen. Es fällt ihnen mitunter schwer, nicht die Verantwortung für das Erleben des Gegenübers zu übernehmen.

Doch Empathiefähigkeit bedeutet bei weitem nicht nur eine Herausforderung: Sie ist ebenso ein wunderbares Werkzeug zur Gestaltung gelungener Beziehungen und zwischenmenschlichen Miteinanders. Empathischen Menschen kann es sehr viel leichter fallen, die Wurzeln von Konflikten zu erkennen, einzuordnen und Lösungen zu finden. Sie können sich tief liegende Muster bewusst machen und durch Mitgefühl und Verständnis anderen gegenüber einen offenen Raum schaffen, in dem alles sein darf. Als empathischer Mensch kannst du vermitteln: Du bist nicht allein. Ich fühle mit dir. Ich weine und lache authentisch mit dir und kann deiner Wahrnehmung folgen.

Hat ein empathischer Mensch gelernt, mit seiner Gabe verantwortungsvoll umzugehen, indem er in sich ruht und seine Bedürfnisse und Grenzen beachtet, ist er eine große Stütze in Partnerschaften, ein wertvoller Kontakt, zuverlässiger Freund und Vorbild für gelebte Mitmenschlichkeit.

Emotionale, kognitive und soziale Empathie

Unterschieden wird im Allgemeinen zwischen drei Arten von Empathie: emotionale, kognitive und soziale Empathie.

Mit **emotionaler Empathie** ist es dir ein Leichtes, aufwallende Emotionen und Gefühle deines Gegenübers beinahe in Echtzeit wahrzunehmen, nachzuempfinden und mitzuerleben, als seien es deine eigenen. Sind dir Situationen vertraut, in denen du bei Betreten eines Raumes sofort in der Luft liegende Atmosphären, Gefühle und Emotionen wahrnehmen kannst? Fühlst du dich mitunter schlagartig anders als zu dem Zeitpunkt, bevor du in die Nähe der im Raum anwesenden Menschen getreten bist? Nimmst du die plötzlich wechselnde Stimmung deines Partners wahr, ohne dass seine Bewegungen, Mimik und Tonalität dir Aufschluss über den emotionalen Zustand geben? Kannst du den Schmerz deiner Freundin mitspüren, wenn sie von einer Trennung berichtet, als sei es dein eigenes Erleben?

Dann bist du wahrscheinlich ein emotional empathischer Mensch.

Emotionale Empathie ist essenziell für das Gelingen naher, intimer Beziehungen. Sie macht es dir möglich, auf die Bedürfnisse des anderen einzugehen und ihnen nach deinen Möglichkeiten zu begegnen. Im Zusammenleben und der Kommunikation macht sie es leichter, einen gemeinsamen Raum zu gestalten, in dem beide Charaktere Ausdruck finden und sein dürfen. Emotionale Empathie hilft außerdem, die Wechselwirkungen im gegenseitigen Verhalten zu verstehen, zu beeinflussen und positiv zu lenken.

Dieses Buch befasst sich vorrangig mit emotionaler Empathie als Grundlage für einen gesunden Austausch mit sich selbst und anderen. Doch auch kognitive und soziale Empathie ist von nicht unerheblicher Bedeutung und meist sind emotional empathische Menschen auch auf diesen Gebieten sensitiv und begabt.

Die **kognitive Empathie** bezeichnet die Fähigkeit, Verhaltensweisen, Einstellungen, Gefühlswelten, Motive und Entscheidungen eines anderen mit deinem Verstand und deiner Vernunft nachvollziehen zu können. Du kannst dir herleiten, wie und auf welchem Wege die Person zu ihren Schlussfolgerungen gekommen ist und verstehst den zugrunde liegenden Prozess. Du reagierst jedoch selbst nicht emotional darauf, es löst nicht die Gefühle in dir aus, die dein Gegenüber vorweist.

Kognitive Empathie erlaubt es dir, einen Menschen in seinen Verhaltensweisen kennen zu lernen, einzuschätzen und ihm eine gewisse Schublade zuzuweisen, der gegenüber du dich wie gewünscht positionieren kannst. Im Gegensatz zur emotionalen Empathie bist du in deinen Urteilsmöglichkeiten insoweit eingeschränkt, als dass du das tiefe Seelenleben des Menschen nur aus dem herleiten und erahnen kannst, wie er sich nach außen verhält. Du kannst jedoch damit schon ahnen, ob dies ein Mensch sein könnte, mit dem du dich gut verstehen und gerne Zeit verbringen möchtest. Du kannst beurteilen, welche Herausforderungen im Umgang mit diesem Menschen auftreten und welchen er sich selbst gegenübersieht.

Kognitive Empathie eignet sich gut für therapeutische Berufe oder Leitungspositionen. Gestik, Mimik, Ausdrucksweise und soziales Verhalten deiner Klienten und Mitarbeiter geben dir genügend Aufschluss darüber, was in ihnen vorgeht, ohne, dass du emotional davon betroffen sein musst. Du kannst andere Menschen in ihren Prozessen unterstützen und ihnen durch dein kognitives Empathievermögen Hilfestellung bieten, Rat geben und größere Zusammenhänge wie beispielsweise Familien- oder Firmenstrukturen erkennen, einordnen und darauf basierend kluge Entscheidungen treffen.

Soziale Empathie befähigt dich dazu, Verständnis für das größere Ganze zu entwickeln. Kulturelle, geschichtliche und ethnologische Hintergründe formen und beeinflussen ganze soziale Gefüge und Systeme. Mit sozialer Empathie kannst du das Geschehen herleiten und verstehen. Sie macht es dir möglich, die Lebenswelt von Menschen unterschiedlicher sozialer und kultureller Herkunft und Umwelt greifen zu können und angemessen darauf zu reagieren, selbst, wenn du in vollkommen anderen Umständen aufgewachsen bist und lebst. Auch religiöse Hintergründe und bisher unbekannte Weltsichten und Perspektiven kannst du dir durch soziale Empathie zugänglich machen. Du wirst dich zum Beispiel nie vollends in das Erleben und die alltäglichen Herausforderungen eines Menschen mit schwarzer Haut hineinversetzen können, wenn du weiß bist, doch du wirst dir authentisch vorstellen können, auf welche Art und Weise Rassismus im kleinen und großen Bild sowohl Individuen als auch geschichtliche Strukturen und soziale Gefüge beeinflussen. Du entwickelst ein authentisches Mitgefühl und unter Umständen bildet sich daraus auch der Wunsch, für das Gemeinwohl tätig zu werden.

Abgrenzung zu den Bereichen Hypersensitivität und Hochsensibilität

Von dem Begriff der Empathie abzugrenzen sind Bereiche wie **Hypersensitivität oder Hochsensibilität**.

Über einen hochsensiblen Menschen prasseln äußere Reize besonders im zwischenmenschlichen Bereich mehr oder weniger ungehindert und ungefiltert herein. Er reagiert auf seine Umwelt oft überfordert und überreizt, da er Gefühle und Verhalten anderer Menschen, Umwelteinflüsse und andere Reize überdeutlich und stark wahrnimmt.

Hochsensibilität wird in unserer Gesellschaft bis heute kritisch beäugt. Betroffene erleben sich mit Vorurteilen konfrontiert: Es wird ihnen Überempfindlichkeit unterstellt, mimosenhaftes Gebaren oder der Wunsch nach Aufmerksamkeit durch „Sonderbehandlung“. Menschen in ihrem Umfeld fällt es oft schwer, ihrerseits empathisch den speziellen Bedürfnissen von hochsensiblen Menschen zu begegnen.

Der Unterschied von Hochsensibilität zur Empathie zeigt sich darin, dass hochsensible Menschen vorrangig ihre eigenen Gefühle und Eindrücke verstärkt wahrnehmen. Hochsensibilität bezieht sich auf ihr persönliches Erleben, während Empathie sich in das Umfeld hineinversetzt und die Gefühle anderer mit spürt.

Eine Hypersensitivität bezieht sich vorrangig auf Reize, die über die fünf Sinne übertragen werden und den hypersensitiven Menschen in ähnliche Überforderungsmomente versetzen. Er wird damit konfrontiert, sich gegenüber diesen Reizen anders positionieren zu müssen als Menschen ohne diese Sensibilität, um sich ihnen nicht ausgeliefert zu fühlen und darunter zu leiden. Sein Körper und die Rezeptoren im Gehirn können die Reize nicht filtern und auf eine Weise verarbeiten, die es möglich macht, angemessen darauf zu reagieren. Extreme körperliche und emotionale Stresssymptome bis hin zu körperlichen Schmerzen können eine Folge dieser dauerhaften Überforderung darstellen.

Hypersensitive oder hochsensible Menschen meiden oft große Menschenansammlungen, benötigen mehr Ruhe und Freiräume, sind im Job weniger belastbar und reagieren unflexibler auf spontanen Druck. Wenn sie nicht auf sich achten, leiden sie unter Symptomen wie Magen- oder Kopfschmerzen, sind häufiger verstimmt und emotional unausgeglichen.

Zusammenfassung

Hochsensibilität und Hypersensitivität sind Eigenschaften, die sich auf den sensiblen Menschen und seine Gefühlswelt und Wahrnehmung gegenüber seiner Umwelt beziehen.

Empathie hingegen geht weg vom eigenen Erleben, versetzt sich in die Welt eines anderen Individuums hinein. Sie ist die Fähigkeit, das eigene Empfinden zu verlassen, um den Empfindungsraum des Gegenübers zu betreten.

Der Empath trägt die volle Spannbreite seines eigenen Innenlebens und ist durch das gleichzeitige Erleben fremder Emotionen herausgefordert, sein Empfinden klug zu managen und bei sich zu bleiben.

Inspiration

So zeigt sich meine Empathie:

Um dich selbst besser kennen zu lernen und in diesem Buch nicht nur auf Entdeckungstour zum Thema Empathie, sondern auch intensiv auf Tuchfühlung mit dir selbst zu gehen, kannst du folgende Sätze ganz deinem inneren Empfinden und Belieben nach vervollständigen. Es gibt kein Richtig und Falsch. Fühle dich frei, alle Gedanken auszudrücken, die spontan in dir auftreten, ob positiv oder negativ. Es dreht sich eher um eine Art Bestandsaufnahme, als um eine Kategorisierung. So entdeckst du leicht und spielerisch, wie du aktuell dem Thema Empathie gegenüberstehst und was du in dir selbst davon entdeckst.

- ⇨ „Nichts bereitet mir größere Freude, als ..."
- ⇨ „Mein Leben gewinnt an Farbe, Tiefe und einem Gefühl der Erfüllung, wenn ..."
- ⇨ „Wenn es mir nicht gut geht, wünsche ich mir, dass mein Gegenüber ..."
- ⇨ „Wenn es meinem Gegenüber nicht gut geht, tendiere ich dazu ..."
- ⇨ „Das Wort „Hilfsbereitschaft" löst in mir aus ..."
- ⇨ „Einer der wichtigsten zwischenmenschlichen Werte ist für mich ... er drückt sich in meinem täglichen Leben aus durch ..."
- ⇨ „Ich möchte mich mit Menschen umgeben, die ..."

Tipp: Wenn du spürst, dass sich aus den einzelnen Sätzen ein längerer Gedankenstrang entwickelt, folge ihm nach Belieben! Es kann sehr guttun, seine Empfindungen auf Papier zu bringen und sich ihnen damit tiefer zu öffnen. Es kann durchaus sein, dass du auf diesem Wege interessante innere Entdeckungen machst.

Empathie im Alltag

„Mitgefühl bedeutet nicht, dass ich mir vorstelle, wie ich mich anstelle des anderen fühlen würde oder wie er sich fühlt. Mitgefühl bedeutet, dass ich fühle, was er fühlt. Ganz unmittelbar. In mir selbst, in meinem Herzen.“

Safi Nidiaye

Empathen leben stark auf der Gefühlsebene. Dies hat nicht unbedingt zur Folge, dass sie von ihren Emotionen hin und her geworfen werden oder ständig damit beschäftigt sind, ihre Triggermomente zu verarbeiten – wenn dies auch einen starken Teil der gelebten Empathiefähigkeit einnehmen kann.

Empathie führt vor allem dazu, dass alltägliche Situationen wie Gespräche beim Kaffee, Konflikte im Job oder private Beziehungen stark auf der Ebene der inneren Befindlichkeiten wahrgenommen und gestaltet werden.

Selbstverständlich spielen auch die logische Ebene, Verstand und Sachebene eine Rolle, doch das Bauchgefühl und das Seelenleben der Beteiligten sind für den empathischen Menschen das Kernelement für die Herangehensweise an jedweden Lösungsprozess.

Stehen zum Beispiel im Job personelle Veränderungen an, legt eine empathische Leitungspersönlichkeit besonderes Augenmerk auf das Klima im Team – und zwar nicht vorrangig aus strategischer Motivation heraus, sondern weil es ihren Werten entspricht, ein angenehmes Arbeitsklima unter den Mitarbeitern zu fördern – für deren seelisches Wohlbefinden. In der Empathie spielt also auch ein gewisser Altruismus eine bedeutende Rolle.

Wenn ein empathischer Mensch neue Freundschaften schließen möchte, folgt er dabei seinem Herzen. Selten wird er sich dazu hinreißen lassen, Beziehungen aufgrund von eigenem, sachdienlichem Vorteil zu knüpfen oder um sein persönliches Wertegefühl mit besonders „hippen" Persönlichkeiten aufzupolieren. Vielmehr achtet er darauf, welche Menschen selbst gerade vielleicht Freunde brauchen, wo er Einsamkeit entgegenwirken kann und mit wem er eine offene, intime Atmosphäre erlebt, die sich in Gesprächen um authentischen, ehrlichen Austausch bemüht.

Empathie dient außerdem als innerer Antrieb für den Wunsch nach Weiterentwicklung, innerer Heilung und Persönlichkeitsentwicklung. Da Empathen sich selbst und ihre Mitmenschen verstehen und erkennen möchten, gelingende Beziehungen als wahren Erfolg sehen und in Verbindung aufblühen, ist die Arbeit an sich selbst für sie nicht etwa eine Last, sondern oft von tiefer Freude und Leidenschaft begleitet. Wenn empathische Menschen sich selbst ein Stück besser kennen gelernt haben, eine neue Erkenntnis über innere Belange oder eine Investition in ein persönlichkeitsentwickelndes Coaching tätigen können, haben sie das Gefühl, ihre Energie gut angelegt zu haben. Ihr Fokus liegt auf dem Innenleben des Menschen, welches sich nach außen zeigt. Materielles ist ihnen meist weniger wichtig, es sei denn, es trägt zu einem positiven inneren Lebensgefühl bei, welches nicht mit oberflächlicher Bedürfnisbefriedigung zu verwechseln ist.

Im Kern mag man meinen, alle Menschen sind von Natur aus auf die eine oder andere Weise empathisch. Die meisten Menschen können bis zu einem gewissen Grad Atmosphäre im Raum erspüren, nehmen wahr, wenn es einem geliebten Menschen nicht gut geht und spüren Mitgefühl mit einem weinenden Kind. Alles dies sind Anzeichen für empathische Regungen in uns. Empathiefähigkeit macht uns menschlich – als soziale Wesen mit natürlichem

Gemeinschaftssinn ist Mitgefühl daher auch in unserer Natur angelegt.

Doch Menschen, deren Gabe besonders ausgeprägt ist, erleben beinahe ununterbrochen auf der Gefühlsebene die Welten ihres Gegenübers mit. Sie beziehen die Befindlichkeiten in ihre Handlungsentscheidungen mit ein und beachten, welche Auswirkungen ihr Verhalten auf ihre Mitmenschen hat. Das Erleben anderer bewegt ihr Leben buchstäblich mit, wie bei einem gemeinsamen Tanz – den ganzen Tag hindurch.

Daher mag es für dich mitunter anstrengend sein, dich unter vielen Menschen aufzuhalten oder pausenlos Gespräche zu führen, auch, wenn du im Grunde nichts lieber tust. Verbindung zu schaffen, ist für dich eine tief erfüllende Angelegenheit und doch musst du mit deiner Energie klug haushalten. Gerade wenn du noch am Anfang damit stehst, auf dich zu achten und dir selbst Raum zu geben, ist es wichtig, dir Zeit zu nehmen, ausschließlich deiner eigenen Befindlichkeit nachzuspüren, dich wieder neu zu zentrieren und bei dir anzukommen. Ruhige Phasen, gern auch ganze Tage, in denen du nur für dich bist in einer Umgebung, die dir guttut, sind Balsam für deine Seele. Hier kannst du auftanken, dein Erleben reflektieren und dich neu ausrichten. So bereitet es dir auch wieder Freude und Erfüllung, deine mitfühlende Ader in das gesellschaftliche und soziale Leben hineinfließen zu lassen.

Ich liebe meine Empathie – wenn ich allein bin

Dieser Gedanke mag dir bekannt vorkommen: Wenn du dich allein in deinem Zimmer befindest, wo du dich wohl, sicher und zuhause fühlst, wenn du dich gefahrlos verletzlich zeigen kannst, deine eigene Atmosphäre erschaffst und dich auslebst, bedeutet deine Empathiefähigkeit dir eine ganze Menge. Du bist der Meinung, die Welt wäre ein besserer Ort, wenn alle gleichermaßen nicht nur ich-zentriert auf sich selbst und ihre Belange achten würden, sondern das Wohl des anderen und der Gemeinschaft immer mit im Blick behielten. Wie wunderschön wäre es, nähmen wir regelmäßig echt und tief Anteil am inneren und äußeren Geschehen im Leben unserer Mitmenschen, zeigten Verständnis und Hilfsbereitschaft und signalisierten einander: Ich bin für dich sicher, bei mir darfst du sein.

Du wünschtest, die Gesellschaft baue viel mehr auf das Miteinander, anstatt auf Konkurrenz und Wettstreit. Ellenbogengehabe erscheint dir äußerst anstrengend und oft beschleicht dich das Gefühl, in dieser Umgebung nicht ganz richtig am Fleck zu sein – nichtsdestotrotz bemühst du dich, Schritt zu halten, indem du einfach anstelle deines Umfeldes mehr und mehr bietest und gibst:

Du bist gern bereit, andere in schmerzlichen Situationen beiseite zu stehen, hörst zu, fungierst als zuhörendes „Tagebuch“, übernimmst zusätzliche Aufgaben für die kranke Kollegin, obwohl du selbst schon am Limit bist - denn, so sagst du dir, andere haben es schlechter als du; du kannst es spüren. Dein Mitgefühl drängt dich zu handeln: Du kannst helfen, also stellt sich die Frage nach dem „ob“ selten.

Selbst wenn du klar spürst, du wirst ausgenutzt, ertappst du dich dabei, dir selbst Erklärungen für das Verhalten anderer Menschen an die Hand zu geben, die es dir erleichtern, dich in ihre Situation hineinzuversetzen und damit Verständnis und Akzeptanz zu zeigen – ganz so, wie du es dir im tiefsten Inneren ebenso wünschst.

Deine Mitmenschen bewerten dein Verhalten jedoch oft anders als du es an ihrer Stelle tun würdest:

- Deine Hilfsbereitschaft wird schnell als selbstverständlich genommen.
- „Das macht dir doch nichts aus, oder?“ „Ich brauch jetzt ganz schnell jemanden, der mir zuhört!“ „Du kannst mich so gut verstehen, kannst du mir aus dem Schlamassel helfen?“
- Du siehst dich der Unterstellung von Gutmütigkeit gegenüber, wirst nicht ernst genommen und selten nach deinem Wohlbefinden gefragt.

- Im Gespräch hörst du weit mehr zu, als selbst zu sprechen.
- Du findest dich in ungleichen Beziehungen wieder: Du trägst andere durch, deine Freunde verfügen nicht über die Ressourcen, dich ebenso zu unterstützen oder sie drehen sich mehr um sich selbst.

Das verschlossene Herz - Warum es manchmal leichter ist, nichts zu fühlen

Doch es ist nicht nur in diese Richtung kompliziert: Auch dein Empfinden anderen gegenüber stellt sich als schwierig dar:

Dich überkommt immer wieder ein Gefühl des Andersseins – deine Umwelt erscheint dir hartherzig und du findest dich regelmäßig darin wieder, andere auf ihre Vertrauenswürdigkeit zu prüfen. Du möchtest dich gerne mit Menschen umgeben, die ebenso fühlen wie du, doch da viele nicht denselben Anspruch an Empathie und Mitgefühl sich selbst gegenüber hegen, fühlst du dich fremd. Eventuell kapselst du dich ab. Du kennst andere sehr gut, weil sie sich bei dir sicher fühlen und sich öffnen, doch wer kennt dich im Gegenzug wirklich? Wem öffnest du dich und vertraust dich an, zeigst deine Verletzlichkeit und deine sanfte Seite? Du wirst hin und wieder als verweichlicht wahrgenommen, doch ist das wirklich die Sanftheit, von der du dir wünschst, dass sie wahrgenommen wird?

Im Kontakt fragst du dich oft: Bin wirklich ich gemeint? Siehst du mich? Du spürst, dass du anderen guttust und freust dich darüber. Es entspricht deiner empathischen Ader, sie voll und ganz auszuleben. Doch wie kann die Waagschale auf deiner Seite befüllt werden?

Am drängendsten scheint die Frage: Warum werde ich als schwach angesehen? Wie kommt es dazu, dass mein offenes Herz Mal um Mal von meiner Umgebung als Nachteil empfunden wird, mit dem ich nicht ernst genommen werde?

Empathie, deine Gabe

Empathen machen durchaus auch sehr gute Erfahrungen mit ihrer Begabung. Meinst streben sie nach Tiefe, wahrhaftigem Austausch, nach Gesprächen, die sich um das Wesentliche im Leben drehen. Sie wünschen sich, dass die Treffen mit ihren Liebsten fruchtbar sind, der Austausch sie selbst und andere weiterbringt, neue Erkenntnisse entfaltet, die Intimität vertieft oder Hilfestellung in schwierigen Situationen bietet.

Empathische Menschen haben eine tiefe Sehnsucht danach, das Leben voll und ganz schmecken zu können. Sie möchten das Wesen der Dinge erfassen, ein Gegenüber in der Seele erkennen und verstehen, woher er kommt, was ihn treibt und wie sie einen positiven Input in seinem Leben hinterlassen können. Sie fühlen sich zutiefst belebt, wenn die Gespräche sich um echte Gefühle drehen, fernab von jeglicher Oberflächlichkeit.

Wenn ein empathischer Mensch Beziehungen dieser Art pflegt, empfindet er darin tiefe Erfüllung. Er fühlt sich angekommen und als Teil von etwas Größerem, unter anderem dadurch, dass er allein durch sein Wesen einen unmittelbar positiven Beitrag zum gemeinschaftlichen Leben geben kann. Er baut nicht so sehr auf materiellen Reichtum oder besonderen Erfolg, der ihn auszeichnen und ihm ein Wertegefühl vermitteln soll. Tiefe ist ihm wichtiger als Ausbreitung.

Vielleicht kennst du das: Wenn du in dir ruhst, ist da wenig, was deinem Glück noch fehlt. Zusätzlicher Erfolg im Beruf und der Lebensführung befähigt dich auf unterschiedlichen Ebenen zu besonderer Dankbarkeit, was dich wiederum noch tiefer in die Sinnhaftigkeit des Lebens zieht. Du erkennst all dies als positiven Überfluss an und bleibst weiter zentriert auf deine Beziehungen und den emotionalen Austausch.

Empathie ist das Bindeglied zwischen deinem Selbst und den anderen, dem Innen und Außen. Sie hilft, tiefer zu ergreifen, auf welche Weise alles miteinander verbunden ist und in Wechselwirkung eine gemeinsame Realität gestaltet. Hast du das Glück, empathisch zu empfinden, erkennst du das tiefere Wesen in deiner Umwelt und anderen Individuen und kannst die Verbindung wahrnehmen, spüren bzw. leichter herstellen. Du findest schnell Anknüpfungspunkte und kannst Verständnis vermitteln und leben. So trägst du maßgeblich zu einem friedvoll gelebten Miteinander mit Mensch, Tier und Umwelt bei.

Empathische Menschen finden sich oft in humanitären Berufen wieder und legen ein starkes Werteverständnis von Frieden und Freiheit an den Tag. Sie sind nicht die Weichspüler, als die sie von außen oft fälschlicherweise bezeichnet werden. Im Gegenteil: Ein weiches Herz, welches in gesundem Selbstbewusstsein ruht, ist für eine Gesellschaft auf Basis von Humanität, Gleichheit, Gerechtigkeit und Barmherzigkeit unverzichtbar.

Lass uns gemeinsam herausfinden, wie du als empathischer Mensch deine Herausforderungen meistern, deine Begabungen schulen und ausleben und deine sensiblen Punkte verstehen und positiv umdeuten kannst. Somit wird deine Empathiefähigkeit für dich und andere von Tag zu Tag mehr zum Segen und einer geliebten und gelebten, starken Charaktereigenschaft.

Gelebtes Mitgefühl im Alltag

Als Empath hebst du dich in deinem Umgang mit anderen Menschen besonders durch deine Reaktionen auf deren Lebenswelten ab: Es ist dir ein natürliches Bedürfnis, aktiv und aufmerksam zuzuhören und mit deinen Gedanken bei der Sache zu sein, wenn dir jemand sein Herz ausschüttet. Dir ist bewusst, dass seine Geschichte nicht durch deine Augen, sondern durch seine eigenen gesehen und verstanden werden möchte. Darum bereitet es dir keine Schwierigkeiten, deine eigenen Urteile und Ansichten beiseite zu legen und dich voll und ganz auf die Welt einzulassen, die sich dir durch die Ausstrahlung, Worte, Haltung und die nonverbalen Signale im Gespräch eröffnet. Du legst Wert darauf, dem anderen dort zu begegnen, wo er steht und ihn in seinem Prozess freimütig zu unterstützen.

Deine Intuition weist dir vertrauenswürdig den Weg ins tiefste Herz deines Gegenübers. Schnell erkennst du, was die Person ausmacht und welche Grundausstrahlung sie mit sich bringt. Du bist immer wieder herausgefordert, dir selbst in diesem Bereich zu vertrauen, denn du möchtest das Gute im anderen sehen und bist jederzeit bereit, dich eines Besseren belehren zu lassen, wenn du eine unangenehme, negative Art wahrnimmst. Somit kennst du auch Phasen, in denen du nicht ganz bei dir und deiner Wahrnehmung bleibst und dich verunsichern lässt, doch am Ende erweist dein erster Eindruck sich oft als treffsicher.

Nichtsdestotrotz veranlasst dein Mitgefühl dich dazu, nicht zu verurteilen, was du wahrnimmst, sondern zu verstehen, wie es dazu kommen konnte. Du vollziehst den Schmerz nach, der Menschen mitunter dazu antreibt, lieblos oder unüberlegt zu handeln und bist immer bestrebt, deinem Gegenüber eine unterstützende Hand zu reichen, um das Durcheinander in seinem Leben wieder aufzuräumen.

Ein Fallstrick kann sich darin zeigen, dass du zu lange bereit bist, auch in deinem privaten Umfeld, welches für dich selbst ein sicherer Ort sein sollte, zu viele Grenzüberschreitungen oder anderweitig respekt- und liebloses Verhalten dir gegenüber zu dulden. Du erträgst Situationen lange, die andere, weniger empathische Menschen vielleicht schon nach kürzester Zeit unterbrochen oder verlassen hätten. Dazu gehören Partnerschaften, in denen deine Gutmütigkeit ausgenutzt wird oder Freundschaften, in denen du eher als praktischer Tippgeber oder allzeit offenes Ohr benutzt wirst, anstatt als Freund auf Augenhöhe mit eigenen Bedürfnissen, Wünschen und Ansprüchen an die Beziehung.

Des Weiteren gestaltet es sich als herausfordernd, mit Menschen in deinem nahen Umfeld zusammen zu leben, die mit ernsthaften psychischen Problemen zu kämpfen haben: Selbst, wenn du dem Wesen nach ein fröhlicher, leichtherziger Mensch bist, kann es vorkommen, dass du unter beispielsweise depressiven Verstimmungen oder Erkrankungen anderer annähernd so leidest wie sie: Du spürst die Atmosphäre eins zu eins, die sie in sich erleben und damit um sich herum verbreiten. Dies kann zu Verwirrung führen. Woher kommen diese Gefühle, sind es deine eigenen oder die deines Gegenübers? Wie kannst du damit umgehen, wenn du spürst, du liebst diese Person und möchtest ihr helfen, doch wirst stark mit beeinflusst von deren Stimmung? Wie kannst du gesunde Grenzen setzen und weiterhin die Beziehung pflegen – und wann ist das einzig hilfreiche die Beendigung einer Verbindung zu deinem eigenen Wohl?

Inspiration

- ⇨ Stelle dir in einer Meditation vor, wie du in deiner empathischen Gabe voll und ganz aufgehst, während du mit einem Freund oder einer Freundin ein tiefes Gespräch führst. Gib dich ganz dem Gefühl der Freude und Erfüllung hin, welches in dir ausgelöst wird, wenn ihr euch beide voneinander begriffen und verstanden fühlt. Spüre deiner Körperhaltung während des Gesprächs nach, wie fühlst du dich in deiner Haut? Bist du gelöst und entspannt? Wie sieht idealerweise eure Umgebung aus? Seid ihr gemütlich zuhause, allein oder umgeben von anderen Menschen? Erstelle dein ideales Wohlfühl-Szenario für ein solches Gespräch.
- ⇨ Schreibe zehn Eigenschaften im Zusammenhang mit deiner Empathiefähigkeit auf, die du an dir liebst und schätzt. Danach stelle dir vor, wie es ist, jemanden zum Freund zu haben, der dir diese Eigenschaften in der Beziehung ebenfalls entgegenträgt. Schreibe darüber, wie sich dies auf dein Gefühl auswirkt, geliebt und angenommen zu sein und dich in der Freundschaft sicher zu fühlen.
- ⇨ Stelle dir vor, die Gesellschaft, in der du lebst, wäre von Empathie durchtränkt. Beschreibe, wie eine Gesellschaft dieser Art aussehen mag. Alles ist erlaubt – lass deine Fantasie spielen und erlaube dir, dir dein persönliches Utopia vor Augen zu halten.

Empathie und die Gefühlswelt

„Teilnahme ist der goldene Schlüssel, der die Herzen anderer öffnet."

Samuel Smiles

Der Wecker klingelt. Völlig erschlagen wachst du auf und rappelst dich aus dem Bett. Nebenan hörst du bereits dein Kind im Zimmer poltern – ein Gefühl der Überforderung macht sich in dir breit, noch bevor du deinen warmen Pullover überstreifen konntest. Du hast dir den Wecker früher gestellt, um in Stille in den Tag starten und deinen Kaffee allein genießen zu können. Nun siehst du die Ruhe schwinden, noch bevor du vollends aufgestanden bist, das Kind ist wider Erwarten schon wach.

Bereits leicht gereizt stapfst du in die Küche und schaltest den Wasserkocher ein. Unmittelbar steht das Kind in erwartungsvoller Haltung in der Küche. Du spürst sein Bedürfnis nach Nähe stark im Raum. Gespannt blickt es dich an. „Guten Morgen!", versuchst du zu lächeln, „hast du gut geschlafen?" Dir fällt auf, dass der Unterton in deiner Stimme nicht zu überhören ist, du klingst verkrampft und unauthentisch. Du fühlst die Eskalation bereits nahen und wirst nervös.

„Ich finde meine Klamotten nicht!", schnauzt dein Kind dich statt einer Antwort an. Es funkelt wütend und stampft mit den Füßen auf den Boden. „Und außerdem habe ich meine Hausaufgaben vergessen!" Sein Blick sagt: „Bring das gefälligst in Ordnung!"

Plötzlich ist alles in dir auf Krawall gebürstet, noch bevor du deinen ersten tiefen Atemzug, geschweige denn den ersten Schluck Kaffee zu dir nehmen konntest. Du kennst diese Situationen bereits, doch es überkommt dich immer wieder neu: Du spürst die Hitze auf deinem Rücken, die nervösen Glieder, die Wut in deinem Bauch, Erschöpfung. Gleichzeitig nimmst du in Echtzeit die Sekundenbruchteile wahr, in denen die Stimmung deines Kindes sich vom Moment des Erscheinens in der Küche bis zur Beendigung seiner Ansage verändert hat:

Du hast dich nicht wahrhaftig ausgedrückt und konntest dem Bedürfnis deines Kindes nach der allmorgendlichen Umarmung nicht entgegenkommen, weil du bereits mit deinem eigenen Gefühl der Überforderung zugange warst. Du hast wahrgenommen, dass dein Kind deine unauthentische Stimmung bemerkt und sich nicht gesehen gefühlt hat, dadurch ebenfalls überfordert war und wütend wurde.

Es geht nicht um die Hausaufgaben oder die Kleidung. Ihr seid beide überfordert, kommt mit der Situation nicht zurecht und wünscht euch voneinander Verständnis, Liebe und Achtsamkeit (wobei du als Erwachsene mehr in der „Bringschuld" bist als dein Kind und dadurch zusätzlichem Druck ausgeliefert bist)– und du erlebst beides zur gleichen Zeit.

Solchen Situationen begegnest du als Empath mehrmals täglich: Im Kontakt mit anderen treffen immer wieder unterschiedliche Bedürfnisse aufeinander. Oft sind sie einander entgegengesetzt oder die Kommunikation verläuft nicht authentisch. Nur wenige Prozent von dem, was wir eigentlich meinen, drücken wir verbal aus (mehr dazu im Kapitel zur Kommunikation). Der Rest der Verständigung läuft über Ausstrahlung, Körperhaltung, Mimik und Tonalität. Wir nehmen viel mehr wahr als gesagt wird und in Situationen wie den oben genannten gestaltet es sich für einen empathischen Menschen als Herausforderung, nicht sofort zu reagieren, obwohl der eigene Überforderungspegel vielleicht schon vorangeschritten ist. Es kann helfen, inne zu halten, den Moment zu beobachten und sich innerlich zu sammeln, bevor man reagiert.

Hinzu kommt, dass du vom Erleben deines Gegenübers oft mehr Hintergründiges spürst, als dieser selbst im Blick hat. Dies führt im weiteren Verlauf des Umgangs miteinander dazu, dass du dich für die Lösung der Situation beidseitig verantwortlich fühlst, sofern du noch nicht gelernt hast, dich gesund abzugrenzen.

Tipp: In einer Situation wie dieser kann es helfen, eine Zeit zu kommunizieren, in der ihr erneut zusammenkommt: Teile deinem Kind mit, dass du noch nicht ganz wach bist und komme seinem Bedürfnis nach Aufmerksamkeit entgegen, indem du ihm in Aussicht stellst, später voll und ganz für es da zu sein. Je nach Zeitverständnis des Kindes kannst du einen Zeitpunkt zwischen zehn und dreißig Minuten wählen und vielleicht einen Wecker stellen. Verabredet, dass du zuvor nicht gestört werden möchtest, dich jedoch schon auf die gemeinsame Zeit freust. So hast du dich selbst im Moment nicht überfordert, bleibst bei dir und begegnest trotzdem dem Bedürfnis deines Kindes nach Aufmerksamkeit.

Beachte: Es ist für das Kind in diesem Moment besser, mit der Aussicht auf die Erfüllung seines echten Bedürfnisses nach Aufmerksamkeit vertröstet zu werden, als ihm durch unauthentische Kommunikation das Gefühl zu vermitteln, nicht gesehen und begriffen und mit einem falschen Lächeln abgespeist zu werden. Kinder sind meist tief empathisch und spüren zugrunde liegende Schwingungen sehr deutlich.

Meine und deine Welt - worauf soll ich mich nun konzentrieren?

Im Eltern-Kind-Kontext ist es recht selbstverständlich, dass die Eltern die Situation lenken und das Kind in seinem emotionalen Prozess unterstützen sollten. Das Kind kann altersgemäß noch keine Verantwortung für sein Gefühlsleben oder gar zwischenmenschliche Konflikte übernehmen.

Doch wie sieht es im Umgang zwischen Erwachsenen aus? Wie kannst du mit Situationen umgehen, in denen du so viel mehr von dem spürst, was sich im Raum bewegt, als nur deine eigenen Gefühle und Stimmungen? Was ist mit dem Druck, der zusätzlich aufkommt, wenn du gerade dabei bist zu lernen, die Verantwortlichkeiten dort zu belassen, wo sie hingehören?

Das Erleben von Empathen gleicht einem überfüllten Aquarium: Viele Gruppen von bunten, vielfältigen Fischen tummeln sich im Wasser, jeder gehört einer bestimmten Fischfamilie an, welche sich von den anderen unterscheidet und doch befinden sie sich alle im selben Wasser, beeinflussen sich gegenseitig und schwimmen wild durcheinander, wenn sie nicht genügend Raum finden, sich zu organisieren, aufzuteilen und einander, wenn nötig, auch aus dem Weg zu gehen.

Die alltäglichen Eindrücke spielen sich auf mehreren Ebenen ab:

- **Kognitive Ebene:**

Das ist die Ebene, auf der du verstandesbasiert Situationen einordnen, dich dazu positionieren, Entscheidungen treffen und auch Verantwortungsbereiche bewusst trennen kannst. Du kannst dich mit Fakten zum Erlebten auseinandersetzen, die seelische und körperliche Ebene inspizieren, reflektieren und dein Verhalten neu ausrichten. Auf der kognitiven Ebene ist es dir möglich, einen Konflikt, eine zwischenmenschliche Situation zu betrachten, ohne durch deine Gefühle verwirrt zu werden. Sie hilft dir, deine Trigger zu erkennen, dich neu auszurichten und ein Erleben in ein anderes Licht zu rücken.

- **Körperebene:**

Dein Körper nimmt Reize unmittelbar auf und wahr. Je nachdem, wie intensiv du „in deinem Körper wohnst", auf seine Reaktionen lauschst und ihm Aufmerksamkeit schenkst, kannst du den Ausdruck deiner Gefühle im Körper wahrnehmen. So findest du heraus, worum es wirklich geht, wenn dich ein diffuses Gefühl beschleicht und du, eventuell durch zu viele Eindrücke, gerade nicht weißt, wo du eigentlich stehst.

Dein Körper gibt dir klare Hinweise auf deine Bedürfnisse: Wenn du überfordert bist, beginnst du vielleicht zu schwitzen und dich leicht zu winden, wippst mit dem Fuß, als wollest du der Situation entfliehen. Wenn du gereizt bist, wendest du dich automatisch von deinem Gegenüber ab, machst abweisende Armbewegungen, deine Stimme wird schrill. Bist du ängstlich oder unsicher, ziehst du die Schultern nach oben oder befindest dich in extremer Anspannung. Viele Menschen bekommen in solchen Momenten auch Kopfschmerzen. Wut zeigt sich unter anderem durch aufkochende Hitze oder Übelkeit.

Tipp: Um dich mit diesen körperlichen Anzeichen vertraut zu machen, richte einmal einige Stunden oder gar Tage deine Aufmerksamkeit voll und ganz in deinen Körper. Wenn du dich in einer angespannten Situation befindest, nutze sie zu Recherchezwecken: Was lösen die Worte, das Verhalten deines Gegenübers in dir aus? Wie reagiert dein System, wenn du die E-Mail vom Chef liest? Wo zwickt es, wo zeigt dein Körper Symptome, wenn du Mitgefühl oder Druck empfindest? Wenn du möchtest, schreibe deine Beobachtungen auf. Mit der Zeit wirst du immer intensiver lernen, deine körperlichen Reaktionen unmittelbar wahrzunehmen. Ein Spruch besagt: Das Bauchgefühl hat immer Recht. Dies bedeutet nichts weniger, als dass dein Körper dir äußerst authentisch und ungeschönt den Ist-Zustand deiner Bedürfnisse und deiner inneren Wahrheit mitteilt. Hab Mut, dich für das, was du wahrnimmst, nicht zu verurteilen, sondern es dankbar anzunehmen, selbst, wenn du vielleicht noch nicht da stehst, wo du gerne wärst. So kannst du bei und in dir ankommen und in Übereinstimmung mit dem arbeiten, was in dir tatsächlich lebendig ist. Selbst, wenn dein Körper auf einen Trigger reagiert, den du gerne schon geheilt sehen möchtest – dies ist der aktuelle Zustand und deine Seele wird es dir sehr danken, wenn du Rücksicht nimmst und dein Bedürfnis in der Situation, beispielsweise nach Rückzug oder zumindest der Kommunikation deiner Empfindung, erfüllst.

➢ Gefühlsebene

Dein Gefühlsleben folgt in der Basis den aus der täglichen Umwelt gesammelten Eindrücken. Da du als Empath die Eindrücke aus der Außenwelt sehr stark wahrnimmst, findest du dich immer wieder in deinem Aquarium voller Durcheinander. Nun gilt es zu sortieren, was Teil deines Fischschwarmes ist und welche Gefühle du von anderen wahrnimmst.

Gut zu wissen: Gefühle sind nie permanent. Sie sind immer im Fluss und bewegen sich eng verknüpft mit dem äußeren und inneren Geschehen. Sie folgen auf all deine Gedanken, Erinnerungen und Handlungen. Mache dir daher bewusst, dass der Moment vorbeigeht und ihm ein neues, anderes Gefühl folgen wird, falls du dich in einem sehr intensiven oder überfordernden Moment wiederfindest.

Hast du entschlüsselt, aus welcher „Fischgruppe" die Empfindungen kommen, gilt es zunächst nachzuspüren, ob du gerade gut damit zurechtkommst, alles wahrzunehmen oder ob es in diesem Moment zu viel ist. Was dir hilft, bei dir zu bleiben, ist, dir deine eigenen Gefühle wie den Kern deiner Wahrnehmung vorzustellen wie einen Ball in deiner Mitte, um den sich alles andere dreht. Achte zuerst darauf, was dort drin vor sich geht und nimm deine Bedürfnisse, wenn sie dringend sind, immer vorrangig wahr. Wie du dann darauf reagierst, entscheidet sich im nächsten Schritt, doch es kann dir ein Gefühl von Sicherheit verleihen, dich zuerst in dir selbst zu verankern. Somit hast du auch eine Basis dafür, herauszufinden, ob du aktuell für dein Gegenüber da sein und ihm empathisch zur Seite stehen kannst.

Tipp: Die richtige Kommunikation kann wie ein Wundermittel wirken. Es kann deinen Mitmenschen und dir selbst enorm helfen, verbal auszudrücken, dass du gerade eine Minute Zeit brauchst, um dich zu sammeln. Für viele mag es gewöhnungsbedürftig sein. Unsere Gesellschaft ist nicht darauf ausgerichtet, Pausen zu lassen, durchzuatmen, Momente zu dehnen und Raum für Wahrnehmung zu schaffen. Doch es sind weitaus mehr Menschen sehr empathisch als du vielleicht befürchtest, wenn auch versteckt. Eine offene Kommunikation kann erleichternd wirken und dazu beitragen, dass in deinem Umfeld eine neue Art des Umgangs mit empathisch fühlenden Menschen geschaffen wird.

Inspiration

Das Alltagsaquarium ist zum Bersten voll. Hin und wieder darfst du daher auch aussortieren. Gerade dann, wenn du mit dem Thema des gesunden Umgangs mit Empathie ganz am Anfang stehst und noch oft von einem Gefühl der Überforderung geplagt bist, kann es wie Balsam für deine Seele wirken, dich neu in deinem Fischbecken zu orientieren und festzumachen, worauf du in den kommenden Tagen/Wochen deinen Fokus legen möchtest.

Übung: Dazu kannst du, wenn du möchtest, ein Aquarium auf ein großes Blatt Papier zeichnen. Male verschiedene Fischgruppen, Pflanzen und Steine hinein und nutze die unterschiedlichen Elemente als Bilder für dein Alltagsgeschehen, Menschen aus deinem Umfeld, Herausforderungen, denen du gegenüberstehst, To-Do-Listen etc. Lass deiner Fantasie freien Lauf, bis dein Aquarium so aussieht, wie es gerade in deinem Alltag tatsächlich zugeht.

Als Nächstes kannst du ein neues Bild malen mit einem Alltag, wie du ihn gerne hättest. Stell dir vor, alle Freiheiten der Welt stünden dir offen. Welche Menschen dürfen dein Leben verlassen? Welche Aufgaben möchten sich verschieben, einen neuen Standpunkt erhalten? Wie sieht ein Alltag aus, in dem du voll und ganz du selbst sein kannst? Was fehlt dir in deinem Aquarium bisher? Male dein Traum-Lebensaquarium.

Im dritten Schritt kannst du die beiden miteinander vergleichen. Du musst nichts ver- oder beurteilen, es reicht, mit deiner empathischen Gabe (die auch dir selbst gegenüber von großem Nutzen sein kann) zu erspüren, in welchem Bild sich dein inneres Kind oder andere deiner seelischen Anteile unterschiedlich fühlen. Versetze dich in sie hinein und nimm die volle Bandbreite dessen wahr, was du spürst. In dem, was ist und in dem, was du dir wünschst.

Im finalen Schritt kannst du, wenn du schon so weit bist, ein wenig darüber reflektieren und Ideen notieren, die dir helfen können, die eine oder andere positive Veränderung bereits auf den Weg zu bringen.

Was bin ich, was bist du?

Du befindest dich mit deinem Partner am Frühstückstisch. Gemeinsam wollt ihr erörtern, wie der heutige Tag ablaufen soll. Dein Partner steht auf und steuert die Kaffeemaschine an. Mit einer dampfenden Tasse Kaffee bestückt, setzt er sich wieder und lächelt dich nebenbei an.

Du nimmst das Lächeln kaum wahr. Deine volle Aufmerksamkeit hat sich darauf ausgerichtet, dass er offenbar nicht an dich gedacht und dir ebenfalls eine Tasse Kaffee mitgebracht hat; obwohl er weiß, wie sehr du Kaffee liebst.

Deine Stimmung kippt innerhalb weniger Sekunden. Ein typischer Moment, in dem deine Reaktion und Interpretation entscheidet, wie die kommenden Minuten verlaufen.

Du spürst tiefen Schmerz und auch Ärger in dir aufsteigen. Du erinnerst dich daran, wie du für deinen Partner gestern in fürsorglichster Küchenarbeit ein selbst gemachtes Eis hergestellt und ins Wohnzimmer gebracht hast. Wie kann er nicht ebenso für dich mitdenken, ganz, wie du es für ihn tust? Einen kurzen Moment lang bereust du die Arbeit, die du dir gemacht hast – doch schnell wird dir bewusst, du hast es gern getan. Es gehört zu deinen Werten, andere zu beschenken. Darum kann es also nicht gehen.

Woher kommt der Schmerz in dir?

„Schatz?" Dein Partner hat dir eine Frage gestellt, die du offenbar überhört hast.

Du brummelst nur in dich hinein und funkelst ihn wütender an als geplant. Im selben Moment durchfährt dich ein neues Gefühl: Du nimmst wahr, dass die Atmosphäre sich verändert, die Körperhaltung deines Gegenübers wird starr, er richtet sich unwillkürlich auf. Obwohl er immer noch lächelt, spürst du es nicht mehr. Es scheint etwas dahinter zu liegen ... Anspannung. Du spürst Anspannung und leichten Frust. Er ist frustriert? Warum? Dies wiederum leitet deine Aufmerksamkeit zurück zu dem fehlenden Kaffee. Wie kann er so achtlos dir gegenüber sein und dann auch noch Frust verbreiten?

Gleichzeitig spürst du, dass sich in dir etwas wie Mitgefühl regt. Du weißt, wie unangenehm sich Frust anfühlt.

Plötzlich nimmst du nicht mehr nur das Gefühl deines Gegenübers wahr, sondern noch viel feinere Details: Du spürst eine gewisse Trauer im Raum und ein Sehnen. Die starre Verteidigungshaltung wackelt kaum merklich, doch es entgeht dir nicht, dass dein Partner heute nicht so selbstsicher zu sein scheint, wie er tut.

Da, noch eine weitere Wahrnehmung: Angst. Angst? Aus welchem Loch mag sie wohl gekrochen sein?

Plötzlich hast du Schwierigkeiten, zu entschlüsseln, zu wem von euch beiden die jeweiligen Gefühle gehören. Du kannst nicht ganz leugnen, dass auch in dir ein wenig Angst schlummert ... und Trauer? Sehnen?

Wieder einmal eine Situation, in der Wachsamkeit gefordert ist. Mehrere Gefühle im Raum, mehrere Perspektiven, unterschiedliche Bedürfnisse. In den kommenden Minuten wird es entweder zur Eskalation kommen oder beide Parteien können sich damit auseinandersetzen, was gerade passiert. Welche Empfindungen löst es in beiden aus und warum? Wie bedingen sich die Sichtweisen gegenseitig?

Als der empathischere Mensch von beiden wirst du dich einer besonderen Herausforderung gegenübersehen: Dein Partner wird seinen Frust auf die eine oder andere Weise vielleicht sichtbar machen. Du spürst deinen Ärger darüber aufgrund der allgemeinen Situation und darfst zuerst diesen managen, empfindest zugleich Mitgefühl. Im selben Moment erreichen dich bereits bekannte Gedanken aus deiner Tiefe, mit denen du dir das Verhalten deines Partners erklären möchtest, um weiter verständnisvoll zu bleiben:

Du erinnerst dich daran, wie hart sein Arbeitstag gestern war. Gerade kämpft er gesundheitlich mit Problemen. Ist es da nicht nur natürlich, dass er vergisst, dir einen Kaffee mitzubringen? Immerhin hattest du zum Eismachen gestern Zeit, während er lange Stunden auf der Arbeit geschuftet hat.

Du siehst – hier entpuppt sich auch eine kleine Falle: Als Empath tendierst du eventuell dazu, die Belange des anderen wichtiger zu nehmen als deine eigenen. Du setzt an dich einen höheren Verhaltensmaßstab und strengere Erwartungen. Dass du morgens zwei Kinder zur Schule gebracht, den Einkauf erledigt und einige Stunden von Zuhause aus gearbeitet hast, bevor du dich dem Eis widmen konntest, hast du bereits vergessen.

Es dreht sich bei weitem nicht darum, eure Taten gegeneinander aufzuwiegen, im Gegenteil. Worauf du stattdessen achten musst, ist, auch dir selbst Mitgefühl entgegenzubringen, dich zu sehen, wahrzunehmen und mit derselben Liebe zu bedenken, die dein Partner durch dich genießen darf. Dies hilft dir, in im Grunde harmlosen Momenten ruhig zu bleiben und dich nicht zu sehr auf die Wahrnehmung einzulassen, du würdest zu kurz kommen. So kannst du klarer unterscheiden, welches Gefühl zu dir gehört, wofür du die Verantwortung tragen kannst und was du lieber beim anderen belässt.

Diese Herangehensweise lässt unter Umständen sogar ein kleines Raumfenster, um deinem Partner hinwendungsvoll die Hand auf den Unterarm zu legen, wenn du das Bedürfnis verspürst, deine Empathie walten zu lassen.

Allein die Wahrnehmung eines solchen „Kaffee-Moments" kann dir einiges an Energie entziehen, bis du lernst, sinnvoll damit umzugehen, dass du nicht nur dein eigenes kleines Paket spürst, sondern auch das deines Partners.

Das offene Herz

Das wahre Geschenk eines Lebens, welches mit Empathie durchtränkt ist, findet sich darin, mit einem offenen Herzen zu leben. Mit den Jahren des Aufwachsens und Erlebens entwickeln wir eine Art Panzer um unsere wahren, tiefsten Empfindungen. Wir lernen, was gefühlt werden darf und was wir lieber verstecken sollten, um unseren Eltern und nahen Bezugspersonen zu gefallen, denn wir sind als Kind vollkommen abhängig von ihrer Gunst.

Nun verhärten sich mit den Jahren die Schalen um dein Herz immer mehr. Du entwickelst Verhaltensweisen, Körperhaltungen und eine Art der Kommunikation, die nicht mehr unmittelbar und in Echtzeit, nicht mehr vollkommen authentisch und immer etwas „um den heißen Brei" herum vermittelt. Die Folge sind Missverständnisse mit anderen, das Gefühl des Getrenntseins und nicht Vollkommen-gesehen-Werdens sowie der Eindruck, dass du das Leben nicht vollmundig schmecken und ganz darin aufgehen kannst.

Mit der Zeit erreichen einige Menschen einen Punkt, an dem es so nicht mehr weiter geht – sie rutschen in tiefe innere und äußere Krisen, leiden unter Krankheit oder dem Zusammenbruch von allem, was sie sich aufgebaut haben. Sie erleben schlicht, dass sie in einer Sackgasse gelandet sind. Langsam dekonstruiert sich mit der Zeit dann dieser Panzer, den sie um ihr wahres Empfinden herum aufgebaut haben.

Das Ziel dieser Krisen liegt darin, das echte, authentische Empfinden wieder freizulegen und erneut in Kontakt mit dir selbst zu kommen. Du darfst lernen, den Schutzpanzer um dein tiefstes Herz, den du dir gerade als empathischer Mensch vielleicht umso stärker zulegen musstest, durch gesunde Verhaltens- und Kommunikationsweisen zu ersetzen, die dich darin unterstützen, zwar wieder voll und ganz im Leben zu stehen, bereit zu sein, alles zu fühlen und trotzdem nicht davon fortgeschwemmt zu werden.

Das offene Herz ist womöglich dein tiefster Wunsch und gleichzeitig deine größte Angst. Hier kannst du vollkommen gesehen und angenommen werden, doch auch zutiefst gebrochen und verletzt werden. In „Kaffeemomenten" mit Menschen, die du bereits nah in dein Herz gelassen hast, stehst du immer wieder vor der Herausforderung, zu spüren, was im Raum ist und dich dabei nicht hinter einem Stein in deinem Aquarium zu verziehen, sondern sichtbar und greifbar zu bleiben. Vielen Menschen fällt es sogar schwer, dem Gegenüber nur in die Augen zu schauen, wenn plötzlich so viele Emotionen im Raum stehen.

Wie kannst du in diesen verletzlichen Momenten dein Herz weiter öffnen und dich zeigen, ohne davonzulaufen? Empathie kann dir helfen, die Verbindung auf eine kluge Weise so zu halten, dass du anstatt der erwarteten Verletzungen diesmal neue Erfahrungen machst, die die Beziehung zu deinem Gegenüber vertieft und dir Sicherheit darin verleiht, dass du dich nun selbst tragen kannst.

Diese neuen Erfahrungen können vor allem in einem Umfeld stattfinden, in dem das System von Recht und Unrecht aufgebrochen wird: Es geht nicht länger darum, wer zurückstecken muss, wer die Situation richtig sieht und wer dem anderen etwas schuldet. Empathiefähigkeit zielt darauf ab, einen Raum zu erschaffen, in dem beide Parteien einander wahrhaft betrachten, annehmen und verstehen können.

Inspiration

Begegnung mit dir selbst:

Stelle dich vor den Spiegel und schaue dir selbst in die Augen. Halte dies so lange, wie es für dich möglich ist und steigere die Zeit bis zu mehreren Minuten.

Was siehst du in deinem Blick? Was geht in diesen Augen vor sich? Wie fühlt es sich an, den Blick zu halten? Nimm wahr, welche Empfindungen in dir auftauchen und wie dein Körper reagiert. Vielleicht wirst du unruhig und es fühlt sich zu Beginn unangenehm an, so vermeintlich schutzlos dich selbst zu erkennen.

Wenn du kannst, beginne mit der Zeit ein Gespräch: Frage dich nach deinem Befinden und antworte hörbar. Lausche dir und bleibe in der Verbindung, so gut es dir möglich ist.

Mit dieser Übung erhältst du einen authentischen Überblick über deine aktuelle Fähigkeit, mit dir selbst in Verbindung zu stehen und auch deine Blockaden zu entdecken.

Für viele Menschen ist es etwas leichter, anfangs ihre Empfindungen aufzuschreiben und sich auf dem Papier Zeit dafür zu nehmen, sich zu begegnen. Wenn der Blick in die eigenen Augen noch zu intensiv ist, ist das Papier der ideale Zwischenschritt. Auch hier darf alles sein, alles gesagt und ausgedrückt werden.

Der Panzer um deine wahren Gefühle darf langsam schmelzen und je tiefer du dir selbst erlaubst, wieder zu fühlen, was tief im Inneren da ist, umso mehr kannst du auch anderen ihre Gefühle zugestehen und sie sein lassen, ohne daran etwas tun zu müssen.

Das Ziel von Empathie und einem offenen Herzen liegt darin, sich in dem, was ist, zu begegnen, es sein zu lassen und nicht vorrangig eine Lösung oder Veränderung des Ist- Zustandes erreichen zu müssen. Vieles löst sich daraufhin von allein.

Gutmütigkeit versus Sanftmut

„Mitleid ist die wahre Grundlage des Charakters."

Anatole France

Die Kraft von Empathie erleben

Stell dir vor, du erhältst eines Tages einen Brief, in dem du zu einem persönlichen Gespräch eingeladen bist. Du darfst ein Thema mitbringen, das dich beschäftigt und bist ausdrücklich eingeladen, dich im Gespräch vollkommen frei zu fühlen, allem Ausdruck zu verleihen, was dir auf der Seele liegt.

Das Gespräch wird von einem Menschen angeboten, der schon viele Jahre Lebenszeit und damit Erfahrung und Reife erlangt hat. Aus einer inneren Ahnung heraus nimmst du die Einladung an, etwas zieht dich schon fast unausweichlich zu diesem Menschen hin. Du hast das Gefühl, gut aufgehoben zu sein.

Der Tag der Begegnung ist gekommen. Du besuchst den Menschen in seinem Zuhause. Er begrüßt dich an der Tür und leitet dich mit einer einladenden Handbewegung ins Wohnzimmer.

Die Atmosphäre ist gastfreundlich, gemütlich, der Raum ist geschmackvoll eingerichtet mit dicken Teppichen, Pflanzen und einer massiven Sitzecke unter einem großen, runden Fenster, durch das das Licht der Abendsonne hereinscheint.

Du wählst den großen Ohrensessel und erhältst eine Decke und eine Tasse Tee. Dein Gegenüber setzt sich entspannt in deine Nähe auf das Sofa, nicht zu weit weg und nicht zu nah, wie dir spontan auffällt.

Der Mensch scheint vollkommen in sich zu ruhen, fühlt sich sichtlich wohl in deiner Gegenwart, obwohl du ihm noch fremd bist. Deine Nervosität scheint ihm aufzufallen, ohne sich auf ihn zu übertragen. Immer wieder hält er locker und weich den Augenkontakt und scheint dir damit zu vermitteln: Es ist alles in Ordnung. Du darfst hier sein.

Im beginnenden Gespräch weiß er sich sicher und kompetent auszudrücken. Seine Körperhaltung wirkt gelöst und selbstsicher, er ist dir zugewandt und strahlt Interesse aus.

Du beginnst, dein Thema vor ihm auszubreiten. Langsam öffnest du dich immer tiefer und sprichst auch über Details, die dir unter anderen Umständen die Schamesröte ins Gesicht schreiben würden.

Was auch immer du diesem Menschen erzählst, nichts scheint ihn zu schocken. Er lauscht aktiv deinen Worten und fast scheint es, als nehme er mehr wahr als das, was du verbal ausdrückst. Du fühlst dich voll und ganz erkannt und hast nicht das Gefühl, dich um Kopf und Kragen reden zu müssen, um dich verständlich zu machen. Es fällt dir leicht, beim Thema zu bleiben, du spürst eine klare, präzise und ausgerichtete Atmosphäre von deinem Gegenüber ausgehen, die dir hilft, nicht in deiner Nervosität zu versinken und die Dinge auf den Punkt zu bringen. Alles, was du wahrnimmst, ist: Ich sehe dich. Voll und ganz, auf allen Ebenen, die du mitbringst.

Du fühlst dich nicht unangenehm durchleuchtet, sondern tief angenommen und verstanden. Alles, was du sagst, was du bist, darf sein.

Etwas in dir scheint wie aufzuatmen. Endlich erlebst du, wonach du dich Jahre lang gesehnt hast, ohne richtig zu wissen, was genau es war. Du fühlst dich wie angekommen. „Ja!“, denkst du innerlich, „ja! Genau das habe ich mir immer gewünscht. Endlich versteht jemand genau, worum es mir geht.“

Immer tiefer entspannst du dich, deine Nervosität weicht einer entspannten Körperhaltung, du fühlst dich im Augenkontakt wohl und spürst, wie es dir in deinem Körper geht. Deine Seele scheint loszulassen, fast fühlt es sich an, als seist du in deinem eigenen Zuhause.

Während des Gesprächs fällt dir noch etwas Ungewöhnliches auf: Die Ausstrahlung dieses Menschen scheint etwas ganz Besonderes zu sein. Auf eine bestimmte Art und Weise empfindest du tiefen Respekt vor ihm. Er ist so präsent, alles in seinem Zuhause weist auf sein Wesen, seinen Charakter hin. Sein Händedruck bei der Begrüßung war warm und stark, sein Körper strahlt Kraft aus, die zugewandte Haltung lässt ihn noch mehr anwesend wirken. Er scheint sich für nichts zu entschuldigen und mit sich selbst voll und ganz im Reinen zu sein. Du hast keine Angst, dass du ihn mit etwas verunsichern oder aus der Fassung bringen könntest, was du sagst. Dieser Mensch scheint sich nicht zu verlieren in deiner Erzählung oder deiner Anwesenheit. Du findest dich voll und ganz gespiegelt, alle Aufmerksamkeit liegt bei dir, und doch ist dieser Mensch genau so präsent im Raum wie du.

Deine Themen und auch deine Emotionen scheinen nichts von seiner Präsenz wegzunehmen oder ihn dazu zu drängen, sich zurückzuziehen. Er ist da. Er ist aufmerksam. Lebendig.

Diese kleine Reise möchte dir nahebringen, wie sich kraftvolle, gesunde Empathie zeigen kann. Ein wahrhaft reifer, empathischer Mensch ist kein Fähnchen im Wind, welches sich von den Verhaltensweisen, Erlebnissen und Gefühlen anderer Menschen und seine darauf reagierenden Trigger im Sturm der Emotionen hin und her werfen lässt.

Ein Mensch, der gelernt hat, seine Empathiefähigkeit klug und kompetent einzusetzen, ist fähig, gleichzeitig vollkommen bei sich und beim anderen zu sein. Er kann all sein Verständnis, seine Liebe und Aufmerksamkeit dem Gegenüber unterstützend zur Verfügung stellen, ohne sich aus seiner eigenen Realität und Lebenswelt herausreißen zu lassen, sich selbst zu verlieren und sich dabei am Ende der Begegnung erschöpft und ausgelaugt zu fühlen.

Selten wird ein solcher Mensch erleben, dass andere versuchen, ihn für ihre Zwecke zu missbrauchen oder auszunutzen. Seine wertvolle Zeit und Aufmerksamkeit werden nicht selbstverständlich genommen und stattdessen dankbar als Geschenk betrachtet.

Der empathisch reife Mensch ist ein wahrhaft sicherer Ort für seine Umgebung, weil er zuerst ein sicherer Ort für sich selbst geworden ist.

Dein Einfühlungsvermögen als positiver Beitrag mit Vorbildcharakter

Dieser sichere Ort ist weit mehr als eine positive Momentaufnahme. Je klarer, präsenter und offener du in dir selbst wirst und von dort heraus deine Empathiefähigkeit lebst, umso mehr bist du Teil einer Gemeinschaft von Vorbildern.

Du strahlst mit deiner Begabung etwas aus, das im Menschen ein tiefes Grundbedürfnis befriedigt: Der Wunsch nach Sicherheit und Zuhause. Je mehr ein Mensch sich selbst spürt in dem was ist, umso mehr kann er sich zuhause fühlen. Mit deiner empathischen Zuwendung kannst du deinem Gegenüber das Geschenk des Sich-Spürens machen: Er nimmt sich in deiner empathischen Reaktion selbst wahr und fühlt sich begriffen, verstanden und gesehen. Somit kann er sich entspannen und mehr in sich ankommen. Du musst währenddessen zu keinem Zeitpunkt deine eigene Mitte, dein Ruhen in dir selbst verlassen.

Dieses Gefühl von Sicherheit und Zuhause möchten wir als Menschen naturgemäß gern oft und regelmäßig erleben. So erklärt sich, dass über empathisch reife Menschen oft mit so viel Anerkennung und Wertschätzung gesprochen wird und sie unter Umständen schnell an Einfluss gewinnen. Mit deiner Begabung kannst du andere inspirieren, innerliche Sicherheit und Stärke zu gewinnen und das Geheimnis erforschen zu wollen, welches du in dir trägst.

Im Gegensatz dazu erleben unsichere Empathen oft leider das Gegenteil: Sie werden ignoriert und vergessen, ausgenutzt und belächelt. Sie lassen sich mitreißen von dem Gefühlsleben ihrer Mitmenschen und verlassen damit den Ruhepol in sich, der sie für ihre Umwelt schwer greifbar macht. Oftmals erleben sie in intimeren Beziehungen, dass der Partner das Interesse an ihnen verliert, weil sie sich nicht ins Spiel bringen, ihre eigenen Themen hintenan stellen und dem anderen die angebotene Empathie mit der Zeit lästig wird.

Vorbildcharakter wird erreicht durch das Bilden von Charakter. Wenn du lernst, dich zu spüren, deine Bedürfnisse wahr und ernst zu nehmen, ihnen zu folgen und jederzeit für dich zu sorgen, wird dein Charakter an Substanz zunehmen. Du wirst nicht mehr so leicht aus der Bahn geworfen und kannst dennoch jederzeit – das bedeutet, wann immer du willst und dich gut damit fühlst – voll und ganz für deine Liebsten da sein.

Anders zu dir stehen, anders wahrgenommen werden

Je präsenter ein Mensch im Leben steht, umso unmittelbarer wird er von anderen wahrgenommen. Es können unterschiedliche Arten von Präsenz an den Tag gelegt werden: Du kennst sicher auch Menschen, die präsent dadurch erscheinen, dass sie laut und aufdringlich auftreten, anderen das Wort abschneiden und durch übermäßig aktives Verhalten Aufmerksamkeit auf sich ziehen. Dies ist nicht die Art von Präsenz, die dazu nötig ist, damit deine Mitmenschen spüren, dass du voll und ganz zu dir stehst und dich wichtig nimmst.

Um genau zu sein, kann ein solches Verhalten genau wie bei besonders zurückhaltenden Menschen die Annahme begünstigen, dass dein Selbstwertgefühl im Keller ist. Besonders intro- oder extrovertiertes, lautes oder leises Verhalten kann also nicht der Maßstab dafür sein, ob deine Mitmenschen dich als klar, präsent, bei sich und authentisch wahrnehmen und dir trotz deines empathischen Verhaltens vertrauen, dich sehen und schätzen. Was also ist das Geheimnis?

Als soziale Wesen brauchen wir es, gespiegelt zu werden. Zuständig dafür sind die Spiegelneuronen, spezielle Nervenzellen in unserem Gehirn. Sie sind mit dafür verantwortlich, dass du überhaupt Empathie empfinden kannst. Mit Hilfe der Spiegelneuronen kannst du das Verhalten deiner Mitmenschen erkennen und, wie der Name bereits verrät, zurückspiegeln. Das bekannteste Beispiel dafür ist das Gähnen: Wenn jemand im Raum gähnt, sorgen die Spiegelneuronen dafür, dass auch du mitgähnst.

Die Spiegelneuronen bewirken Hand in Hand mit deiner empathischen Fähigkeit, dass du deinem Gegenüber dein Mitgefühl spürbar zukommen lassen kannst. Doch die Spiegelneuronen funktionieren auch andersherum und tiefergehend: Wir nehmen nicht nur wahr, was vor Augen ist, sondern erfassen auch auf viel subtileren Ebenen die Seelen- und Gefühlswelt unseres Gegenübers. Aus diesem Grund können wir spüren, ob ein Mensch mit sich selbst im Reinen ist, ob er sich annimmt und wertschätzt, wo er mit sich kämpft und was er in Wahrheit über sich denkt. Alte Glaubenssätze, seelische Wunden und Überzeugungen sind oft durch mehrere Schichten von angelerntem Verhalten und trainiertem Überspielen wahrzunehmen. Wenn wir genau hinsehen und unsere empathische Gabe trainieren, wird es schwierig, uns selbst oder andere hinters Licht zu führen. Wenn du also tiefe Selbstzweifel mit dir herumträgst, im Inneren davon überzeugt bist, dass du keinen Raum einnehmen darfst, niemand sich für dich interessiert und du auch allgemein eher als Fußabtreter dienst, kann dir deine empathische Gabe im Negativen „zu Gute kommen": Du versteckst dich dahinter, dass du für andere alles gibst und für dich am Ende nichts übrig bleibt. Deine Empathiefähigkeit ist nicht der wahre Grund dafür, dass du an Substanz einbüßt und immer wieder übergangen und ausgelaugt wirst. In Wahrheit ist es dein geringer Selbstwert aufgrund alter Verletzungen, gespiegelt durch den Umgang deiner Mitmenschen mit dir und versteckt hinter deiner Einfühlsamkeit.

Deine Umgebung nimmt durch die Spiegelneuronen und deren eigene, vielleicht auch unbewusste, angeboren natürliche Empathiefähigkeit also beides an dir wahr: deine Unsicherheit in Bezug auf dich selbst und deine Offenheit für ihre Themen und Belange. Wenn diese Menschen nun selbst nicht für sich den Anspruch an den Tag legen, sich zu reflektieren und mit dir gemeinsam an diesen Themen für ein besseres Miteinander zu arbeiten, kann es automatisch dazu führen, dass sie dich eher dazu benutzen, sich selbst besser zu spüren. Sie gebrauchen deine Empathie als Spiegel für sich und vergessen, dich in deiner Person zu sehen und wahrzunehmen – weil du es ihnen nicht authentisch durch deine Ausstrahlung vorgibst.

Der gesunde Zusammenhang zwischen Selbstbewusstsein und Empathie

Dies ist der Knackpunkt, der dazu führt, dass andere trotz deiner empathischen Gabe in Zukunft so mit dir umgehen lernen, wie du es dir wünschst: Es mag abgedroschen klingen, doch wie du dich selbst wahrnimmst und wie du zu dir stehst, ist von größter Wichtigkeit. Wenn du lernst, dich wichtig zu nehmen, werden auch andere es tun. Somit kannst du deine Empathie mit der Zeit auf gesunde, heilsame Füße stellen, die deiner starken Seele in ihren Werten Ausdruck verleiht, ohne dich selbst zu verraten.

Wir können als Menschen einander so viel tiefer wahrnehmen und spüren als wir dies vielleicht meinen. Allerlei Umwelteinflüsse, die Schnelllebigkeit, die Anforderungen im Alltag und der Leidensdruck unserer Zeit mögen dazu führen, dass wir uns dessen nicht gewahr sind und daher „bewusstlos“, also unbewusst, unachtsam und innerlich unbeweglich und gestresst wirkend durch unser Leben rennen. Wir achten nicht so aufeinander, wie es unserem menschlichen Bedürfnis nach Verbundenheit und Miteinander eigentlich entspricht.

Somit nehmen wir uns wenig Zeit, in uns selbst hineinzuspüren und zu erkunden: Wie geht es mir in diesem Moment? Wie fühle ich mich in meinem Körper? Welche unterschwelligen Emotionen und Gefühle trage ich mit mir herum? Womit beschäftigen sich meine Gedanken?

Wir dürfen neu lernen, uns unserer selbst bewusst zu werden. Daraufhin können wir langsam, doch zielstrebig alte Muster erkennen, aufarbeiten und lösen und zu einem neuen Selbstwertgefühl und Selbstbewusstsein finden, welches es uns ermöglicht, sowohl uns selbst als auch unsere Mitmenschen wieder klar und präsent wahrzunehmen. Dieser Aufarbeitungsprozess unterstützt maßgeblich die Fähigkeit zu Mitgefühl und Empathie.

Selbstbewusstsein und Empathie liegen ganz nah beieinander. Sie sind ideale Partner auf dem Weg in langlebige, glückliche Beziehungen, die tief blicken und blicken lassen und dir die Möglichkeit geben, deine Gutmütigkeit in eine starke Sanftmut mit Vorbildcharakter zu verwandeln, die sich selbst wahrnimmt, sein lässt und damit deinen Lieben einen sicheren Ort und ein Zuhause bietet, in dem sie selbst erfahren dürfen, dass jemand uneigennützig, frei und authentisch für sie da sein kann.

Wie du dein Selbstbewusstsein trainieren, deine inneren Glaubenssätze herauskehren, verändern und üben kannst, in dir zu ruhen, erfährst du unter dem Kapitel 8 zu praktischen Übungen und Tipps für den Alltag.

Inspiration

Die Begegnung mit der alten Dame:

Stell dir vor, du wanderst in einer Seitengasse einer winterlichen französischen Kleinstadt mit rauchenden Schornsteinen und dem Geruch nach weihnachtlichem Essen. Male den Moment in deiner Fantasie aus, bis du alles fühlst: die Kälte auf deiner Haut, die Tasche über deiner Schulter, deinen Wintermantel, das Schaufenster auf der anderen Straßenseite. Begib dich voll und ganz in den Moment. In diesem Moment kommt dir jemand entgegen: Eine alte, kleine, weise Frau. Sieh genau hin, wie sieht sie aus? Welche Kleidung trägt sie? Wie bewegt sie sich?

Ihr geht aneinander vorbei, der Moment geschieht wie in Zeitlupe. Sie scheint dich mit ihrem Blick zu durchdringen und im tiefsten Wesen zu erkennen. Du spürst, es brennt in deiner Brust: Diesem Menschen entgeht nichts, du kannst nichts vorspielen, alles scheint offen zu liegen. In ihren Augen erkennst du dich selbst für einen Augenblick. Du blickst hinter all das, worum deine Gedanken sich vordergründig drehen. Hinter deine Berufswahl, hinter das geschäftige Treiben in deinem

Leben, hinter Stress und Druck, hinter deine Vorstellungen, Wünsche und Selbstzweifel. Was spürst du? Welche Botschaft nimmst du aus ihren Augen wahr? Wer bist du?

Erlebe den Moment so langsam, wie es nötig ist, um alles zu spüren, was die Begegnung dir geben will. Du kannst jederzeit auf Pause drücken, auf langsam, auf Stopp, um alles zu fühlen.

Erlaube dir ein Gespräch mit dieser Frau in einem Setting deiner Wahl. Wenn du beginnst zu schreiben, erlaube dir, dir vorzustellen, dass du ihre Stimme tatsächlich hören kannst und sie dir zu deinem Thema Empathiefähigkeit und auch Selbstbewusstsein etwas Weises sagen kann. Wenn du möchtest, stelle ihr eine Frage, die dir auf der Seele brennt- schreibe sie auf und höre dann mit dem Herzen hin. Zum Beispiel: „Wie kann ich zukünftig in dieser oder jener Situation gestaltend empathisch wirken, anstatt ausgenutzt zu werden und mich hilflos zu fühlen?" Was antwortet sie? Gib ihr Raum und Horizont, so lange zu sprechen, wie es fließt.

Verbinde dich im Gespräch mit dieser Frau mit dem Anteil in dir, der schon weiß, wie Empathie wirklich kraftvoll, klug und in Übereinstimmung mit deinem bereits reifen Anteil ausgelebt werden kann, der nicht mehr länger unter seiner Empfindsamkeit leidet, sondern sie als Stärke und besondere Gabe sinnvoll einsetzt.

Gesunde Grenzen setzen

„Ich wollte, man würde einsehen, dass die Grenzen des Mitleids nicht dort liegen, wie die Welt sie zieht."

Vincent van Gogh

Das Thema Grenzen ist für einen empathischen Menschen oft ein heißes Eisen. Aufbauend auf seine alltäglichen Herausforderungen zwischen sehen und gesehen werden, Raum nehmen und Platz machen für die Befindlichkeiten der anderen, Selbst- und Fremdbewusstsein und der Entwicklung der eigenen Stärke und Selbstsicherheit hat so manche Empathen große Schwierigkeiten damit, gesunde Grenzen zu finden und zu setzen.

Viele Empathen landen aus diesem Grund im Burnout und in der Überforderung und zeigen all die Symptome, von denen in den vorherigen Kapiteln bereits die Rede war. Sie haben nicht für sich definiert, was ihnen zusteht, welche Ressourcen und wie viel Zeit sie für sich benötigen und sind sich ihres Wertes und der Bedeutung von Grenzen nicht bewusst.

Gesunde Grenzen sind jedoch in vielerlei Hinsicht von großem Nutzen: Sie bieten einen klar abgesteckten Raum, den du für dich beanspruchen und durch bestimmte Regeln auch klar nach außen kommunizieren kannst. Je besser du dich selbst kennst, umso klarer weißt du, wann deine Geduld sich dem Ende zuneigt, wie lange du zuhören kannst, welche Hilfestellung zu geben sich für dich stimmig und richtig anfühlt und ab welchem Punkt du deine Grenzen überschreitest und damit in die Überforderung abgleitest.

Grenzfälle ergeben sich sowohl aus deinem eigenen Verhalten als auch aus dem deiner Mitmenschen und dienen beiden Seiten.

Grenzen für dich:

Wenn du neues, gesundes Verhalten für ein Leben voller Mitgefühl einübst, schützen deine Grenzen dich davor, in alte Muster zurückzufallen. Neigst du zum Beispiel dazu, anderen übermäßig – das heißt, länger, als es deinem natürlichen inneren Bedürfnis entspricht – zuzuhören oder in den Abendstunden noch den Telefonhörer abzunehmen, obwohl du eigentlich nicht mehr aufnahmefähig und -willig bist, kann es dir helfen, dir selbst eine klare Regel zu setzen:

„Vor einem Gespräch setze ich freundlich ein Zeitlimit und kommuniziere dieses, auch, wenn es mich eine Menge Mut kostet."

„Abends ab 18 Uhr gehe ich nicht mehr ans Telefon."

Diese Grenzen können dich darin unterstützen, deinen Bedürfnissen gerecht zu werden. Bei so gesparter Energie und gelebter Selbstliebe steht dir auch mehr und tiefere Kraft für andere zur Verfügung. Es lohnt sich, zu den für dich stimmigen Momenten für sie da zu sein.

Es mag auch Zeiten geben, in denen es schlicht nicht angebracht ist, einen aktiv empathischen Raum für deine Mitmenschen zu eröffnen. Dies trifft besonders dann zu, wenn du selbst intensive Phasen der Herausforderung oder des Stresses durchlebst und dich in einer Position befindest, in der es wichtig ist, dass andere für dich da sind. Eventuell fällt es dir schwer, mit all deinem Mitgefühl bei dir zu bleiben und deinen Wert darin zu finden, dir in diesen Zeiten selbst der Nächste zu sein. Tatsächlich ist es Übungssache, bei dir zu bleiben, ohne dich damit egoistisch oder abgehoben zu fühlen.

Folgende Perspektive kann dir dabei helfen:

Beobachte dich selbst von außen, als seist du ein dir lieber Freund oder Elternteil. Betrachte deine Selbstverausgabung und gib dir einen Tipp, der in aller Liebe aufzeigt, wie sehr du dich gerade übernimmst und dass es dich schmerzt, dies mitzuerleben. Ermutige dich mit der Aussicht darauf, dass du Kraft sammeln darfst, um weiter der mitfühlende Mensch sein zu können, der du zu bleiben bestrebt bist. Um voll und ganz in deiner Begabung aufgehen zu können, musst du aus dem Vollen schöpfen können. Wenn du dich dauerhaft übernimmst, kannst du weder für deine eigenen inneren Belange sorgen, noch für die deiner Liebsten.

Ein weiteres wichtiges Argument liegt in den Werten, die du in deinem Alltag durch dein Handeln kultivierst: Wenn es deinem Standard entspricht, dich selbst für wertvoll genug zu erachten, um dir heilsame Ruhezeiten zu gönnen, werden auch deine Mitmenschen sich diesem Wert anpassen und dir zukünftig anders begegnen. Je tiefer du aus einer inneren Überzeugung des Selbstwertes heraus lebst, umso intensiver verbreitet sich dieser Wert für dich und deine Mitmenschen als Grundbasis für ein liebevolles Miteinander.

Grenzen für andere: Zunächst gilt: Wenn du deine Grenzen nach außen klar und deutlich kommunizierst, hilfst du anderen dabei, dich darin zu sehen und ernst zu nehmen.

Tipp: Wenn du gerade neu trainierst, diese Grenzen zu setzen, kann es dir helfen, zu Anfang keine Ausnahmen zu machen. Dies mag sich für dich ungewohnt anfühlen, möglicherweise hast du auch mit Schuldgefühlen zu kämpfen oder nimmst eine Stimme in dir wahr, die dir zuflüstert, dass du übertreibst. Vielleicht hast du den Eindruck, hart und herzlos zu agieren. Doch dies ist vor allem ein Zeichen dafür, dass du begonnen hast, dein Verhalten zu ändern und an Substanz zu gewinnen. Ein Nein bedeutet nicht gleich ein hartes Herz – mehr dazu liest du gleich.

In folgenden Fällen ist es gut, deinen Mitmenschen Grenzen zu setzen:

- Du spürst, dass deine *Hilfsbereitschaft selbstverständlich genommen*, fast schon zum Automatismus wird.
  - → Anzeichen dafür, dass deine Grenzen erreicht sind: Frust steigt in dir auf, den du dir noch nicht voll und ganz eingestehst.
  - → Wenn du ehrlich bist, ärgerst du dich über die erneute Abfrage deiner Hilfsbereitschaft, doch der Ärger bleibt in deinem Magen stecken und du ignorierst ihn.
  - → Du bist öfter müde, angespannt, überfordert oder genervt.

Was du tun kannst:

Wenn du das Bedürfnis verspürst, suche das Gespräch. Teile mit, wie du dich im Kontakt fühlst und kommuniziere klar deinen Wunsch nach mehr Augenhöhe. Ein Gespräch ist jedoch nicht unbedingt notwendig. Sehr leicht und effektiv ist ein einfaches Nein. Du kannst gewaltfreie Kommunikation verwenden, indem du deinem Gegenüber signalisierst, dass du seinen Wunsch siehst und wahrnimmst, jedoch leider diesmal nicht zur Verfügung stehst.

Beachte: Es kann durchaus sein, dass dein Gegenüber zu Beginn über ein Nein deinerseits verwirrt ist und eventuell sogar beleidigt oder ärgerlich reagiert. Bisher war er Widerspruch von deiner Seite nicht gewohnt, nun wirst du sichtbar und er muss sich mit dir auseinandersetzen. Doch wenn du ruhig und klar auch zukünftig dabei bleibst, wird sich dein Umfeld an deine neue Gesinnung gewöhnen – und dies wahrscheinlich mit Respekt quittieren.

- Wenn sich der *Rede- und Mitteilungsanteil* in einer Verbindung zu einem anderen Menschen *signifikant ungleich* gestaltet:
  - → Du findest dich regelmäßig in Situationen wieder, in denen du über deine innere Geduld und Aufnahme-

fähigkeit hinaus schweigst und zuhörst. Für deine Belange ist kein Raum geboten, doch du fühlst dich gedrängt, dem anderen eben dies zu bieten, um zu vermeiden, dass er verletzt ist – innerlich übernimmst du Verantwortung für das Gefühlsleben deines Gegenübers.

→ Du wirst häufig zwischen Tür und Angel ohne Vorwarnung mit den Belangen deines Gegenübers schwallartig überfallen: Der Mensch testet nicht vorher ab, ob du gerade aufnahmefähig und willig bist, deine Aufmerksamkeit und dein Ohr zu leihen. Dich beschleicht das Gefühl, als zuhörende Person austauschbar zu sein; dein Wesen wird nicht wahrgenommen und wertgeschätzt.

Was du tun kannst:

Auch hier: Suche das Gespräch, wenn du möchtest. Wähle einen Moment, in dem du den anderen darauf vorbereiten kannst, dass es nun um dich geht und du dir Aufmerksamkeit für dein Anliegen wünschst. Dies ist schon der erste aktive Schritt in die richtige Richtung. Achte darauf, von deiner Wahrnehmung auszugehen und zu kommunizieren, was das Verhalten deines Gegenübers in dir auslöst. Drücke aus, welche Art von Verhalten du dir in Zukunft wünschst, damit dein Gegenüber begreifen kann, was zu verändern ist.

Ist ein Gespräch nicht zielführend und du wirst weiterhin „überfallen“, darfst du die Grenze markanter kommunizieren, indem du dein Gegenüber freundlich unterbrichst. Schau ihm in die Augen und sage: „Es tut mir leid, aber ich habe gerade keine Zeit/bin gerade nicht aufnahmefähig.“ Wenn du möchtest, biete einen anderen Zeitpunkt zum Gespräch an. Sollte auch diese Herangehensweise nichts nützen, darfst du davon ausgehen, dass du es mit einem besonders hartnäckigen Muster zu tun hast, in dem oft nur eins hilft: Kontaktabbruch. Wenn deine Grenzen dauerhaft nicht respektiert werden, findet in den seltensten Fällen eine Einsicht von selbst statt, die Beziehung gestaltet sich nicht auf Augenhöhe.

- Wenn *Menschen unfreundlich und frech zu dir werden* und du spürst, dass sie sich in deiner Gegenwart gehen lassen:
  - → Dies ist ein klares Zeichen dafür, dass deine Präsenz mitsamt deiner Grenzen und Bedürfnisse in ihrem Ausdruck bei null liegt. Du hast dich viel zu lange und intensiv zurückgehalten und Verständnis für den anderen gezeigt – nun ist es an der Zeit, dich zu reflektieren und zu fragen, ob die vermeintliche Empathie nicht doch eher Angst vor Ablehnung sein könnte.

Was du tun kannst:

Schnelle Soforthilfe für den Moment bietet auch hier die klare Abgrenzung durch ein eindeutiges Nein bis hin zur Beendigung des Gesprächs. Langfristig erreichst du eine Veränderung der Situation vor allem dadurch, dich mit deinen inneren Mustern und Glaubenssätzen auseinanderzusetzen: Welcher Anteil in dir lässt zu, dass Menschen immer wieder so mit dir umgehen? Woher kennst du eventuell aus deiner Vergangenheit diese Art von Umgang? Ist es möglich, dass ein Teil in dir meint, es nicht besser zu verdienen?

Sehr hilfreich kann es sein, diesen Prozess nicht allein durchzugehen: Ein Coaching oder weiterführende Literatur können dir helfen, die Ursachen zu erkennen und neuen Mut zum Selbstwert und Setzen deiner Grenzen zu etablieren.

- *Wenn du in Beziehungen immer wieder verlassen wirst:*
  - → Das Interesse deines Partners scheint mit der Zeit regelmäßig abzunehmen.
  - → Ihr lebt vorrangig den Alltag nach seinen Bedürfnissen, du folgst und bist gern bereit, zurückzustecken und Dinge zu unternehmen, die dir nicht liegen, um den anderen glücklich zu machen – doch dir gegenüber findet dieses Entgegenkommen nicht statt.
  - → Von außen betrachtet entspricht die Beziehung vorrangig dem Charakterprofil deines Partners. Irgendwann

musst du erfahren, dass dein Partner sich dazu entscheidet, die Beziehung aus unterschiedlichen Gründen zu verlassen, du bleibst allein zurück, obwohl du alles investiert hast – vor allem durch Nachgeben.
- → Dein Partner fragt selten nach deiner Befindlichkeit oder ist sich deiner Bedürfnisse bewusst.

Was du tun kannst:

Werde dir im ersten Schritt darüber klar, dass du in diesem Punkt bereit bist, eine Grenze zu setzen und von nun an nur noch Beziehungen einzugehen, die auf Augenhöhe stattfinden. Dazu darfst du tiefer deine inneren Muster und Glaubenssätze betrachten, enttarnen und einen neuen Standard für dich und deinen Selbstwert etablieren. Bedenke: Du erlebst vorrangig, was du auch duldest.

Befindest du dich in einer Partnerschaft, die dir viel bedeutet, musst du sie nicht gleich beenden. Geh mit deinem Partner ins Gespräch und mache deutlich, dass du einen Prozess und besonderen Fokus im Bereich Augenhöhe wünschst. An den Reaktionen wirst du auf Dauer erkennen, wie tief ihr beide bereit seid, für ein neues Miteinander zu arbeiten.

Innere Blockaden bezüglich deiner Grenzen

Um dich auf die Fährte nach den Ursachen innerer Blockaden zu begeben, die dein Gefühl für deine Grenzen negativ beeinflussen, kann es dir helfen, folgende Fragen zu bearbeiten. Lass dir dazu so lange Zeit, wie du es für nötig erachtest: Es kann durchaus sinnvoll sein, einem Thema wie diesem in einem bestimmten Zeitrahmen viel Aufmerksamkeit zu schenken, doch auch die Integration in den Alltag durch einige Pausen und bewusstes Verarbeiten ist sehr hilfreich.

- ➢ Welche Gefühle assoziierst du mit Menschen, die sehr stark darin sind, klare Grenzen zu setzen? Bewunderst du sie?

Machen sie dir Angst? Hast du schon erlebt, dass Grenzen freundschaftlich und sanft gesetzt werden? Welche Menschen in deinem Umfeld setzen gekonnt Grenzen und wie geht es dir persönlich in ihrer Nähe? Fühlst du dich sicher?

Schreibe dazu alles auf, was dir in den Sinn kommt – besonderes Augenmerk darfst du darauf legen, ob du auch aus deiner Vergangenheit/Kindheit Menschen kennst, die starke Grenzen setzen und welche Erfahrungen und Gefühle du damit verbindest.

- Woher kennst du das Gefühl, vielleicht von früher, zu lange zu schweigen und anderen zu erlauben, respektlos mit dir umzugehen? Was könntest du heimlich davon haben, dich zurückzuhalten? Wovor schützt dich dein Schweigen, welches Gefühl möchtest du nicht fühlen, welches durch die Reaktion deines Gegenübers ausgelöst werden könnte, wenn er mit deinen Grenzen nicht einverstanden ist?
- Beende folgende Sätze: Grenzen setzen bedeutet für mich ... Ich fürchte mich davor, Grenzen zu setzen, weil ... Ich wünschte, Grenzen setzen zu können, wäre ...
- Auf welche Art und Weise hast du als Kind durch deine Eltern oder andere Vertrauenspersonen Mitgefühl erhalten? Hatten sie ein offenes Ohr für dich? Konnten sie dir im Gespräch Verständnis vermitteln?

Wenn du zu wenig Verständnis und Aufmerksamkeit erhalten hast, kann es durchaus sein, dass du dich unter Druck fühlst, anderen das Gefühl zu vermitteln, nicht durch denselben Schmerz zu gehen. Schuldgefühle und der Gedanke daran, dass es nie reicht, können dich dazu verleiten, immer wieder über deine Grenzen hinauszugehen. Du wünschst dir vielleicht, allzeit dazu beizutragen, dass diese Welt ein besserer Ort wird, an dem niemand durchs Netz fällt und sich allein gelassen fühlt. Dies kann dazu führen, dass du die Last dieses Weltschmerzes allein auf den Schultern trägst.

Ebenso kann ein nicht befriedigtes Bedürfnis nach Mitgefühl dazu führen, dass du selbst zwar enorm empathisch fühlst, jedoch nicht weißt, wie du dein Verständnis auf eine Art vermitteln kannst, die beim anderen ankommt und ihm das gewünschte Gefühl vermittelt. Empathisch zu fühlen und seine Empathie angemessen auszudrücken, sind zwei unterschiedliche Welten. Hier kannst du im Kapitel zur Kommunikation einige Skills erlernen, die es dir ermöglichen, effektiv dein Mitgefühl mit den richtigen Worten, der richtigen Haltung und zur richtigen Zeit zu transportieren, so dass deinen Bedürfnissen und denen deines Gegenübers Sorge getragen wird.

- ➢ Schreibe deine Gedanken zu folgender Aussage auf: „Je wichtiger ich mich selbst nehme, umso wichtiger kann ich auch die Bedürfnisse von anderen nehmen. Mein Mitgefühl und die Kraft, für andere da zu sein, wächst vielleicht nicht in der Quantität, wohl aber in der Qualität und Wirkung."
- ➢ Eine kreative Übung: Gib deinem persönlichen Bereich ein für dich stimmiges Bild: Ein Garten oder ein anderer Naturraum, ein Zimmer, ein ganzes Haus ... Beschreibe, was du vor deinem inneren Auge sehen kannst und wie du dich in deinem inneren Bereich fühlst. Nun stelle dir die Grenzen vor, die deinen persönlichen Bereich umgeben: Aus welchem Material sind sie gemacht, sind sie durchsichtig, fest, weich, welche Farbe haben sie? Ist da eine Tür? Hast du den Eindruck, deine Grenzen schützen dich im positiven Sinn und wahren deine Privatsphäre an den richtigen Stellen? Möchtest du etwas daran verändern? Wie wünschst du den Umgang anderer Menschen mit deinen Grenzen?
- ➢ Schreibe auf, welche Menschen du nahe in deinen persönlichen Kreis hineinlassen möchtest. Auf welche Art und Weise möchtest du sie mit deinem Mitgefühl beschenken? In welcher Haltung dürfen sie deinen Raum betreten?

Ein Nein ist kein hartes Herz

Um deine Grenzen auszuloten, zu formulieren und zu etablieren, kann es helfen, dir bewusst zu machen, *wozu* du empathisch sein möchtest. Welche Bedeutung hat Mitgefühl für dich, was macht es für dich erstrebenswert?

Wenn du das Wozu hinter deinem Verhalten kennst, kannst du klarer bestimmen, wie du dich mit deinen Werten positionieren möchtest. Du erlebst einen Wandel vom Ausgeliefert-sein gegenüber der Flut an Wahrnehmungen hin zu einem bewussten, hilfsbereiten Gebrauch deiner Gabe und kannst authentisch in Führung gehen. Somit wird dein Mitleid zur Ressource, zum Werkzeug, weg vom bloßen Durchleben.

Der Mensch als sehendes und fühlendes Wesen gibt sich selbst und anderen durch Mitgefühl Gestalt. Empathisch empfangen zu werden, ist wie in den Spiegel zu sehen. Die Begegnung im Kontakt mit anderen gibt uns ein Gefühl für unserem Selbst.

Als Spiegel für dein Gegenüber ist es nicht unbedingt von Nöten, dass du alles voll und ganz mit durchleben und darunter leiden musst, was die Lebenswelt des anderen betrifft. Mit etwas Übung lernst du, dein Mitgefühl vor allem kommunikativ auszudrücken und somit dem anderen das Geschenk des Gesehen-werdens zu machen, ohne vom Strom der Emotionen fortgerissen zu werden. Du kannst im Gespräch in dir ruhen und doch voll und ganz für den anderen da sein.

Bedenke: Du musst keine Verantwortung für die Gefühlswelt deines Gegenübers tragen. Selbst, wenn derjenige sich reichlich hilflos fühlt und nach deiner Hand als einer lösenden Hilfestellung greift, bedeutet das nicht, dass du an seiner Stelle ins Handeln kommen musst. Empathie hat die Aufgabe, dem anderen ein Gefühl dafür zu geben, nicht allein zu sein. Es bedeutet nicht, dass der mitfühlende Mensch der Lastenträger für die Belange des anderen sein muss.

Nun ist gelebtes Mitgefühl ohne praktisches Miteinander wenig wert. Wenn wir nur reden, doch nicht handeln, um füreinander da zu sein, ist Liebe oft ein bloßes Lippenbekenntnis. Doch es ist von großer Bedeutung, wer vor dir steht und worum es wirklich geht. Dieser liegt in der aktuellen inneren Verfassung des Gegenübers und auch darin, in welcher Beziehung ihr zueinandersteht: Ist es ein enger Freund, eine enge Freundin? Ist es eine Bekanntschaft, mit der es zum empathischen Gespräch kam? Ist der Mensch jemand aus deinem Wirkungskreis, worin du entschieden bist, auch tätlich zu unterstützen? Und vor allem: Was geschieht, wenn du handelnd eingreifst? Ist die Haltung des Gegenübers ein Fass ohne Boden? Was braucht der Mensch wirklich?

Wenn du dich dabei ertappst, Verantwortlichkeiten für das Leben des anderen auf dich zu nehmen, um deinem Bedürfnis nach ausgelebtem Mitgefühl nachzukommen, kannst du davon ausgehen, dass dies mit deiner eigenen Geschichte in Verbindung steht und es darin eher um dich geht als um das Gegenüber. Hinterfrage immer wieder gefühlvoll: Wozu lasse ich mich darauf gerade ein? Was bewegt mich dazu, mit dem anderen zu fühlen? Bin ich im bewussten Gebrauch meiner Gabe oder vermeide ich damit einen Teil meiner eigenen Geschichte? Ist es gerade leichter, mich mit den Belangen des anderen zu beschäftigen, als mit meinen eigenen? Lagere ich meine Geschichte auf die des anderen aus? Bin ich gerade fähig, das Geschenk des Mitgefühls zu geben, ohne ungesunde Verantwortung zu übernehmen, die den anderen eher schwächt als stärkt, weil er nicht in seine eigene Kraft kommen kann?

Du siehst, Empathie an der falschen Stelle und wenn sie unreflektiert eingesetzt wird, kann auch negative Auswirkungen haben. Wirst du dir deiner Motivationen bewusst, ist es dir viel leichter möglich, dein Verhalten bewusst zu gestalten, in den richtigen Momenten Nein zu sagen und somit dich selbst und andere zu schützen. Du bist als Empath nicht in der Verantwortung, das Leben eines anderen Menschen zu richten – es sei denn, es ist eine bewusste Entscheidung deinerseits, beispielsweise in deinem Job oder deiner Rolle als Elternteil. Und: Je klarer du in deinem eigenen Leben Ordnung schaffst, Grenzen setzt und auf dich achtest, umso mehr bist du ein sicherer Raum, ein Hoffnung spendendes Licht und ein guter Begleiter für die Menschen, die du liebst.

Zusammenfassung: So kann ich Grenzen setzen

- Das Schweigen brechen: Sag Stopp!
- Beende Beziehungen, die nach mehrmaligen Gesprächen über deine Bedürfnisse nicht in gesünderes Fahrwasser laufen.
- Verkürze Redezeiten, passe Tagesabläufe an deine Bedürfnisse an, zumindest zeitweise recht ausnahmslos, gestatte deinem Körper und deiner Seele ausgedehntere Ruhezeiten, um dich selbst dauerhaft zu schonen und deine Bedürfnisse tiefer zu spüren.
- Umgib dich mit Menschen, deren Verhalten deinen Werten entspricht, ohne dass du sie ständig darauf hinweisen musst.
- Mach deine innere Arbeit: Reflektiere, welche alten Muster und Glaubenssätze deinen lockeren Grenzen zugrunde liegen, wovor du dich fürchtest und wie du diese Muster stetig und fürsorglich auflösen kannst.

Empathie in Beziehung

„Es gibt in einem anderen Menschen nichts, was es nicht auch in mir gibt. Dies ist die einzige Grundlage für das Verstehen der Menschen untereinander.“

Erich Fromm

Was Erich Fromm so treffend beschreibt, stellt ein Grundprinzip in intimen Beziehungen dar: Je näher du jemanden an dich heranlässt, umso mehr lernst du gleichzeitig nicht nur über ihn, sondern auch über dich selbst.

In der Begegnung miteinander erlebt ihr euch neu und durch die Augen des anderen aus anderer Perspektive. Dies führt bei angenommener Herausforderung zu einem enormen Wachstum und einem Bewusstsein über die eigenen blinden Flecken.

Empathie ist vor allem in den Bereichen möglich, in denen du das Gefühlsleben des anderen in dir wiederentdeckst – und sollte es nur einer leisen Ahnung entsprechen. Immer dann, wenn du voll mitempfindest, was der andere erlebt, entdeckst du auch einen Anteil davon in dir selbst.

Echte Empathiefähigkeit ist zwar nicht davon abhängig, inwieweit du dieselbe Lebenswelt, die gleichen Einstellungen oder ähnliche Triggerpunkte vorweist wie dein Gegenüber. Auch, wenn du dem Wesen nach ganz anders bist als dein Partner, kannst du zu tiefem, authentischem Mitgefühl fähig sein. Es kommt nicht so sehr darauf an, dass du das auslösende Objekt der Gefühle deines Gegenübers nachvollziehen kannst und ihm ähnliche Bedeutung zuschreiben würdest. Auch ist es zum Verständnis nicht wichtig, die gleichen Interessen zu vertreten oder unbedingt dieselbe Weltsicht zu haben, auch wenn sich dies erleichternd auf die Verständigung auswirken kann.

Die Grundlage für Empathie in der Beziehung besteht vor allem darin, die Gefühle deines Gegenübers an sich zu erkennen und selbst bereits tief durchlebt zu haben. Es ist kaum möglich, selbst kein Gefühlsleben zu haben und trotzdem das des anderen voll mitzuerleben. Wenn du nicht voll im Kontakt mit dir und deinen eigenen Bedürfnissen stehst, kann es jedoch erscheinen, als kümmerst du dich vorrangig um die Welt des anderen und vergisst dich selbst dabei.

Oft stecken hinter diesem Verhalten tiefere Muster: Empathie kann auch eine Flucht vor den eigenen Gefühlen sein. Es kann durchaus für den Moment leichter sein, sich um das Wohlergehen des anderen zu kümmern und sich vollkommen für den Partner zu verausgaben, als sich mit dem eigenen Schmerz auseinanderzusetzen.

Leider ist diese Einstellung kein Garant für das Gelingen einer Beziehung, im Gegenteil: Vernachlässigte Emotionen kommen immer wieder wie ein Bumerang zu dir zurück. Wenn du dich nicht darum kümmerst, was in deiner Seele vor sich geht, wird sich alles, was du vermeidest, auf die eine oder andere Weise Luft machen.

Symptome, die in der Beziehung darauf hinweisen, dass du dich nicht gut um dich selbst kümmerst, können sein:

- *Du schweigst oft, wo gesprochen werden muss:*

Da ist ein Thema, welches du immer wieder in dir herumwälzt. Es belastet dich, doch du vermeidest das Gespräch darüber aus Angst vor der Reaktion deines Partners oder vor den Folgen für eure Beziehung. Somit bringst du nicht deine volle Wahrheit mit an euren gemeinsamen Tisch. In der Folge verbraucht dein inneres System große Mengen an Energie, um den aufsteigenden Frust, Stress oder Druck zu verarbeiten, der durch die Vermeidungshaltung entsteht. Du erreichst also durch dein Verhalten nicht, was du dir eigentlich wünschst, im Gegenteil: Du vermeidest zwar den Raum, in dem du verletzt werden kannst, fügst dir selbst aber an anderer Stelle Schaden zu.

➢ *Körperliche und seelische Anspannung:*

Erlebst du dich als regelmäßig unausgeglichen, angespannt und überfordert? Befindest du dich in ständiger Erwartungshaltung bezüglich dessen, was als nächstes um dich herum geschehen könnte? Liegt deine Aufmerksamkeit auf den Befindlichkeiten deines Gegenübers und bewirkt, dass du in seiner Gegenwart nicht entspannen oder loslassen kannst? Nutzt du dein Mitgefühl, um dich vor bösen Überraschungen zu schützen?

Körperliche und seelische Anspannung sind eine Warnleuchte und Hinweis auf eine Blockade, die gelöst werden möchte. Ob es eine unterdrückte Erwartung oder ein heimlicher Wunsch ist, eine alte Verletzung, die du auf deinen Partner projizierst, oder aber schlicht die Angst, die auftaucht, weil jemand dir nun wirklich nahe kommt und dich kennen lernt ... lasse dich darauf ein, herauszufinden, was deinem Körper und deiner Seele Grund gibt, in Alarmstellung zu gehen.

Wichtig dabei: Du musst nicht allein durch diesen Prozess gehen. Vielleicht erwartest du von dir, dich allzeit stark und eigendynamisch durchs Leben zu bewegen und alles allein zu meistern. Deine mitfühlende Ader kann in diesem Moment auch ein ungesundes Muster unterstützen, weil du eventuell dazu neigst, dir zu viel aufzuladen – eben nicht nur deine eigenen Herausforderungen, sondern auch die deiner Mitmenschen. Doch es kommen Zeiten, in denen nicht die anderen Hilfe und Unterstützung benötigen, sondern du. Bedenke immer: Erst, wenn du selbst in der Lage bist, voll und ganz das Konzept von gelebter Nächstenliebe anzunehmen und zu nutzen, kannst du es authentisch und mit dem Wissen um die tiefe Bedeutung der Gemeinschaft an andere weitergeben.

Wenn die Herausforderung für dich sehr stark ist, ist es kein Zeichen von Schwäche, dir Hilfe zu erbitten, im Gegenteil: Du sorgst für dich, indem du dich dafür entscheidest, dir das Geschenk der Gemeinschaft zu machen. Erlaube dir Coachings, gute Gespräche, schöne Zeiten mit Freunden, hilfreiche Literatur und entspannende Auszeiten. Du bist es wert.

➢ *Müdigkeit, Erschöpfung und Schuldgefühle*

Diese können ebenso einen Hinweis darauf bieten, dass du nicht bei dir bist, nicht aus deiner Kraft heraus agierst. Schuldgefühle können dadurch entstehen, dass du dich dauerhaft in der Wahrnehmung befindest, zu wenig zu geben und dem anderen etwas schuldig zu sein. Du verausgabst dich darin, dem anderen Raum zu schaffen und endest immer öfter im ausgelaugten Zustand und an einem nervlichen Limit. Dieses Verhalten kann für dich zum ungesunden Dauerkreislauf werden und eventuell sogar zu genau dem Ergebnis führen, welches du insgeheim zu vermeiden versuchst: Du möchtest deinem Partner jeden Grund liefern, bei dir zu bleiben, doch bewirkst dadurch eventuell das Gegenteil. Er spürt deine Angst und je unbewusster und unreflektierter diese Vorgänge zwischen euch beiden stattfinden, umso eher kann es zu Fluchtimpulsen aufgrund unerfüllter oder zu hoher Erwartungen kommen.

➢ *Darf dein Partner wissen, dass du kein Engel bist?*

Eine weit verbreitete Herausforderung unter Empathen in Beziehungen ist das „Guter- Mensch- Syndrom“: Um jeden Preis musst du derjenige sein, der unliebsame Gefühle wie Wut, Neid etc. unterdrückt, beziehungsweise mit diesen Empfindungen nicht viel zu tun hat. Als „der Gute“ trägst du somit auch die Verantwortung für alles, was in der Beziehung nett, freundlich, hilfsbereit und liebenswürdig daherkommt. Dein Partner erhält durch dein immerwährendes Verständnis die natürliche Erlaubnis, auch seine von dir ungeliebten Seiten auszuleben.

Doch auch du trägst das volle Farbspektrum an Charaktereigenschaften und Emotionen mit dir. Was auch immer du an deinem Partner insgeheim ablehnst und selbst nicht auslebst, mag etwas sein, was im unbewussten Teil deiner Seele munter weiterwächst. Es ist nicht fort, nur, weil es unsichtbar ist. Gönne dir daher den befreienden Akt der Versöhnung mit deinen ungeliebten Anteilen. Je tiefer du auch mit ihnen in Verbindung trittst und sie in dein Sein integrierst, umso weniger bist du davon abhängig, dass dein Partner sich verändern muss, um dir ein besseres Gefühl zu vermitteln.

Für deine mitfühlende Haltung hat dies immense Vorteile: Du kannst entspannter Grenzen setzen und Verhalten nicht dulden, denn es ist offensichtlich und bereit, in eurer Beziehung angesprochen zu werden. Du stehst nicht immerfort unter Druck, heimlich eine Veränderung deines Partners zu erwarten und währenddessen mit Verständnis und Empathie den Raum zu halten. So eingesetztes Mitgefühl wirkt sich extrem ermüdend auf dich aus und deine Energie wird dir für andere wichtige Lebensbereiche abhandenkommen.

Gesunde Beziehungen leben

Eine gesunde Beziehung gründet sich im Besonderen auf die Fähigkeit der Beteiligten, im ersten Schritt sich selbst das zu geben, was sie sich von ihrem Gegenüber wünschen. Wer sich selbst gut kennt und weiß was er benötigt, um sich gesehen, angenommen, respektiert und geliebt zu fühlen, kann dem anderen helfen, durch Kommunikation und Geduld die eigene Liebessprache zu erlernen.

Vermeide die Arbeit mit dir selbst nicht. Gehe offen und neugierig auf dein eigenes Innenleben ein. Dich wichtig nehmen, bedeutet, im Spiel zu bleiben und deine Bedürfnisse ernst zu nehmen. Es bedeutet, heiklen Gesprächen nicht auszuweichen. Was denkst du wirklich in Momenten des Konflikts, was ist deine Wahrheit zu diesem oder jenem Thema, wie lautet deine wahre innere Position? Weiß der andere um dieses und jenes Geheimnis deiner Seele? Was fürchtest du, was geschehen könnte, wenn er es erfährt? Glaubst du im tiefsten Inneren, dass du es wert bist, Raum einzunehmen und die Beziehung gleichermaßen mitzugestalten? Sind deine Gefühle, ob positiv oder negativ, wertvoll genug, um beachtet zu werden? Wie steht es um deine gesunden Erwartungen deinem Partner gegenüber? Hast du dich für jemanden entschieden, in dessen Gegenwart du dich respektiert und gesehen fühlst?

An deiner Partnerwahl kannst du meist schon erkennen, wie weit es um deinen Selbstwert steht: Wenn du jemanden erwählt hast, der deine Sanftmut ausnutzt, dich in deinem Mitgefühl für sein Wohlbefinden für selbstverständlich nimmt und sich für deine Belange wenig interessiert, darfst du etwas tiefer graben: Vielleicht kennst du dies bereits aus deiner Vergangenheit, deiner Kindheit und früheren Beziehungen: Du hast nicht erlebt, anderen wirklich wichtig zu sein und darfst in diesem Punkt deine Glaubenssätze noch einmal neu hinterfragen. Je mehr du in diesen Punkten heilst und deinen Standard anpasst, umso weniger wird es vorkommen, dass dein Mitgefühl ausgenutzt wird. Im Gegenteil: Wenn du kraftvoll dein offenes Herz in Liebe darbietest, werden deine Mitmenschen und auch dein Partner dankbar darum sein.

In einem solchen Prozess und mit viel Geduld bildet sich Stück für Stück eine vertrauensvolle Basis, in der auch die Balance zwischen Geben und Nehmen eintritt: Wenn du Nein sagst, wirst du erleben, dass dein Partner dies akzeptiert, weil er sogar schätzt, dass du gut für dich sorgst. Ein solcher Partner ist Gold wert.

Ein offenes Herz beibehalten

Das offene Herz – für Menschen, die sehr verletzt wurden, in sich schon ein bedrohlicher Ausdruck. Viele entscheiden sich aufgrund vergangener Erlebnisse dafür, zuerst die Verteidigungshaltung beizubehalten und vom anderen zu verlangen, dass er seine Vertrauenswürdigkeit unter Beweis stellt, bevor sie sich erneut oder überhaupt öffnen.

Mit einem offenen Herzen in einer Beziehung zu stehen, geht immer mit der Gefahr einher, verletzt zu werden. Je näher du einen Menschen in dein Leben und in dein Herz lässt und erlaubst, dass er dein Leben beeinflusst und mitgestaltet und somit zulässt, dass er dich tief und authentisch kennenlernt, umso intensiver können dir die Knie schlottern:

In einer nahen Beziehung kommt unter Umständen alles auf den Plan, was du als Single erfolgreich vermeiden konntest: Plötzlich sind deine Macken sichtbar, deine Empfindlichkeiten und wunden Punkte. Jemand erhält die Chance, dich jenseits deiner Schokoladenseite zu erleben und ruft damit die Frage nach deiner Liebenswürdigkeit und deinem Selbstwertgefühl auf den Plan. Mit jedem Tag darfst du tiefer auf die Reise gehen und erkunden, in welchen Bereichen du noch stark getriggert wirst, wo es dir schwerfällt, deinen Raum zu teilen und wie deine Ängste dein Verhalten beeinflussen.

Dein Mitgefühl kann hier auch als Schutzschild fungieren: Wenn du mit deinem Erleben stets bei deinem Partner bist und er Mittelpunkt eurer Beziehung ist, läufst du weniger Gefahr, tief verletzt zu werden, denn es geht selten um dich und dein Herz. Dies könnte eine heimliche Motivation sein, die sich hinter einem besonders mitfühlenden Herzen verbirgt. Außerdem kann dein Mitgefühl dich immer wieder von deinen eigenen Prozessen ablenken und dir willkommene Ablenkung von deinem eigenen Schmerz bieten.

Doch selbstverständlich ist Empathie, bewusst und unter Achtsamkeit auf deine Vermeidungsstrategien angewendet, ein sehr heilsames Werkzeug im Dienste einer gelingenden Beziehung. Wenn du dein „Wozu“ kennst und dein Mitgefühl achtsam einsetzt, um dein Herz immer weiter zugunsten deiner eigenen Heilung zu öffnen, kann es nicht nur für dein Gegenüber, sondern sogar für dich selbst ein Akt der Selbstliebe sein, deinem Gegenüber mit Mitgefühl zu begegnen.

Es kann dir außerdem helfen, dich immer wieder daran zu erinnern: Verständnis bedeutet nicht, alles auszuhalten und ertragen zu müssen. Wenn du dein Herz bewusst öffnest und dich verletzbar zeigst, stehst du auch in der Verantwortung, dich gesund zu schützen, indem du deine Grenzen freundlich, doch klar und deutlich vertrittst und damit für dich sorgst. Erlangst du auf diese Weise neues Vertrauen zu dir selbst und erlebst, dass du dich auf deine eigene Integrität verlassen kannst, kannst du auch deinem Gegenüber mit einer klareren Offenheit gegenübertreten. Du fühlst dich nicht ausgeliefert, sondern triffst eine bewusste Entscheidung zur Öffnung und zum liebevollen Miteinander. Du kommunizierst deine Bedürfnisse, begibst dich auf Augenhöhe mit dem anderen und bist bereit, sowohl dir selbst als auch ihm den angemessenen Raum in der Beziehung zu verschaffen.

Diese Haltung wird auch deiner Partner helfen, deine Grenzen zu wahren und dein Mitgefühl nicht mit Gutmütigkeit zu verwechseln. Je klarer dein charakterliches Profil für ihn ist, umso tiefer könnt ihr einander in eurem Wesen begegnen, euch ernst nehmen und im Prozess gemeinsam wachsen. Der Respekt, der an dieser Stelle wächst, wird als Schutzraum dienen, in dem Empathie freimütig und mit Vertrauen ausgelebt wird, ohne auf der Bremse zu stehen und aus Selbstschutzgründen das Mitgefühl im inneren Keller zu verstecken.

Das größere Bild der Beziehung

Auch, wenn du vielleicht kein besonders spiritueller Mensch bist, kann dir dieser Ansatz von großem Nutzen sein: Es lohnt sich immer, hin und wieder aus der kleinen Geschichte herauszuzoomen und sich neu bewusst zu machen, welches Ziel hinter der Entscheidung steckt, mit diesem Menschen gemeinsam durchs Leben zu gehen. Habt ihr das Gefühl, einander wirklich erkannt und gefunden zu haben? Möchtet ihr nur eine nette Zeit miteinander verleben, möchtet ihr nicht allein sein, das Gefühl des Verliebtseins genießen – oder hält euch ein gemeinsamer tieferer Sinn zusammen?

Paare mit einer sinnhaften Ausrichtung ihrer Beziehung auf etwas, das größer ist als sie selbst, beweisen mehr Durchhaltevermögen in ihren zwischenmenschlichen Herausforderungen, denn sie wissen: Es geht nicht nur um uns. Diese Beziehung ist nicht nur dazu da, uns ein gutes Gefühl zu vermitteln. Sie möchte uns für Tiefen bereichern, die wir allein vielleicht nicht erreicht hätten. Der Partner ist nicht mehr nur dafür verantwortlich, dich glücklich du machen oder umgekehrt, sondern ist Teil deiner Heilung, der Aufarbeitung von Verletzungen, Hinweis auf deine blinden Flecken und Unterstützung in all diesen Prozessen.

Vielleicht habt ihr euch eine gemeinsame Aufgabe ausgesucht, die in Richtung Berufung geht- Dies wird euch eine zusätzliche Basis bieten und euch helfen, nicht nur eure eigenen Belange im Blick zu behalten, sondern zugunsten eurer gemeinsamen Ausrichtung über eure kindlichen Befindlichkeiten hinwegzukommen, Vergebung zu praktizieren und immer tiefer den Sinn hinter eurer Verbindung zu erspüren.

In diesem Lichte erhält auch dein Mitgefühl einen anderen Stellenwert: Du setzt es für das größere Ganze ein, um eurer Beziehung zu einem Gelingen zu verhelfen, welches weit über das Level an gegenseitiger Bedürfnisbefriedigung hinausreicht.

Dies soll keine unangebracht heroische Haltung unterstützen, in der Verhaltensweisen geduldet werden, die dir oder dem anderen schaden, für die dann Verständnis erwartet wird. Eine solche Herangehensweise unterstützt einen heimlichen Machtkampf und kann zu einem falschen Verständnis von Aufopferung führen.

In einer gesunden Beziehung unterstützen die Partner einander dabei, voll und ganz in ihre Kraft zu kommen, von welchem Punkt aus auch immer sie starten. Dies bedeutet nicht die Abwesenheit von Leid und Schmerz. Doch im Segen des gegenseitigen Mitgefühls kann eine solch heilsame Atmosphäre geschaffen werden, die den Machtkampf auflöst und zu einem echten Miteinander führt.

Gesund angewandte Empathie ist nicht nur heilsam für den, der sie empfängt: Wenn du verstehst, was in deinem Partner vorgeht, kannst du auch tief deine eigenen Muster von Misstrauen und Selbstschutz durchschauen. Du lernst, nicht mehr jedes Verhalten deines Gegenübers auf dich zu beziehen und erkennst ihn in seinem Weg der Entwicklung und Reifung. Wenn er sich im Ton vergreift, musst du nicht mehr sofort explodieren und dich verteidigen, sondern kannst dein Mitgefühl anwenden, um zu verstehen, was den anderen dazu bewegt, sich auf diese Weise zu verhalten. Du belässt die Verantwortung für sein Verhalten bei ihm und ziehst Grenzen, doch verstehst trotzdem auf einer tieferen Ebene, welche Muster gegriffen haben und dass es nicht darum ging, dich zu bekriegen.

So kann Empathie wie eine Brücke wirken, von Herz zu Herz.

Inspiration

Nimm dir Zeit, um deine Gabe des Mitgefühls insbesondere für deine Beziehung zu durchleuchten.

- ⇨ Wofür setzt du deine Empathie ein?
- ⇨ In welchen Situationen kommt sie besonders zum Tragen und was sind die heimlichen Ziele deines Herzens bei ihrem Einsatz?
- ⇨ Wie erlebst du deinen Partner bei deiner gelebten Empathie? Ist er dankbar und sich deiner liebevollen Haltung bewusst? Ist das Ergebnis fruchtbar für eure Intimität und euer tägliches Zusammen sein? Hast du den Eindruck, dass dein Mitgefühl auf fruchtbaren Boden fällt?
- ⇨ Betrachte, wenn du möchtest, noch einmal tiefer deine Partnerwahl: Ist dein Partner eine Wahl auf Augenhöhe, in der Mitgefühl als gemeinsamer Wert gelebt wird, um euer Leben zum Besseren zu gestalten? Oder lebst du mit deinem Verständnis immer wieder einen alten Kreislauf nicht erfüllter Bedürfnisse oder alter Wunden?

- ⇨ Nimmt dein Partner mit seinem vielleicht negativen Erleben einer persönlichen Situation zu viel Raum in eurer Beziehung ein? Kommt es dazu, dass du durch dein Mitgefühl ständig in dessen Gefühlswelt steckst und es dir schwerfällt, in deiner Welt zu bleiben? Ist deine Empathie fruchtbar für einen Fortschritt in herausfordernden Situationen, oder fällst du damit eher mit in die Grube?
- ⇨ Erstelle eine Liste oder schreibe einen visionären Text darüber, wie dein Mitgefühl dein Leben und deine Beziehung positiv verändern soll und wie es auch im Leben deines Partners einen Unterschied macht. Nutze dieses Tool kraftvoll und im Bewusstsein deiner heimlichen Blockaden und Trigger, um immer das Ziel im Auge zu behalten. Wie kann Empathie in eurer Partnerschaft einem tieferen Ziel folgen, welches Heilung, Freude und echte Gemeinschaft bewirkt?

Empathie und Berufung

*„You are not a drop in the ocean.
You are the entire ocean in a drop."*

Rumi

Dein Leben ist wertvoll – jeder einzelne Tag, jede Minute birgt die Chance, durch deine Entscheidungen deinem Leben eine Richtung zu verleihen, die dich erfüllt, zu dir passt und dir und anderen dient, kurz: Du beeinflusst – wie wir alle – maßgeblich mit, in welche Richtung sich deine persönliche Welt und auch die deiner Mitmenschen entwickelt.

Als empathischer Mensch hast du wahrscheinlich schon oft erlebt, welch tiefgreifenden Unterschied eine mitfühlende Handbewegung, ein aufmerksamer Blick oder einige Minuten aktiven Zuhörens mit sich bringen. Mitgefühl bringt Trost, Unterstützung, eine Atmosphäre von Vertrauen und darauf aufbauenden authentischen, tiefen Beziehungen. Gelebte Empathie kann tatsächlich alles verändern, erst recht, wenn sie bewusst und kraftvoll angewandt wird.

So ist es von erheblicher Bedeutung und erfüllt dich wahrscheinlich auch mit freudiger Erwartung, dich damit auseinanderzusetzen, wie du dein mitfühlendes Herz beim Thema Beruf/ Berufung voll und ganz einbringen kannst.

Hast du zu deiner empathischen Ader eine positive Haltung und erlaubst, dass sie dir Türen öffnet und du dich damit auch ein Stück selbst verwirklichst? Vertiefen sich Beziehungen, bauen sich Ängste ab, verbessert sich das Arbeitsklima? Hast du ein Herz dafür, deinen Arbeitsplatz zu einem Ort zu gestalten, der von gegenseitigem Miteinander nur so trieft und an dem die Menschen authentisch und lebendig präsent sein dürfen, ohne eine „Arbeitsmaske" tragen zu müssen? Wünschst du dir, dass Persönlichkeit im Arbeitsalltag nicht draußen an der Tür abgelegt werden muss, sondern als Teil eines lebenswerten, milden Berufsumfeldes herzlich willkommen ist?

Deine Berufung zu leben, indem auch deine Empathie von maßgeblicher Bedeutung ist, kann deinem Leben einen tiefen Sinn verleihen. Reif gelebte Empathie zeigt sich zum Beispiel im Leben berühmter Persönlichkeiten wie Oprah Winfrey, Tony Robbins oder auch im deutschsprachigen Raum Veit und Andrea Lindau oder Laura Malina Seiler. Sie alle haben eins gemeinsam: Sie verstehen zutiefst die Sorgen, Sehnsüchte und Herausforderungen der menschlichen Existenz und einzelnen Individuen und haben es sich zur Aufgabe gemacht, mit ihrem Mitgefühl und ihrer empathischen Art Menschen einen Anker zu bieten, Hoffnung zu bringen und sie darin zu unterstützen, einen lebenswerten, heilsamen Weg einzuschlagen. Ohne Empathie wäre ihre Arbeit nicht, was sie ist.

Um deine Berufung zu finden und zu leben, musst du aber nicht im Rampenlicht stehen. Im Kern geht es darum, zu nehmen, womit du gesegnet bist und dies zum Wohle der Gemeinschaft treffsicher und fruchtbar auszuleben. Ein Grundbedürfnis des Menschseins ist es, sich gesehen, erkannt und verstanden zu fühlen. Das Gefühl der Trennung wird aufgehoben und bewirkt in Menschen die Erfahrung des Ankommens, der Verbindung und damit auch der Hoffnung auf bessere Zeiten, Glauben an das Gute und an die gemeinsame Kraft, mit der wir dem Leben eine sinnvolle Richtung verleihen können. Es mag pathetisch klingen, doch darum dreht sich im Kern unser ganzes Leben: Wir entstehen aus anderen Menschen, erblicken durch einen anderen Menschen das Licht der Welt, erfahren uns selbst im Kontakt mit anderen und fühlen uns dementsprechend durch lebendige, mitfühlende Beziehungen entweder in dieser Welt zuhause – oder eben nicht.

Wenn du als empathischer Mensch deine Begabung dazu einsetzen möchtest, ein Zuhause für Menschen zu schaffen, auf welche Art auch immer, trägst du damit etwas tief Sinnvolles zum Leben bei.

Vor- und Nachteile deiner Sensibilität

Der Einsatz deiner empathischen Ader bringt sowohl Chancen als auch Herausforderungen mit sich. Durch deine Sensibilität im zwischenmenschlichen Bereich überwindest du spielend Hürden, doch du gelangst auch an deine Grenzen.

Dein Mitgefühl befähigt dich beispielsweise, in Teamstrukturen Konflikte zu erkennen und durch gekonnte Kommunikation an deren Lösung beteiligt zu sein. Du blickst tief hinter die oberflächlichen Konfliktherde, denn du weißt: Der Kern des Problems ist selten das Symptom an sich. Du erspürst, was eigentlich hinter den Hahnenkämpfen zwischen Herrn Mauser und Frau Krever steht. Der Grund aller Ärgernisse für Frau Krever besteht nicht darin, dass Herr Mauser jeden Tag exakt zwei Minuten zu spät kommt, seine Kaffeetasse überall stehen lässt und am Ende noch die Beförderung erhält, während Frau Krever minutiös und exakt arbeitet, fristgerecht Termine einhält und ihren Arbeitsplatz immer in bester Ordnung hält. Im Kern trägt Frau Krever in sich einen viel tieferen Schmerz als den um die in ihren Augen ungerechte Beförderung. Dieser Schmerz hält sich wahrscheinlich sogar in einem anderen Bereich ihres Lebens auf als bei ihrer Arbeit. Du bist in der Lage, in ihrem Verhalten, ihrem Blick, ihrer Ausstrahlung zu lesen, was sie tief im Inneren beschäftigt und kannst durch deine kommunikativen Fähigkeiten, dein Verständnis und deine vermittelnde Art in diesem Konflikt Licht ins Dunkel bringen.

Empathie ist somit eine hervorragende Fähigkeit zugunsten beispielsweise mediatorischer oder beratender Berufsfelder. Auch im „einfachen“ Dienst an anderen Menschen finden viele Empathen Erfüllung: Sie erkennen, wie wertvoll eine gemütliche Nacht in einem romantisch und sauber eingerichteten Hotelzimmer sein kann und freuen sich daran, ihren Mitmenschen beispielsweise durch ihren einfachen Dienst mit Reinigungsarbeiten oder auch eine professionelle Massage eine Auszeit zu gönnen, die Körper und Seele erfrischt.

Im Bereich der Selbstständigkeit und in Leitungspositionen ist Empathie hoch gefragt: Du bist fähig, ein Team zusammenzustellen, welches zwischenmenschlich gut zusammenpasst, kannst Klienten da abholen, wo sie stehen, ja, selbst im Verkaufsbereich ist Empathie gefragt: Du spürst genau, was dein Kunde braucht und wie du ihm zu einem Kauferlebnis verhelfen kannst, welches ihn glücklich nach Hause gehen lässt.

Die Frage nach dem tieferen Sinn ihrer Arbeit beschäftigt Empathen oft existentiell. Sie ertragen Situationen nicht lange, in denen sie sich am falschen Einsatzort wähnen, keinen Unterschied machen und ihr Wirken keinen tieferen Sinn erfüllt, der Menschen bereichert. Ihre Sensibilität führt dazu, dass sie zwischenmenschliche Konflikte nicht gut ertragen. Sie verfügen über kein dickes Fell, welches es ihnen leicht machen könnte, die Befindlichkeiten von Mitarbeitern oder Arbeitgebern unbewegt wegzustecken.

Du verstehst kleine Provokationen als Kampfansage, überbewertest kritische Aussagen oder setzt dich eingehend mit möglichen Mitteilungen zwischen den Zeilen auseinander: Deine Empathie kann dir dadurch eine Falle stellen, so dass du dich so intensiv mit Geschehnissen auseinandersetzt, dass es dir schwerfällt, in der Leichtigkeit zu bleiben und loszulassen.

Achtsamkeit ist auch beim Thema Ausbeutung vonnöten: Viele empathische Menschen haben damit zu kämpfen, dass ihre Leistung selbstverständlich genommen wird. Sie fühlen sich nicht wohl dabei, eine faire Bezahlung einzufordern, obwohl ihnen wahrscheinlich sogar einleuchtet, dass sie es verdient haben. Der Grund liegt sowohl in persönlichen, noch unaufgelösten Mustern als auch im gesellschaftlich noch unveränderten Konsens, dass Arbeit, die einer Berufung entspricht und Freude bereitet, in vielen Segmenten nicht das Recht auf gute Bezahlung hat. „Das ist doch auch Werbung für dich“, hören Menschen zum Beispiel oft in der Kunst- und Kulturbranche. „Wir haben als kleine Firma einfach nicht die finanziellen Möglichkeiten, dich zu entlohnen.“ Empathische Menschen sind dann eine leichte Beute, besonders wenn auf die Mitleidsdrüse gedrückt wird.

Lass dich an dieser Stelle daran erinnern: Du darfst auch als zutiefst mitfühlender Mensch Nein sagen und eine Grenze setzen. Bedenke immer: Wer dich wirklich schätzt und deine Dienste für unersetzlich hält, wird es sich etwas kosten lassen, dich zu beschäftigen. Dies untermauert auch deinen persönlichen Wert, an einem Ort wirklich richtig zu sein und einen Unterschied zu machen. Wenn sich an deiner Stelle einfach jemand anderes findet, der deinen Job macht, darfst du getrost deine Energie an einem anderen Ort einsetzen, an dem sowohl Entlohnung als auch Respekt angemessen geboten werden. Diese Haltung ist keine Arroganz: Du entscheidest dich, nur auf der Hochzeit zu tanzen, zu der du wirklich kommen möchtest. Es ist dir wichtig, an einem Ort dein ganzes Herz einzubringen und gute Arbeit zu leisten. Um dies zu ermöglichen, ist es von Bedeutung, dass die Aspekte, die dir für ein gutes Gefühl im Job geben, erfüllt werden.

Zu guter Letzt darfst du dich noch dem Thema Privatleben und persönlicher Zeit widmen: Viele mitfühlende Menschen arbeiten ihrer Begabung nach in Berufen im Dienst an Menschen mit zum Teil tragischen Schicksalen. Sie tragen diese Menschen nicht als Projekt mit sich herum, sondern erkennen das Wesen des Gegenübers, widmen sich ihrer Aufgabe mit ganzer Seele und arbeiten nicht einfach nur eine Liste ab. Unter Umständen kann es daher schwerfallen, Arbeit und Privatleben zu trennen und sich Zeit für sich selbst und die eigenen Belange und auch zum Abschalten zu nehmen.

Vielleicht kommen dir folgende Gedanken bekannt vor: „Ich habe nicht das Recht, es mir gut gehen zu lassen, wenn es anderen so schlecht geht." „Wenn ich noch etwas mehr investiere, kann ich anderen Menschen noch mehr helfen." „Ich sollte meinen Standard zurückschrauben." „Ich habe nicht das Recht mich zu beschweren." Ein solches Denken offenbart dein tief liebendes und mitfühlendes Herz, kann aber auch auf noch etwas anderes hinweisen:

Hier lohnt sich wieder der Blick in die Vergangenheit: Hast du dir vielleicht als Kind schon eine Art Wertgefühl durch den Dienst an anderen vermittelt? Gab man dir Raum, um Hilfe zu erbitten, getragen zu werden, wurdest du ernst genommen in Gefühlen des Schmerzes und des Leides?

Deine Berufswahl ist oft nicht nur ein Hinweis auf deine Begabung, sondern kann auch auf schmerzhafte Muster einen Hinweis geben. Wenn du möchtest, nimm dir Zeit, um zu reflektieren, wie in diesem Bereich deine Schwierigkeiten entstanden sind, abzuschalten und dir ohne schlechtes Gewissen Zeit für dich zu nehmen.

Dein Herz sehnt sich einerseits danach, die bestehende Ordnung für Körper, Seele und Geist der Beteiligten zu verbessern, andererseits brauchst du selbst eine nährende Umgebung, die es dir ermöglicht, von deiner empathischen Gabe nicht erdrückt zu werden.

Wenn du dauerhaft in einem Umfeld wirkst und arbeitest, welches dir nicht entspricht, stehst du unter dem Risiko, dir auf die eine oder andere Weise Schaden zuzufügen.

Daher ist die Frage nach der Berufung oft so untrennbar mit der Berufswahl verknüpft: Du verbringst wahrscheinlich einen großen Teil deiner Zeit mit deiner Arbeit und darfst dir als empathischer Mensch das Ziel setzen, deine Arbeit lieben und genießen zu können, darin voll und ganz aufzugehen und somit nicht nur das Leben anderer Menschen zu verbessern, sondern auch deine eigene Lebenszeit so wertzuschätzen, dass das Thema Glück für dich an erster Stelle steht.

Empathie als Leuchtturm – finde deine Berufung durch Mitgefühl

Unsere Welt ist stark im Wandel und benötigt mehr denn je Menschen, die sich darauf ausrichten, mit dem, was sie tun, einen Mehrwert nicht nur für sich, sondern auch für ihre Mitmenschen zu kreieren. Kaum etwas ist dabei hilfreicher als ein mitfühlendes Herz, welches die anstehenden Bedürfnisse in der Umwelt wahrnehmen und darauf reagieren kann. Soforthilfe in Zeiten, in denen Menschen sich nach Halt und Orientierung sehnen, kann durch schwere Krisen begleiten und uns dabei unterstützen, einander den Weg zu weisen.

Wenn wir wissen möchten, wohin es geht, brauchen wir eine Vision. Ein sinnstiftender Weg geht immer mit aktuellen Gegebenheiten und Bedürfnissen einher. Empathisch kannst du erspüren, an welchem Punkt in deinem Leben sowohl du selbst als auch andere sich befinden und danach deine Handlungen ausrichten. Du kannst in Erfahrung bringen, welche Ziele kurz- und welche langfristig erreicht werden möchten, einen Plan erstellen, um deine Vision umzusetzen und deine Begabung als maßgebendes Element mit einbeziehen. Lernst du, deine natürlichen Fähigkeiten an der Umsetzung deiner Ziele zu beteiligen, fällt es dir viel leichter, ausgerichtet und Energie sparend, sogar Energie gewinnend zu handeln.

Das Thema Berufung unterteilt sich in zwei Bereiche: Das große Ganze und dein Beitrag dazu. Woran glaubst du wirklich? Bist du davon überzeugt, dass die Welt einem größeren Plan folgt? Stehst du für Gerechtigkeit? Welche Themen bewegen dich zutiefst, welches ist deine persönliche Brille, durch die du Geschehnisse wahrnimmst und interpretierst? Es gibt an dieser Stelle kein richtig und falsch. Du musst nicht auf eine bestimmte Art spirituell sein oder besonders politisch aktiv, die eine oder andere Perspektive vertreten oder besonders intellektuell daherkommen. Dein Leitfaden darf das sein, was dich persönlich zum Leuchten bringt, die Tätigkeit, das Thema, die Überzeugung, der du persönlich einen tieferen Sinn abgewinnen kannst. Selbst, wenn du der Ansicht bist, dass das Leben nichts Wichtigeres beinhaltet, als Spaß zu machen und Leichtigkeit zu leben, dass nicht hinter allem eine tiefe Erkenntnis stehen muss und du dein Glück in guten Büchern und schönen Urlauben findest, ist dies absolut legitim. Es kann eines Menschen Berufung entsprechen, die besten Brezeln der Stadt zu backen, Hochzeitskleider zu entwerfen oder stundenlang für das Wohl der Welt zu meditieren. Die große Frage lautet nur: Findest du dich selbst, deine Leidenschaft und Begabung in deiner Tätigkeit wieder und hast du das Gefühl, voll und ganz du selbst sein zu können? Was ist dein persönliches großes Ganzes und was möchtest du dazu betragen, um es wachsen und gedeihen zu sehen?

So findest du deine Berufung

Folgende Aspekte möchten dich darin unterstützen herauszufinden, an welchem Punkt auf dem Weg zu deiner Berufung du gerade stehst und welche Schritte du einleiten kannst, um deinen Pfad in diesem Bereich weiterzuverfolgen:

- **Finde den roten Faden deines Lebens**

Wenn du dich noch ganz am Anfang der Frage nach deiner Berufung findest, kann dieser Ansatz dir wertvolle Hinweise geben: Einen authentischen Blick auf deine mögliche Berufung ergibt eine Übereinstimmung zwischen deinen Interessen/Leidenschaften, deinen faktischen Handlungen und deinen inneren Werten und Überzeugungen. So kannst du ihnen auf die Spur kommen:

Was hat dich schon immer begeistert? Was hat dein Herz schon als Kind höherschlagen lassen? Gibt es Hinweise auf eine besondere Begabung oder ein tiefes Interesse? Mit welchen Menschen hast du dich schon immer gern umgeben und wie hast du mit ihnen Beziehung gepflegt? Welche Tools hast du angewendet, um mit ihnen in Kontakt zu treten? Bist du kommunikativ interessiert und begabt? Hast du dich künstlerisch und kreativ ausgedrückt? Glänzt du mit Spürsinn und Interesse an bestimmten intellektuellen Themen? Wofür bist du im Laufe deines Lebens bekannt geworden?

All diese Fragen können dir weiterhelfen, dein Leben sowohl von innen als auch von außen aus anderen Perspektiven zu betrachten und zu erkennen, wo es Übereinstimmungen zwischen deiner Herzenswelt und dem Feedback deiner Umwelt gibt. Diese Übereinstimmungen kannst du auf ihre Bedeutung für dich selbst hin überprüfen: Entspricht es deinen persönlichen Werten, dass du beispielsweise enorm viel Zeit dafür aufwendest, auf dein Äußeres zu achten? Ist es einfach etwas, das dich begeistert und einen Hinweis auf deine Berufung geben kann? Oder ist es lediglich ein Zeichen für einen Versuch, von deiner Umwelt Anerkennung und Liebe zu verdienen?

Wenn du so deine *Handlungen* und *Leidenschaften* mit deinen *Werten* abgeglichen und in Übereinstimmung gebracht hast, kannst du den roten Faden deines Lebens fest in der Hand halten und dich daran zu den nächsten Schritten entlanghangeln.

➢ Spüre Glaubenssätze auf, die dich davon abhalten, deine Berufung zu leben

Deine heimlichen Glaubenssätze beeinflussen dein Leben im Untergrund unbehelligt, so lange, bis du sie an die Oberfläche holst und sie entmachtest oder entsprechend verstärkst, indem du sie dir bewusst machst, auf ihre Herkunft überprüfst und entsprechend untermauerst oder auflöst. Alles, was wir im tiefsten Inneren unseres Herzens glauben, selbst, wenn es vollkommen absurd erscheint, beeinflusst unsere Realität maßgeblich. So ist es durch bewusste Reflexion möglich, herauszufinden, warum du beispielsweise immer wieder im Job ausgenutzt wirst oder dich nicht traust, dich auf eine Stelle zu bewerben, die dir wirklich zusagen würde. Was denkst du im tiefsten Inneren über dich selbst, deine Stellung in der Welt und deinen Beitrag zum großen Ganzen?

Typische Glaubenssätze zum Thema Berufung können sein:

- ◊ Ich kann das nicht.
- ◊ Ich bin zu dumm.
- ◊ Niemand glaubt an mich.
- ◊ Mir fehlt das Geld, mir fehlt die Zeit, …
- ◊ Ich kann mir selbst nicht vertrauen.
- ◊ Ich habe das noch nie woanders gesehen, darum darf das nicht sein.
- ◊ Ich werde nicht ernst genommen.
- ◊ Dafür gibt es keinen Markt, ich werde nicht gebraucht.

➢ Überprüfe dein Umfeld – kann deine Berufung dort wachsen?

Freundschaften, Umgebung und gestalterische Möglichkeiten sind wichtige Parameter zur Gestaltung eines erfolgreichen Wegs in deine Berufung. Zum einen brauchst du Freundschaften, in denen Empathie nicht nur aus- sondern auch eingeht. Wenn du mit den Menschen deines engsten Umfeldes über deine Träume sprichst, ist es wichtig, ermutigendes und bestärkendes Feedback zu erhalten. Am wenigsten kannst du gebrauchen, dass Menschen deine Ideen ungefragt kritisieren und dir negatives Feedback geben, ohne dass du darum gebeten hast. Achte darauf, deine Träume zu beschützen: Ein Leben voller Mitgefühl beinhaltet nicht nur, dass du empathisch bist, sondern auch – im positiven Sinn – erwartest, dass Empathie dich in deinem Weg stärkt.

Die Aufgabe deiner Freundschaften ist es, als sicherer Hafen zu fungieren, in dem deine Träume sich entwickeln und damit greifbar werden können. Wähle dir Menschen als Gefährten, die dir ehrlich Feedback geben, wenn du sie darum bittest, dich nicht verurteilen und die achtsam mit ihren eigenen Triggerpunkten umgehen, sie also nicht auf dich und deinen Weg projizieren. Ein Traum kann in Sekundenschnelle durch ein unempathisches Wort zerstört werden. Du musst dir wichtig genug sein, deine tiefsten Wünsche nur mit den Menschen zu teilen, die deine Gedanken als wertvolle Schätze betrachten und dementsprechend damit verfahren.

Auch die materielle und örtliche Umgebung kann für die Entwicklung einer Berufung von enormer Bedeutung sein, auch wenn man meinen sollte, dass sie zu vernachlässigen sei, weil vorrangig das Innere zählt. Grund dafür ist die Tatsache, dass die Umgebung uns maßgeblich beeinflusst. Wir werden, was wir täglich ansehen. Nicht umsonst sind viele Menschen in Einsamkeit oder Dunkelheit depressiv oder empfinden eine gewisse Enge in einer überfüllten Stadt. Schönheit im Außen kann Schönheit im Inneren hervorlocken. Von innen nach außen zu leben, ist immer die beste Variante, doch es kommen immer wieder Zeiten, in denen du dir selbst helfen kannst, eine schwierige Phase zu überwinden, indem du dir eine Umgebung schaffst, die es dir ermöglicht, eine neue Haltung einzunehmen, erhellenden Gedanken zu folgen und dich selbst auf positive Art und Weise gespiegelt zu fühlen. Deine Umwelt zeigt dir immer einen Teil deines Seelenlebens. Wenn du in Richtung deiner Berufung steuerst, hilft dir eine passende Umgebung, die die Teile in dir anspricht, die nötig sind, um deinem Ziel näher zu kommen. Alles, worauf du dich richtest, wird wachsen. Darum ist es gar nicht unbedeutend, wenn du dich zum Beispiel entscheidest, im aktuellen Stadtleben mehr Natur in deine Umgebung zu bringen, wenn du in Zukunft in der Natur leben möchtest. Lass dich inspirieren. Erlebe dich selbst in der Umgebung, die du dir für deine Zukunft wünschst.

Ebenso verhält es sich mit gestalterischen Möglichkeiten: Wenn dein Geist sich weiten und Ideen folgen möchte, du aber dauerhaft in einem kleinen Zimmer am Rande eines Dorfes lebst, welches nur zehn Einwohner, kein Geschäft und wenig Input bietet, wird es dir schwer fallen und du musst viel mehr Hürden überwinden, um an neue Handlungsmöglichkeiten zu gelangen. Der Weg zu anderen Menschen ist weit, du gibst viel Geld für Reisekosten aus und deine Inspiration ist mehr auf das Internet begrenzt als auf die reale Welt. Wenn du materielle Ressourcen brauchst, an die du nur schwer gelangst, wird der Weg zur Erfüllung des Traums holperig. Reflektiere darum genau, wo du gerade stehst und was du brauchst, um voranzukommen. Du musst dich nicht in Stress versetzen, wenn du realisierst, wie viel noch zu tun ist. Konzentriere dich nur auf den nächsten richtigen Schritt und gönne dir viele Phasen der Selbstliebe und Erholung auf deinem Weg. Und bedenke immer: Die richtigen sozialen Kontakte können dir wundersame Inspiration und neue Ideen liefern.

➢ Denke aus der Box heraus

Mit den Jahren, die du mit dir selbst durchs Leben gehst, entwickelst du ein bestimmtes Bild von dir selbst und dem, wie du dich siehst. Du meinst, dich gut zu kennen und zu wissen, was du magst und was nicht. Du glaubst, mit deinen Stärken und Schwächen und kompatiblen Welten bekannt zu sein.

Bedenke, dass du dich als menschliches Wesen immer in Entwicklung befindest. Du bist wie eine Blüte, die sich mit der Zeit Stück für Stück entfaltet. Immer wieder kommt Neues zum Vorschein, das sich integrieren möchte. Daher bleibt es immer spannend, sich selbst besser kennen zu lernen und unter Umständen stößt du auf Neuigkeiten, die du vorher von dir selbst nie erwartet hättest. Vielleicht standest du noch nie auf einem Surfbrett und hast bisher nie darüber nachgedacht. Doch irgendwann zeigt sich ein neuer Teil deiner Persönlichkeit, der mit dieser neuen Idee in Resonanz geht – schon ist ein neuer Aspekt deiner Persönlichkeit und Interessen ans Tageslicht getreten. Diese Entwicklungen können dir auf deinem Weg in die Richtung deiner Berufung ein Licht sein. Erwarte auch von dir selbst immer wieder Neues und lass dich überraschen.

Auch andere Freundeskreise passen in diese Kategorie. Besonders, wenn du dich in deinem Leben an einem Scheideweg, beziehungsweise Entwicklungsschritt befindest, kannst du dich neu ausrichten und dich fragen: „Wer möchte ich sein? Welche Werte vertrete ich, welche Menschen passen dazu und in welchem sozialen Umfeld kann ich wachsen, über das ich bisher vielleicht noch gar nicht nachgedacht habe? Möglicherweise entdeckst du ganz neue, verbindende Elemente, wie eine bestimmte spirituelle Richtung, ein besonderes Interesse oder eine kreative Ader. Du darfst dir sicher sein: Die passenden Menschen dazu sind dort draußen! Du bist ihnen bisher noch nicht begegnet, weil du noch nicht darauf ausgerichtet warst.

Beachte in diesen Prozessen immer: Dein Bauchgefühl hat Recht. Wenn etwas dir seltsam vorkommt, du Widerstand spürst oder das Gefühl hast, nicht du selbst sein zu können, kannst du zwar reflektieren, ob es etwas innerlich aufzulösen gilt, doch wenn das Gefühl bleibt, darfst du dir vertrauen. Du musst nirgendwo hineinpassen. Echtes Mitgefühl beginnt bei dir. Vielleicht hast du Angst und denkst: „So wie ich wirklich bin, finde ich niemanden, der zu mir passt." Doch sei dir sicher: Wenn du mutig zu dir stehst und dich zeigst, werden die richtigen Menschen auftauchen. Der Prozess lohnt sich!

➢ Welche Gedanken sind nicht hilfreich?

Deine Gedanken bestimmen maßgeblich die Richtung, in die dein Leben verläuft. Wenn du dich darauf ausrichtest, immer Menschen zu begegnen, die dich ablehnen, für schwach halten und deine Empathie nicht schätzen, wirst du selten Menschen begegnen, die dich anders wahrnehmen. Entscheide daher mutig, undienliche Gedanken über eine Situation, dich selbst und andere loszulassen.

Besonderes Augenmerk darfst du Situationen schenken, in denen du dich wirklich in einer misslichen Lage befindest. Innere und äußere Krisen können sich wie dunkle Gewitterwolken und schwarze Schleier anfühlen, die niemals zu Ende gehen. Wenn deine Gedanken nicht bewusst unter die Lupe genommen werden, können sie dich immer tiefer in Hoffnungslosigkeit treiben.

Erkenne daher als ersten Schritt an, dass deine Lage gerade „unter null" liegt. Du kannst und musst von diesem Punkt aus nicht in deine Berufung springen. Du darfst erst Selbstfürsorge in allen wichtigen Bereichen an den Tag legen, um wieder einen neutralen Nullpunkt zu erreichen, von dem aus du langsam und geduldig in eine gestalterische Richtung aufbrechen darfst. Es ist vollkommen in Ordnung, solche Phasen zu durchleben. Meist lernen wir gerade hier am meisten. Unser Charakter formt sich in Momenten der Grenzerfahrungen. Richte dich darauf aus, dass diese Situation dir dienen wird und du eine Menge Geschenke daraus mitnehmen möchtest. Sei beobachtend, aufnehmend, lernend. Ermutige dich mit dem Gedanken: Das Leben meint es nicht persönlich. Du bist keine besonders verhasste Zielscheibe für Schicksalsschläge. Du bist lediglich herausgefordert zu wählen, wie du die Situation interpretieren möchtest. Deine Haltung entscheidet über den Ausgang der Situation und kann dich lehren herauszufinden, wer du bist, wie du persönlich damit umgehen möchtest und welche Ressourcen aus deinem Fundus von Charakter, Haltung, Begabung und äußeren Gegebenheiten du nutzen kannst, um dieser Situation die gewünschte Wendung zu verleihen.

➢ Wie kannst du einen Plan zur faktischen Umsetzung erstellen?

Nutze hier dein empathisches Gefühl ganz gezielt: Empathie bedeutet nicht nur, sich in andere Menschen hineinzuversetzen, sie ist auch die Basis für deine Vorstellungskraft hinsichtlich deiner Zukunft. Je klarer du nicht nur sehen, sondern auch fühlen kannst, wie sich ein zukünftiges Szenario gestalten könnte, umso ausgerichteter kannst du in die Umsetzung gehen. Entscheide zuerst, inwieweit die Gabe des Mitgefühls Teil deiner Berufung ist und welchen Stellenwert sie für dich einnehmen soll. Dabei kannst du folgende Punkte beachten:

◊ *Wie viel Auszeit brauche ich für mich, um immer wieder bei mir anzukommen und neu aufzutanken?*

Diese Frage stellt sich insbesondere im Hinblick auf Zeitmanagement. Wenn du weißt, dass du aufgrund deiner Sensibilität nicht für eine Vierzigstundenwoche gemacht bist, tust du gut daran, dies in deine Planung mit einzubeziehen. Erlaube dir, aus der Box herauszudenken. Nur, weil viele andere Menschen der Überzeugung sind, dass die Basis des Erfolgs Überarbeitung und Verzicht bedeuten, muss dies nicht für dich gelten. Mach die Regeln der Empathie zu deinem persönlichen Maßstab. Deine wichtigen Parameter sind Erholungszeiten, dein Bedürfnis nach Ruhe und

Ausgeglichenheit und deine Sehnsucht nach echten Kontakten voller Verständnis, Ermutigung und Intimität. Du unterscheidest dich womöglich sehr stark von den Bedürfnissen eines Menschen, der rational und wenig emotional beteiligt sein Lebensmodell kreiert. Daher musst du seine Parameter nicht als deine benutzen; sie sind für dich nicht brauchbar.

◊ *Welches ist die Zielgruppe meines Dienstes an Menschen, für wen ist meine Berufung gedacht?*

Berufung ist dann erfüllend, wenn sie einen Dienst an anderen Lebewesen beinhaltet. Ja, dies kann auch Tier oder Natur sein, es müssen nicht andere Menschen sein, denen du deine Empathiefähigkeit widmest. Wichtig zu beachten ist, dass du eine Zielgruppe erwählst, die dich nicht aussaugt und auf deren Bedürfnisse deine Begabung passt, ohne dass du dich verbiegen musst. Es nutzt niemandem, wenn du meinst, du müsstest unbedingt die größte vor dir liegende Not adressieren, dazu jedoch keine Tools oder Fähigkeiten hast. Wenn vor deiner Haustür jemand auftaucht, der zehntausend Euro benötigt, du jedoch nur noch fünf Euro im Portemonnaie hast, bist du nicht der Mensch, der ihm weiterhelfen kann. Wenn jedoch jemand in Tränen aufgelöst ein offenes Ohr braucht und dein Herz in Mitgefühl bewegt wird, du den natürlichen Zug spürst, helfen zu wollen, und eine gemeinsame Sympathie als Grundlage vorliegt, bist du genau der Richtige.

◊ *Kann/möchte ich mich in einem Bereich weiterbilden, der mir für meine zukünftige Vision dient?*

Wenn dir ein bestimmtes Zertifikat fehlt, du Interesse an einem Bereich hast, in dem du noch Wissen benötigst, oder eine wichtige Erfahrung dir zu deiner Berufung fehlt, zögere nicht, in die Umsetzung zu gehen! Wenn die Weiterbildung noch nicht deine Berufung ist, aber ein Schritt dorthin, bist du bereits auf dem richtigen Weg. Achte auch hier darauf, dass es sich stimmig anfühlt und du bereit bist, für den neuen Schritt Platz zu machen und Altes gehen zu lassen. Umstrukturierungen im Alltag sind eventuell vonnöten, vielleicht eine andere Betreuungszeit für deine Kinder, unterstützende Kontakte, ein Teil deines Geldes für Beratungsgespräche oder vielleicht sogar ein Umzug oder eine Bewerbung auf eine Stelle, an die du dich bisher nicht getraut hast. Doch wenn du spürst, dieser oder jener Schritt ist der richtige und du hast keine Bauchschmerzen, die dich auf einen Fehltritt hinweisen, trau dich. Bedenke klug die möglichen Folgen deines Schrittes und ignoriere mögliche Risiken nicht, doch geh mutig voran, wenn du dir sicher bist. Eine Weiterbildung auf die eine oder andere Weise kann dir auch Hinweise auf noch unbekannte Talente und Interessensbereiche geben, die dir im Hinblick auf deine Berufung dienen können.

◊ *In welcher Umsetzungsphase befinde ich mich aktuell?*

Eine Analyse des aktuellen Standes und ein realistischer Zeitplan für deine geplanten Handlungen wird dir helfen, zielgerichtet zu handeln und deine Energie in sinnvolle Schritte zu investieren. Stelle dir zum Beispiel die Frage danach, wo du dich in drei, fünf oder zwölf Monaten siehst. Welche Schritte sind wann an der Reihe? Es ergibt zum Beispiel wenig Sinn, einen Kredit für eine Therapiepraxis auszugeben oder bereits Klienten anzuwerben, wenn dir noch ein Zertifikat fehlt. Visualisiere das Ziel und richte die Schritte nacheinander aus. Versetze dich mithilfe deiner empathischen Begabung in deine Zielgruppe hinein oder in das Gesicht deines Projektes, deiner Firma, deines Wohnortes. Betrachte diese Welt mit deinen inneren Augen, deinem Körpergefühl und deiner Intuition. Gehe den Weg über die Wochen, Monate und Jahre durch, stelle dir vielleicht sogar vor, welche Person du beim Ausleben deiner Berufung sein wirst. Deine Empathie kann dir sogar dabei helfen, einen Rat deines zukünftigen Ichs für deine Gegenwart zu erhalten, wenn du dir vorstellst, du stündest leibhaftig vor dir und könntest mit all deinen Sinnen eine echte Begegnung erfahren. So können dir neue Hinweise und Ideen auch bezüglich der richtigen Zeit für deine Pläne zugetragen werden.

➢ Vertraust du in die Bedeutung deiner Begabungen und in deinen Instinkt?

Noch einmal die Frage nach deinem Vertrauen in dich selbst: Bist du der Meinung, dass du hier auf dieser Erde einen Unterschied machst? Fürchtest du heimlich, dass es vollkommen unerheblich ist, ob du nun zur Tat schreitest oder nicht? Hinterfrage an dieser Stelle offen deine Glaubenssätze. Vielleicht kommst du zu dem Ergebnis, dass es sich lohnt, in deine Berufung zu treten, wenn du nur einem einzigen Menschen oder anderen Lebewesen damit helfen kannst. Vielleicht erkennst du, dass du dein Leben lang gelernt hast, dass deine Anwesenheit nicht zählt und entscheidest dich, diese Geschichte als deine bisherige Wahrheit zu verlassen, um einem anderen Weg zu folgen.

Dein Instinkt, besser deine Intuition baut sich nicht nur aus deinen Erfahrungen auf. Sie ist tief in dir ein Teil deiner und auch der Vergangenheit und Lebenswelt deiner Eltern und wichtigen Bezugspersonen. C.G. Jung sagte: „Ich bin, weil die anderen sind." Dein Charakter, deine Sicht auf die Welt und dein Lebensgefühl bilden sich nicht nur aus dir selbst, sondern auch aus dem Einfluss deiner Umwelt. Daher ist es so wichtig, zu entscheiden, mit wem du dich umgeben möchtest. Die wachsende Wahrnehmung deiner Intuition ergibt sich aus deinen Erfahrungen, Überzeugungen, deiner inneren Wahrheit und deiner Vorstellung von dem, wer du sein möchtest. Intuition unterscheidet sich von deinem natürlichen Warnsystem vor Gefahren: Letzteres ist vor allem dafür zuständig ist, dich vor erneuten negativen Erfahrungen zu schützen. Deine Intuition folgt immer deiner inneren Wahrheit, die an dieser Stelle nicht als gut oder schlecht bewertet werden kann. Sie entspricht schlicht deiner tiefsten Überzeugung. Deine innere Wahrheit geht tiefer als dein Instinkt für Gefahren. Sie orientiert sich an deinen Werten und birgt daher tiefe Heilungschancen für das Vertrauen in deine persönliche Wahrnehmung, deine Weltsicht und deine Entscheidungen bezüglich deines persönlichen Lebensweges.

Tipps und Tricks im Alltag von Beruf und Berufung:

- ⇨ Übe aus Selbstliebe, bei dir zu bleiben. Wenn du dazu neigst, unfreundliches Verhalten oder ein Missverständnis zu überinterpretieren und dir Sorgen um die Zuneigung deines Gegenübers zu machen, erinnere dich immer wieder daran, dass du nicht die Hauptverantwortung für das Gelingen einer guten Atmosphäre tragen musst: Du bist zwar darin begabt, doch nur gemeinsam und auf Augenhöhe kann ein harmonisches Miteinander geschaffen werden.
- ⇨ Deine Berufung ist einer der wichtigsten Bereiche deines Lebens: Wenn du das Bedürfnis danach verspürst, deinem Alltag einen tieferen Sinn abzugewinnen, gib diesem Wunsch nach. Sei es dir wert, dein Dasein nicht zu fristen, sondern eine Tätigkeit zu finden, die dir und deinem Wesen voll und ganz entspricht und deine Werte untermauert.
- ⇨ Umgib dich mit Menschen, die deinen Traum unterstützen und ähnliche Werte vertreten. Als empathischer Mensch ist es von erheblicher Bedeutung, dass du in einem sozialen Gefüge ankommst, in welchem du dich genährt und unterstützt fühlst und in gemeinsamen Gesprächen eine Spiegelung dessen erlebst, was dich in deiner Essenz ausmacht und dir ein gutes Selbstwertgefühl verleiht. Vermeide es, deine tiefsten Träume Menschen zu offenbaren, von denen du bereits weißt, dass sie dein inneres Feuer durch ihre Reaktion eher schwächen und dir das Gefühl geben, verkannt zu werden. So schützt du das, was dir wichtig ist, vor liebloser und destruktiver Kritik und sparst Energie für die Kontakte, die dir Kraft geben.

Inspiration

Beende folgende Sätze:

- ⇨ Meine Berufung ist für mich ...
- ⇨ Ich möchte in Zukunft lernen, ...
- ⇨ Alles, was ich tue, hat Auswirkungen. Ich möchte dazu beitragen, dass ...

Innerer Guide zu den Herzkammern meiner Berufung:

- ⇨ Wenn alles möglich wäre, würde ich ...
- ⇨ Wenn ich nicht verletzt werden könnte und mit offenem Herzen fühle, weiß ich, dass ...
- ⇨ Wenn Geld keine Rolle spielen würde ...
- ⇨ Ich habe als Kind immer davon geträumt ...
- ⇨ Wenn die richtigen Menschen sich finden, werde ich mit ihnen gemeinsam ...
- ⇨ Ich möchte mich dazu entscheiden, voll und ganz ...

Schaffe Raum für deine Berufung:

- ⇨ Folgende zehn Aktivitäten rauben mir Zeit und Energie, die ich in den Aufbau meines Traumlebens investieren könnte:
- ⇨ Ich möchte diese Aktivitäten loslassen und durch die drei folgenden neuen Aktivitäten ersetzen, die ich in den kommenden 21 Tagen etablieren will:
- ⇨ Meine tägliche Liste von Dingen, für die ich dankbar bin: ...
- ⇨ Es besteht jeden Tag neu die Möglichkeit ...

Mitgefühl mit mir selbst:

- ⇨ Ich leide darunter, dass ...
- ⇨ Um ehrlich zu sein, ...
- ⇨ Wenn ich selbst mein eigenes Kind wäre, würde ich mir ermöglichen ...
- ⇨ Ich bin traurig über ... ab heute ...

- ⇨ Ich bin es mir wert, dass ...
- ⇨ Heute entlasse ich mich aus folgenden drei Erwartungen, die ich an mich selbst hege und die mich jeden Tag neu unter Druck setzen: …
- ⇨ Ich habe in den letzten Jahren so viel Kraft und Energie investiert in ...

Kommunikation

„Wenn ich Menschen nicht dazwischenfahre, passen sie auf sich selbst auf,
Wenn ich Menschen nicht befehle, verhalten sie sich von selbst richtig.
Wenn ich Menschen nicht predige, werden sie von selbst besser,
Wenn ich mich Menschen nicht aufdränge, werden sie sie selbst.“

C. Rogers

Dieses Zitat gilt als eine erfolgreiche Grundlage für empathische Kommunikation. Der Psychologe und Psychotherapeut Carl Rogers erkannte treffend, dass die Lösung eines Menschen für seine Probleme immer in sich selbst liegt. Somit ist wahrhaftige Empathie dann erfolgreich, wenn der Mensch sich in deiner Resonanz selbst begegnen kann. Empathie ist ein Spiegel für das tiefste Wesen des anderen, für das, was wahrhaftig in ihm vorgeht und ihn dazu bewegt, mit sich selbst in Kontakt zu kommen.

Dein Gegenüber erhält durch deine authentisch-empathische Kommunikation den Eindruck, dass du ihn verstanden hast und ist bereit, sich weiter zu öffnen. Wichtig dabei ist, dass du präsent bist und in dir ruhst. Daher ist das Kapitel zum Thema Grenzen so wichtig. Nur in einem Gespräch, dem du dich innerhalb gesund abgesteckter Grenzen voll widmen kannst, bist du auch bereit, dem anderen deine Aufmerksamkeit auf eine Weise zu schenken, die zu echtem Verständnis führt.

Regeln für kraftvolle und zielgerichtete Empathie in der Kommunikation

- Gib das Gesagte deines Gegenübers in eigenen Worten wieder. Sei dabei authentisch und präsent, plappere nicht nur seelenlos nach, was du gehört hast.
- Halte lockeren, entspannten Augenkontakt und wende dich in deiner Körperhaltung deinem Gegenüber zu.
- Unterbrich deinen Gesprächspartner nicht.
- Folge in deiner Replik immer dem Gesprächsinhalt deines Gegenübers, das bedeutet: Was er zu erzählen hat, ist exakt das, was gerade dran ist. Mach dir nicht die Mühe, schon einige Schritte vorauszudenken oder zu meinen, du hättest eine Lösung parat, in deren Richtung du die Gedanken deines Gegenübers lenken musst. Echte Empathie lässt den anderen genau da, wo er gerade ist und muss ihn nicht verändern. Wenn du Bevormundung übst, bist du nicht mehr empathisch, sondern eher bei deinen persönlichen Lebenskonzepten gelandet.
- Spiegele nicht nur seine Worte, sondern auch die Emotionen, die du dahinter wahrnimmst. Beispiel: „Das fühlt sich für dich beengend an." „Du siehst traurig aus." „Da hast du dich aber gefreut!" Somit fühlt dein Gegenüber sich ganzheitlich wahrgenommen.
- Lausche mit dem Herzen. Es ist nicht zu unterschätzen: Wir alle sind auf der einen oder anderen Ebene empathisch und jeder Mensch spürt, ob du wirklich mit dem Herzen zuhörst und offen bist oder ob du deine Aufmerksamkeit nur spielst. Glaube nie, dass du dieses intuitive Gefühl in menschlichem Kontakt umgehen kannst.

- Behalte immer positive Wertschätzung dem anderen gegenüber. Sobald eine negative Wahrnehmung deinerseits in der Atmosphäre mitschwingt, ist es mit der empathischen Haltung vorbei. Jeder Mensch möchte geliebt, positiv wahrgenommen und voll und ganz angenommen werden mit allem, was gerade da ist. Wenn dein Gegenüber Vorurteile deinerseits spürt, wird er sich nicht verstanden fühlen, natürlicherweise dazu tendieren, sich vor Verletzung zu schützen und sich zurückziehen. Mache dir daher auch im privaten Umfeld vorher bewusst, wie du dem Menschen innerlich gegenüberstehst: Bist du bereit, ihm in einer wertschätzenden, positiven Grundhaltung zu begegnen oder belastet etwas eure Verbindung?
- Sei gesund ehrfürchtig für die Belange des anderen: Was er erzählt, ist in diesem Moment wichtig. Es kommt nicht darauf an, ob du den Inhalt schon unzählige Male gehört hast oder selbst das Thema als unwichtig empfindest. Es kommt nicht auf die Absehbarkeit des Inhaltes an. Bleibe präsent im Moment und lausche dem anderen in dem Wissen, dass sein Erleben gerade einzigartig für ihn ist.
- Wenn ein Gespräch sich um einen Konflikt zwischen dir und dem Gegenüber dreht, beobachte deine eigenen Reaktionen auf das Gesagte und teile deine Gefühle mit. Zuvor jedoch bleibe mit deiner Aufmerksamkeit bei deinem Gegenüber und übe dich im Verständnis dessen, worum es ihm geht, ohne es zu beurteilen. Es ist nicht einfach, nichts persönlich zu nehmen. Doch für eine verständnisvolle Kommunikation ist es unerlässlich, dass du beim anderen bist, wenn er spricht – und dich erst mit deiner Seite einbringst, wenn ihr beide dafür den Raum geschaffen habt. Selbstverständlich sollten beide Anteile genügend Raum finden. Zuerst geht es ums gegenseitige Verständnis und erst im zweiten Schritt um eine mögliche Lösung des Konflikts.

Inspiration

Du kannst deine empathische Kommunikation an dir selbst üben:

Erzähle dir schriftlich etwas, das dich bewegt. Lass dich schreiben, bis alles gesagt ist. Verfasse dein Anliegen gern in Briefform.

Als Antwort darauf schreibst du dir nach achtsamem, aufmerksamem Lesen einen Brief, der genau die Worte beinhaltet, die du brauchst, um dich vollkommen gesehen, verstanden, getröstet und angenommen zu fühlen. Stell dir gern auch vor, dass du in der ersten Rolle das Kind bist und im Antwortbrief als Elternteil genau das formulierst, was du als Kind gern gehört hättest.

Übe dies gern regelmäßig. Es hilft dir sowohl akut in Situationen, in denen du tatsächlich ein offenes Ohr brauchst, als auch darin, immer feinfühliger für empathische Kommunikation zu werden. Insbesondere bewertende oder beurteilende Kommunikation lässt sich so wirkungsvoll stoppen, denn du spürst am eigenen Leib, wie es sich anfühlt, wenn das Gegenüber sich in seinem empathischen Versuch im Ton vergreift und dich bevormundet, anstatt dich zu verstehen.

Praktische Übungen und Tipps

„In Wirklichkeit ist der andere Mensch dein empfindlichstes Selbst in einem anderen Körper.“

Khalil Gibran

Nun erreichst du das Herzstück eines empathischen Lebens: die Praxis. Gelebte Empathie für dich selbst und andere ist ein mächtiges Werkzeug zum Bau eines sozialen und gesellschaftlichen Miteinanders, welches nicht länger auf Konkurrenz basiert, sondern auf gegenseitigem So-sein-lassen. Erst durch Mitgefühl wird unser Leben wirklich lebendig. Es erlaubt uns, uns als Teil des großen Ganzen zu erleben und das Gefühl der Trennung zu überwinden.

Hier erhältst du eine Sammlung an Tipps und Tricks für gesunde Selbstfürsorge, gelebtes Mitgefühl, empathische Kommunikation, erfüllende Tätigkeit in freundschaftlicher Atmosphäre bis hin zu gelingenden intimen Beziehungen.

Für ein Leben, welches auf Liebe und Mitgefühl basiert, kannst du dich auf vier wichtige Bereiche konzentrieren und sie mit deiner persönlichen Wahrheit in Einklang bringen: Spiritualität, Gemeinschaft, die Beziehung zu dir selbst und deine Träume.

Folgende Aspekte kannst du für dich ausloten, damit sie dir und deinem Umfeld aktiv dienlich sind:

- Empathie hilft dir bei der Auswahl der Menschen, die zu dir passen:
  Je deutlicher du Atmosphären, innere Lebenspläne und die Ausrichtung eines Menschen wahrnehmen kannst, umso klarer kannst du entscheiden und spüren, ob dieser Mensch Teil deines „Stammes", deiner Peer-Group, deines engen Freundeskreises ist, mit dem du gemeinsam dein Leben gestalten möchtest. Hiermit entdeckst du den Bereich der **Gemeinschaft**.
- Empathie ist hilfreich für die Integration deiner eigenen Schatten und ein ganzheitliches Ankommen in dir als deinem Zuhause:
  Was du in anderen Menschen wahrnimmst, was dich abstößt, du zu vermeiden suchst oder was dich besonders triggert, ist immer ein Hinweis auf etwas, das auch in dir lebendig und zumindest im Untergrund aktiv ist. Häufig sind es ungelebte und ungeliebte Anteile, die wir verbergen und lieber als unangenehme Eigenschaft im anderen verurteilen. Wo es dir schwer fällt, empathisch zu sein oder du stark emotional reagierst, kannst du in die Reflexion gehen und zuerst fragen: Wo finde ich diesen Anteil in mir selbst? Was hat diese Verhaltensweise mit mir zu tun? Der Prozess verhilft dir nicht nur zum verständnisvollen Einklang mit anderen, sondern auch mit dir selbst. Damit erarbeitest du einen der Kernpunkte im Bereich **Selbstliebe/Beziehung zu dir selbst**.
- Empathie ist ein hervorragender Kanal zur Entwicklung einer transzendenten Verbundenheit – wenn gewünscht – und auch eine wunderbare Begleiterin auf deiner Suche nach dem, was dich im Kern antreibt und wozu du glaubst, auf dieser Welt zu sein. Mit deinem persönlichen „Warum und Wozu?" wird alles, was du tust und worin deine Energie, deine Kraft und deine Ressourcen fließen,

lebendig und voller Anziehungskraft für andere. Der Autor und Unternehmensberater Simon Sinek hat einmal gesagt: „People don´t buy what you do, they buy why you do it." So verhält es sich mit dir selbst und deinen Mitmenschen: Wenn du dein persönliches Warum und Wozu kennst, wirst du dir selbst deine Entscheidungen abkaufen können. Du wirst dir treu bleiben und zu dir stehen, auch wenn du zeitweilen ein Nadelöhr durchqueren musst. Du wirst das Ziel im Auge behalten, getragen von etwas Tieferem als nur der nächsten Ersatzbefriedigung. Wenn du durch dein Mitgefühl mit der Welt, deinen Mitmenschen und dir selbst erspüren kannst, wozu du gerade heute und ausgerechnet zu dieser Zeit morgens aufstehst, wirst du den Langstreckenlauf Leben erfolgreich absolvieren. Dieser Bereich wird abgedeckt im Raum **Spiritualität/Sinnsuche**.

- Bearbeitest, nährst und pflegst du all diese Bereiche dauerhaft, näherst du dich der praktischen Ausführung, dem Ausdruck ihrer gemeinsamen Funktion: Du hast alle Ressourcen, um deine Träume auf den Weg zu bringen. Du möchtest ein Ziel erreichen oder mehrere kleine. Du bist ausgerichtet auf eine Vision und gehst damit in die Planung und Umsetzung. Dazu hast du die Menschen um dich geschart, die zu dir passen, die innere Ausrichtung, eine gesunde Haltung zu dir selbst und kannst somit ein Leben gestalten, welches mehr beinhaltet, als nur das Überleben im Alltag. Als empathischer Mensch stehst du immer wieder im Zwiespalt zwischen dem Verständnis für andere und dem Verständnis für dich selbst, denn hin und wieder kommt es zu unterschiedlichen Bedürfnissen und Zielen. Du bist dabei gefordert, einen goldenen Mittelweg zu finden, ohne deinen Pfad zu verlassen: Je mehr Mitgefühl du empfindest, umso eher kann es dazu führen, dass du deine Träume von Zeit zu Zeit vergisst, wenn es darum geht, für einen geliebten Menschen voll und ganz da zu sein. Du darfst lernen, deine empathische Ader weiter auszuleben, sogar zu verfeinern und trotzdem deiner Linie treu zu bleiben. Somit werden deine Träume nicht das Mahnmal deiner Opferbereitschaft, sondern ein leuchtendes Beispiel für das erfolgreiche Leben weichherziger, sanftmütiger und mitfühlender Menschen, die sich dafür entschieden haben, ihren Weg mitsamt all ihrer Verletzlichkeit zu gehen und darin eine Gabe zu sehen, die anderen dienen möchte. Im Bereich **Träume** kannst du diesem Aspekt in deinem Leben Raum schenken.

Spiritualität/Sinnsuche

Ausdruck von Spiritualität durch Religion

Wenn du den Ausdruck Spiritualität hörst, kann es sein, dass dir bestimmte Assoziationen kommen, mit denen du dich gar nicht identifizieren kannst. Meditierende Mönche, religiöse Kirchgänger, indigene Ureinwohner oder asketische Einzelgänger mögen nur einen kleinen Teil der typischen Bilder sein, die uns zum Thema Spiritualität bisher über den Weg gelaufen sind.

Vielleicht hast du dich selbst auch schon in spiritueller Richtung erlebt und ausgelebt und schlechte Erfahrungen gemacht. Du schottest deine natürliche Neigung dazu ab, weil du deinen eigenen Weg, der sich für dich gut und richtig anfühlt, noch nicht gefunden hast.

Wiederum mag es sein, dass du bereits weißt: Ohne Spiritualität geht bei mir nichts – und das drückt sich auch in religiösen Gefühlen und Handlungen aus. Du fühlst dich tief verwurzelt in dem Wissen: Da ist noch mehr. Vielleicht weißt du selbst nicht genau, was es ist, doch ein Leben ohne einen höheren Sinn würde für dich vollkommen am Ziel vorbeiführen.

Gerade empathische Menschen haben oft einen, wie auch immer gearteten, tiefen Zugang zu ihrem spirituellen Wesenskern. Da sie sehr viel wahrnehmen, Gefühle, Stimmungen und unterschiedliche Atmosphären, aber auch die innere Bilderwelt sehr aktiv sein kann, fällt es ihnen nicht schwer, die Welt auf eine Art zu erfahren, die mehr sieht, als der Mensch über seine fünf Sinne und seine Filterblase erlebt.

Ein Mensch, der mehr oder weniger frisch in seine Spiritualität eintaucht, sieht sich der Herausforderung gegenüber, weise und reif wahrzunehmen, sich Zeit zu nehmen, die Eindrücke auf persönliches Wohlbefinden zu prüfen und darauf zu achten, sich in gemeinschaftlichen Räumen zu bewegen, in denen die eventuell religiöse Weltsicht nicht zum Dogma wird. Die Gabe der Empathie kann dabei von großem Nutzen sein. Generell gilt: Wenn du dich einer Spiritualität zuwendest, die in Richtung Religion oder gemeinsamer Ausführung bestimmter Rituale geht, wie Gottesdienste, Meditationen, Jüngerschaft jeglicher Art, Zusammenkünfte etc., verlasse dich immer auf dein Bauchgefühl:

Welche Menschen triffst du in dieser Gruppierung an? Wie leben sie? Sind sie offen für andere Weltsichten, stehen sie für etwas oder sind sie grundsätzlich dagegen, schotten sich ab oder tendieren dazu, über andere zu bestimmen? Fühlst du dich bei den Übungen und Ritualen wohl, entsprechen sie deinem natürlichen Zugang zur Spiritualität?

Was beobachtest du, wie mit Menschen umgegangen wird, die anderer Meinung sind? Wie wird das Thema Vorbild gelebt? Fühlst du dich weiter eigenverantwortlich und genießt die Freiheit, zu tun und zu lassen, was du für richtig hältst? Gibt es Leiter, die mehr sein möchten als nur Vorbilder, die für sich beanspruchen, Regeln aufzustellen? Wie empfindest du das Miteinander untereinander und auch in Wechselwirkung mit dem Rest der Gesellschaft?

Empathie hilft dir bei der Unterscheidung: Einerseits darfst du lernen, dich nicht von dem durcheinander bringen zu lassen, was du wahrnimmst, selbst, wenn es unangenehm ist. Du musst nicht gleich Reißaus nehmen oder jemanden als gefährlich einstufen, wenn du charakterliche Schwächen wahrnimmst oder eine Atmosphäre, die dir nicht bekommt. Du darfst weiter beobachten, ohne zu bewerten, vor allem unter dem Gesichtspunkt: *Tut mir gut, was ich erlebe*? Bringt es mich weiter, passt es zu mir, fühle ich mich unterstützt und erfüllt, lebe ich auf? Oder empfinde ich immer wieder Druck, Pflichtbewusstsein, vielleicht einen grauen Schleier in meinem Gefühlsleben, das Gefühl, dass etwas falsch läuft?

Achte darauf, zu beurteilen, ob die Gefühle, die du wahrnimmst, von dir stammen oder von deiner Umwelt. Gerade im Bereich Spiritualität in Gemeinschaft ist dies oft nicht leicht zu unterscheiden. Lass dir Zeit mit der Beurteilung und entscheide dann mutig und klar, wie du damit umgehen möchtest.

Bedenke: Nichts muss für immer sein. Du darfst dich jederzeit anders orientieren, deine Sichtweise und deinen Glauben ändern und dich neu erfinden. Du bist frei, tiefer in etwas einzusteigen oder die Situation zu verlassen, wenn die Umstände es erfordern. Dein Mitgefühl dient dazu, mit anderen Menschen tief im Austausch und im Kontakt sein zu können, nicht dazu, dich in deiner Haltung zu verunsichern.

Grundsätzlich lässt sich sagen: Religiöser Ausdruck von spirituellem Empfinden gehört seit Anbeginn der Menschheit zu unserem gesellschaftlichen und sozialen Menschsein und ist Teil unserer Identität. Nicht jeder Mensch empfindet gleich und viele Menschen empfinden sich selbst weder als spirituell noch als religiös – und finden dennoch einen Sinn für ihr Leben. Doch im Gesamtbild hat Religion in unserem Menschsein einen Platz inne, der die Schönheit und Magie des Lebens vermittelt, Sicherheit bietet und bei gelebter Empathie auch verbindend und stärkend wirken kann.

Persönliche Spiritualität

Spiritualität beginnt nicht zuerst in Gemeinschaft, der Zugehörigkeit zu einer bestimmten Gruppierung, sondern ganz natürlich in dir selbst. In Verbindung mit deiner empathischen Ader kannst du herausfinden, was dich anspricht: Zu welchen Gedanken tendierst du ganz natürlich von selbst, was erscheint dir wahrhaftig und authentisch? Du musst nicht religiös sein, um deine persönliche Spiritualität zu entwickeln und als Teil deiner Ressourcen in dein Leben zu integrieren.

Wie würdest du deine eigene Spiritualität beschreiben, wenn du wüsstest, dass niemand beurteilen darf, ob dies gut oder schlecht ist? Was bedeutet es für dich persönlich, ein spiritueller Mensch zu sein? Im Spiegel der Angebote aus der Welt der Spiritualität kannst du herausfinden, was dich anspricht. Doch vielleicht findest du auch an keiner entsprechenden Stelle einen Ausdruck, der dir wirklich zusagt oder findest dich nur in Teilaspekten verschiedener spiritueller Richtungen wieder.

Echte Spiritualität ist ein Verschmelzen mit der inneren Wahrheit, welche auch immer diese sein mag. Es ist ein Wissen um das Verankert-Sein in einem größeren Ganzen, ein Bewusstsein um deinen Platz in dieser Welt, die tiefe Erfahrung eines weiten, inneren Raums, mit vielen Möglichkeiten, die Welt und ihre Zusammenhänge zu betrachten.

Gelebte Spiritualität erlaubt das Suchen, das Fragen, das Ergründen einer Welt, die nicht mit bloßem Auge zu sehen und nicht immer logisch erklärbar ist. Sie ist tief in individueller Wahrnehmung gegründet und lebt durch den Emotionalkörper mehr als durch Beweise, hat nicht den Anspruch an wissenschaftliche Erklärung. Ein wahrhaftig spiritueller Mensch ruht im Nichtwissen.

Mit Empathie verhält es sich ähnlich, darum sind spirituelle Menschen oft gleichsam mitfühlend: Zu spüren, wie es einem anderen Menschen geht und was er fühlt, bedarf keiner Beurteilung, keiner Prüfung auf Legitimität oder Logik, die Gefühle und das Erleben eines Menschen können nicht wegrationalisiert werden. Alles darf sein als eine Perspektive von vielen. Es geht nicht um Wahrheit, sondern um das gemeinsame Erleben einer Sichtweise, um Gemeinschaft in der persönlichen Lebenswelt eines Individuums. Wir besuchen einander in unseren gegenseitigen Welten.

Darum ist es wichtig, dass deine persönliche Spiritualität dir entspricht und du dich darin wiederfindest. Mit und in ihr kannst du den Spiegel wählen, in dem du dich und andere erleben möchtest und wählst die Filter, durch die du dein Erleben schickst, bevor du dich in deiner Realität einrichtest.

Deine persönliche Spiritualität, dein Fragen und Finden, Suchen und Erkennen ist stetig im Wandel. Beobachte freimütig die

Entwicklungen und Veränderungen deiner persönlichen Überzeugungen und beachte, dass sie sich in Wechselwirkung mit deiner Umwelt formen: Womit du dich umgibst, beeinflusst dein spirituelles, transzendentes Empfinden. Daher wähle immer nach deinem Wohlbefinden, wovon du dich beeinflussen lassen möchtest. Wer möchtest du sein? Mit wem möchtest du dich darin verbinden?

Inspiration

Im Folgenden findest du einige spirituelle Übungen als Input.

⇨ **Meditation/Gebet**

Meditation und Gebet sind ganz individuell zu verstehen. Ob du nun zu einem Gott betest, dich der Liebe hingibst oder über einen wichtigen Gedanken nachsinnst, der dir hilft, ganz bei dir anzukommen – das Feld ist so weit, wie du es bist. Wenn du möchtest, kannst du Atemübungen erlernen, Yoga praktizieren oder auch in Bewegung meditieren. Finde einen Zugang, der dir hilft, dich neu auszurichten, innerlich still zu werden und den Sturm schweigen zu lassen. Die passende Praxis wird dir ein hilfreicher Anker im Alltag sein.

⇨ **Achtsamkeit**

Achtsam durchs Leben zu gehen, bedeutet, mit allen Sinnen und auch mit der Aufmerksamkeit bei dem zu sein, was du gerade im Moment tust. Dein Leben findet nur im aktuellen Augenblick statt. Wann immer du dich voll im Hier und Jetzt befindest, kannst du das Leben nah in dir spüren und erhältst auch einen besseren Zugang dazu, wie es dir gerade wirklich geht. Deine Bedürfnisse werden deutlicher spürbar. Vielleicht wünschst du dir, mehr in Echtzeit zu kommunizieren und mit deinen Mitmenschen darüber ins Gespräch zu gehen, was gerade in dir vorgeht. Dies kann eure Beziehung mit etwas Übung stärken und zu mehr Intimität führen. Beachte hierbei die Regeln von gewaltfreier Kommunikation, so dass deine Mitteilungen mit dem richtigen Ohr gehört werden können und nicht auf Abwehr stoßen (Buchtipp: Marshall B. Rosenberg, Gewaltfreie Kommunikation).

⇨ **Körperwahrnehmung**

Über den Körper kannst du transzendente Erfahrungen machen. Sie lassen sich nicht erzwingen, doch wenn du dich danach ausrichtest und über Dankbarkeit, Freude und auch deine Verbundenheit mit dem großen Ganzen meditierst, kann dein Körper sich dafür öffnen, diese Gefühle stärker wahrzunehmen. Somit werden auch festsitzende Emotionen gelöst und du lernst, Kontrolle abzugeben und loszulassen. Außerdem kannst du deinen Körper als Wegweiser zu Rate ziehen: Er zeigt dir zuverlässig, wie es dir wirklich geht und was du fühlst. Lerne seine Sprache kennen und arbeite damit. Oft weiß er schon, was du brauchst, bevor dein Gehirn es verstanden hat und in die Tat umsetzen kann.

⇨ **Rituale**

Rituale helfen dir, deinem Tag eine Struktur zu verleihen und dich auszurichten. Besonders in turbulenten Zeiten können sie dir innere Stabilität und Sicherheit bieten und dir ein wertvoller Anker sein. Rituale können einer spirituellen Quelle entstammen, aber auch ganz alltagsnah sein: Selbst, jeden Morgen zur selben Zeit am Kaffeetisch zu erscheinen und die Zeitung zu lesen, kann ein Ritual sein.

⇨ **Lesen, Lernen, Lauschen**

Füttere deine Seele mit Inhalt, der dich ermutigt, erfrischt und dir hilft, dich dem Leben gegenüber so zu positionieren, wie es dir guttut und zu dir passt. Hilfreiche Podcasts und Interviews dienen wunderbar als Input, ebenso Musik, inspirierende Ratgeber und auch deine gesamte wohnliche Umgebung. Du kannst dir zum Beispiel motivierende Sprüche und Affirmationen an den Spiegel kleben oder an den Küchenschrank hängen. So wirst du immer wieder an den tieferen Sinn hinter deinem Alltag erinnert und kannst deine Stimmung heben.

⇨ **Zeit in der Natur**

Wir sind als Menschen im Ursprung ein Teil der Natur und nicht getrennt von ihr zu betrachten. Sind wir allzu lange davon abgeschnitten, werden wir körperlich und seelisch krank. Begib dich also immer wieder in deinen natürlichen, ursprünglichen Lebensraum: Eine feste Wohnung aus Stein ist vielleicht gemütlicher, praktischer und bietet dir Sicherheit, doch ein Teil in dir atmet im wahrsten Sinne des Wortes auf, wenn er von echter Natur und guter Luft umgeben ist. Forschungen zeigen, dass schon wenige Minuten, die du im Wald verbringst, deiner seelischen und körperlichen Gesundheit dienen. Mehr Informationen findest du unter anderem unter: https://www.waldbaden-akademie.ch/waldbaden-forschung.html

Gemeinschaft

Die engsten Freunde

Der Kreis der Menschen, die dir am nächsten stehen, macht den Wohlfühlbereich deines Seins im sozialen Kontakt aus. Gute, tragfähige Beziehungen finden auf Augenhöhe statt. Wird dein Mitgefühl wie selbstverständlich abgefragt und du erhältst selten ein offenes Ohr, fühlst dich regelmäßig ausgenutzt oder empfindest, dass diese Beziehungen dich nicht nähren, darfst du in die Neugestaltung deiner persönlichen zwischenmenschlichen Bindungen gehen.

Deine engsten Freundschaften sind dazu da, dich zu nähren und Raum für dein tiefstes Herz zu bieten. Genauso wie du Liebe weitergibst, darfst du sie auch empfangen. Vielleicht habt ihr unterschiedliche Liebessprachen (Buchtipp: Die fünf Sprachen der Liebe, Gary Chapman), doch es sollte keine große Schwierigkeit darstellen, euch gegenseitig dauerhaft verständlich zu machen: Wir sind füreinander ein sicherer Ort.

Es kommt nicht auf die Menge der Menschen an, die du zu deinem inneren Kreis zählst. Wichtig ist, dass du weißt: Ich darf hier sein wie ich bin. Deine Freundschaften sind von Vertrauen geprägt, wenn sie auch Raum für deine Schattenseiten bieten.

Inspiration

Versuche folgende Übung zur Reflexion über deinen engsten Freundeskreis:

Male auf ein Blatt Papier einen Mittelpunkt und darum herum drei Ringe in etwa denselben Abständen von ca. drei Zentimetern. Du bist der Mittelpunkt und die drei Ringe stellen deine persönlichen Grenzen dar. Ein Ring legt sich unmittelbar um dich herum und kommt dir daher sehr nah, die anderen gehen Stück für Stück weiter von dir weg.

Male dasselbe Bild exakt ein zweites Mal auf ein anderes Blatt Papier.

Nun schreibe eine Liste auf mit all den Menschen, mit denen du im Kontakt stehst und um die sich auch deine Gedanken, Gefühle und deine Erlebnisse drehen. Die Liste beinhaltet sowohl deine engsten Freunde als auch deinen Chef, Kollegen oder gute Bekannte und die Familie.

Nun nimm dir jede Person aus der Liste einzeln vor und trage sie in den Kreis des ersten Schaubildes ein, wo du sie aktuell verorten würdest. Kann es sein, dass dein Chef sich in einem Kreis befindet, der dir viel zu nahe kommt? Wo befindet sich dein bester Freund oder deine beste Freundin? Wünschst du dir viel mehr Nähe, stellst aber fest, dass sie im Grunde viel weiter von dir weg sind, als du es dir ersehnst? Trage alle Menschen auf deiner Liste da ein, wo sie sich aktuell befinden.

Im nächsten Schritt schreibe die Namen der Menschen aus deiner Liste im zweiten Schaubild da hinein, wo es deinen natürlichen Grenzen entspricht und du es am liebsten hättest. Weiß dein Chef mehr über dich, als du möchtest? Empfindest du eine unangemessene Nähe, wünschst dir mehr Abstand? Schreibe den Namen dieses Menschen dorthin, wo es sich für dich am besten anfühlt.

Wünschst du dir mehr Nähe zu einem bestimmten Freund? Woran kann es liegen, dass ihr weiter voneinander entfernt seid? Öffnest du dich, zeigst dich voll und ganz, um diesen Menschen näher an dich heranzulassen? Was könntest du tun, um ihn näher in deinen engeren Kreis zu lassen? Schreibe auch diesen Namen dorthin, wo es sich für dich stimmig anfühlt und deinem Herzen entspricht.

Verfahre so mit allen Namen aus der Liste. Zum Schluss überprüfe noch, ob die Liste vollständig ist: Fehlt ein Name? Ist da jemand, mit dem du nicht in Kontakt stehst, zu dem du dir jedoch eine bestimmte Art von Verbindung wünschst? Füge den Namen zur Liste hinzu und trage ihn im Schaubild ein, wo du die Beziehung verortest.

Vielleicht entstehen auch Zweifel oder die Frage in dir, ob die Sympathie beidseitig besteht und du verletzt wirst, wenn du dich öffnest, um die Beziehung tiefer und intimer zu gestalten. In diesem Fall ist Mut geraten: Stehe zu dir selbst und bemühe dich nicht, die andere Person zu beeindrucken oder beweisen zu wollen, dass du gut genug für sie bist. Bleibe authentisch bei dir und zeige dich in deinem Kern so weit, wie es sich gut für dich anfühlt. Wenn dieser Mensch zu dir gehört und Teil deines engeren Kreises sein darf und möchte, wird sich die Beziehung durch dein authentisches Zeigen entwickeln.

Beachte: Was zu dir gehört, musst du niemals erkämpfen. Du musst dich für eine gesunde Beziehung weder verstellen noch außerhalb deines echten Wesens anstrengen, jemanden zu halten oder von dir zu überzeugen. Der engste Kern an Freundschaften ist ein sicherer Ort, in dem du weißt: Ich bin geliebt, so wie ich wirklich und authentisch bin.

Selbiges funktioniert auch in die andere Richtung: Beinhaltet die Liste den Namen einer Person, die du im Grunde gar nicht mehr in deinem Leben haben möchtest? Streiche ihn und fühle nach, was es in dir auslöst.

Wenn Zweifel kommen und du dich fragst, wie das gehen soll, ihr in gegenseitigen Verpflichtungen feststeckt und die Beziehung nicht ohne weiteres zu beenden ist, schreibe gern zwei bis drei Seiten darüber, warum es dir aktuell nicht möglich ist, die Verbindung zu kappen. Erlaube dir ein Brainstorming: Welche Lösungen könnte es geben, um diese Beziehung zu beenden? Vielleicht entdeckst du auch emotionale Schutzmaßnahmen, die diesen Menschen aus deinem Resonanzfeld entfernen, selbst wenn noch äußerliche Verpflichtungen bestehen.

Es mag ein längerer Prozess sein, doch gib nicht auf: Meistens gibt es eine Lösung. Deine persönlichen Grenzen sind von großer Bedeutung für deine Gesundheit auf allen Ebenen. Sei es dir wert, Menschen aus deinem Leben gehen zu lassen, die dir nicht guttun – und ebenso, diejenigen näher kommen zu lassen, die zu dir passen.

Dein Wirkungskreis

Dein Wirkungskreis ergibt sich aus den Menschen, denen du mit deiner Gabe dienen möchtest. Dies müssen nicht Beziehungen sein, in denen du emotional oder anderweitig auch etwas zurückbekommst. Du befindest dich im gebenden Modus, hast Freude am Schenken und daran, das Leben dieser Menschen durch deine Empathie zu bereichern.

Entdecke die vielfältigen Möglichkeiten deines Einsatzes auch durch die Entdeckung deiner Träume und Berufung: Vielleicht befindet sich dein Wirkungskreis innerhalb deines Berufes? Möchtest du dein Mitgefühl unter deinen Mitarbeitern verschenken? Kommen deine Klienten durch deine Berufswahl in den Genuss? Oder befinden sich auch in deinem privaten Umfeld Menschen, die du bereichern möchtest, ohne dafür etwas zurückzuverlangen?

Beachte, dass dein Wirkungskreis für dich und andere nur fruchtbar sein kann, wenn du selbst innerlich gut genährt und erfüllt bist. Dies erreichst du, indem du immer auf einen vollen

Ressourcenspeicher achtest. Deine Ressourcen für körperliche, seelische und geistige Gesundheit lassen sich in unterschiedlichen Bereichen füllen: Deine engsten Freundschaften, ein erfüllendes Hobby, eine Wohnumgebung, die dir zusagt und eine erfüllende Arbeitsstelle sind nur einige von vielen Möglichkeiten.

Um herauszufinden, welches deine persönlichen Ressourcen sind, aus denen du schöpfen kannst, kannst du folgende Übung machen:

Inspiration

In der folgenden Übung widmest du dich deinem Ressourcenspeicher:

Stell dir deinen Ressourcenspeicher vor wie ein großes Haus mit fünf Räumen. Diese Räume sind unterschiedlich eingerichtet. Hinter den Türen befindet sich jeweils eine Ressource, die dich nährt und dafür sorgt, dass du etwas zu geben hast.

Beschreibe diese fünf Räume: Womit sind sie gefüllt? Welche sind die Bereiche deines Lebens, in denen du dich gestärkt und erfrischt fühlst? Musik, Beziehungen, Hobbys, Spiritualität, Sport, Kinder, deine Partnerschaft ... Beschreibe deine fünf Hauptressourcen möglichst detailliert und richte in deiner Vorstellung den jeweiligen Raum passend ein: Welche Farben repräsentieren diese Ressource? Welche Gegenstände befinden sich im Raum, welche Düfte, wie ist die Atmosphäre?

Wenn dein Ressourcenhaus fertig ist, überprüfe noch einmal, ob es sich für dich stimmig anfühlt. Vielleicht stellst du auch fest, dass ein Raum eigentlich eine besonders wichtige Ressource für dich ist, aktuell in deinem Leben jedoch nicht besonders genutzt wird. Überdenke, wie du diese Ressource neu anzapfen kannst.

Zurück zu deinem Wirkungskreis:

Nachdem du sichergestellt hast, dass du frisch und erfüllt ans Werk gehst und aus dem Vollen schöpfst, kannst du überprüfen, inwieweit dein aktueller Wirkungskreis deinen persönlichen Begabungen entspricht. Viele Empathen befinden sich in Lebensumständen, die nicht zu ihrer Begabung passen. Dies kann dazu führen, dass sie immer wieder das Gefühl haben, so wie sie sind, nicht genug zu sein oder keinen wichtigen Beitrag zu leisten. Ein Empath in einem Unternehmen, welches vor allem auf Profit aus ist, ohne persönliche Belange der Kunden einzubeziehen, kann ihm das Gefühl verleihen, den Ansprüchen nicht zu genügen, die sich vielleicht vorrangig auf Kundenakquise beziehen. Vielleicht hat er nicht so viel Erfolg im Anwerben neuer Klienten oder sein Engagement im Pflegen zwischenmenschlicher Kontakte unter Kollegen wird belächelt.

So kann es dauerhaft zu Überforderung und einem Negativgefühl in Bezug auf die eigenen Fähigkeiten kommen. Die hilfreiche Perspektive auf diesen Umstand kann sein, dir bewusst zu machen, dass deine Begabung sehr wertvoll ist, du dich damit jedoch einfach im falschen Wirkungskreis befindest. Nicht überall wird wertgeschätzt, was du zu bieten hast. Für alle Beteiligten ist es daher ein großer Segen, wenn du dich damit auseinandersetzt, wo deine natürliche Begabung zu Empathie und Mitgefühl gebraucht und gewollt ist.

Ebenso darfst du dir erlauben zu überprüfen, wem du aus einem natürlichen Bedürfnis heraus gern zur Seite stehen möchtest. Was lässt dein Herz höherschlagen? Auf welche Weise möchtest du dein Mitgefühl verschenken? Es muss nicht immer nur das offene Ohr sein. Empathie kannst du auf viele verschiedene Wege weitergeben:

- **Praktische Hilfe** an der richtigen Stelle zur richtigen Zeit ist eine Folge deiner empathischen Gabe – du weißt, was der andere braucht und gehst direkt und praktisch auf das Bedürfnis ein. Vielleicht geht es einem deiner Nachbarn nicht besonders gut und du spürst, dass es ihm mehr hilft, wenn du ihn beim Aufbau eines Möbelstücks hilfst, als ihn mit Kaffee und Kuchen zum gemeinsamen Plausch zu besuchen. Oder du bietest Nachhilfeunterricht an. Es kann einen enormen Unterschied machen, mathematische Formeln auf eine mitfühlende Art zu vermitteln, die den Schüler dort abholt, wo er gerade steht, auch mit eventuellen Selbstzweifeln, anstatt nur rein faktische Erklärungen und Übungen zu liefern.

- **Eine heilsame Umgebung zu kreieren**, benötigt Mitgefühl und Empathie: Vielleicht bist du darin begabt, Räume einzurichten, Hotelzimmer zu verschönern, Kirchen- oder Meditationsräume zu gestalten, einen Ort mit heimeliger Atmosphäre zu erfüllen, euer Kinderzimmer gemütlich zu machen, leckeres Essen zu kochen. All dies ist möglich auf der Basis von tiefem Mitgefühl und einem Gespür für die seelischen und körperlichen Bedürfnisse deiner Mitmenschen. Wirklich lebendig wird eine Umgebung dann, wenn sie mit Herz und Seele gestaltet wurde. Wer empathisch ist, kennt den Unterschied zwischen kühler Schönheit, netter Einrichtung und einem lebendigen Arrangement.
- **Unternehmungen**: Gemeinsames Erleben auf Basis von Empathie kann wahre Wunder vollbringen: In einer Partnerschaft ist die richtige Berührung zur richtigen Zeit ein Feuerwerk an Heilung und Ermutigung. Mit Hilfe von Empathie kannst du erspüren, ob deine Kinder gerade eher einen gemeinsamen Kinobesuch brauchen oder ein Familienerlebnis mit einer wilden Kanufahrt auf dem nächsten Dorfbach. Was kann deiner Freundin helfen, nach der Beendigung einer missbräuchlichen Beziehung wieder zu erleben, dass sie wertvoll ist und das Recht hat, geliebt und respektiert zu werden?

Wenn du deinen Wirkungskreis gefunden hast und darin voller Empathie erblühst, beschenkst du dich selbst und andere: Dein Handeln zeigt Wirkung, du spürst Sinn und Freude an deiner Arbeit und den Gesprächen und du beschenkst andere Menschen mit diesem wertvollen Gut, welches wiederum ihren Ressourcenspeicher zu füllen vermag.

Deine Familie

Die Familie – für viele ein heikles Thema. Als Brandherd unserer Verletzungen und Alltagsneurosen meiden viele den Kontakt oder die bewusste Auseinandersetzung mit ihren Wurzeln oder die Beziehungen sind belastet. Doch wir können nicht leugnen, woher wir kommen und tun gut daran, uns so frei wie möglich diesem Thema zu nähern.

Als empathischer Mensch findest du hier unter Umständen weitere Hürden vor, mit denen andere Menschen weniger kämpfen oder anders umgehen: Viele empathische Menschen erleben sich als Lastenträger (Buchtipp: „Lastentragen, die verkannte Gabe", Christa und Dirk Lüling), da sie in ihrer Kindheit diese Rolle übernommen haben. Oder sie suchen sich immer wieder die gleichen Partner aus, die ihre alten Verletzungen triggern und sie in vergangenen Rollenmustern festhalten. Diese Muster finden sich vor allem in der faktischen Blutsverwandtschaft wieder, im explodierenden Weihnachtsfest, den angespannten Telefonaten mit der Mutter oder dem unweigerlichen Kuschen vor einem depressiven, missmutigen Vater.

All diese Anteile sind als Teil deiner persönlichen Geschichte in dir verankert und ein Teil deiner inneren Welt. Es hilft, mit der Zeit in die Annahme deiner Vergangenheit zu gehen und dich wohlwollend damit auseinanderzusetzen. Vielleicht hast du schon gemerkt, dass du nicht ändern und verleugnen kannst, wo du herkommst. Doch es hilft enorm, dir bewusst zu machen, dass mit all deinem Verständnis Möglichkeiten entstehen, wie du neue, frische Entscheidungen treffen, dich weiterentwickeln und heilen kannst.

Empathie hilft dir, alte Muster sowohl zu erkennen als auch zu heilen und gesund zu integrieren. Dies kann sogar dazu führen, dass du mit deiner Blutsfamilie in Frieden leben kannst. Es muss aber nicht sein. Je sensibler du bist, umso heilsamer kann es sein, einen gesunden Abstand von der Familie zu wahren. In diesem sensiblen Thema dienen Coachings und Therapie oft als wunderbare Begleitung. Auch fundierte Literatur kann dir weiteren Input geben.

Tipps zum empathischen Umgang mit Familienmitgliedern

⇨ Grenzen setzen

All dein Mitgefühl darf zuerst in deiner eigenen Seele ankommen. Entscheide dich immer wieder neu für ein freundliches Nein, wenn es nötig ist. Es kann dazu kommen, dass dies gerade in deiner Familie nicht von vornherein akzeptiert wird. Gerade in Eltern-Kind-Beziehungen ist ein Nein des bereits erwachsenen Kindes für die Eltern oft schwer zu schlucken. Aber auch deine eigenen Kinder könnten mit dir im Konflikt stehen, wenn du Nein sagst. Wenn hier dein bereits bekannter innerer Begleiter „schlechtes Gewissen“ mitmischt, zentriere dich immer wieder neu und erinnere dich: Ein Nein ist kein Liebesentzug oder eine Vernachlässigung deiner Pflichten. Du kannst zu einem Nein finden, welches voller Liebe und Wertschätzung für dein Gegenüber ist und lediglich klare Grenzen aufzeigt. Für deine Eltern und für deine Kinder ist dies ebenso hilfreich im Umgang mit dir wie für dich selbst.

⇨ Auf die innere Bereitschaft achten

Wenn die Anfrage deiner Familie nach gemeinsamen Unternehmungen hereinflattert, deine Eltern sich beschweren, dass du dich nicht meldest oder deine entfernten Verwandten plötzlich aufschlagen, kann dies schnell zu einem Gefühl von innerer Überforderung führen. Du darfst überfordert sein. Du darfst Nein sagen, oder einen Termin verschieben. Lass deiner Seele Zeit, auf Menschen zuzugehen, mit denen der Umgang für dich schwierig ist.

Deine innere Bereitschaft muss gegeben sein, bevor du eine Begegnung kraftvoll und auch mit dir im Reinen zulassen kannst. Wenn du weißt, dass echte, authentische Gemeinschaft mit deiner Familie, aus unterschiedlichen Gründen, nicht möglich ist, kannst du Strategien entwickeln, um dich vor einer „Emotionsinvasion“ zu schützen: Du musst auf der Familienfeier nicht über persönliche Dinge sprechen. Du musst nicht deine Gefühle teilen und auch nicht die Schulter zum Ausweinen für deine Eltern sein. Wenn du spürst, dass du über deine innere Grenze gern hinauswachsen möchtest, lass dir mit diesem Weg Zeit.

⇨ Die Familie nicht verändern wollen

Hiermit findest du einen der wirkungsvollsten Aspekte für einen friedvollen Umgang mit deiner Herkunftsfamilie: Lass los und sei bereit, deine Familie genauso sein zu lassen, wie sie ist. Als Empath fällt dir das bei anderen Menschen meist nicht schwer. Du verstehst das Warum hinter dem Verhalten und fühlst tief mit – doch du bist meist nicht persönlich betroffen. In Verstrickung mit deiner Familie ist die Situation eine andere: Du befindest dich inmitten einer persönlichen Geschichte, die direkt oder indirekt auch deine ist.

Wenn du mit der Haltung an den Kontakt herangehst, immer verstehen zu wollen und aktiv empathisch zu handeln oder aufgrund deiner persönlichen emotionalen Involvierung dazu beitragen möchtest, dass alles neu und anders wird, kreierst du ungewollt Druck für dich selbst und Widerstand in deinem Gegenüber. Wenn deine Familie erlebt, dass du sie sein lässt und bei dir bleibst, hilfst du dabei vor allem dir selbst: Du kannst deine Geschichte klarer sehen, einordnen und verarbeiten und gleichzeitig ungesunde Verantwortungsmuster loslassen, die dir als Empath viel Energie entziehen. Selbst, wenn es im Untergrund deiner Seele rumort und im direkten Kontakt nicht sichtbar ist, können diese Muster dir das Leben im Hintergrund schwermachen. Los und sein zu lassen erweist sich also zuerst als Liebesdienst an dir selbst.

⇨ Mutig einen eigenen Weg einschlagen

In welcher Phase deiner Adoleszenz du dich auch befindest, immer wieder gelangst du an Weggabelungen, an denen du gefordert bist, neue Muster zu kreieren, neue Gedanken zu denken und neue Entscheidungen zu treffen, die deine Geschichte verändern und weiterführen, wenn du es wünschst.

Je bewusster dein bisheriger Weg dir wird, umso gelöster kannst du einen Weg finden, der über deine Vergangenheit und das, was du durch deine Familie erhalten hast, hinausführt. Auch im positiven Sinn wirkt sich dies aus: Erwachsen zu werden und zu sein bedeutet auch, den eigenen Weg aufgrund dessen gehen zu können, was dir an Geschenken mitgegeben wurde: Weltsicht, Charaktereigenschaften, schöne Erlebnisse, Liebe, Zusammenhalt und viele andere Aspekte deines bisherigen Familienlebens können dir auf deinem eigenen Weg dienen. Somit kannst du frei entscheiden, ob du in die Fußstapfen deiner Familie trittst oder ob du noch unausgetretene Pfade erkunden möchtest. In jedem Fall hilft eine bewusste Entscheidung darüber enorm, mit deiner Familie in Frieden leben zu können oder zumindest den Grundstein dazu zu legen.

⇨ Dankbarkeit praktizieren

Dankbarkeit ist sowohl als spirituelle Praxis als auch aus neurobiologischer Sicht eine Win-Win-Situation für dich in Wechselwirkung mit der Gestaltung deines Lebens: Mit einem dankbaren Blick in die Richtung deiner Familie kannst du empathisch sein, ohne deren Lasten auf dich zu nehmen. Du kannst alles Positive mit- und annehmen, was dir geschenkt wurde. Deine Stimmung verbessert sich maßgeblich. Außerdem wirkt sie wie ein wundersamer Schutzschild bei Begegnungen, in denen du dich normalerweise nicht besonders wohlfühlst. Eine dankbare Haltung strahlt aus: Ich habe alles, was ich brauche. Ich erwarte nichts von dir. Ich sehe dich, wie du bist und nehme dich an. Ich freue mich über dich und alles, was du mir bisher geschenkt hast.

Die Wertschätzung durch Dankbarkeit an deine Familie kann Wunder bewirken. Sie ist kein Zaubermittel, um jeglichen Konflikt in Luft aufzulösen, doch in dir kann ein großer Raum entstehen, der weit über das hinaus zu blicken vermag, was eventuell zwischen euch steht.

> Zudem verhilft Dankbarkeit zu einer enormen Entwicklung eines reifen Ausdrucks deines Mitgefühls: Wenn du dankbar bist, fühlst du dich kraftvoll. Du kannst leichter Grenzen setzen und gleichzeitig erweitert sich der Raum, den du für andere im Mitgefühl aufbringen kannst. Sie kann eine wertvolle Ressource für dich sein, um eine etwaige Opferhaltung zu verlassen und dein Herz noch weiter aufgehen zu lassen.

Beziehung zu dir selbst

Schattenarbeit

Schattenarbeit und Empathie – ein wirkungsvolles Doppelpack. Mitgefühl hilft dir, den anderen in dir und dich selbst im anderen zu erkennen. Ein Großteil deiner Selbstwahrnehmung entspricht dem, wie andere dich wahrnehmen und was sie dir durch die Art, dir zu begegnen auch nonverbal mitteilen. Auch umgekehrt kann dir das Verhalten anderer dir gegenüber zeigen, was du wirklich über dich selbst denkst. Unangemessenes Verhalten anderer dir gegenüber ist damit auf keinen Fall entschuldbar, doch viele der Alltagsmuster, die dir immer wieder begegnen, sollten dich aufhorchen lassen.

Deine Schatten zu integrieren und zu bearbeiten bedeutet im Kern, dass du dich auch mit dem Unangenehmen auseinandersetzt, mit dem, was weh tut. Die unangenehmen Seiten des Alltags, in denen du dich nicht in deiner Kraft erlebst, sondern vielleicht auch Krankheit, Erschöpfung oder Schmerz auf tieferen Ebenen erlebst, geben Hinweise auf das, was wohlwollend ein Schatten genannt werden darf: Auch die Sonnenseiten sind nicht weit, doch ohne Schatten gäbe es dieses Licht nicht.

Wenn du beginnst, dich mit deinen tiefen Verletzungen auseinanderzusetzen, können solche Phasen sehr intensiv und kräftezehrend sein. Achte daher besonders darauf, dass du dir viel Ruhe und Aufmerksamkeit schenkst und eher in nährende Kontakte investierst, von denen du dich getragen fühlst. Wenn in dir etwas aufbricht, ist meist nicht die Zeit, um dich intensiv um andere Menschen zu kümmern.

Viele empathische Menschen machen die Erfahrung, dass sie plötzlich mit ihrer Schattenarbeit auf bisher nicht beachtete oder uneingestandene Wünsche und Bedürfnisse, ungelebtes Leben stoßen. Dies kann tiefe Krisen auslösen, die dazu führen, dass von einem auf den anderen Tag plötzlich kein Stein mehr auf dem anderen steht. In Folge dieses inneren Aufbruchs erlebst du dich vielleicht wie auf einer Achterbahn an Gefühlen: Schuldgefühle, Wut, Trauer, Egoismus, Neugier, Abscheu. Diese starken Emotionen halten dich dazu an, ungeliebte Themen nicht länger zu ignorieren, die in dir brodeln.

Vielleicht beendest du Hals über Kopf eine Beziehung. Oder du stürzt dich in ein Abenteuer, von dem du bisher dachtest, dass es dir nicht entspricht. Einige deiner Mitmenschen mögen dir sogar vorwerfen, dass du plötzlich nicht mehr so empathisch bist, wie sie dies von dir gewohnt sind. Wenn du bereits tief verunsichert bist über dich und deine Wahrnehmungen, deine Entscheidungen und die Reaktionen deiner Mitmenschen auf deine Veränderung, trage dich mit dem Gedanken daran, dass dies nur eine Phase ist. Aufbrüche möchten und dürfen sein, sind sehr wichtig für unser menschliches Wachstum, unsere Entwicklung. Alles wird sich wieder einpendeln und eine gesunde Waage erreichen, wenn du dich selbst neu positioniert hast. Du darfst dir Zeit lassen. Besonders den Vorwurf der verlorenen Empathie musst du nicht zu sehr an dich heranlassen. Oft stammt er von Menschen, denen dein Verhalten auf die eine oder andere Weise Schmerz bereitet und die dir damit ihren eigenen Schmerz zurückspiegeln. Erinnere dich immer wieder an dein eigenes Herz: Du *bist* warmherzig. Du *bist* einfühlsam. Du *bist* wach für die Bedürfnisse anderer. Dies ist der Hauptgrund für deine Zerrissenheit. Und doch spürt etwas in dir, dass aktuell deine eigenen Bedürfnisse wichtiger sind. Ein guter, wichtiger Schritt.

Tipps zur empathischen Schattenarbeit

- ⇨ Erlaube dir, deinen eigenen Schmerz durch den Schmerz anderer zu spüren. Nimm die Wahrnehmung als gut gemeinten Hinweis auf deine eigenen Verletzungen, derer du dich annehmen darfst.
- ⇨ Wenn dir ein Punkt zu stark gespiegelt wird und dich überfordert, kannst du Pausen einlegen oder dir eine Begleitung durch Freundschaften, Coachings oder auch eine Therapie suchen. Tue dir in besonders herausfordernden Zeiten außerdem viel Gutes, das dich entspannt und aufbaut. Achte dabei darauf, dass du dich nicht ablenkst, um das Thema zu umgehen, sondern um dir bewusst neue Kraft für den Prozess zu schenken.
- ⇨ Deine Schatten machen dich menschlich. Übe besonderes Mitgefühl dir selbst gegenüber, indem du dir erlaubst, diese Schatten haben zu dürfen. Schwäche jeglicher Art ist ein Kanal für besseres Verständnis anderen gegenüber. Zudem hilft die Integration deiner Schwächen, eine bewusst herzliche Fehlerkultur zu unterstützen, in der nicht be- und verurteilt wird, sondern gegenseitige Unterstützung ein sicheres Umfeld schafft.

Träume

Im Kapitel zur Berufung hast du zu diesem Thema bereits einiges gelernt. Die folgenden Worte dienen als Motivation, deine Berufung und deine Träume nicht auf die lange Bank zu schieben und zugleich klug und besonnen vorzugehen. So werden deine Träume nachhaltig auf den Weg gebracht.

Muster mit Mitgefühl überwinden

Prokrastination

Prokrastination bedeutet, dich davon abhalten zu lassen, ins Tun zu kommen.

Darunter fallen Muster wie

- ◊ Fadenscheinige Ausreden: Ich muss noch Wäsche waschen. Dieses oder jenes Treffen kann ich nicht absagen. Ich habe keine Zeit.
- ◊ Blackouts, wie beim Schreiben eines Tests: Sobald du dich an die Ausarbeitung eines Planes setzt, ist plötzlich alles, was du eben noch innerlich an großen Träumen vor Augen hattest, nicht mehr greifbar.
- ◊ Symptome wie Müdigkeit, Abgeschlagenheit, Motivationslosigkeit im Zusammenhang mit deinen Träumen, Bequemlichkeit, mitunter sogar kleine Krankheitssymptome wie eine Erkältung, Kopfschmerzen oder Magenbeschwerden
- ◊ Ablenkungen wie soziale Netzwerke, Fernsehen, lesen, Musik hören, Drogenkonsum

Hinter all diesen Mustern stecken tieferliegende Blockaden, die aufzeigen, wovor zu dich fürchtest. Finde heraus, was deine heimliche Absicht in der Vermeidungsstrategie ist. Sei auch bereit, dich dabei professionell unterstützen zu lassen, wenn du wirklich willens bist, diese Muster zu durchbrechen.

Die Individualpsychologie von Alfred Adler kann wertvolle Hintergrundhinweise geben: Sie weist uns immer auf die Frage nach unserem **„Wozu?“** hin. Hiernach handelt der Mensch in seinen Mustern nicht nach einem rückwärts gerichteten Warum, sondern verfolgt eine heimliche Absicht, ein Ziel, welches ihm erst bewusst werden muss. Vielleicht vermeidest du durch die Ausrede der immerwährenden Müdigkeit eine zermürbende Absage bei einem Vorstellungsgespräch, um nicht das Gefühl von Minderwertigkeit spüren zu müssen. So kannst du dich weiter in der Wohlfühlzone befinden, in der zwar nichts geschieht, was dich weiterbringt – jedoch auch nichts, was dich verletzt. Auch Ablenkungen wie beispielsweise soziale Medien halten dein Gehirn beschäftigt und in der Illusion, dass das Leben sich bewegt und du lebendig bist – doch im Kern verbringst du deine Zeit damit, dich von deinem Weg ablenken zu lassen.

Schönreden

Eine große Gefahr auf dem Weg zu deinen Träumen findet sich auf dem Pfad der inneren Beruhigung: Wir tendieren aus einem Bedürfnis nach Sicherheit und Gewohnheit dazu, unsere aktuelle Situation damit schön zu reden, dass doch alles eigentlich ganz nett ist. Plötzlich fallen uns die positiven Seiten unseres alltäglichen Lebens auf (die ansonsten oft untergehen, weil wir unzufrieden sind), die uns dazu verleiten, unsere Komfortzone auf eine Weise wertzuschätzen, die uns von weiteren Schritten ins „gelobte Land" abhalten. An dieser Stelle sei betont: Dankbarkeit für das, was du hast, ist einer der wichtigsten Schritte in die richtige Richtung. Sie richtet dich darauf aus, deine Gegenwart und Zukunft positiv zu betrachten und als Teil der Lösung immer in eine hilfreiche Richtung zu schauen. Doch Dankbarkeit ist nicht mit der Ausrede des Schönredens zu verwechseln. Sei an dieser Stelle ehrlich zu dir selbst und hinterfrage dich, worum es genau geht: Ignorierst du den Hunger nach mehr in dir? Versuchst du, den leisen Ruf zu überhören, indem du dich auf all das Gute konzentrierst, mit dem du gesegnet bist? Oder ist es gerade wirklich richtig, in deiner Gegenwart noch ein wenig auszuharren?

Weltschmerz kann ausbremsen

Wenn du Weltschmerz mit dir herumträgst, kann dies dazu führen, dass du dich dafür verurteilst, nach mehr zu streben. Die Lebenssituationen von Menschen in Hunger, Armut, Krankheit und Leid kann dich zu Schuldgefühlen bezüglich deiner privilegierten Situation verleiten, so dass du dich nicht in der Position siehst, noch mehr für dich zu wünschen. Beachte hier: Wenn du dich entscheidest, deinem brennenden Herzen zu folgen und dein Mitgefühl in deiner ganz persönlichen Art in die Welt zu bringen, leistest du einen Beitrag zu einer besseren Zukunft. Es klingt abgedroschen, doch es ist kein Tropfen auf den heißen Stein. Als sensibler Mensch wirst du sicher schon oft erlebt haben, wie weit das Resonanzfeld eines Menschen reicht und dass schon ein fröhlicher Mensch einen ganzen Raum voll schlechter Laune erhellen kann. Unterschätze nicht die Kraft deiner Ausrichtung und die positiven Auswirkungen, die dein Traum auf die Welt haben kann, und wenn es „nur" in deiner unmittelbaren Umgebung geschieht. Es geht nicht darum, möglichst die ganze Welt zu retten. Ein solcher Gedanke überfordert dein Gehirn, ist viel zu weit gedacht und hält dich von den kleinen Schritten ab. So kannst du es auch mit dem Weltschmerz halten: Konzentriere dich auf das, was du mit deiner Begabung in deinem Verantwortungsbereich heilen kannst. Du musst kein Weltretter sein. Nimm mutig deinen Platz ein. Es wird dich zutiefst erfüllen, deine Begabung zur richtigen Zeit am richtigen Ort auszuleben.

Selbstwertgefühl

Ein gesundes Selbstwertgefühl gibt dir die Energie, am Ziel festzuhalten. Du weißt, dass dein Beitrag wichtig ist.

Der Grundgedanke von Mitgefühl ist, dass es jeder Mensch wert ist, dass ihm in seiner aktuellen Situation bedingungslose Aufmerksamkeit und Wertschätzung zufallen darf. Dies gilt für dich und für die Menschen, für die du da sein möchtest. Wenn du deinen Wert gefunden hast, ist die Grundlage für gesunde Empathie gelegt, mit deren Hilfe du achtsam deine Träume ansteuern und herausfinden kannst, welcher Schritt wann an der Zeit ist. Meist steht und fällt das Erreichen eines Traums mit den Beziehungen, die in dein Leben kommen. Durch einen gesunden Selbstwert wirst du Menschen begegnen, die sich für dich einsetzen und dich unterstützen, denn du strahlst aus, dass du es verdient hast und gerne annimmst.

Zudem werden sich deine Mitmenschen sehr gern mit dir umgeben, wenn du wohlwollend deine Anteile bearbeitest, die leicht in Opferdenken abrutschen, sich hinter Selbstmitleid verstecken oder beständigen Zuspruch von anderen benötigen, um sich liebenswert zu fühlen.

Mit einem gesunden Selbstwertgefühl kannst du deine Träume klar und geradlinig auf den Weg bringen. Es überzeugt Menschen, mit denen zu zusammenarbeiten möchtest, wenn du dir selbst deines Weges sicher bist.

Tipps: So nutzt du Mitgefühl, um Prokrastination, Schönreden, Weltschmerz und einem fehlenden Gefühl für deinen Selbstwert wirkungsvoll zu begegnen:

◊ Schaffe dir Räume, in denen du bewusst und vollkommen unbewertet alles sagen darfst, was du befürchtest, wovor du dich drücken möchtest und warum du dich worin klein fühlst. Du kannst dein Tagebuch nutzen, ein Gespräch mit einem geliebten Menschen, der dir wohlgesonnen ist, eine Coachingsession, aber auch ein Ausdruckstanz, ein gemaltes Bild, bildende Kunst oder ein anderweitig kreativer Ausdruck. Deine Gefühle müssen nicht unbedingt nur in Worten ausgedrückt werden. Begib dich auf die Suche nach einem Weg, mit dem du dich authentisch und wohlfühlst. Begleite deinen Prozess aufmerksam, achtsam und mit einer Haltung der Selbstliebe.

◊ Beobachte dich selbst: An welchen Tagen in der Woche oder auch bestimmten Tageszeiten befindest du dich in einer Phase, in der die Vermeidungsstrategien nicht aktiv sind? Nutze deine kraftvollen, positiv ausgerichteten Phasen, um bewusst zu träumen und auch zu planen. Erstelle Mindmaps, tätige Anrufe, schreibe Tagespläne oder Visionen auf, die zeigen, wo du dich in einigen Wochen, Monaten befindest. Reflektiere darüber, welche praktischen Schritte notwendig sind, um deinen Traum umzusetzen. Nutze dein Mitgefühl für dich selbst in den Phasen, in denen du hoffnungsloser scheinst und dich eher zurückziehen möchtest. Und betrachte diesen Prozess wie eine Art Wellengang: Beide Seiten der Medaille dürfen sein, es kommt und geht. Deinem Organismus und deiner Seele tut es gut, wenn alle deine inneren Zustände im Bild des großen Ganzen Platz haben dürfen.

◊ Betrachte auf lange Sicht, wohin sich dein Mitgefühl natürlicherweise wendet: Wenn du beobachtest, dass jemand auf der Straße Hilfe benötigt und du zur rechten Zeit zur Stelle sein kannst, nutze den Moment, um dein empathisches Herz handeln zu lassen. So teilst du deinem inneren System mit: Ich kann und möchte helfen. Ich kann es heute tun. Es ist keine ferne Zukunft, sondern real. Ich mache einen Unterschied. Du erlebst dich somit schon selbst in der Ausführung kleiner Schritte auf dem Weg zu deinem Traum – dies kann dir Freude und ein Gefühl von Selbstwirksamkeit vermitteln. Somit stärkst du den Reifungsprozess und erhältst immer stärker ein Gefühl dafür, wo deine dienende, mitfühlende Haltung dich auch selbst bereichert, wo deine Grenzen liegen und wo dein Herz aufgeht.

◊ Setze dir selbst Regeln in Fällen der Prokrastination: Erlaube dir zum Beispiel, für einen bestimmten Zeitraum mit ganzer Hingabe alles vor dich herzuschieben und deinem „inneren Schweinehund" freien Lauf zu lassen. Begrenze diese Phasen jedoch bewusst und wende dich danach wieder deiner Ausrichtung zu – auch, wenn du dich nicht danach fühlst. Hier ist Ehrlichkeit dir selbst gegenüber gefragt: Wenn du wirklich von ganzem Herzen Ruhe und Zeit benötigst, darfst und sollst du sie dir gönnen. Es geht nicht darum, dich auf deinem Weg auszubrennen. Es geht vorrangig darum, dich nicht unnötig auszubremsen. Innerlich kennst du die Wahrheit darüber, was gerade wirklich los ist.

Nachwort

Die letzten Worte in diesem Buch richten sich an dich persönlich:

Auf welcher Skala der Empathie du dich auch immer befindest, wo immer du deine wunden Punkte, Herausforderungen und auch deine Begabungen wahrnimmst, was dich innerlich motiviert, dich mit dem Thema Mitgefühl intensiv auseinander zu setzen – in diesem Moment darfst du wissen, du bist genau richtig, wie du gerade bist. Gelebte Empathie bedeutet, eine Atmosphäre zu unterstützen, in der wir einander wahrhaftig in unserem Ist-Zustand begegnen und uns gegenseitig zeigen: Alles, was du mit dir bringst, ist als Teil von dir und deiner Geschichte willkommen.

Deine Verletzlichkeit, Sanftmut, aber auch deine Ängste und Befürchtungen, deine Alltagsneurosen, Leidenschaften, Träume und Freuden ergeben ein individuelles Bild deiner Persönlichkeit, die, wie sie gerade ist, für dich und deine Liebsten als Ausgangspunkt für ein gemeinsames Erschaffen einer sicheren Atmosphäre dient. Jegliches gemeinsames Wachstum fußt auf einer Basis der vollkommenen, bedingungslosen Annahme – und auf dem Weg dorthin.

Hab Mut, dein Herz immer wieder neu in deinen persönlichen Beziehungen zu weiten und zu öffnen. Zeige dich, auch in deiner Unvollkommenheit und dem Zwischenstadium des Übens. Empathie ist die Schwester des wahren Sehens, welches nur mit echter Wertschätzung möglich ist.

Darum geht es im Kern beim Menschsein: Wir begegnen uns wahrhaftig und bauen gemeinsam ab, was zwischen uns steht.

Je tiefer du dein persönliches Geschenk des Mitgefühls anzuwenden lernst, umso intensiver und persönlicher gestalten sich deine Beziehungen und ihr schafft gemeinsames Ankommen – im So-Sein und in der Weiterentwicklung.

Quellen und weiterführende Literatur

Bak, P. M. (2015). *Zu Gast in Deiner Wirklichkeit: Empathie als Schlüssel gelungener Kommunikation.* Springer Spektrum.

Bauer, J. (2020). *Fühlen, was die Welt fühlt: Die Bedeutung der Empathie für das Überleben von Menschheit und Natur.* Karl Blessing Verlag.

Bergner, S. (2021). *Erfolgreich ist, wer mitfühlt - Emotionale Intelligenz: EQ - sich selbst & andere besser verstehen. Wie Sie Gefühle beeinflussen und Empathie lernen (German Edition).* Virtuoso Verlag.

Carpenter, K. (2020). *The Empath's Workbook: Practical Strategies for Nurturing Your Unique Gifts and Living an Empowered Life.* Rockridge Press.

Chapman, G. (1994). *Die fünf Sprachen der Liebe - Wie Kommunikation in der Partnerschaft gelingt.* Francke Buchhandlung GmbH.

Cuff, B. M., Brown, S. J., Taylor, L., & Howat, D. J. (2014). Empathy: A Review of the Concept. *Emotion Review, 8*(2), 144–153. https://doi.org/10.1177/1754073914558466

Davis, M. H. (2006). Empathy. *Handbooks of Sociology and Social Research*, 443–466. https://doi.org/10.1007/978-0-387-30715-2_20

de Rosa, W. (2021). *Becoming an Empowered Empath: How to Clear Energy, Set Boundaries & Embody Your Intuition.* New World Library.

Elliott, R., Bohart, A. C., Watson, J. C., & Greenberg, L. S. (2011). Empathy. *Psychotherapy*, *48*(1), 43–49. https://doi.org/10.1037/a0022187

Goleman, D. (2005). *Emotional Intelligence: Why It Can Matter More Than IQ.* Random House Publishing Group.

Hein, M. (2018). *Empathie: Ich weiß, was du fühlst.* GABAL Verlag GmbH.

Heintze, A. (2020). *Empathie – Was ist das eigentlich genau?* OpenMind Akademie - Ausbildungen und Metakognitives Coaching. https://open-mind-akademie.de/empathie-was-ist-das/

Heintze, A., & Hummer, A. H. (2018). *Die Gabe der Empathen: Wie du dein Mitgefühl steuerst und dich und andere stärkst.* mvg Verlag.

Jameson, S. (2018). *The Happy Empath's Workbook: Hands-On Activities, Worksheets, and Strategies for Creating a Joyous and Full Life.* Ulysses Press.

Krznaric, R. (2015). *Empathy: Why It Matters, and How to Get It.* TarcherPerigee.

Lüling, D., & Lüling, C. (2007). *Lastentragen - die verkannte Gabe.* Asaph Verlag.

McLaren, K. (2013). *The Art of Empathy: A Complete Guide to Life's Most Essential Skill.* Sounds True.

Orloff, J. (2018). *The Empath's Survival Guide: Life Strategies for Sensitive People.* Sounds True.

Orloff, J. (2019). *Thriving as an Empath: 365 Days of Self-Care for Sensitive People.* Sounds True.

Perry, B. D., & Szalavitz, M. (2011). *Born for Love: Why Empathy Is Essential--and Endangered.* William Morrow Paperbacks.

Riess, H., & Neporent, L. (2018). *The Empathy Effect: Seven Neuroscience-Based Keys for Transforming the Way We Live, Love, Work, and Connect Across Differences.* Sounds True.

Rogers, C. R. (2012). *Die klientenzentrierte Gesprächspsychotherapie.* FISCHER Taschenbuch.

Rohleder, L. (2017). *Die Liebe empathischer Menschen: Die Gratwanderung zwischen wahrer Liebe und seelischen Verletzungen.* dielus edition.

Schulz, C. (2021). *Einfach nachhaltiger und bewusster leben.* CareElite. https://www.careelite.de

Singer, T., & Klimecki, O. M. (2014). Empathy and compassion. *Current Biology, 24*(18), R875–R878. https://doi.org/10.1016/j.cub.2014.06.054

Spiro, H. (1992). What Is Empathy and Can It Be Taught? *Annals of Internal Medicine, 116*(10), 843. https://doi.org/10.7326/0003-4819-116-10-843

Deine Berufung als Empath

Wie du als sensibler Mensch das Leben führst, das wirklich zu dir passt. Eine Herzensreise von der Sehnsucht zur Verwirklichung

Katrin Winter

Inhalte

Einführung **143**

Berufung – warum und wozu? **147**

Was ist Berufung eigentlich? 147

Berufung finden - die Sehnsucht des Menschen nach Sinn 154

Der Weg nach innen – die Basis für deine Berufung 157

Deine gefühlte Rolle in der Welt – die Basis für deine Herangehensweise an das Thema Berufung 163

Deine Geschichte und deine Berufung **165**

Wo bist du zu Hause? Berufung befindet sich jenseits des Zaunes 165

Blockaden – was hält dich ab, deine Bestimmung zu entdecken? 167

Die Bedeutung des Reiters 174

Was bedeutet Berufung für einen Empathen? **179**

Was ist ein Empath? 179

Empathie – die wiederkehrende Verbindung zu deinem Menschsein und der Schatz des Augenblickes 181

Intuition und Empathie – zwei unzertrennliche Schwestern auf dem Weg in deine Berufung 188

Die Liebe wiederfinden 191

Die Kraft deiner Empathie entdecken **195**

Empathie als richtunggebende Kraftquelle 195

Empathie als Basis für persönliches Wachstum 201

Selbstlosigkeit und Empathie 206

Das geeignete berufliche Umfeld ... 209

Was ist der Unterschied zwischen Beruf und Berufung? ... 209
Die Weltanschauung bestimmt deine Berufung mit ... 211
Andere Welten entdecken ... 213
Gemeinsame Werte im beruflichen Umfeld ... 214
Wichtig für Empathen – die äußeren Gegebenheiten ... 217
Und wenn meine Berufung und mein Beruf getrennt sind? ... 219

Der Weg zu deiner Berufung – kreative und praktische Hilfestellung ... 223

Erste Schritte zur praktischen Umsetzung deiner Träume und Ideen – innere Haltung ... 224
Inspirationsbox neuer Gewohnheiten ... 233
Die Wahl des sozialen Umfeldes ... 236
Fragen und Antworten ... 239
Der richtige Zeitpunkt ... 253
Im Dunst der Dualität ... 256

Nachwort ... 259

Quellen und weiterführende Literatur ... 261

Einführung

Mit den folgenden Worten wendet sich dieses Buch an dein Herz. Von ihm gehen die Ströme des Lebens aus, welche dir die Richtung in eine leuchtende Zukunft aufzeigen. Eine Zukunft, die sich lebendig anfühlt, lebenswert und erstrebenswert ist.

Du möchtest ein Morgen vor dir sehen, für welches es sich lohnt, aufzustehen. Du möchtest herausfinden, wozu du auf dieser Welt bist, welchen Unterschied es macht, dass du morgens aufstehst, dich streckst, ausrichtest und dem Tag mutig und motiviert entgegensiehst.

Vielleicht befindest du dich in deinem Heute in einer Situation, die es dir schwer macht, zu hoffen, oder dir gar eine Zukunft vorzustellen, die deine Seele anspricht. Vielleicht hast du gelernt, dass das Leben grundsätzlich keinen Spaß macht oder es vorrangig ein Versteckspiel um die Anteile ist, die dich wirklich ausmachen.

Stelle dir vor, du gehst in der Fußgängerzone spazieren. Du begegnest vielen hundert Gesichtern, hinter denen sich jeweils individuelle Geschichten verstecken. In wie vielen Gesichtern kannst du eine ansteckende Lebendigkeit entdecken? Wo findest du eine Regung, einen Hauch von Glück, einen Eindruck bleibender Zufriedenheit, ein tiefes Wohnen im eigenen Sein? Fällt dir auf, dass wenig Begegnung mit dem tiefen Kern der Menschen um dich herum stattfindet?

Schlechte Erfahrungen, alte Verletzungen, die Anforderungen des täglichen Lebens und die Abgeschnittenheit von unserem wahren Selbst führen den Menschen in eine tiefe Krise, in der er sich selbst nicht mehr im Spiegel erkennt. Wir möchten frei atmen und das Gefühl haben, unser Leben als das Unsere zu erkennen.

Die Suche nach deiner Berufung ist vor allem eine Suche nach dir selbst, eine Sehnsucht nach deinem Wesen, nach deiner Essenz. Wenn du gefunden hast, was dich im Kern bewegt und lebendig macht, wird sich dein Leben danach ausrichten und die Kraft, die du aus deiner inneren Quelle beziehst, wird dein Tun in einer völlig neuen Weise beleben, sodass es für dich und deinen Wirkungskreis wie auf dich zugeschnitten scheint.

Deine Berufung, zu leben, bedeutet, dem inneren Ruf zu folgen, der sich in dir bildet, wenn du der Stimme der Sehnsucht folgst. Etwas in dir weiß bereits von Beginn an, wozu du hier bist.

Du wirst gebraucht. Du machst einen entscheidenden Unterschied. Die Zukunft, in der sich entfaltet, worin genau dieser Unterschied besteht, beginnt heute.

Mit jedem Gedanken, jeder Entscheidung und jeder daraus folgenden Handlung kreierst du dein Morgen. Ist es nicht wundervoll, dass du heute damit beginnen kannst, schöpferisch tätig zu sein, indem du dir Stift und Papier zur Hand nimmst, in die Worte und zwischen die Zeilen dieses Buches eintauchst und deinen inneren Horizont erkundest, indem du dir vorstellst, was möglich ist?

Sei ermutigt, zu expandieren. Dein Heute ist dein Ausgangspunkt, doch die Zukunft ist so viel weiter, gehaltvoller und reicher, als du bisher ahnen kannst. Stelle dein Herz auf eine freudige Erwartungshaltung ein!

Deine Berufung möchte sich entfalten und gedeihen. Trage sie verantwortungsvoll und aufmerksam, nähre und pflege sie, erweitere und präzisiere deine Vorstellungen und glaube, dass sie in dieser Welt gebraucht wird.

Und dann – staune.

Bist du bereit, die Reise von der Sehnsucht in die Verwirklichung anzutreten? Herzlich willkommen in einer kleinen Welt voller Inspirationen, Ideen, praktischer Übungen und Ermutigung mit diesem Buch.

Du wirst erkunden, was es mit der Verbindung zwischen einem zutiefst mitfühlenden und empathischen Herzen und der Sehnsucht nach einem sinnhaften Leben auf sich hat, wie du deinem roten Lebensfaden auf die Spur kommen kannst, der dir wertvolle Hinweise auf deine Essenz liefert, in welchen inneren und äußeren Gefilden du dich wohlfühlen und aufblühen und vor allem wie du sie finden und gestalten kannst und wie du Wege beschreitest, die dir über dein bisheriges Sein weit hinaus helfen und dich auf ein freies Feld der Möglichkeiten stellen, aus denen du wählen kannst, was dein Herz begehrt.

Dieses Buch ist für dich ideal geeignet, wenn

- die Sehnsucht in deiner Brust brennt, seit du denken kannst – und nun nach Ausdruck drängt
- du dich manchmal so lebendig fühlst, dass du schreien könntest
- du dich manchmal so betäubt fühlst, dass du nicht einmal mehr weinen kannst
- du morgens mit freudiger Erwartung auf den Tag aufstehen möchtest
- du ein Leben führen möchtest, von dem du keinen Urlaub brauchst
- du auf der Suche bist, herauszufinden, wie die Liebe dein Sein so durchdringen kann, dass jeder Raum strahlt, sobald du ihn betrittst
- du das gewisse Etwas in dir bereits erahnst und es tiefer kennenlernen möchtest
- du einen wertvollen Beitrag in dieser Welt schaffen möchtest – allein dadurch, dass du auslebst, wer du wirklich bist
- du durch „du selbst sein“ deinen Lebensunterhalt verdienen möchtest oder auf vergleichbare Weise eine zufriedenstellende, andere Lösung finden möchtest als ein gewöhnliches Arbeitsleben, welches dir nicht entspricht

Lass dich ein auf eine Welt voller Möglichkeiten, die dich herausfordert, aber auch ermutigt, über deine bisherigen Begrenzungen hinaus zu erblühen.

Berufung: warum und wozu?

„Das Finden und Leben seiner Berufung ist mehr als der Ausdruck des Zeitgeistes neuer Sinn- und Werteorientierung!
Es ist das Erfüllen der eigenen Lebensbestimmung!
Der Ausdruck seiner Einzig-art-igkeit!
Das Leben seiner Talente!
Und der wertvolle Beitrag eines jeden Einzelnen zur Gestaltung einer neuen Gesellschaft!"

Ursula Maria Lang

Was ist Berufung eigentlich?

Deine Berufung ist ein populäres Thema. Die Meinungen über ihre Bedeutung gehen in deinem Umfeld vermutlich weit auseinander und das Bewertungsspektrum bezüglich der Ausrichtung ihrer Ansätze bewegt sich in unterschiedlichste Richtungen.

Viele Menschen gehen davon aus, dass sich Berufung vor allem darum dreht, einen sinnvollen Beitrag zum gesellschaftlichen und sozialen Leben zu leisten. Die gelebte Berufung dient in diesem Fall als eine Art Daseinsberechtigung innerhalb der Gemeinschaft. Wenn du deinen Platz im Gesamtgefüge einnimmst, hast du es geschafft. Dein Leben tingelt nicht mehr einfach nur zwischen Bar und Bett hin und her, nein, nun hat dein Aufstehen einen Sinn: Dein Handeln und Sein kommt anderen zugute.

Zudem sollten Berufung und Motivation möglichst selbstlos sein. Das Stichwort Hingabe erinnert unmittelbar an Vorbilder wie Mutter Theresa oder Martin Luther King. Viele Menschen vertreten die Ansicht, dass Berufung nur sinnvoll ist, wenn sie sich nicht nur um dich und das Ausleben deiner Träume und Wünsche dreht.

Freude sollte sich aufgrund dieser Sichtweise vorrangig durch das freiwillige Aufopfern der eigenen selbstsüchtigen Wünsche ergeben. Deine Berufung ist ein Teil von etwas Größerem, ein sich Verschenken an das Wohl anderer. Du bringst deinen Anteil zum Gemeinschaftstisch – und es muss nicht unbedingt etwas sein, worin du besonders begabt bist oder woran du Spaß hast, sondern vorrangig ein Engagement in einem Bereich, in dem dein Mitgefühl erregt wurde, dein Herz schmerzte und du spürtest: Hier kann ich nicht länger wegsehen, ich muss etwas tun.

Berufung also als Antwort auf das Leid in der Welt – und diese zu einem besseren Ort zu machen.

Berufung als Beitrag zum menschlichen Miteinander.

Ein anderer Interpretationsansatz geht in die Richtung der Selbstverwirklichung: Deine Berufung als Ausdruck deiner Interessen, Leidenschaften, deines Wesens.

Du möchtest der Welt deine Großartigkeit nicht länger vorenthalten und endlich deine Gaben, dein Licht und dein Leuchten in die Umgebung strahlen lassen.

Dem zugrunde liegt der Wunsch danach, gesehen und geliebt zu werden, dich selbst zu spüren und zu erleben und immer wieder positive Rückmeldung zu erhalten, die dir sagt: Ich bin geliebt. Ich kann etwas Schönes schaffen. Andere schätzen mich und meine Ansichten, meine kreativen Ansätze, meine Ideen und meine Lebensweise.

Die gelebte Berufung aufgrund der Selbstverwirklichung sagt: Ich als Individuum zähle. Ich mache durch mein bloßes Sein die

Welt zu einem schönen Ort. Vielleicht sogar: Ich bin anders als die anderen.

Die Berufung dient in diesem Fall auch als Erkennungsmerkmal und Teil der Selbstidentifikation: Seht her, das bin ich. Ich bin wunderbar! Und ich wünsche mir, dass ihr das seht und mich dafür annehmt.

In diesem Segment finden sich viele Influencer der heutigen Zeit wieder, aber auch Menschen, die sich einem Hobby oder einer Sportart verpflichtet haben, deren Realität ein Spielfeld ist, das Siegen, oder auch, auf oberflächlichem Level, die Kreativität, Kunst, ein Talent.

Berufung als Selbstausdruck mit der Botschaft: Ich nehme Raum ein. Ich bin wichtig.

Berufung als Hinweis: Der Einzelne und seine seelischen Bedürfnisse zählen.

Wiederum findet sich eine weitere Perspektive: Berufung aufgrund der eigenen Vergangenheit und der äußerlichen gesellschaftlichen Gegebenheiten, in die man hinein geboren ist, eine Erfüllung der gesellschaftlichen Pflicht. Das Individuum hinter der ausgefüllten Rolle ist wenig sichtbar.

Der Vater war Schreiner? Nun, der Sohn wird es ebenfalls, denn alles dreht sich um das Fortbestehen der Tradition.

Die Mutter lebt vor, dass die ideale Rolle einer Frau die einer Hausfrau und Mutter ist? Die Religionsgemeinde bestätigt in ihrer Lehre diesen Ansatz, indem sie diese Rolle als gottgegeben untermauert? Nun, eine gottesfürchtige, hingegebene Frau nimmt in diesem Fall klaglos und freudig diese Rolle ein und findet ihre Berufung darin, sich eben nicht weiter mit ihrer individuellen seelischen Gefühls- und Bedürfnislage und individuellen Vorstellungen von ihrem Leben auseinanderzusetzen.

Berufung also aufgrund der Aufgabe eigener Gefühlsregungen oder inneren Leitung in eine bestimmte Richtung.

Berufung als Antwort des Gehorsams und der Verpflichtung innerhalb familiärer, gesellschaftlicher oder religiöser Anforderungen.

Du siehst, es lässt sich nicht allgemein festlegen, was Berufung für den Einzelnen bedeutet und welche Definition ihrem Wesen am nächsten ist.

Jede dieser Sichtweisen trägt einen Teil Wahrheit in sich.

Inspiration

Schreibübung

Vorbereitung:

Diese Vorbereitung auf die kommende Übung kannst du im Alltag in unterschiedlichsten Situationen verwenden. Für empathische Menschen ist sie äußerst hilfreich, um bei sich anzukommen, wahrzunehmen, was in ihnen geschieht und sich wieder zu zentrieren, wenn sie von mehreren Seiten mit Anforderungen überrumpelt sind oder sich schlicht überfordert fühlen. Die Vorbereitungsübung verankert dich wieder in deinem Sein und hilft dir, zu unterscheiden, was gerade für dich wichtig ist und was DU gerade brauchst. Somit unterstützt sie dich unter anderem auch darin, deine Grenzen zu spüren und dementsprechend zu handeln.

Suche dir einen ruhigen Ort, an dem du ungestört bist. Wenn du möchtest, atme einige Male tief durch und komme ganz im Moment an. Nimm die Umgebung um dich herum wahr, deinen Körper in Berührung mit der Sitz- oder Liegefläche. Überprüfe, ob du dich wohlfühlst oder deine Position verändern möchtest. Zudem spüre, ob in deinem Körper Anspannung oder Unwohlsein wahrzunehmen ist.

Nun richte deine Aufmerksamkeit auf deine Gedanken. Womit hast du dich bis zu dieser Minute innerlich beschäftigt? Warst du hier? Hast du bisher aufmerksam gelesen, oder schweifen deine Gedanken immer wieder zu einem anderen Thema ab, welches dich beschäftigt?

Solltest du realisieren, dass etwas anderes deine Aufmerksamkeit in Anspruch nimmt, kannst du dich zuerst damit auseinandersetzen, um dann befreit zu diesem Buch und dieser Aufgabe zurückzukehren. Dazu ist es nicht wichtig, dass du die andere Situation löst oder dieses Buch nun zur Seite legen musst. Es geht darum, achtsam wahrzunehmen, was gerade ist, um es dann friedvoll loszulassen. Denkst du über eine Rechnung nach? Ist ein Konflikt im Raum, der dein Innenleben in Anspruch nimmt? Spürst du die Befindlichkeiten anderer Menschen um dich herum? Fällt es dir gerade schwer, dir Raum für dich zu nehmen?

Wenn du möchtest, spüre sogar noch eine Ebene tiefer in deine sogenannten Erstgefühle hinein: Welches Gefühl liegt am Boden deiner Befindlichkeit? In einem Konflikt könntest du Schuldgefühle wahrnehmen. Trauer, Scham oder Furcht könnten deine Stimmung beeinflussen. Vielleicht bist du verwirrt, weil so viel von dir erwartet wird – bei näherer Betrachtung stellst du fest, dass unter der Verwirrung das Bedürfnis nach Nähe und echter Verbindung liegt. Du bist traurig, weil du dich nach einer Umarmung sehnst – stattdessen sprichst du mit deinem Partner seit Tagen nur über alltägliche Belanglosigkeiten.

Nimm all diese Bewegungen achtsam und liebevoll in dir wahr. Alles darf sein, nichts muss verändert werden. Du musst dich nicht darum bemühen, anders zu fühlen oder sofort eine Situation zu verändern, um bei dir anzukommen und Frieden zu spüren. In dem Moment, in dem du anerkennst, was ist, kann sich der Leidensdruck verabschieden und du kannst wieder frei atmen, weil du nicht mehr gegen das ankämpfst, was du fühlst, oder es zu vermeiden versuchst.

Nun kannst du dich langsam wieder diesem Buch und der folgenden Aufgabe widmen.

Übung:

Nimm Stift und Papier zur Hand und einen weiteren, tiefen Atemzug.

Nun wende dich dem Thema Berufung zu und dem, was es in dir auslöst.

Was fühlst du, wenn du die verschiedenen Ansätze zum Thema Berufung auf dich wirken lässt? Welche Erinnerungen treten in dein Bewusstsein? Vielleicht haben dir deine Eltern ihre Sichtweise dazu nahegelegt. Vielleicht hast du dich mit Freunden darüber ausgetauscht oder dich auch schon allein tiefer damit auseinandergesetzt.

Schreibe nun auf, welche positiven Assoziationen du zum Thema Berufung wahrnimmst.

Beispiel:

„Berufung bedeutet für mich, einen Sinn zu haben, warum ich morgens aufstehe. Ich bin fröhlich und aufgeregt, wenn ich darüber nachdenke, wie ich meine Gaben in dieser Welt einsetzen kann. Es erfüllt mich mit Abenteuerlust und Neugier, zu erkunden, was es für mich zu tun gibt."

Schreibe nun detaillierter auf, welche positiven Glaubenssätze du zum Thema Berufung in dir trägst.

Beispiel:

„Ich bin wichtig."

„Meine Berufung macht einen Unterschied in dieser Welt."

„Ich spüre tief in mir bereits meine Berufung und bin kurz davor, sie in Worte fassen zu können."

„Ich weiß, dass meine Berufung mich zutiefst erfüllt."

Anschließend wende dich den negativen Assoziationen zu, die du zum Thema Berufung in dir trägst.

Beispiel:

„Ich verspüre Druck, etwas sein zu müssen, was ich nicht bin. Ich habe das Gefühl, einem Trendthema folgen zu müssen. Ich befürchte, dass Berufung sich nur mit dem Leid anderer beschäftigt und dass ich in der Verantwortung bin, es zu lindern."

Nun ergänze diese Assoziationen mit deinen möglichen negativen Glaubenssätzen.

Beispiel:

„Ich bin nicht wichtig."

„Es ist vollkommen egal, welche Berufung ich habe. Niemand braucht mich."

„Ich bin zu klein, um eine wichtige Berufung zu erfüllen."

„Ich bin dem Leben nicht gewachsen."

Nimm bei der Übung weiterhin achtsam alles wahr, was sich in deinem Gefühlsleben und deinem Körper abspielt. Dein Bauchgefühl kann dir zuverlässig anzeigen, wie du zu einem Thema wirklich stehst.

Mit der Basis der Übung wirst du im Laufe des Prozesses mit diesem Buch immer mehr herausfinden, wo deine Blockaden liegen, welche Entscheidungen du treffen und wie du über das Thema Berufung denken möchtest. Dein Erfolg im Finden und Ausleben deiner Berufung hängt maßgeblich davon ab, deinen eigenen Weg darin zu finden, wie du damit umgehen möchtest und welche Bedeutung du dem Bereich zumisst. Zudem ist es wichtig, dich selbst immer tiefer und liebevoller kennenzulernen und zu erspüren, wofür dein Herz wirklich brennt.

Berufung finden - die Sehnsucht des Menschen nach Sinn

Der Mensch hat eine tiefe Sehnsucht danach, etwas zu erschaffen, das nachhaltig sowohl sein Fortbestehen als auch seine Einbindung in eine größere Geschichte unterstützt.

Wir brauchen nicht nur die Sicherheit, dass unsere Grundbedürfnisse befriedigt werden, sondern auch, dass unsere Seele erblühen und gedeihen kann und eine Evolution im Bewusstsein stattfindet. Wir sehnen uns danach, uns als Menschheit und als Individuen weiterzuentwickeln und unseren Horizont im Innen und im Außen zu erweitern.

Eine Berufung ist dann sinnstiftend, wenn sie das Fortbestehen in unterschiedlichsten Färbungen unterstützt. Gemeinschaftliches Miteinander, innere Heilung, körperliche und seelische Gesundheit, gesunde Beziehungen und gemeinsam verfolgte Ziele tragen dazu bei, dass sich die Menschheit positiv entwickelt. Die Gesundheit der Erde, auf der wir leben und der Erhalt der Ressourcen, die uns ernähren, bildet die Grundbasis für unser Sein. Menschliche Sorgfalt und ihre Pflege geraten als Teil einer sinnstiftenden Beschäftigung vieler Menschen wieder in den Fokus.

Die Gesellschaft hat sich im Laufe der Zeit immer weiter in eine Richtung entwickelt, die unserem Fortbestand und unserer Gesundheit in allen Bereichen entgegensteht. Wir beuten einander aus, führen Kriege, richten uns nach Geld und Profit aus und haben unsere Existenz auf den Regeln der freien Marktwirtschaft und einem finanzorientierten System aufgebaut, welches rein auf Gewinnmaximierung und Macht ausgerichtet ist. In diesem Spiel kann es nur Verlierer geben, denn die Ausbeutung unseres Planeten und ihrer Bewohner schreitet voran und wirkt unserem menschlichen Wunsch nach Leben und Sinn entgegen. Die Folge sind Armut, Krankheit, Depression, Hoffnungslosigkeit, Ohnmacht, Ungleichheit und Gewalt.

Tief in uns spüren wir immer deutlicher, dass der Kurs, den wir aktuell eingeschlagen haben, dringend geändert werden muss. Wir müssen unserer Sehnsucht nach Lebendigkeit und Gesundheit folgen. Bei einem Plan der Heilung kann zudem nicht nur ein privilegierter Teil der Menschheit profitieren, während der Rest mit dem bisherigen System untergeht. Als Menschheit sind wir untereinander verbunden und ebenso untrennbar von unserer Lebensgrundlage. Wenn ein Teil verletzt ist, leidet das große Ganze unter dem Schmerz. Somit spürt etwas in uns, dass wir nicht weiter die Illusion aufrechterhalten können, uns einzig und allein um uns selbst zu drehen. Wir dürfen aufwachen und uns darüber klar werden, dass wir eine Verantwortung dafür tragen, wie sich die Menschheitsgeschichte fortschreibt. Jede Entscheidung, die wir für unser Morgen treffen, hat eine Auswirkung auf das große Ganze.

Eva Maria Zurhorst und Joe Dispenza gehen in ihren Büchern „Liebe kann alles" und „Ein neues Ich" intensiv darauf ein, wie alles miteinander verbunden ist und sich gegenseitig beeinflusst. Die Quantenphysik hat bereits erstaunliche Erkenntnisse darüber erlangt, dass die Trennung voneinander nicht real ist und wir daher nicht nur für uns selbst denken können.

Unsere Beziehungen, unser Handeln und unsere Lebensweise streben eigentlich danach, das Leben zu unterstützen und auf Heilung ausgerichtet zu sein. Empathie und Mitgefühl sind zutiefst menschliche Eigenschaften, die in jeder Seele angelegt und nicht nur besonders sensiblen Persönlichkeiten vorbehalten sind. Durch unseren Kurs der Zerstörung sind wir so tief abgestumpft, dass es uns immer schwerer fällt, mit unseren Gefühlen in Verbindung zu bleiben. Die Trennung von unserer Wahrnehmung erscheint uns im Kindesalter, aber auch später im Erwachsenenleben, oft als einzige – bewusste oder unbewusste - Möglichkeit, um uns den tiefen Schmerz vom Hals zu halten, dem es sich zu stellen gilt, wenn wir nicht länger davonlaufen und uns klar machen, welch zutiefst unmenschliches Klima wir mit- und untereinander geschaffen haben.

Somit werden Menschen heute eingeteilt in sensibel und unsensibel, hart und weich, warm und kalt. Wer kalt, unsensibel und hart ist, schafft es oft, sich in der Aufstiegsleiter unterschiedlichster Bereiche bis ganz nach oben zu bewegen: Er hat die Oberhand in der Beziehung, die Leitungsposition im Job und die Kontrolle über seine Gefühle. Zudem ist er belastbar, flexibel und braucht wenig Ruhezeiten. Sensible, weiche und warme Menschen gelten als unflexibel, überempfindlich und nicht unterstützend für ein System, sei es eine Beziehung, auf der Arbeit oder das eigene Innenleben. Wer mehr Ansprüche an die Auseinandersetzung mit Gefühlen und mit der Seele des Menschen stellt und sein Bedürfnis nach Nähe und Intimität kundtut, wird oft als anstrengend und zu anspruchsvoll bezeichnet.

Diese Entwicklung deutet darauf hin, dass wir den Kontakt zu dem, was wirklich wichtig ist, verloren haben. Menschsein in sich bedeutet, dass wir allein nicht vollständig sind. Das bedeutet nicht, dass wir nicht eigenverantwortlich für unser eigenes Innenleben und die Gestaltung unserer Realität wären oder lernen dürften, eine gewissen Opferhaltung zu verlassen. Vielmehr gilt es zu verstehen, dass der Mensch als Gemeinschaftswesen erst dann in seiner Menschlichkeit wirklich erblühen und auch seine wahre Berufung finden kann, wenn er wieder in Kontakt mit seiner eigenen Seele tritt, sich wahrhaft berühren lässt und damit auch wieder liebesfähig wird.

Dies hat jedoch zur Folge, dass wir uns dem lange vermiedenen Schmerz stellen müssen. Doch es ist der einzige Weg, der eine Berufung wahrhaftig, lebendig und greifbar macht. Nur so können wir entdecken, wo sich unser Mitgefühl meldet, was diese Welt braucht und an welcher Stelle unser Platz noch frei ist, der danach ruft, dass wir in unsere Kraft kommen und unseren Beitrag zur Heilung der Menschheit und des Planeten leisten.

Das Thema Berufung ist in den Herzen der Menschen, die sich vom Weltgeschehen und einer allgemein schadhaften Ausrichtung berühren lassen, von existentieller Bedeutung. So findet sich die Sinnhaftigkeit hinter der individuellen Berufung: Sie soll dazu dienen, die Welt zu einem besseren Ort zu machen – ob es nun die kleine Welt eines Einzelnen und seiner Liebsten ist, oder die Welt im größeren Kontext bei gesellschaftlich relevanten Themen.

Unsere Wünsche, Träume und Visionen erhalten die ersehnte Lebendigkeit, wenn sie dem Gesetz des Lebens und der Heilung folgen, die unser Fortbestehen sichern. Da wir nicht allein existieren können und alle miteinander verbunden sind, möchte eine Berufung nicht nur dir selbst dienen, sondern auch deinen Mitmenschen.

Doch bevor du etwas zu geben hast, ist es wichtig, dass du selbst erfüllt bist. Da kommt das eigene, individuelle Glück ins Spiel – wer innerlich erfüllt ist, kann auch etwas weitergeben.

Der Weg nach innen - die Basis für deine Berufung

Die Sehnsucht, als Menschheit immer wieder über uns hinauszuwachsen, beginnt mit dem Wunsch, zuerst über die eigene Geschichte hinauszuwachsen.

Unsere Geschichte macht uns zu dem, wer wir sind – bis zu dem Zeitpunkt, an dem wir „aufwachen": Wir beginnen, zu verstehen, dass unsere Geschichte, also alles, was wir bisher erlebt haben, tatsächlich nichts weiter als eine Geschichte ist, die sich in unserem Inneren abspielt.

Für viele Menschen kommt irgendwann der Zeitpunkt, an dem sie beginnen, sich mit ihrer persönlichen Geschichte auseinanderzusetzen. Woher kommt der Schmerz, vor dem ich immer wieder davonlaufe? Was wird in mir angesprochen, wenn ich das Leid der Welt sehe, mich davon berühren lasse und eine leise Erinnerung in mir aufkeimt? Was hat mir damals das Herz gebrochen und mich abgeschnitten von meiner Liebesfähigkeit, von meinem Mitgefühl und dem Gefühl, wahrhaft präsent und lebendig zu sein?

Je größer das Bewusstsein wird, je klarer dir wird, dass der Schmerz sich immer deutlicher zeigen wird und es außer der Ignoranz, die dich auf Dauer krank macht, keinen Ausweg gibt, als dich dem zu stellen, desto mehr Fragen tauchen auf:

- Bin ich wirklich, wer ich glaubte zu sein?
- Wurde vorbestimmt, was ich erlebt habe?
- Wer oder was ist der Strippenzieher meiner Geschichte? Gibt es so etwas wie ein Drehbuch?
- Warum scheine ich immer wieder dieselben Erfahrungen zu machen?
- Ich wünschte, ich wäre in ein anderes Leben geboren – warum erlebe ich nie, was ich mir zutiefst wünsche?
- War das wirklich alles?
- Wie kann ich wieder glücklich werden – und warum bin ich überhaupt so unglücklich?

An dem Punkt, an dem du begonnen hast, dir diese und ähnliche Fragen zu stellen, beginnt dein Weg nach innen. Oft wird eine solche Phase mit einer handfesten Lebenskrise eingeläutet, die alles durchrüttelt und infrage stellt, was bisher niet- und nagelfest erschien. Vielleicht geht eine langjährige Beziehung in die Brüche. Du hast mit plötzlichen Wutausbrüchen oder Panikattacken zu kämpfen. Freundschaften gehen zugrunde, du gehst pleite oder ein Familienmitglied stirbt.

Was auch immer geschehen ist, es lässt dich plötzlich wach werden. Es scheint, als öffnest du deine inneren Augen, schreckst auf wie aus einem langjährigen Schlaf. Unsanft in die Gegenwart katapultiert, nimmst du alles wahr, was vorher im Verborgenen lag: Schmerz, Ohnmacht, Hilflosigkeit, Angst. Es scheint, als habe dir jemand die Ohrstöpsel rausgezogen, die Augenbinde heruntergerissen und die Schallschutzdämpfer entfernt. Das Leben prallt mit solcher Wucht auf dich ein, dass du zu Beginn vollkommen überfordert scheinst.

Langsam und vorsichtig beginnst du nun, dich durch den Morast all der Gefühle, Emotionen und Wahrnehmungen zu kämpfen, die sich zuvor versteckt hielten. Deine Lebensumstände schienen sich wie automatisch zu entfalten. Auf einmal ist dir nicht mehr klar, wie es so weit kommen konnte. Wie um Himmels Willen bin ich nur da gelandet, wo ich gerade stehe?

Dir wird bewusst, dass du wie auf Autopilot durch dein Leben geschlittert bist. Hast du dich gefragt, warum es sich angefühlt hat, als würdest du gelebt, anstatt gelebt zu haben? Was hat es mit dem Schleier auf sich, der immer zwischen dir und dem Leben hing und dir das Gefühl gab, nicht voll und ganz da und anwesend zu sein?

Dir wird bewusst, wie unangenehm, ja, unerträglich dieser Zustand für dich gewesen ist. Du fragst dich, wie du in der Lage warst, ihn so lange Zeit zu ertragen. Nun, da du dich wie aufgeweckt fühlst und beginnst, dein Leben und deine Handlungen unter die Lupe zu nehmen und jedes kleine Detail zu hinterfragen, spürst du, wie sensibel, teilweise auch überfordert du auf deine Wahrnehmung reagierst. Alles ist auf einmal zu viel:

Acht Stunden am Tag zu arbeiten. Deinen Partner ständig bei dir zu haben oder mit ihm im Drama zu versinken. Die Geschichten deiner Freunde, die sie ständig bei dir abladen. All die Anforderungen und das Verlangen deiner Mitmenschen, zu funktionieren. Vielleicht ist dein Terminkalender so voll gewesen, dass es gar nicht infrage kam, dir Zeit für dich zu nehmen und dich auszuruhen. Du fragst dich, woher der Glaube kommt, dass Müßiggang und Nichtstun ein Verhalten sei, welches ausgemerzt werden sollte.

Vielleicht hast du an diesem Punkt den Eindruck, dieser Welt nicht gewachsen zu sein. Wenn alles viel zu viel ist, ist es dann nicht besser, wieder einzuschlafen und weiter auf Autopilot zu funktionieren? Was stimmt nicht mit dir? Warum bist du auf einmal so sensibel, so mitfühlend, doch auf eine Art, die dich überfordert? Wo ist das dicke Fell hin, welches du dir mit den Jahren angeeignet hast? Du hast immer gedacht, nichts könne dir etwas anhaben und du trügest dich selbst und andere mit Leichtigkeit durchs Leben. Du warst stolz auf dein Durchhaltevermögen. Nun scheint auf einmal nichts mehr von alldem zu funktionieren. Wo du dich vorher noch mit bestimmten Charaktereigenschaften identifizieren und sagen konntest: „Das bin ich, so bin ich“, musst du dir nun die Frage stellen: Wie viel von dem, was ich über mich selbst dachte, ist wahr?

Vielleicht erzählt dir an dieser Stelle jemand, dass du ein Empath bist. Nun gibt es ein Wort für deine neu gewonnene Sensibilität.

Es mag auch sein, dass dir diese Eigenschaft schon vorher bekannt war – von einem dicken Fell keine Spur. Von dort aus aufzuwachen und eine Krise zu durchleben, ist für dich in diesem Fall womöglich ein absoluter Nullpunkt. Vielleicht hast du keine gesunden Grenzen gesetzt und deine Krise zeigt sich durch ein Burnout. Oder ein geliebter Mensch verlässt dich, obwohl du dich vollkommen für ihn aufgeopfert und alles für ihn getan hast.

Du weißt, nun ist es an der Zeit, dich selbst von Grund auf ganz neu kennenzulernen. Selbst, wenn du wolltest – ein Zurück ist nicht mehr möglich, nun kommt nur noch die Flucht nach vorn infrage. Vieles wird sich verändern.

Dein Weg nach innen hat begonnen.

Inspiration

Schreibübung

Vorbereitung:

Bereite dich vor, wie in der Inspirationsübung im ersten Kapitel beschrieben.

Übung:

Stelle dir dein Innenleben wie ein großes Haus mit mehreren Zimmern vor. Erinnere dich in deiner Vorstellung daran, wie es ausgesehen hat, bevor du auf die eine oder andere Art verletzt wurdest.

Welche Zimmer befinden sich in diesem Haus? Welche Bereiche waren bewohnt und lebendig? Benenne die unterschiedlichen Zimmer mit Namen wie *Freundschaft, Familie, Hobby, Schule Interessen, Glaube, Fantasie, Träume ...*

Male dir nun aus, wie diese Zimmer eingerichtet waren. Welche Menschen aus deinem damaligen Umfeld befanden sich darin? Welche Möbel füllen den Raum, welche Farben bezeichnen das Gefühl, welches du mit den unterschiedlichen Bereichen verbindest? Welche Geräusche nimmst du wahr, wie ist das Lebensgefühl? Was passiert dort drin – und was genau machst *DU* dort?

Wie stehst du in Position und Verbindung zu den Dingen und Menschen, die sich mit dir im jeweiligen Raum befinden?

Beschreibe, wie sich der „gesunde" Raum in deinem Inneren anfühlt.

Wenn einer oder mehrere dieser Bereiche noch nie in gesundem Zustand in deinem Leben waren, stelle dir vor, wie sie in deiner Fantasie idealerweise aussehen und sich anfühlen würden.

Als Nächstes stelle dir vor und schreibe auf, dass dein Haus angegriffen wird. Eine Gruppe Hooligans oder andere Menschen/Wesen reißen die Türen auf, werfen Brandsätze ins Haus, zerstören die Einrichtung, nisten sich ein. Vielleicht wird auch einer der Menschen, die vorher noch mit dir in dem Haus gelebt haben, zum Teil der Räuberbande.

Diese Szene repräsentiert die Verletzung, die dir zugestoßen ist. Führe diese Übung intuitiv aus. Sie kann beinhalten, was tatsächlich passiert ist: Beispielsweise liegt plötzlich ein Stapel mit schlechten Noten auf deinem Küchentisch oder dein bester Freund (der dich damals verraten hat) wendet sich in deinem Wohnzimmer gegen dich und schließt sich den Hooligans an. Du kannst aber auch eine bildhafte Sprache benutzen: Vielleicht schwirrt plötzlich eine Herde mit unzähligen Fledermäusen in dein Haus und breitet sich in jedem Raum aus – du hattest damals eine Depression, vielleicht bis heute.

Du brauchst für diese Übung keine detaillierte Anleitung, denn es soll möglichst frei gelassen werden, welche Bilder in dir auftauchen.

Im Kern geht es darum, noch einmal in einer Art Geschichte zu reflektieren, welche Verletzung damals „dein Haus", und damit dein Vertrauen ins Leben und deinen sicheren Ort, zerstört hat. Wie bereits erwähnt, selbst, wenn dieser sichere Ort noch nie existiert hat, so kennt deine Seele eine Vorstellung davon, wie dein Leben aussehen würde, wenn die Voraussetzungen von Liebe, Erfüllung, Freude und Sicherheit erfüllt worden wären. Mit diesem Bild kannst du die Übung genauso gut ausführen.

Im dritten Schritt kannst du, wenn du dich emotional dazu bereit fühlst, noch einmal den Schmerz spüren, den die Zerstörung in dir angerichtet hat. Vielleicht steigt auch Trauer über das Verlorene in dir auf, oder Mitgefühl für deine kindliche Seele breitet sich aus.

Achte darauf, dass du dich nicht innerlich davonschwemmen lässt, indem du dich mit dem Schmerz identifizierst. Du kannst ihn einfach beobachten und dich immer wieder mit deiner aktuellen Umgebung verbinden. Erinnere dich zuweilen daran, dass die Situation gerade nicht real ist, falls der Schmerz zu groß werden sollte.

Die Quintessenz der Übung liegt darin, dir bewusst zu machen, dass dein Lebensweg vermutlich ein ganz anderer geworden wäre, wäre dein Haus unversehrt geblieben.

Hier geht es nicht um Schuldzuweisung. Vermutlich haben die Hooligans oder andere bösartige Wesen in deiner Vorstellung ein genauso zerstörtes Haus in sich, können ihren eigenen Schmerz nicht ertragen und greifen daher andere an. Vielmehr geht es darum, deinen Horizont zu erweitern:

Das Haus, in dem Liebe, Eintracht, Frieden und Freude herrschen, also die idealen Bedingungen, um dich in deiner ganzen Kraft, Schönheit und Kreativität erstrahlen zu lassen, ist real. Wenn es einst da war oder du es dir vorstellen kannst, ist es möglich, es wieder zu reparieren und vielleicht sogar umzubauen, solltest du heute etwas anderes benötigen als damals.

> Dein Haus kann wieder die Basis für das Erblühen deiner Persönlichkeit und damit auch die Geburt deiner Berufung werden. Wenn dein Leben ein sicherer Ort für dich ist, kannst du jeden Tag andere Menschen in ihrem Leben besuchen und dort in deiner Berufung und deiner Leidenschaft walten

✸

Eine Lebenskrise ist für viele Menschen ein Schock. Doch unsere inneren Verletzungen und angestauten Emotionen verlangen nach Beachtung, sie wollen gesehen und wahrgenommen, endlich gefühlt und ausgedrückt werden. Oft wehren wir uns gegen dieses Fühlen derart hartnäckig, dass dem Leben nichts anderes übrigbleibt, als uns durch solche Krisen aufzurütteln und wieder zu uns selbst finden zu lassen.

Wobei – dies ist nur ein Teil der Wahrheit. Zum einen mag uns das Leben so zugestoßen sein, wie es sich an dieser Stelle entfaltet hat. Andererseits liegt der Hauptmotor für die Wurzeln unserer Erfahrungen in unseren alten Denk- und Handlungsstrukturen, die auf unseren bisherigen Erfahrungen, vorrangig aus unserer Kindheit und den daraus resultierenden Überzeugungen basieren, die wir uns angeeignet haben.

Deine gefühlte Rolle in der Welt – die Basis für deine Herangehensweise an das Thema Berufung

Je nachdem, wie du die Welt erlebt hast, hat sich deine Überzeugung bezüglich deiner Rolle in ihr geformt. Erschien sie dir als sicherer Ort, in dem dir deine Liebsten zugewandt waren und dir Aufmerksamkeit und seelische, körperliche und geistige Zuwendung geschenkt haben? Oder hielt deine Vergangenheit prägende Erfahrungen für dich bereit, in denen du lerntest, dass du dich vor dieser Welt schützen und vor intimen Begegnungen in Acht nehmen musst, weil man es nicht von Herzen gut mit dir meint?

An dieser Stelle sei erwähnt: Nahezu jeder Mensch trägt seelische Verletzungen mit sich herum. „Niemand kommt unbeschadet durch die Kindheit“, sagt treffend ein Sprichwort. Die Erfahrung der Trennung macht jeder Mensch in unterschiedlichster Art durch. Schon die Geburt ist die erste gefühlte Erfahrung der Trennung von unserer Umwelt, die sich in unseren Zellen einnistet und zu einer Erinnerung wird, auf der erste Überzeugungen gebildet werden. Je nachdem, wie die Geburt verlief, wie präsent oder nicht präsent unsere Mutter oder andere Erziehungsberechtige im Umgang mit uns waren, prägt diese erste Zeit, der erste Eindruck, unser Standing in der Welt.

Zum einen ist zudem wichtig, sich immer wieder bewusst zu machen: Deine Mitmenschen haben ihr Bestes gegeben. Immer, zu jeder Zeit. Auch sie sind mit ihren unbewussten Mustern und Überzeugungen im Prozess und je nachdem, wie bewusst sie damals sein konnten, als sie dich unter ihrer Obhut hatten, konnten sie an ihren inneren Vorgängen arbeiten und diese verändern – oder litten darunter, dass sie dir nicht alles geben konnten, was du tief in dir benötigt hast.

Zum anderen ist der Gedanke äußerst ermutigend, dass du deine alten Glaubenssätze und damit auch deine zukünftigen Erfahrungen grundlegend verändern kannst. Es ist möglich, die alte Geschichte deines Lebens und deiner Persönlichkeit umzuschreiben.

Deine Geschichte und deine Berufung

„Jeder Mensch, der auf sein Herz hört und die Liebe ausstrahlt, die er im Kern ist, ob er Friseur ist oder Vertriebsmann, Putzhilfe oder Stewardess, Vorstand oder Pförtner, verändert die Welt in Richtung eines Ortes des Friedens und der Freude. Jeder Mensch ist dazu berufen, seine Liebe und seine Freude der Welt zu schenken."

Robert Betz

Wo bist du zu Hause? Berufung befindet sich jenseits des Zaunes

Viele Menschen meinen, wenn sie erst einmal ihre Berufung gefunden hätten, würden sie sich sinngeladen fühlen und Glück und Zufriedenheit in ihr Leben holen.

Doch damit zäumen sie das Pferd von hinten auf.

Eine Berufung, die dich erfüllt, ist in Wahrheit die Folge deiner inneren Erfüllung und Zufriedenheit. Du lebst immer das aus, was du in deinem Inneren denkst und fühlst. Deine äußere Welt ist die

Frucht deines Innenlebens und deiner gefühlten Rolle in dieser Welt.

Selbstverständlich ist es nicht erfüllend, in einem Leben festzustecken, welches dir immer wieder deine Begrenzungen aufzeigt und dich krank macht. Wenn dich beispielsweise dein Arbeitsleben nicht erfüllt, sondern dich langsam, aber sicher ins Burnout treibt, bringt es nichts, dich zu Hause in deinem Zimmer einzuschließen, dir traurig zu wünschen, es wäre anders und dich in dein Innenleben zu flüchten. Du musst und darfst aktiv Schritte gehen, die deine äußere Welt verändern.

Aber: Die Veränderung, die du dir wünschst, ist erst möglich, wenn du in deinem Inneren aufgeräumt hast. Wenn deine alten Glaubenssätze und Blockaden immer weiter aktiv sind, wird eine Veränderung in deinem Leben nicht von Dauer sein. Wenn du dir nicht wert bist, ein Leben nach deiner Vorstellung zu führen, wirst du vielleicht kurzzeitig ausbrechen und dir Luft machen – doch die alten Begrenzungen treiben dich wieder zurück in dein bisheriges Umfeld, vielleicht zwar ein neuer Arbeitgeber, ein neuer Partner, eine neue Stadt – doch mit denselben alten Mustern. Deine alten Überzeugungen wenden clevere Griffe an: Was immer funktioniert hat, dich in deiner Weide zu halten, anstatt den Zaun zu überspringen und die Weite dieser Welt zu entdecken, wird jedes Mal aufs Neue angewandt. Es ist wie ein Gebissstück im Maul eines Pferdes: Das Pferd kann seine Kraft und Überlegenheit dem Reiter gegenüber nicht anwenden, weil es mit Gewalt gezwungen wird, sich klein und unter seiner Macht zu halten. Dein Gebissstück stellt die dich begrenzenden Überzeugungen dar, die du von deiner Umwelt übernommen hast.

„So ist das Leben nun einmal."

„Du kannst keine Extrawurst kriegen."

„Schau dich doch an – was sollte von dir Außergewöhnliches kommen?"

„Du lebst in dieser Welt – halte dich gefälligst an die Regeln."

„Du kannst nicht ohne Sicherheit durchs Leben gehen – da draußen in der Wildnis kommst du nicht zurecht.“

Letzteres stimmt vielleicht tatsächlich: Du kommst da draußen **als gezähmtes Wesen** nicht zurecht. Du weißt erst, wie du mit deiner freien Seele dein Leben selbst gestalten kannst, wenn du das Gebissstück abgestreifst und dich selbst davon überzeugt hast, was jenseits des Weidezaunes auf dich wartet.

Dein Instinkt wartet darauf, wieder zu erwachen. Er möchte jenseits deiner Vergangenheit und alter Verletzungen entdecken, was dein Herz höherschlagen lässt und zur Heilung deines Herzens und deiner Umwelt beiträgt.

Blockaden - was hält dich ab, deine Bestimmung zu entdecken?

Deine Blockaden sind also das Problem – sie halten dich in Schmerz und Begrenzung gefangen und klein.

Das Gebissstück im Maul eines Pferdes verursacht unendliche Schmerzen. So kann das Pferd sich einzig und allein auf die Vermeidung dieses Schmerzes konzentrieren, indem es sich dem Willen des Reiters beugt. Dieser lockert dann entweder den Griff, oder das Pferd versucht, sich ihm zu entziehen, indem es sich unnatürlich verbiegt und verspannt. Eine weitere Möglichkeit besteht darin, sich dem Schmerz gegenüber unempfindlich zu machen und abzustumpfen. Ein solches Pferd beißt sich in der Trense fest und versucht so, gegen den Druck anzukämpfen. Damit wird es zwar den Anweisungen des Reiters entgehen können und dafür unempfänglich (ein solches Pferd nennt man dann „verritten“ und „unbrauchbar“), es kann sich also selbst vor dem Schmerz bewahren, doch verliert andererseits auch die Verbindung zu seinem äußerst sensiblen, weichen Wesen und seiner Empfindsamkeit, die seinem Wesen als Pferd entspricht. Es entfernt sich immer weiter von seiner Natur, in dem Bedürfnis, schmerzfrei zu leben.

Doch der Urschmerz wird immer größer: Es ist die Abtrennung von seiner Natur und seinem Freiheitsdrang, zu leben, wie es seinem Wesen entspricht. Verbunden, frei, in Kontakt mit anderen.

Würde das Pferd entdecken, dass es viel kraftvoller ist als der Reiter, könnte es sich befreien.

Genauso ist es auch mit dir: Wenn du entdeckst, wie kraftvoll du bist und dass du weit mehr bist als deine Geschichte und deine Vergangenheit, kannst du dich deinem weichen, zugänglichen und freien Wesen wieder annähern und Schritt für Schritt deine Berufung entdecken.

Folgende Schritte stellen den Beginn des Befreiungsprozesses dar und legen kontinuierlich den Weg hin zu deiner Berufung frei. Bedenke immer wieder: Die Vorarbeit ist das Wichtigste. Deine Berufung entfaltet sich nachhaltig aus der Arbeit an deinem Inneren. Konkretere Schritte im Außen folgen noch – sei ermutigt, bleib dran!

Schritt Eins: Alles hinterfragen

Du beginnst, dich zu fragen, wer eigentlich wann genau gesagt hat, dass bestimmte Gegebenheiten deines Lebens so feststehen müssen, wie bisher. Wer hat behauptet, dass du zu den Menschen gehörst, die sich immer Sorgen um Geld machen müssen? Woher kommt die seltsame Wiederholungsschleife, die dir immer wieder den falschen Partner vor die Tür setzt? Wer sagt, dass es *nun einmal so ist*, dass du nie das machen kannst, was du dir von Herzen wünschst? Woher kommt die Überzeugung, die dich so sicher macht, dass du nicht fähig bist, diese oder jene Sportart auszuüben, das Café zu eröffnen, in dieses Land zu reisen, mit fünfzig Jahren fünfstellig zu verdienen?

Sogar was deine Gesundheit betrifft, magst du vielleicht an der einen oder anderen Stelle ins Zweifeln kommen: „Ich habe nun einmal fettige Haut und immerzu mit Pickeln zu kämpfen." „Mein Knie wird mir immer Probleme machen." „Ich habe Diabetes."

„Ich habe Angst davor, Krebs zu bekommen. Es liegt in meiner Familie."

Wirklich?

Was ist mit deinen Beziehungen?

„Menschen hören mir nicht zu." „Ich werde immer ausgenutzt." „Ich bin zu gutmütig."

Deinem Privatleben folgen die Fragen nach dem Sinn deines Lebens und deiner Berufung:

„Warum mache ich diesen Job?" „Wann habe ich vergessen, was mein Herz wirklich lebendig macht?" „Welchen Sinn hat es, mich morgens aus dem Bett zu quälen?" „Ich spüre den Schmerz über die vielen gewaltvollen Vorgänge in dieser Welt – aber was kann ich schon tun? Ich bin ständig damit beschäftigt, mein Leben am Laufen zu halten, habe keine Zeit und drehe mich immer nur im Kreis."

Aber halt – wer hat diese Geschichte eigentlich erfunden und WARUM drehe ich mich immer wieder im Kreis?

Der Schritt des Hinterfragens ist die wichtigste Basis, um eine Veränderung und neue Impulse zu schaffen. Es ist einer der schwierigsten Punkte, denn wenn du dich traust, die Gedanken zu Ende zu denken, die dein bisheriges Leben infrage stellen, wirst du nicht umhinkommen, zu realisieren, dass du etwas verändern musst. Wenn du die Freiheit schmeckst, die sich durch die Horizonterweiterung des Fragens zeigt, wirst du nicht mehr damit zufrieden sein, sehnsuchtsvoll in die Ferne zu starren. Du willst dich mitten in deinem Leben befinden, nicht mehr nur zuschauen, sondern aktiv deine Schritte steuern.

Erlaube dir an dieser Stelle, das unkomfortable Gefühl auszuhalten und dir voll und ganz darüber bewusst zu werden, wie unerträglich sich die Unstimmigkeit zwischen deinem Leben und deinen Träumen anfühlt. Es ist der erste Schritt hinaus in die Freiheit – und hin zu deiner Berufung.

Schritt Zwei: Was glaube ich, wer ich bin?

Da draußen existiert eine Version von dir, die deine Seele zum Leuchten bringt. Sie lässt dich und dein Leben in völlig anderen Farben erstrahlen als bisher. Wenn du hinter deinem Zaun auch nur die leiseste Möglichkeit erschnuppern kannst, dass das, was da hinten am Horizont umhergaloppiert, etwas mit dir zu tun haben könnte und nicht nur eine unerreichbare Fata Morgana ist, gib nicht auf, den Geruch der Freiheit und Sinnhaftigkeit immer weiter in dir aufzunehmen. Der Zaun mag immer noch dort stehen, die Vergangenheit mag dich immer noch zurückhalten und versuchen, dir deine Begrenzung weiter aufzuschwatzen.

Doch die Wahrheit ist: Die Überzeugung von „Das ist nun einmal so“ gehört nicht hinter den Zaun, sondern außerhalb dessen. Dein Urzustand ist der der Freiheit. Er ist das natürliche „das ist nun einmal so.“ Die Begrenzung kam durch deine Zähmung.

Hast du einmal einem neu geborenen Baby in die Augen gesehen? Du wirst selten einen so wachen, freien, unbeschriebenen Zustand in den Augen eines Erwachsenen entdecken. In diesen Augen schimmert ein unbeschriebener Geist, der nichts davon weiß, was alles nicht geht. Die Begrenzungen liegen nicht in dir. Sie wurden dir antrainiert.

Im Kern geht es also um einen Kampf des Glaubens, nicht um einen Kampf gegen bestehende Gegebenheiten: Was glaubst du, wer du wirklich bist? Ein Nutztier? Oder ein freies Wesen?

Deine innere Überzeugung gibt die Richtung an. Wenn du glauben kannst, dass mehr möglich ist, als die Aktivitäten innerhalb des Zaunes, wirst du überhaupt erst in die Lage versetzt, Ideen zu entwickeln und ein Gefühl dafür zu bekommen, welche zu deinem Wesen passende Berufung sich in dir entfalten möchte.

Die Möglichkeiten innerhalb des Zaunes sind begrenzt. Ob die Weide nun deine Vergangenheit darstellt oder auch die zerstörerische Ausrichtung in dieser Welt – wenn du nur innerhalb dieser ohnehin schon unbefriedigenden Umwelt nach deiner Berufung suchst, wirst du auch entsprechende Ergebnisse erhalten.

Deine Berufung ist dazu da, Begrenzungen aufzuheben und Veränderung zu schaffen, Verbindung wieder herzustellen und das Leben wieder spürbar zu machen – für dich selbst und andere. Darum suche außerhalb des Zaunes nach Inspiration, - dort, wo auch dein wahres Wesen seinen Ursprung hat.

Schritt Drei: Die Blockaden auflösen

Nun hast du vielleicht die Wahrheit geschnuppert – du bist mehr, als du bisher meintest zu sein.

Doch die Realität ist nun einmal, wie sie ist – da steht dieser Zaun. Vielleicht erscheint er dir zu hoch, um ihn zu überspringen oder niederzureißen. Vielleicht sind die Reiter zu grausam und der Schmerz zu groß. Was also kannst du tun, um deine Blockaden aufzulösen?

Zuerst geht es darum, dich deinen Blockaden gegenüber auf eine geeignete Art zu positionieren. Solange du von Gefühlen der Hoffnungslosigkeit und Ohnmacht in Schach gehalten wirst und sich hartnäckig der Eindruck hält, dass diese Blockaden unüberwindbar erscheinen, wird es schwierig für dich sein, sie zu überwinden.

Der Trick ist, dich dem Zaun neugierig und im Forschermodus zu nähern. Denke daran: Du bist nicht der Zaun, du bist das Pferd. Wenn dir ein alter Glaubenssatz wie „du bist es nicht wert“ oder „dein Traum interessiert die Welt nicht“ in die Quere kommt, kategorisiere ihn als Zaunelement. Er kann dich nicht in deinem (Pferd-) Sein definieren. Somit erhältst du geeigneten Abstand zu dem Gefühl, welches der Glaubenssatz in dir auslöst.

Des Weiteren kannst du deine Blockaden in einen Maßstab dir gegenüber versetzen, der sich für dich nicht mehr unüberwindbar anfühlt. Dazu kannst du deine Fantasie benutzen. Bleibe entweder im Bild des Zaunes, der Weide und des Pferdes, oder wechsle, wenn es dir nicht zusagt, in ein für dich geeignetes anderes, bildhaftes Szenario.

Inspiration

Fantasie- und Körperübung

Vorbereitung:

Bereite dich vor, wie in der Inspirationsübung im ersten Kapitel beschrieben.

Übung:

Stelle dir die Blockade, die dich aktuell in Atem hält, als Teil des Zaunes vor, der dich von deiner Bestimmung abhält.

Nun weite deine Fantasie etwas aus: Stelle dir vor, du seist kein normales Pferd. Du bist ein Zauberpferd. Du kannst Elemente in deiner Umgebung so verändern, dass du damit umgehen kannst.

Vielleicht war der Zaun zuvor sehr hoch und schien unüberwindbar. Nun kannst du ihn kraft deiner Gedanken und deiner Vorstellung verkleinern.

Dieser machtvolle Glaubenssatz, der dich definiert und davon abgehalten hat, dich in Richtung deiner Berufung auszubreiten, ist nun nicht mehr riesig und feststehend, sondern wird immer kleiner und beweglicher. Am Ende ist er vielleicht immer noch da, doch er ist so klein geworden, dass du ihn in die Hand nehmen und hin und her drehen kannst. Du kannst ihn inspizieren, seine Beschaffenheit überprüfen und beobachten, woher er kommt und wie er seine Standhaftigkeit erreicht hat. Du befindest dich nun in der Position, mit diesem Glaubenssatz etwas tun zu können. Er hat dich nicht länger im Griff, weil du deine Vorstellung und deine Fantasie dazu benutzt hast, ihn auf eine für dich geeignete Größe herunterzubrechen.

Wenn du möchtest, kannst du die bildhafte Vorstellung nun verlassen und auf die Körperebene wechseln. Konzentriere dich auf den Moment und nimm wahr, welche Emotionen der Glaubenssatz bisher in dir ausgelöst hat. Vielleicht bist du angespannt, ziehst die Schultern hoch und fühlst eine dunkle Wolke um deinen Kopf herum. Dein Bauch zeigt Unwohlsein und deine Hände sind kalt. Verfolge, welche Gedanken und Gefühle nun in dir auftauchen. Wie verstärkt der Glaubenssatz das Lebensgefühl von Sinn- und Hoffnungslosigkeit?

Stelle dir nun deinen Glaubenssatz wie an einer Schnur aufgehängt vor, an der sich verschiedene Anhänger befinden: Die Grundüberzeugung ebenso wie ihre Anhängsel Scham, Schuldgefühle, Ohnmacht.

Diese Schnur zieht sich in unzähligen Windungen durch deinen ganzen Körper.

Nun stell dir vor, du könntest diese Schnur aus deinem Körper herausziehen.

Nimm wahr, wie all der Druck, die schlechten Gefühle und die Begrenzung deinen Körper mit der Schnur verlassen und Platz machen für ein Gefühl der Erleichterung, der guten Luft und eines weiten Horizontes. Atme tief ein und aus und nimm mit der Atmung den Raum wahr, der in dir entstanden ist.

Diese Übung ist eine von vielen, um mit deinen inneren Blockaden auf eine Art umzugehen, die dir neue Freiheit verschafft. Auflösungsarbeit ist nicht etwas, was du einmalig durchführen wirst, um dann für immer verändert zu sein. Deine alten Muster begleiten dich eine lange Zeit, doch je bewusster und aufmerksamer du dafür wirst, in welcher Weise sie dein Leben beeinflussen und dich zurückgehalten haben, desto mehr verlieren sie mit der Zeit ihre Macht. Du kannst lernen, dich immer öfter anders zu verhalten und somit neue Muster für dich einzuüben. Dazu liest du in den folgenden Kapiteln noch mehr.

Die Bedeutung des Reiters

Diesem Abschnitt kommt besondere Bedeutung zu. Um beim Bild des eingesperrten Pferdes zu bleiben, kannst du nun die Rolle des Reiters in der Konstellation genauer unter die Lupe nehmen: Er repräsentiert dein menschliches Umfeld, sowohl Beziehungen aus deiner Vergangenheit als auch aus deiner Gegenwart.

Deine persönliche Geschichte wird vor allem auch mit und durch die Menschen geschrieben, mit denen du dich umgibst.

Zum einen ziehst du immer die Menschen in dein Leben, die unbewusst deine Glaubenssätze bestätigen: Bist du es dir beispielsweise nicht wert, in einer liebevollen Beziehung unterstützt und getragen zu werden oder eine Freundschaft auf Augenhöhe zu führen, in der deine Bedürfnisse genauso wichtig sind wie die deines Gegenübers, wirst du immer wieder Menschen in dein Leben ziehen, die genau diese inneren Muster durch ihr Verhalten bestätigen. Du bist unbewusst darauf ausgerichtet, dass sich deine Glaubenssätze immer wieder durch dazu passende Erlebnisse als wahr beweisen und damit noch verfestigen. So wird aus einer vielleicht als Kind gefühlten anfänglichen Vermutung eine Gewohnheit und schließlich ein fest gefahrenes Muster, welches deinen Charakter mit formt. Du verfällst zum Beispiel fast automatisch in die Opferrolle, benimmst dich durchweg schüchtern und zurückhaltend, fällst auf als besonders still oder eine gute Zuhörerin (deren eigene Bedürfnisse keinen Raum finden) – du hast lediglich gelernt, so zu sein und dich darüber zu definieren, weil entsprechende Erfahrungen deine Muster jahrelang untermauert haben.

Du suchst dir also von innen heraus deine Umgebung aus, ob bewusst oder unbewusst. Damit bist du Teil der Gestaltung deiner menschlichen Umwelt.

Zum anderen beeinflusst diese menschliche Umwelt in Wechselwirkung wiederum deine Innenwelt. Je nachdem, welcher Teil deines Charakters, deines Wesens dir durch andere Menschen gespiegelt wird, zeichnet sich die Richtung ab, in die du dich entwickelst.

Die Spiegelneuronen in unserem Gehirn bewirken, dass immer das verstärkt und beim anderen gefühlt wird, was wir aussenden.

Wir zeigen uns gegenseitig, wer wir sind – jedoch immer nur soweit auch wir selbst gewisse Anteile in uns tragen. Daher kommt das Phänomen, dass du dich bei unterschiedlichen Menschen auch jeweils selbst anders wahrnimmst.

Hast du schon einmal beobachtet, dass einige Menschen, vorzugsweise die, die deinen frühen nahen Bezugspersonen in ihrem Wesen sehr ähnlich sind, die tiefsten deiner Schattenseiten ans Licht bringen und du dich plötzlich vollkommen verkannt und nur in deinen „schlechten" Seiten wahrgenommen fühlst? Du fühlst dich missverstanden, hast Schwierigkeiten in der Kommunikation und das Gefühl, als redet ihr vollkommen aneinander vorbei.

Bei anderen Menschen wiederum fällt es dir außergewöhnlich leicht, in deiner Kraft zu sein, dich strahlend und ganz zu fühlen, auf den Punkt bringen zu können, was du zu sagen hast und in Kreativität und Freiheit aufzugehen. Sie zeigen dir die Anteile deiner Persönlichkeit, die gute, vertrauenerweckende Erfahrungen gemacht haben und sich daher gesund entwickeln konnten.

Beide Umgebungen zeigen dir einen Teil dessen, wer du bist – wer du *bisher* bist. Und es ist wichtig, dich mit diesen Anteilen auseinanderzusetzen und damit in intensiver innerer Arbeit Frieden zu finden. Dieses Buch geht nicht tiefer auf innere Heilungsarbeit ein – in dem Buch „Das Kind in dir muss Heimat finden" von Stefanie Stahl findest du jedoch detaillierte Informationen, tiefe Erkenntnisse und praktische Anleitung zur Heilung deines sogenannten „inneren Kindes".

Im Kern geht es nach all der inneren Arbeit darum, eine äußere Umgebung zu schaffen, die die Charakteranteile in dir stärkt, die dich gesund, glücklich und kraftvoll fühlen lassen. Dies bedeutet nicht, dass deine Schattenseite ignoriert wird. Die innere Arbeit zielt darauf ab, diese Anteile wieder zu fühlen, voll und ganz wahr- und anzunehmen, wieder zu dir zurückzuholen und im Endeffekt zu transformieren, sodass sich der Schmerz in dir langsam lösen kann.

In diesem Prozess erfährst du neue Freiheit, um dich in eine Richtung zu entwickeln, die dich auch deiner Berufung näher bringt - die störenden Glaubenssätze verlieren ihre Macht, an ihre Stelle rücken neue, bestärkende Ansätze, die in dir den nötigen Glauben schaffen, dass dein Handeln und dein Platz in dieser Welt wichtig und von Bedeutung sind.

Nun ist es wichtig, genau zu beobachten, in welcher Umgebung du dich befindest – und zukünftig befinden möchtest. Da deine Mitmenschen die Entwicklung deines Wesens und deiner Träume, deiner Ausrichtung und deines Lebensgefühls so maßgeblich mitbestimmen, weil sie durch ihr Sein deine resonierenden Anteile spiegeln und damit verstärken, was bereits in dir angelegt ist, wirst du nicht umhinkommen, deine „Reiter" genau unter die Lupe zu nehmen.

Wer erhält die Erlaubnis, durch deine Wahl deine Richtung mitzubestimmen? Bedenke, alles kommt aus dir heraus, niemand hat Macht über dich und kann dich zwingen, eine bestimmte Richtung einzunehmen. Doch das, womit du dich verbindest, beeinflusst dich naturgemäß. Darum stehst du in der Verantwortung, dein soziales Umfeld klug zu wählen.

Mehr dazu liest du im Kapitel „Der Weg zu deiner Berufung – kreative und praktische Hilfestellung".

Komme noch einmal auf das Bild des Reiters zurück: Vielleicht befinden sich Menschen in deinem Leben und deiner unmittelbaren Umgebung, von denen du dich nahezu fremdbestimmt fühlst. Du hast den Eindruck, als reiten sie dich in eine bestimmte Richtung, halten dich im Zaum oder unterdrücken dein wahres Wesen. Vielleicht fühlst du dich ausgeliefert und fast schon gewaltsam in einem Leben und einem Alltag festgehalten, der dir nicht guttut.

Möglicherweise erscheint dir deine Berufung nur wie eine vage Hoffnung, das Wildpferd am Horizont zu werden, in unerreichbarer Ferne - aufgrund deiner Umstände und der Verstrickungen mit den Menschen, die dein Leben zu bestimmen scheinen.

In diesem Fall darfst du dir bewusst machen: Du hast deine Macht abgegeben. Deine Berufung zu finden und zu leben ist deine Verantwortung und eine Antwort auf das Glück, das du zuvor in deiner Seele, deiner eigenen Quelle bereits gefunden hast. Wenn du anderen Menschen die Aufgabe zuteilst, über dein Unglück und damit auch über dein Glück zu bestimmen, indem du ihnen erlaubst, dass sie die Richtung vorgeben, in die du dich entwickelst, werden sie dich von deiner Berufung wegführen. Niemand kann den Platz an deiner Stelle einnehmen, den du auszufüllen bestimmt bist.

Auch Menschen, mit denen du befreundet bist, die dich fördern und dir guttun, können nicht an deiner Stelle deine Schritte in Richtung deiner Berufung für dich gehen. Gute Freunde werden dich auf Augenhöhe begleiten und dich als gleichwertiges Wesen betrachten, ohne Macht über dich auszuüben, zu versuchen dich anzuleiten oder dir ihre Sicht überzustülpen.

Daher ist es wichtig, dass du entscheidest, kein berittenes Pferd mehr zu sein. Du entscheidest nicht nur, wer auf deinem Rücken reiten darf, sondern wechselst grundlegend deine Identität:

Du bist nicht länger ein gezähmtes Pferd, sondern ein Wildpferd. Ein Wildpferd geht nach seinem Instinkt. Es ist und bleibt unberitten.

Was bedeutet Berufung für einen Empathen?

„In dir muss brennen, was du in anderen entzünden willst.
Lebe für das, was dir wichtig ist,
und gib dafür alles, was du
an Talenten mitbekommen hast."

Roland Plocher

Was ist ein Empath?

Empathie ist die Begabung, die Gefühle, Regungen und Lebenswelt anderer Menschen intensiv miterleben zu können und sich voller Mitgefühl in sie hineinzuversetzen. Viele Empathen erleben dabei die Gefühlswelt der Menschen um sie herum genauso stark mit, als sei es ihre eigene Lebenswelt. Oft verschwimmen die Grenzen zwischen dem eigenen Innenleben und dem der Mitmenschen. Zudem sind Empathen meist sehr sensibel und nehmen sich die Schicksale anderer zu Herzen. Sie sehen sich der Herausforderung gegenüber, gesunde Grenzen zu setzen, Beziehungen zu Menschen zu pflegen, die sie für ihre Gabe schätzen und ihnen guttun und ihr Mitgefühl reif und klug einzusetzen, um einen neuen gesellschaftlichen und sozialen Fokus auf gelebtes Miteinander zu legen.

Empathen erleben nicht nur die Gefühlswelt ihrer Mitmenschen intensiv mit, sondern können sich auch in deren Verhalten und Motive hinter ihren Entscheidungen gut hineinfühlen. Sie verstehen leichter, woher gewisse Empfindlichkeiten rühren und warum Menschen verletzt sind, affektiv handeln oder wo die Wurzeln zwischenmenschlicher Konflikte liegen.

Es ist oft leicht, Empathen dazu zu bewegen, zuzuhören und da zu sein, Hilfe und Unterstützung zu bieten und tiefe Gespräche zu führen. Die Werte von Empathen sind oft stark an Ideale geknüpft und auf Beziehung ausgerichtet – so ist ihnen Authentizität, Treue, Loyalität und sanfte Hingabe wichtig.

Fälschlicherweise wird oft vermutet, dass Empathen labil und schwächlich erscheinen. Viele Menschen nehmen Empathen nicht ernst und neigen dazu, sie auszunutzen oder über ihre Grenzen hinwegzugehen.

Dies ist jedoch nur möglich, wenn der Empath in seinem Sein noch nicht genügend reflektiert ist und damit seinen Selbstwert noch nicht erkannt hat. Ein Empath, der wahrhaft in sich ruht und gelernt hat, zuerst sich selbst mit Mitgefühl und Selbstliebe zu begegnen, ist meist ein starker, friedvoller und ausgeglichener Mensch, der als Freund und Partner einen wertvollen Beitrag zu der ersehnten Tiefe in der Beziehung leistet. Nur, wenn der Empath auch sehr sensibel ist und die vielen inneren und äußeren Eindrücke ihn zeitweilen überfordern, ist es hin und wieder schwer für ihn, bei sich zu bleiben und zu unterscheiden, welche Vorgänge in der eigenen und welche in der Verantwortung des Gegenübers liegen.

Empathie - die wiederkehrende Verbindung zu deinem Menschsein und der Schatz des Augenblickes

Empathie ist eine zutiefst menschliche Eigenschaft. Wie bereits beschrieben, formen wir unsere Umwelt und diese uns durch unsere Spiegelneuronen. Wir sind, weil andere sind und entstehen jeden Tag neu. Nichts bleibt, wie es ist, alles in uns und um uns herum ist beständig in Bewegung.

Empathie ist die Brücke zwischen Lebewesen. Den anderen in seinem Wesen und Sein spüren zu können, ist die Grundbasis für die Verständigung zwischen Menschen. Gäbe es keine Empathie, könnten wir ein Gegenüber nur über unsere Sinne wahrnehmen – und würden damit die Hauptaspekte seiner Persönlichkeit verpassen, weil wir nur den Körper und die Geräusche des anderen erleben könnten. Das Seelen- und Gefühlsleben bliebe uns verborgen, alle Erklärungen des anderen wären leere Worthülsen und könnten nur mit unserem Verstand begriffen werden.

Jede lebendige Begegnung wäre unmöglich. Tatsächlich kämen wir als menschliche Wesen ohne empathische Fähigkeit einer Maschine gleich.

Es ist daher unumstritten, dass jeder gesunde, beziehungsweise „normal neurotische" Mensch über empathische Fähigkeiten verfügt und somit zu einem Mindestmaß an Beziehung und Verbindung zu sich selbst und seiner Umwelt fähig ist.

Da, wo Menschen ihre empathischen Fähigkeiten unterdrückt oder abgeschnitten haben, fand in der Vergangenheit meist tiefe Verletzung statt. Auf die eine oder andere Weise konnte die Seele die wahrgenommenen Eindrücke nicht verarbeiten. Vielleicht war die Umgebung gefährlich für Leib und Leben. Sie weckte Verlassensangst, Ohnmacht, Hilflosigkeit oder Überforderung. Sie drängte den Menschen in eine Rolle, der er weder gerecht werden konnte, noch seiner ursprünglichen Stellung nach sollte (beispielsweise ein Kind, welches der unreifen Mutter gegenüber in die Elternrolle wechselt).

„Besonders empathische Menschen" existieren daher nur relativ: Im Zusammenhang mit der sozialen und gesellschaftlichen Umwelt, die wir geschaffen haben, in der es vorrangig gilt, zu funktionieren, fällt ein mitfühlender Mensch lediglich mehr auf, da es in einer systematisierten, profitorientierten Welt, in der Vergleich und Vorteil anderen gegenüber an der Tagesordnung sind, nicht üblich ist, auf Basis der emotionalen Ebene zu agieren. Die Offenbarung der eigenen Gefühle ist in einer solchen Umgebung insofern auf den ersten Blick von Nachteil, als dass sie verletzlich macht und wunde Punkte offenlegt.

Wir haben gelernt, uns zu verteidigen und hinter Masken und Rollen zu verstecken, anstatt unser wahres Ich in Echtzeit voreinander zu zeigen. Es ist schlicht nicht profitabel und die wahren Gefühle und Befindlichkeiten sind nicht immer angenehm, weder für den Fühlenden noch für den Empfangenden. Authentische Begegnungen verlangen uns immer ab, uns zu reflektieren und auch schmerzliche Punkte nicht länger zu ignorieren. Zudem ist die Geschäftswelt, um die sich unser heutiges Leben weitestgehend dreht, auf Effizienz ausgerichtet: Es gilt, mit möglichst wenig Aufwand möglichst hohe Gewinne zu erzielen – sowohl in finanzieller als auch in machtstrategischer Hinsicht. Das Einbeziehen menschlicher Regungen bringt fast immer eine Auseinandersetzung mit sich, die Zeit und Raum benötigt. Wir müssen uns ganzheitlicher damit befassen und können nicht mehr einfach so funktionieren und „abliefern". Daher ist es für viele Menschen einfacher, eine Rolle zu spielen, anstatt sich wieder mit ihren wahren Gefühlen zu verbinden.

Doch zunehmend erkennen wir, dass uns dieser Weg in eine Sackgasse führt: Ohne die Pflege und Beachtung ihres Gefühlslebens werden Menschen schlichtweg krank – sowohl körperlich als auch seelisch. Langfristig gesehen arbeiten wir damit gegen uns selbst und alles, was wir uns mühevoll aufgebaut haben. Daher entscheiden glücklicherweise immer mehr Führungskräfte und Start-ups in der Arbeitswelt, Programme zu unterstützen, die ihren Mitarbeitern persönlich zugutekommen und sowohl Konflikten im Team als auch persönlichen Befindlichkeiten Raum zu geben. Der Arbeitsplatz soll immer mehr zu einem Ort werden, an dem Menschen nicht mehr ihr wahres Ich vor Beginn des Arbeitstages an der Garderobe ablegen. Das alte System der Rentabilität bezogen auf den Menschen hat ausgedient und wir erkennen, dass wir mehr sind als nur eine Ressource.

Empathie ist also wieder im Kommen und wird gesellschaftsfähig – doch die Entwicklung hin zu einem neuen Miteinander geht nur langsam vonstatten. Veränderungen brauchen Zeit, das zeigt sich sowohl in unserem privaten Seelenleben als auch in unserem sozialen Miteinander. Immer noch haben wir Angst vor Nähe, immer noch fürchten wir uns davor, wirklich erkannt zu werden. Darum wird Empathie nicht natürlicherweise vorausgesetzt, wie die Tatsache, dass ein Mensch in der Regel zwei Hände und zwei Beine hat. Ein Empath fällt auf – erst recht, wenn er sich seiner Gabe bewusst ist und sie in reifer, gesunder und verantwortungsvoller Haltung zum Wohle seiner Mitmenschen einsetzen möchte. Für diese Menschen, Menschen wie dich, ist dieses Buch geschrieben.

Die Hinwendung zu deinen seelischen Verletzungen, ihre liebevolle Annahme und Auflösung bewirken im Laufe des Prozesses bald, dass du wieder mehr fühlst – oder dir endlich bewusstwirst, warum du schon immer so viel gefühlt hast: Du erkennst, dass alles, was dir weh tut, ein Hinweis darauf ist, *dass etwas nicht richtig läuft.*

Schmerz ist nicht ein Symptom, das um jeden Preis wegmuss. Mitgefühl ist kein Zeichen von Schwäche. Das Bedürfnis, für andere da zu sein, wenn sie leiden, entspringt unserem tiefsten Bedürfnis nach Gemeinschaft und Beziehung. Instinktiv ist uns bewusst, wir sind nicht dafür gemacht, die Dinge allein zu wuppen. Erst eine Einbindung in ein soziales Netz mit echter, authentischer Begegnung macht das Leben voll, lebendig und lebenswert.

Empathie ist das Bindeglied zur Außenwelt, zu anderen Herzen. Daher ist sie als essenzieller Bestandteil der menschlichen Interaktion nicht wegzudenken.

Vielleicht bist du als Empath schon oft dem Vorurteil begegnet, verweichlicht oder zu sensibel zu sein.

Lass dich nicht beirren: Deine Zugänglichkeit ist ein wertvoller Schatz und ein Wegweiser in Richtung deiner Berufung, einer Zukunft, die dich mit offenem Herzen in dieser Welt wirken lässt. Wer empathisch ist, ist in der Lage, sein Handeln und Fühlen so zu beleben, mit Geist und Sinn zu füllen, dass es andere wahrhaft berührt. Du spürst, was die Welt braucht. Somit kannst du deine Begabung an der richtigen Stelle einfließen lassen, um Leid zu lindern, Freude hervorzurufen, Träume Realität werden zu lassen, Beziehungen zu befruchten.

Inspiration

Schreibübung

<u>Vorbereitung:</u>

Bereite dich vor, wie in der Inspirationsübung im ersten Kapitel beschrieben.

<u>Übung:</u>

Lebendigkeit, Geist, Sinn

Wann wurdest du das letzte Mal von einer Handlung, einer Bewegung, einem Wort eines anderen Menschen zutiefst bewegt und verändert zurückgelassen? Welchen Eindruck hat dieses Erlebnis bei dir gemacht? Kannst du nachspüren, was genau dich bewegt hat? War es die technische Ausführung, die kluge Redegewandtheit, tugendhaftes Verhalten oder Perfektion? War es das Lächeln, makelloses Aussehen, einwandfreie Performance?

Was ist es, das dich in deinen Grundfesten erschüttern, aufrütteln kann und lebendig werden lässt?

Beschreibe so gut du kannst, welche tiefer liegenden Wahrnehmungen dich wirklich bewegt haben.

Nun stelle dir vor, *du* seist der Mensch, der durch sein Wirken und Sein andere zutiefst berührt.

Mache dir bewusst, dass es nicht so sehr das ist, was du tust, sondern wie du es tust. Entwickle ein Gefühl für eine Grundausstrahlung, die du verbreiten möchtest und die bereits spürbar ist, wenn du einen Raum betrittst, ohne bisher etwas getan zu haben.

Was werden die Menschen um dich herum spüren, wenn du voll und ganz mit deinem Herzen verbunden bist? Wer bist du?

Empathie, echtes Verständnis für sich selbst und andere macht den Unterschied. Wenn du mit dir selbst verbunden bist, kannst du von Herzen etwas verändern.

Menschsein bedeutet, im Hier und Jetzt zu fühlen und zu erleben, was ist. Die Heilung unserer Seele und damit auch der Strukturen, die wir in dieser Welt als Bollwerk gegen unseren Schmerz errichtet haben, bringt uns zurück in den gegenwärtigen Augenblick. Hier, in diesem Moment, ist es möglich, einander zu begegnen und zu spüren. Menschsein findet in der Gegenwart statt. Alles andere ist eine Geschichte der Vergangenheit oder eine Vision der Zukunft. Zweifellos gehören diese Bereiche zu unserem Menschsein dazu. Ohne eine Geschichte ist der Mensch nicht greifbar, kann sich selbst nicht verstehen.

Doch die Freiheit und Lebendigkeit, nach der du dich sehnst, findet im gegenwärtigen Moment statt. Du bist nicht nur deine Geschichte. In Wahrheit beginnst du erst dann, dich selbst endlich so zu entwickeln, wie du es dir von Herzen wünschst, wenn du dich durch die Heilung alter Wunden von deiner Vergangenheit und ihren Konditionierungen befreist. Deine Beseelung, die Hinwendung zu deinen ursprünglichen, nicht übertünchten Wahrnehmungen und deinem authentischen Ausdruck bringt fast automatisch deine Berufung hervor. In diesem Sinne ist deine Berufung wie ein Baby, das geboren wird, nachdem du schwanger wurdest mit einem Traum, der aus authentischer Begegnung mit dir selbst entstanden ist. Ohne Schutz. Ohne trennende Mauer.

Hast du schon einmal einen Moment erlebt, in dem zwischen dir und einem anderen Menschen vollkommene Stille herrschte – und in ihr eine echte, unverfälschte Begegnung? Kannst du dich erinnern, wie voll und reich, aber auch rückhaltlos dieser Moment gewesen ist? Du hattest vielleicht das Gefühl, gleich unter der Wahrheit dieser Begegnung zerplatzen zu müssen. Vielleicht hast du dich auf wundersame Weise erkannt gefühlt – aber eben auch in erschreckender Hinsicht bloßgelegt. Plötzlich lag alles offen, was du bisher versteckt hast. Solche Begegnungen machen Angst. Doch sie legen auch ein ungeahntes Potential an Nähe frei, in dem es nicht mehr möglich ist, unser tiefes Sein durch ablenkende und abwehrende Schutzstrategien voneinander fernzuhalten.

Genau diese Atmosphäre ist der Ort, an dem du deine Berufung suchen musst.

Wahre Begegnung verlangt von uns ab, hier sein zu müssen. Präsent und aufmerksam, ohne uns zu verstecken, können wir fühlen.

Liebe Leserin, lieber Leser, nun wirst du direkt angesprochen, denn die vergangenen Seiten haben viel über etwas gesprochen, anstatt dich direkt anzusprechen. Spürst du den Unterschied, den Grad der Wachheit und Aufmerksamkeit? Auf einmal kommt es zu einer Begegnung, die sogar zwischen einem Text und dir möglich ist. Vielmehr noch: Es ist eine Begegnung zwischen dir und dir. Denn du fühlst dich gespiegelt, berührt und damit mit dir selbst in Berührung gebracht. Kannst du jetzt gerade wahrnehmen, wie du dich fühlst? Nimm dir eine kurze Pause, wenn du möchtest, und atme tief durch. Spüre deine Umgebung, in deinen Körper hinein, nimm wahr, wie es dir geht.

Eine Begegnung mit dir selbst, in der du dich nicht hinter Konzepten über dich selbst, deinen Hobbys, immer neuen Ideen und Geschäftigkeit versteckst, wird dir die Basis zur Verbindung mit deinem Herzen schenken – und damit auch mit deiner Berufung.

Nun fällt ständig das Wort Berufung, doch eigentlich hast du bisher nur gelesen, wie du deine Vergangenheit aufräumen und wieder in Verbindung mit dir und anderen kommen kannst. Du fragst dich vielleicht, wie du vom Thema des Begegnens, Fühlens und der Empathie endlich in Richtung deiner Berufung findest, vielleicht sitzt du auf glühenden Kohlen, voller Tatendrang, du möchtest etwas tun!

Wenn du dein Herz öffnest für die tieferen Zusammenhänge, die dem Thema Berufung zugrunde liegen, wirst du entdecken, dass deine Verbindung zu deinem Sein, die Heilung deiner Vergangenheit und die Wiederherstellung deiner ureigenen Ausstrahlung dich genau in die Schaffens- und Tatkraft führt, die du dir ersehnst.

Inspiration

Achtsamkeitsübung

Vorbereitung:

Bereite dich vor, wie in der Inspirationsübung im ersten Kapitel beschrieben.

Übung:

Verbleibe in der Haltung der Präsenz und Achtsamkeit, die du durch die Vorbereitung erlangt hast. Gehe nun noch tiefer in die Aufmerksamkeit, indem du dein Hauptaugenmerk auf deinen Atem richtest.

Folge deinem natürlich fließenden Atem in verschiedene Bereiche deines Körpers. Lasse deinen Atem jeden kleinsten Winkel in deinem Körper berühren und durchfließen und stelle dir dabei vor, dass er deine Zellen zum Leben erweckt.

Richte nun deine Aufmerksamkeit zu deinen Füßen. Stelle sie auf festen Boden und fühle den Kontakt. Spüre nun deine Füße von innen heraus, jeden einzelnen Zeh, die Ballen, Fersen, den Spann, die Oberseite. Spüre, wie sich langsam ein wohliges Kribbeln in deinen Füßen ausbreitet. Halte die

Aufmerksamkeit so lange auf deinen Füßen, wie es für dich angenehm ist.

Diese Übung ist dazu da, dich mit deiner Umgebung zu verbinden, indem du den Kontakt zum Boden spürst. Zudem ist es recht leicht, das lebendige Kribbeln in den Füßen wahrzunehmen, welches sich immer da im Körper ausbreitet, wohin wir unsere Aufmerksamkeit lenken.

Dies macht dir bewusst, wie kraftvoll deine Hinwendung und Ausrichtung ist: Was du beachtest, wird lebendig, es regt sich und wird beseelt. Es findet eine gehaltvolle Begegnung statt, die nichts weiter bedarf und in sich sinnvoll und heilsam ist.

Zudem fühlst du dich lebendig und kannst deine Kraft wieder mehr spüren, was dir hilft, Ideen zu entwickeln und umzusetzen. Durch Kontakt mit deinem Körper und in diesem Fall speziell mit deinen Füßen, wird dir bewusst, dass du vorwärtsgehen kannst.

Intuition und Empathie - zwei unzertrennliche Schwestern auf dem Weg in deine Berufung

Wenn Intuition und Empathie Hand in Hand gehen, entsteht in einem Alltag eine besondere Magie.

Deine Intuition ist dafür zuständig, dich auf dem Weg deiner persönlichen Wahrheit zu halten. Sie äußert sich wie eine leise Stimme in deinem Inneren, ein stilles Wissen, welches oft nicht logisch zu erklären ist.

In alltäglichen Begegnungen lässt sie dich spüren, ob ein Mensch dir authentisch und vertrauenswürdig erscheint. Sie weist dich darauf hin, wenn du im Begriff bist, eine Entscheidung zu treffen, die nicht deiner eigentlichen Haltung entspricht. Sie ist dafür zuständig, in scheinbar ausweglosen Situationen einen kreativen Lösungsansatz zu finden.

Deine Intuition ist eine Kraft, die aus ungeahnten Quellen eine Weisheit hervorzaubern kann, die du mit deiner Logik nicht anzapfen könntest. Sowohl für spirituelle Menschen als auch für solche, die wissenschaftlich und logisch argumentieren, ist diese Quelle erreichbar, wenn sie mit sich selbst verbunden sind. Es geht nicht darum, sie in eine Schublade zu packen und zu benennen oder eine allgemeingültige Wahrheit aus ihr zu machen. Sie ist schlicht das, was innere Bilder in jedem Menschen persönlich erzeugen, um sie orten zu können: Gott, die Liebe, eine allumfassende Energie, das Quantenfeld.

Wir sind als Menschheit noch nicht so weit, diese großen Geheimnisse lüften zu können. Doch wir können sie nutzen, was auch immer sie im Kern nun wirklich sein mögen.

Deine Intuition verbindet sich mit dieser Kraftquelle, die überall zu sein scheint. Mit ihr kannst du über deine bisherige Geschichte und die daraus resultierenden Möglichkeiten für deine Zukunft hinausdenken und eine Vision entwickeln, die das *mehr* beinhaltet, nach dem sich deine Seele sehnt.

Wenn dir nun deine Intuition einen bestimmten Weg weist und sich ein Zukunftsbild in dir entwickelt, das sich für dich stimmig anfühlt und dem du folgen möchtest, kommt deine Empathie ins Spiel:

Oft benötigt es andere Menschen und ein bestimmtes, zu deiner Vision passendes Umfeld, um deinen Traum Wirklichkeit werden zu lassen. Deine Einfühlsamkeit und Sensibilität gegenüber anderen Menschen werden dir dabei helfen, zu spüren, wer in Zukunft in deinem Leben einen gefestigten oder neuen Platz erhält. Du kannst dich in die Situation deiner Berufung hineinfühlen und so erspüren, wem deine Aufgabe dient und mit wem du sie gemeinsam ausführen möchtest. So entwickelt sich ein umfassendes Bild bezüglich deiner sozialen Umgebung: Du findest deinen Platz genau da, wo du mit deinen Begabungen hinpasst und wo deine Leidenschaft auch auf offene Ohren und Herzen trifft.

Inspiration

Schreibübung

Vorbereitung:

Bereite dich vor, wie in der Inspirationsübung im ersten Kapitel beschrieben.

Übung:

Stelle dir vor, deine Intuition sei eine Person. Welches Bild taucht in dir auf – wie sieht sie aus? Ist es ein Wesen, eine Frau, ein Mann? Welche Ausstrahlung hat sie?

Beschreibe dieses Wesen so detailliert wie möglich.

Nun erstelle einen Dialog zwischen euch beiden, in dem du deine Intuition unmittelbar um Rat bezüglich einer Frage bittest, die sich in deinem Leben aktuell als drängend zeigt.

Wenn die Frage zu allumfassend und unspezifisch erscheint, brich sie auf Details herunter.

Lausche anschließend, was deine Intuition dir antwortet, als könnest du sie tatsächlich hören – schreibe auf, was dir in den Sinn kommt.

Beispiel: „Ich wäre so gern eine Autorin und Sprecherin auf großen Bühnen für das Thema […], aber gerade arbeite ich in dem Café an der Ecke und kann kaum Miete bezahlen. Wie soll ich da nur hinkommen?“

Detaillierte Fragen:

1. Ich habe den Traum, eine Autorin und Sprecherin zu sein. Ich spüre noch Zweifel, ob ich diese Berufung je ausführen werde. Wie kann ich meine Zweifel überwinden?
2. Was sagst du mir, in welchem Teil meiner Lebenszeit diese Realität wahr werden wird?

3. Welche Schritte kann ich in diesem Jahr gehen, um den Traum auf den Weg zu bringen?
4. Wer braucht heute mein Mitgefühl, sodass eine Atmosphäre entsteht, die mir hilft, meine Verzweiflung zu vergessen und mich darauf zu konzentrieren, dass ich heute schon etwas zu geben habe?

Wenn du Schwierigkeiten damit hast, dir vorzustellen, dass diese Übung tatsächlich funktioniert, versetze dich in die Situation des Spielens. Sage dir: Es ist ja nur ein Spiel. Ich habe nichts zu verlieren. Was ist, wenn ich tatsächlich meine innere Stimme hören kann?

Die Liebe wiederfinden

Das Kernereignis einer heilsamen Entwicklung für deine Seele ist die Hinwendung zu deiner Liebesfähigkeit.

Im Laufe der Zeit, in der wir aufwachsen und immer mehr Rollen annehmen, auf die wir konditioniert werden, verlieren wir langsam die Fähigkeit, uns unmittelbar, schutzlos und mutig einem anderen Menschen zuzuwenden und ihm unsere ganze Liebe zu schenken.

Als Kinder sind wir vollkommen unfähig, allein zu überleben. Wir sind ganz und gar abhängig von der Zuwendung anderer Menschen, die unsere Seele, unseren Geist und unseren Körper nähren, pflegen und uns von Herzen lieben. Werden wir allein gelassen, sterben wir.

Unsere Liebesfähigkeit entwickelt sich proportional zu unseren positiven frühen Erfahrungen. Tief in uns spüren wir jedoch latent die ursprüngliche Hilflosigkeit und Abhängigkeit gegenüber unserer Umwelt. Wir haben nichts zu geben und müssen uns darauf verlassen, um unserer selbst willen geliebt zu werden. Dieses Gefühl der Unterlegenheit führt im Laufe unserer Entwicklung oft dazu, dass wir uns Strategien zurechtlegen, mit denen wir es kompensieren und damit auch weniger spüren müssen. Dadurch werden wir erfolgreich in speziellen Bereichen, entwickeln überdurchschnittliche Fähigkeiten in unseren Interessensgebieten, spezialisieren uns, kurz, wir möchten besser sein als andere, oder mindestens genauso gut.

Grundsätzlich ist diese zutiefst menschliche Entwicklung vollkommen normal und kann nicht bewertet werden, wie Karl Rogers in seiner Lehre über die Individualpsychologie erklärt.

Nebenbei findet jedoch noch eine andere Entwicklung statt: Wir beginnen, uns über unsere neu gewonnenen Fähigkeiten und Interessen zu definieren und uns damit immer weiter von unseren grundlegenden, frei fließenden Gefühlen und Seinszuständen zu entfernen. Wir sind nicht mehr einfach das Baby, welches voll und ganz in seinem Körper wohnt, in Echtzeit seine Gefühle ausdrückt und mit dem fließt, was gerade ist: Hunger, Müdigkeit, Bauchweh, Sehnsucht nach Körperkontakt, Freude, Traurigkeit.

Stattdessen übertünchen wir diese Grundgefühle mit kompensierenden Handlungen, die uns von unserem wahren Zustand ablenken. Wir sind erfolgreich – und können uns besser fühlen. Wir haben einen Streit gewonnen – und spüren Macht, anstatt die Trauer über die vielleicht verlorene Verbindung. Wir steigen die Karriereleiter empor – und fühlen uns unverletzbar – doch entgehen dem Schmerz, nie so sehr geliebt worden zu sein, wie die große Schwester.

Die in den vorherigen Kapiteln beschriebene Reise zur Heilung und Hinwendung zu unseren ursprünglichen Gefühlen setzt unsere tief verborgene Fähigkeit, bedingungslos zu lieben, wieder frei.

Wir lernen Schritt für Schritt, uns dem alten Schmerz zu stellen und ihn auszuhalten, anzunehmen und damit aufzulösen. Wir erkennen, dass wir weiterleben.

Diese Momente führen oft dazu, dass uns bewusstwird, was wir alles tun, um angenommen und geliebt zu sein.

Wenn du möchtest, kannst du es gleich ausprobieren:

Schreibe auf, in welchen Bereichen du in deinem Leben, z. B. im Beruf, in Freundschaften und in der intimen Ich-Du-Beziehung, Strukturen aufgebaut hast, um Liebe, Anerkennung und Zuneigung zu erhalten. Diese Nachforschung benötigt absolute Ehrlichkeit mit dir selbst. Es kann weh tun, zu realisieren, welche tagtäglichen Tätigkeiten du vornimmst, um dir die Aufmerksamkeit bestimmter Menschen zu sichern oder auch, um dir selbst zu beweisen, dass du interessant, liebenswert, schön, schlicht *genug* bist. Doch der Prozess ist äußerst heilsam.

Es kann sein, dass du schnell zu dem Punkt gelangst, diese Herangehensweise nicht weiter verfolgen zu wollen. Du möchtest frei sein, deine Berufung zu finden und zu wählen, ohne von inneren Bedürfnissen getrieben zu sein, die damit erfüllt werden müssen und deinen Selbstwert untermauern. Damit hast du recht: Alles, was du tust, um wertvoll zu sein, enthält nicht die authentische Ausstrahlung und Liebesfähigkeit, die deine Berufung lebendig macht. Du bist zu echter, heilsamer Liebe fähig, wenn du dich bereits geliebt fühlst und aus dieser Sicherheit heraus weißt, dass du etwas zu geben hast.

Zudem würde dich deine Berufung wie in einer Art Gefangenschaft halten, wenn du mit ihr versuchst, etwas zu kompensieren, das dir fehlt. Du könntest nicht frei, freudig und spielerisch damit umgehen und damit auch nicht die persönliche Erfüllung finden, die du dir darin ersehnst. Ein Paradox - scheint es doch geradezu verführerisch, deine seelischen Bedürfnisse abzudecken und gleichzeitig etwas zu tun, was dir von Herzen liegt. Doch die beiden Bereiche müssen voneinander entkoppelt sein, um ihre wahre Kraftquelle anzapfen zu können.

Du wirst als Mensch nie vollkommen geheilt und ganz sein. Deine Vergangenheit ist ein Teil von dir und macht dich mitunter zu dem, wer du bist – du darfst dich mit all deinen Narben annehmen und lieben. Daher musst du nicht warten, um deine Berufung zu leben, bis du endlich geheilt bist. Es geht lediglich um eine Bewusstwerdung der Tatsache, dass deine Berufung nicht dazu da sein sollte, deine tiefsten Herzensbedürfnisse zu stillen. Sie ist dazu da, dass wieder *etwas richtig läuft,* dass der Schmerz der Welt dadurch kleiner wird, dass jemand etwas aus seinem ganzen Herzen und seiner ganzen Seele heraus tut, verbunden mit sich und freier werdend von den Projektionen seiner Vergangenheit.

Die Kraft deiner Empathie entdecken

„Schaffe die höchste und großartigste Vision für dein Leben, weil du zu dem wirst, woran du glaubst."

Oprah Winfrey

Empathie als richtunggebende Kraftquelle

Ein empathischer Mensch ist, so er sich dieser inneren Ausrichtung bewusst ist und damit arbeitet, nicht einfach nur nebenbei empathisch. Empathie ist nicht eine von vielen Charakteranteilen, die ab und an zum Zuge kommen und ansonsten außen vor gelassen werden können.

Wer empathisch ist, ist es die meiste Zeit über in seinem Alltag. Empathie prägt jeden Bereich des Lebens: Die Verbindung zu sich selbst, zu seinen engsten Bezugspersonen, zu den Kollegen auf der Arbeitsstelle und auch einmalige, kurze Begegnungen, wie z. B. ein Einkaufserlebnis mit einem Mitarbeiter an der Kasse oder sogar ein simpler Spaziergang, bei dem Menschen aneinander vorbeigehen, ohne miteinander zu sprechen.

Kommunikation findet überall im Alltag statt. Ständig fließen Informationen zwischen Menschen hin und her, selbst, wenn sie sich bewusst oder unbewusst aus dem Weg gehen. Die nonverbale Kommunikation prägt mehr als alles andere die Wahrnehmung und Gefühlsausrichtung des Empathen, der innerhalb von Sekundenbruchteilen spürt, wie es den Menschen um ihn herum ergeht.

Er sieht sich herausgefordert, beständig zu unterscheiden, welche Gefühle und Stimmungen seine eigenen sind und welche er von anderen Menschen empfängt.

Zudem beeinflussen wir uns gegenseitig in unseren Wahrnehmungen und Projektionen, was zu einer gemeinsam erschaffenen Erfahrung führt.

Ein empathischer Mensch trägt diese Erfahrungen viel intensiver mit sich, bereitet nach und beschäftigt sich damit. Selbst, wenn er nicht mehr aktiv darüber nachdenkt oder reflektiert, ist er mit der zwischenmenschlichen Erfahrung tiefer verbunden als ein Mensch, der stark auf sich selbst ausgerichtet ist.

Mitgefühl wirkt somit wie eine Art Schaffenswerkzeug, mit dem der Empath seine eigene Lebenswelt mit formt. Die Ausrichtung auf die Lebenswelt anderer Menschen mitsamt ihrem Wohlergehen oder Leiden beschäftigt ihn, er tendiert stark dazu, vor dem Treffen persönlicher Entscheidungen die Perspektiven anderer Menschen mit im Blick zu behalten. Er spürt und weiß, dass er nicht getrennt von seiner Umwelt existiert und sich alles gegenseitig beeinflusst.

Es könnte leicht den Eindruck machen, als sei Empathie eine recht anstrengende Begabung. Doch bei bewusstem, klarem und achtsamem Umgang ist Empathie eine wunderbare Kraftquelle für den sensiblen, beziehungsorientierten Menschen:

Empathische Menschen beziehen Energie und Fülle meist zum einen aus:

1. Begegnung mit anderen

Eine intime, authentische, persönliche Begegnung mit wohlwollenden Freunden birgt für einen Empathen wahres Kraft- und Glückspotential. Kaum etwas erfüllt ihn so sehr, wie ein ehrliches Gespräch in gegenseitiger Aufmerksamkeit und bestenfalls basierend auf eingeübter, gewaltfreier Kommunikation. Was die Seele so tief nährt, ist vor allem die Tiefe der gegenseitigen Erkenntnis und damit Verbundenheit, die durch die Selbstoffenbarung und das aktive, liebevolle Zuhören und Umsorgen des anderen entsteht. Beide fühlen sich sowohl gesehen und angenommen als auch bestätigt in ihrer Sehnsucht, dem geliebten Gegenüber durch ihre Zugewandtheit das Gleiche zu geben.

Empathie ist die Brücke vom eigenen Selbst zum anderen, sie schafft Zugehörigkeit und Verbundenheit. Je tiefer und intimer, liebevoller und annehmender eine solche Begegnung verläuft, umso mehr kann sich der Empath *entspannen*. Er spürt nicht mehr den Druck, zu performen und eine Maske zu tragen, sondern kann loslassen und sich in die Begegnung hineinverschenken.

Zum Vergleich: Ein Mensch, der nicht mit seinen empathischen Anteilen verbunden oder versöhnt ist, fühlt sich schnell überfordert und *angespannt*, wenn ein Gespräch eine gewisse Tiefe erreicht. Er fühlt sich wohler in Begegnungen, die den Fokus auf gemeinsame Unternehmungen, Spaß und oberflächlichere Thematiken legen, wie z. B. auf die Arbeit, ein Hobby, ein Projekt oder die politische Lage – kurz, die nicht zu sehr auf sein wahres Inneres zusteuern und damit die Gefahr bergen, erkannt zu werden.

Empathische Menschen ringen oft darum, endlich verstanden zu werden und sind zutiefst erleichtert, wenn dies gelingt. Sie sind angestrengt in ihren Rollen und wünschen sich meist nichts mehr, als einfach sie selbst sein zu können. Sie spüren die Sicherheit im authentischen Sein und auch im Erleben der Authentizität ihres Gegenübers. Andere fühlen sich hinter ihren Masken sicherer und bevorzugen es, bestimmte Themen zu umschiffen, die ihre verletzlichen Bereiche berühren.

Inspiration

Du kannst die empathische, gewaltfreie Kommunikation üben, sowohl mit dir selbst als auch auf dem Papier. Inspirierend sind dafür Ansätze von Marshall B. Rosenberg (Buch „Gewaltfreie Kommunikation“) und die Gesprächsführung nach Carl R. Rogers.

So kannst du ein Gespräch auf dem Papier mit dir selbst führen:

Erzähle, was dir auf dem Herzen liegt und reagiere mit den Worten, die du am liebsten als Antwort hören möchtest.

Erzähle frei und offen, versuche, dich zu öffnen und die Dinge auf den Punkt zu bringen, um die es wirklich geht. Während du dich mitteilst, versuche, das dahinter liegende Bedürfnis zu erkunden, welches dich zum Teilen deines Seelenlebens inspiriert. Wünschst du dir Annahme, Verständnis, Trost, Ermutigung?

Begegne diesem Bedürfnis durch deine verbal geschriebene Antwort und beobachte dabei, was passiert. Wie fühlt es sich an, wenn das „Gegenüber“, in dem Fall du selbst, genau den Ton und die Worte findet, die dein Herz berühren und dich beruhigen? Spürst du die Verbundenheit?

Du kannst diese Übung so oft wiederholen, wie es nötig ist. In der Tat hilft sie dir, dir selbst persönlich näherzukommen.

Aber auch im Gespräch mit deinen Freunden ist es wichtig, eine gemeinsame Basis und Sprache zu finden. Wenn ihr noch keinen Fokus auf Empathie gelegt habt, sprich mit deinen engsten Freunden darüber, ob sie bereit sind, sich diesem Thema mit dir gemeinsam zu öffnen. Achte jedoch darauf, dass sich die Freundschaft bereits auf Augenhöhe befindet und du dich mit deinem Innenleben bei deinen Freunden bereits sicher und gut aufgehoben fühlst. Du wirst dich nur öffnen können, wenn du deinem Gegenüber vertraust.

Empathische Kommunikation ist sehr hilfreich in konfliktbeladenen Partnerschaften. Doch beide Parteien müssen den Wunsch nach Veränderung mitbringen und die Bereitschaft, miteinander an diesen Themen zu arbeiten. Beachte, dass du dich als Empath mit Menschen umgibst, bei denen dich die Gespräche erfüllen, beleben, energetisieren und inspirieren, bei denen du dich von Herzen angenommen fühlst. Nur dann führt intime Begegnung und Tiefe zu Erfüllung und Kraft.

2. Zeit für sich selbst

Jeder empathische Mensch, der gelernt hat, seine Begabung zuerst bei sich selbst anzuwenden, hat das Potential, zentriert, klar und in Frieden durch seinen Alltag zu gehen.

Die Zeit, die du nur mit dir allein verbringst, ist maßgeblich für jede gesunde Pflanze der Kreativität, Inspiration, Vision und der nötigen Ruhe, die du dir wünschst.

Viele Begegnungen im Außen führen dich kurzzeitig von dir und deinem Lebensgefühl weg. Besonders wichtig ist die Zeit für dich allein, wenn Menschen, mit denen du Zeit verbringst, nicht in sich selbst ruhen und sehr im Außen und in ihren unbewussten Mustern verankert sind. Diese neigen, natürlich meist ungewollt, dazu, dich emotional auszusaugen, sodass du nach einem Treffen müde und erschöpft bist.

Achte zum einen darauf, solche Kontakte auf eine Art zu pflegen, die dich nicht dauerhaft überfordert. Du kannst die Intensität und Dauer der Treffen minimieren oder so anpassen, dass sie dich nicht zu sehr in deinem Gefühl beeinflussen.

Zum anderen lege den Fokus und das Zentrum all deiner Aktivitäten um deine Allein-Zeit herum. Mache es zur Priorität, dir Raum zu schaffen, der nur dir allein gehört – bestenfalls täglich. Entscheide auch so frei wie möglich, welche Tageszeit dir dafür am liebsten ist. Bedenke diese Entscheidungen immer langfristig. Deine körperliche, seelische und geistige Gesundheit hängt davon ab, ob du ausgeruht und gestärkt bist und dich in deiner Haut wohlfühlst. Als Empath tust du gut daran, weder deinen Job noch deine

Freunde oder Familie bestimmen zu lassen, wie viel oder wann du Zeit für dich brauchst. Niemand bedankt sich am Ende dafür, dass du über deine Grenzen hinausgegangen bist. Diese Worte sind so eindrücklich gewählt, weil gerade Empathen oft Schwierigkeiten damit haben, Zeit für sich auf eine Art zu beanspruchen, die in der Prioritätenliste auf gleicher Stufe mit allen Verpflichtungen steht. Sie möchten sich verschenken, dienen, ihre Gaben austeilen und anderen Menschen Gutes tun – an sich selbst zu denken erscheint ihnen oft noch ungewohnt bis hin zu besetzt mit Schuldgefühlen.

Doch stelle dir vor, du bist bereits in dem neuen Denken verwurzelt, welches dir erlaubt, so viel Zeit für dich selbst und deine Regeneration zu nutzen, wie du es benötigst. Alle Energie, die du in dieser Zeit sammelst, belebt die Phasen des Tages, in denen du tätig wirst. Du bist verbunden mit deiner Kraft, spürst dich und deine Gefühle, weißt, was dich über den Tag hinweg beschäftigt und wirst dir deiner selbst immer mehr bewusst. So kannst du aktiv deinen Tag gestalten – und durchbrichst den Kreislauf von Schnelllebigkeit, Hetze und unüberlegter Übernahme von Aufgaben, die du eigentlich gar nicht machen möchtest.

Wäre das nicht wunderbar? Es ist tatsächlich möglich.

Inspiration

Wenn du magst, starte den Selbstversuch. Plane eine Woche lang Zeit für dich allein ein, wesentlich mehr, als du dir bisher zugestanden hast. Wähle die Tageszeit, die dir am liebsten ist und gib dich voll und ganz dir selbst hin, im Nichtstun oder mit Beschäftigungen, die deiner Seele Aufschwung und Ruhe verleihen. Ist die gewünschte Tageszeit aufgrund deiner Verpflichtungen nicht möglich, nutze deinen Urlaub oder andere freie Zeitfenster dazu, dich intensiv damit auseinanderzusetzen, ob deine Arbeitsstelle und deine aktuellen Tätigkeiten deiner inneren Uhr und deinem Ruhebedürfnis dauerhaft entsprechen.

Stellst du in ehrlicher Auseinandersetzung fest, dass du deine Grenzen nicht beachtest, schreibe einen Text darüber, was genau dich davon abhält, dein Leben so zu gestalten, dass diese Zeit für dich allein an erste Stelle tritt. Was fürchtest du zu verlieren, welche Folgen könnten eintreten, was könnte im schlimmsten Falle geschehen?

Anschließend schreibe darüber, wie du dir deinen idealen Tag/deine ideale Woche vorstellst und dehne deinen Geist in der Vorstellung, dass es tatsächlich möglich sein könnte, ein Leben in Ausrichtung auf dein Wohlergehen zu führen.

Wenn es um deine Berufung geht, ist dieser Aspekt im Übrigen einer der wichtigsten Grundlagen, um nicht ausgebrannt und verletzt zu früh die Segel streichen zu müssen.

Empathie als Basis für persönliches Wachstum

Persönliches Wachstum ist die Grundlage für die Entwicklung in deine Berufung. Du nutzt deine Gaben und Interessen effektiv und langfristig, wenn du dich beständig bewusst ganzheitlich weiterentwickelst und all deine inneren Anteile Transformation, Heilung und Annahme erfahren.

Empathie spielt in diesem Prozess eine bedeutende Rolle.

Sie möchte dir deinen Weg weisen, doch es geht immer darum, zu erkennen, wohin du dich natürlicherweise aus Liebe hin öffnen würdest, nicht dahin, wo du durch äußere Eindrücke verwirrt bist oder sich Furcht mit hineinmischt.

Folgende innere Hindernisse können deinen Weg in die richtige Richtung benebeln:

1. **Mangelndes Selbstwertgefühl: Was ist, wenn andere mich nicht mögen?**

Maja sehnt sich zutiefst danach, ihrer Berufung nachzugehen, eine erfolgreiche Sprecherin zu werden. Ihr Leben lang kämpft sie jedoch schon mit ihrer Angst, vor Menschen ihr Herz zu teilen. Je mehr Menschen sich in einer Gruppe befinden, umso größer wird ihre Furcht.

Maja begibt sich daher auf die Suche nach den Ursachen ihrer Angst. Was steckt genau dahinter? Warum bekommt sie kein Wort heraus, kann sich nicht mehr so ausdrücken, wie sie es gewohnt ist und ist vom einen auf den anderen Moment so schüchtern, dass sie am liebsten im Erdboden versinken möchte?

Sie weiß eigentlich, dass das, was sie zu sagen hat, vielen Menschen helfen kann. Sie ist gut ausgebildet und es mangelt ihr nicht an Ausdrucksfähigkeit. Doch vor einer Menschenmenge scheint dies alles keine Rolle mehr zu spielen.

Maja möchte ihre Berufung ausfüllen, doch sie kann in diesem Punkt einfach nicht über ihren Schatten springen.

Im Gespräch mit einem Coach findet Maja schließlich heraus, dass alles, was ihr wirklich von Herzen wichtig war, damals in ihrer Familie nicht gehört wurde. Wenn sie über Themen sprach, die alle Familienmitglieder interessierten und deren Meinungen wiedergab, fand dies großen Anklang. Doch wenn Maja etwas Neues oder eigene Gedanken mit einbrachte oder ein Thema besprechen wollte, das vorrangig sie selbst interessierte, wendete sich die Familie, eher unbewusst als bösartig gemeint, ab und entzog ihr die Zeit und das Interesse.

Maja verletzte dies sehr, ohne dass sie es hätte zur Sprache bringen können. Somit lernte sie, dass alles, was sie wahrhaft zu sagen hat, mit Desinteresse quittiert wird – also Liebesentzug zur Folge hat.

Diese Erfahrung nahm Maja mit ins Erwachsenenleben. Sie lernte viel und wurde ein Profi auf ihrem Gebiet, doch sie fand bisher nicht den Mut, sich mit ihrem Thema und ihrer Expertise zu zeigen.

In der Zusammenarbeit mit ihrem Coach lernte Maja, wie sie sich selbst Verständnis und Empathie entgegenbringen und sich Zeit dafür nehmen kann, sich dafür zu loben, was sie zu sagen hat. Sie lernt zudem, sich ihren engsten Freunden mehr und intimer mitzuteilen und auch mit ihnen über ihre Sorge zu sprechen, dass diese ihr das Interesse entziehen, wenn sie sich öffnet. Damit macht Maja gute Erfahrungen, sodass sie mit der Zeit neues Selbstvertrauen entwickelt und der Traum der Arbeit als Sprecherin wieder in erreichbare Nähe rückt.

Mit Empathie hat Maja also einen enormen Wachstumsschritt gemacht – sie fing bei sich selbst an, indem sie es sich wert war, einen Coach zu beauftragen, mit dem sie sprechen konnte – und im zweiten Schritt auch neue Erfahrungen mit Menschen zuzulassen.

2. Schuldgefühle: Was ist, wenn ich andere enttäusche?

Sabine befindet sich an einem spannenden Wendepunkt in ihrem Leben: Sie hat endlich entdeckt, was sie für ihre beginnende Berufung hält – ein Studium in Meeresbiologie. Sabine ist voller Leidenschaft für das Meer und seine Organismen und bewegt von der Zerstörung, die es durch uns Menschen immer wieder erfährt. Sie möchte Teil der Lösung sein und sich durch das Studium alles nötige Wissen aneignen, welches als Basis für ihre spätere Arbeit dienen soll.

Parallel dazu hat sie jedoch auch das Angebot bekommen, ein Musikstudium zu beginnen. Sabine ist musikalisch außerordentlich begabt und ihre Familie wünscht sich sehr, dass sie dieses Talent nutzt. Auch sie selbst hat Freude daran. Doch als sie sich einige Wochen lang intensiv damit auseinandersetzt, was sie wirklich tun möchte, kommt Sabine irgendwann zu dem Schluss, dass sie ihrem Herzen folgen muss, wenn sie sich dauerhaft erfüllt fühlen möchte: Wirklich brennend bewegt ist sie vom Meer und seiner Schönheit, seinem Dilemma, seinem Ruf nach Schutz und Wiederherstellung. Das musikalische Talent bringt Sabine Freude, doch diese findet auf einem eher oberflächlichen Niveau statt. Sie hört beständig die Stimmen ihrer Eltern und Freunde, die sie beschwören, ihr Talent zu nutzen, doch ihr Herz ruft sie in eine Richtung, in der ihr Mitgefühl anklingt.

Für diesen Weg ist Sabine auch bereit, bei null zu beginnen. Sie weiß viel über das Meer, doch nichts davon wäre tatsächlich nützlich für eine seriöse Arbeit – daher ist das Studium für sie selbstverständlich.

Musikalisch ist sie durch die Förderung von ihrer Familie gut ausgebildet, hat mehrere Instrumente gelernt, Gesangsunterricht genommen, Auftritte absolviert. Doch nach jedem Konzert stellte sie sich die Frage nach dem Sinn: Ist das alles? Die Menschen waren berührt, doch war ich selbst es? Und waren sie berührt genug, als dass es in ihrem Leben einen nennenswerten Unterschied gemacht hätte? Hat sich dadurch etwas verändert? Fließt nun mehr Liebe, mehr Miteinander, mehr Wesentliches? Wenn es bei mir selbst nicht so ist, wie kann es dann bei meinem Publikum anders sein?

Sabine wird sich darüber bewusst, dass ihr „Wesentliches" mit Beziehung und Verbindung zu tun hat. Verbindung zu etwas Lebendigem. Und so entscheidet sie sich, in Bezug auf ihre Berufung ihrer empathischen Ader zu folgen, anstatt ihrer Begabung.

Ein großer Wachstumsschritt hat außerdem darin stattgefunden, dass Sabine nicht mehr länger ihrer Umgebung gelauscht hat, sondern ihrem eigenen Herzen. Ihre Empathie hat es ihr lange schwer gemacht, ihr eigene Stimme durch all das Gewirr im Außen zu erkennen: Sie nahm deutlich die Gefühle ihrer Eltern wahr, deren ernsthaften Wunsch, ihre Tochter möge erfolgreich und glücklich sein. Sabines Mitgefühl verleitete sie lange Zeit dazu, deren Wunsch mitzubedenken, wenn es um ihre eigene Zukunft ging. Mit ihrer Entscheidung hat dies nun ein Ende – Sabine folgt weiterhin ihrem empathischen Herzen, doch in eigener Sache dorthin, wohin es sie tatsächlich führt.

3. Scham: Was ist, wenn ich mich lächerlich mache?

Alexandra liegt das Thema Sexualität sehr am Herzen. Sie möchte Frauen helfen, zu einem erfüllten Liebesleben zu finden, welches auch das Thema innere Heilung miteinschließt. Doch Alexandra leidet selbst bis dato unter der Scham, ihre eigene Sexualität voll zu bejahen und sich nicht dafür zu schämen. Daher umschifft sie das Thema konstant und lenkt sich von ihrer wahren Leidenschaft und Berufung damit ab, andere, ähnliche Wege zu verfolgen, die sie jedoch immer wieder in einer Sackgasse landen lassen. Viele begonnene, doch nie zu Ende geführte Projekte säumen daher ihren Weg: Eine angefangene Ausbildung als Heilpraktikerin, zwei Semester Literaturstudium, eine Yogaausbildung mit Zertifikat, doch nie genutzt, eine Weiterbildung zur Kursleiterin für Frauenthemen.

Alexandra scheint um ihr heißes Eisen herumzuschwirren und alle möglichen Handwerkszeuge zu sammeln, ohne jedoch auf den Punkt zu kommen. Wozu das alles? Was ist es, das ihr Herz so tief bewegt? Es liegt in ihrer Schamzone und ihre Furcht versperrt ihr den Weg zur Sichtbarkeit in diesem Terrain.

Alexandra steht nun vor der Herausforderung, ihre eigene Scham voll anzuerkennen, sich zuerst sich selbst zu widmen und dann ihr Mitgefühl zuzulassen, welches ihr den Weg dahin zeigen wird, dass auch andere Frauen unter eben dieser Scham leiden und es ihr Herzensthema ist, sie darin zu unterstützen, dieses Thema zu heilen.

Erst, wenn Alexandra ihre eigene Scham überwunden und liebevoll integriert hat, kann ihre Liebe ihr den Weg zeigen. Sie wird aufhören, um ihr Thema herumzuschiffen und die Dinge mutig angehen. Zudem wird sie dann fähig sein, mit ihrer Empathie die Scham der Frauen, mit denen sie zusammenarbeiten möchte, zu fühlen, ohne selbst wieder und wieder an die eigenen Blockaden erinnert zu werden. Sie kann ihre Empathie liebevoll nutzen, anstatt von ihr überrollt zu werden.

Inspiration

Male dir deine Berufung oder den Weg dorthin vor Augen. Welche inneren Blockaden darfst du dir noch genauer ansehen, die dir deinen Weg versperren? Welche Rolle spielt Empathie dabei und wie kannst du sie nutzen, um dir den richtigen Pfad zu ebnen?

Selbstlosigkeit und Empathie

Lieber Empath, lass diesen kleinen Abschnitt tief in deine Seele sinken und dort für nachhaltige Ermutigung sorgen, dich nicht mehr, bestenfalls nie wieder, von dem Gedanken der Selbstlosigkeit knechten zu lassen.

Selbstlosigkeit gilt als Tugend – und wird dabei vor allem immer noch an Frauen als zu erstrebende Eigenschaft herangetragen. Unsere Gesellschaft baut zwar seit einigen Jahren auf ein neues Denken, doch die alten Strukturen sitzen immer noch tief und sollten nicht unterschätzt werden: Es ist noch nicht lange her, dass Frauen hinter den Herd gehörten, ihrem Mann zu gehorchen hatten und ihre einzige Aufgabe es war, mit ihren eigenen Interessen in ihrem Zimmer zu bleiben, anstatt sichtbar zu werden und diese Welt mitzugestalten. Auch, wenn unsere Eltern uns dies nicht so beigebracht haben – sie selbst mögen es noch erlebt haben und daher immer noch unbewusst davon beeinflusst sein. Es ist daher wichtig, das Thema Selbstlosigkeit im Bewusstsein zu tragen und zumindest einmal genauer zu studieren, wie man selbst dazu steht, ohne es bisher vielleicht geahnt zu haben.

Selbstlosigkeit bedeutet, für andere da zu sein und Gutes zu tun, ohne daraus einen eigenen Nutzen zu ziehen. Die eigenen Bedürfnisse und die eigene Persönlichkeit spielen darin keine Rolle. Wer selbstlos ist, so heißt es, ist wahrhaftig liebevoll und nicht von sich selbst eingenommen, er kann andere sehen, die Welt zu einem besseren Ort machen, ist nicht negativ selbstsüchtig. Wer dagegen nicht selbstlos ist, wird oft als Egoist beschimpft – schnell entsteht ein Schwarz-Weiß-Denken, welches Empathen vor eine große Herausforderung stellt: Gerade sie wollen alles andere sein als egoistisch.

Selbstlosigkeit passt zu den natürlichen Charaktereigenschaften der Empathen, sie liegt ihnen im Blut. Ein unbewusster Empath neigt von sich aus dazu, mehr bei anderen zu sein als bei sich. Das Konzept der angestrebten Selbstlosigkeit tritt genau an dieser Stelle dazu an, seine Neigung positiv zu besetzen und ihm damit auch noch eine bewundernswerte Stellung in der Gesellschaft zu verpassen. Da viele unbewusste Empathen jedoch schlecht Grenzen setzen können, wird ihnen oft zu spät bewusst, dass sie ausgebrannt zurückbleiben.

Es ist wichtig, dass du dir Folgendes bewusst machst: Das Konzept der Selbstlosigkeit entspringt angstvollen Herzen, die sich davor fürchten, mit Menschen zu interagieren, die ihren Weg voller Kraft und Eigenverantwortung gehen, einen eigenen Fußabdruck hinterlassen, nein sagen können und damit für ihre Umwelt auch unbequem werden können.

Selbstlosigkeit war unter anderem das Konzept der Zeit, in der Frauen unterdrückt wurden und ihres freien Wesens beraubt eine Rolle spielen mussten, die ihnen zum Gelingen einer patriarchalen Gesellschaft zugedacht worden war. Wenn Selbstlosigkeit als Tugend dargestellt und von den unterdrückten Menschen einer solchen Gesellschaft auch noch aus intrinsischer Motivation heraus angestrebt wurde, blieb der Widerspruch gegenüber den angedachten Strukturen weitestgehend gering und ohne Aussagekraft.

Auch Männer leiden an vielen Stellen unter der Bürde der Selbstlosigkeit: Schnell werden sie als egomanisch dargestellt, wenn sie außerhalb ihrer Arbeit und ihrer Sorge für die Familie noch eigene Interessen verfolgen.

Wir dürfen das Konzept der Selbstlosigkeit verlassen und einander erlauben, eine echte Persönlichkeit in diese Welt zu bringen. Du kannst zutiefst empathisch sein und dennoch deine ganz eigene Lebenslinie verfolgen. Reife Empathie, gerade beim Thema

Berufung, führt dich in eine kraftvolle Ausrichtung und eine lebendige Umsetzung deines Traumes. Sie dient dazu, dass du *willst*, weil du voll deines Selbst bist, nicht, dass du *musst*.

Inspiration

Beobachte dich eine Zeit lang dabei, wie oft und wofür du dich im Alltag entschuldigst. Viele Empathen entschuldigen sich allein schon dafür, dass sie sich im Raum befinden. Mache eine Liste der Dinge, für die du dich entschuldigst oder das Gefühl hast, dich entschuldigen zu müssen.

Schreibe darüber, wo das Gefühl herkommen könnte und welchen Grund dein Unterbewusstsein für die Entschuldigung anbringt.

Anschließend erstelle eine Liste mit mindestens zwanzig Punkten für Dinge, für die du dich ab sofort nicht mehr entschuldigen wirst.

Schreibe darüber, was diese Liste in dir auslöst. Schämst du dich, freust du dich, fühlst du dich peinlich berührt, wirst du ärgerlich (auf wen und warum)?

Entscheide dich, dich für mindestens drei Wochen lang nicht mehr für die Dinge zu entschuldigen, die auf dieser Liste stehen, auch, wenn du einen tiefen Drang danach spürst.

Merke: Hier geht es nicht darum, um Verzeihung zu bitten, wenn du deine Kinder angeschrien hast oder deine Freundin beleidigst. Es geht darum, zu erkennen, an welchen Stellen du dich allein wegen deines Seins entschuldigst oder aus dem Gefühl heraus, anderen zur Last zu fallen, zu stören, zu viel zu sein, nicht zu genügen. Wenn du ehrlich bist, kennst du den Unterschied. Lass dich auf dieses Experiment ein. Es wird deine pure Seinskraft freisetzen und deinen Horizont immens erweitern.

Das geeignete berufliche Umfeld

„Wenn sich ein Mensch zuversichtlich in die Richtung seines Traumes bewegt und versucht, das Leben zu leben, das er sich vorgestellt hat, wird er unvermutet in gewöhnlichen Zeiten ungewöhnliche Erfolge haben."

Philosoph Henry David Thoreau (1817-1862)

Was ist der Unterschied zwischen Beruf und Berufung?

Ein Beruf kann vollkommen ohne seelische Verbundenheit, Gefühl und Leidenschaft ausgeführt werden. Ein Beruf ist ein von Menschen gemachtes Konzept einer Tätigkeitsbezeichnung, mit der sich Geld verdienen lässt. Zudem braucht es eine von Menschen konzipierte Ausbildung oder ein Studium, um am Ende eine Berufserlaubnis zu erhalten, mit der die Tätigkeit legal ausgeführt werden darf. Somit ist der Beruf ein Kind des menschlichen Wirtschaftskonstruktes.

Eine Berufung hat mit dergleichen nichts gemeinsam. Zwar kann die Berufung im Beruf gelebt werden, doch um sich berufen zu fühlen, braucht es keinen Beruf.

Beide Themen können getrennt voneinander betrachtet werden, solange du nicht planst, mit deiner Berufung einer Erwerbstätigkeit nachzugehen und damit deinen Lebensunterhalt oder anderweitig Geld zu verdienen in einem Land, in dem eine abgeschlossene Ausbildung erforderlich ist.

Die Berufung ist der innere Ruf zu einem Engagement für eine Sache, welche dein Herz tief bewegt und in Brand setzt. Wenn deine Berufung mit Lebewesen zu tun hat, was auch bei technischen oder materiellen Interessen im tieferen Kern meist der Fall ist, werden dir auf die eine oder andere Art in jedem Fall dein Mitgefühl und deine Empathie den Weg gewiesen haben.

Du hast etwas gefunden, was die Welt aus deiner Sicht an einer Stelle braucht und du bist bereit, es zu geben: Eine Begabung, eine Tätigkeit, Erfindungen, Wissen, Glauben, Ermutigung, körperliche, seelische, geistige Hilfe und Unterstützung - ganz allgemein die Mitarbeit an einer Geschichte, die größer ist als du, in der du deinen Platz einnimmst.

Deine Berufung kommt von innen heraus, der Beruf ist ein äußerliches Angebot.

Deine Berufung kann dich zutiefst erfüllen, ein Beruf ist eine Verpflichtung, die du im Außen erfüllst.

Deine Berufung dient in jedem Fall dieser Welt, ein Beruf hält ein bestimmtes System am Laufen.

Deine Berufung ist der Ausdruck deines tiefsten Wesens, dein Beruf ein Ergebnis deiner äußerlichen Mühen.

Ja, beides kann zusammengeführt werden! Doch du kannst auch einem Beruf nachgehen und deine Berufung an anderer Stelle leben. Du entscheidest, wie viel Zeit und andere Ressourcen du für das eine und das andere investierst. Du kannst dein ganzes Leben nach deiner Berufung ausrichten, dich aber auch entscheiden, eine gewisse Phase deines Lebens damit zu verbringen oder eine bestimmte Zeit am Tag, in der Woche, im Monat, im Jahr.

Es gibt keine zu erfüllende Vorgabe zu diesem Thema. Du allein entscheidest, welchen Stellenwert die Berufung in deinem Leben hat, ob du damit Geld verdienen möchtest, ob sie dein Leben vollkommen auf den Kopf stellen darf und innerhalb welcher Grenzen oder Horizonte du sie leben möchtest.

Das ist das Schöne an Berufung: Sie ist grenzenlos. Ein Beruf lässt sich innerhalb der Vorgaben ausführen, die die Gesetze des jeweiligen Landes vorgeben, in dem du ihn ausführst. Eine Berufung hingegen hat in ihrem Wesen keine von Gesetzgebern gemachten Regeln.

Die Berufung folgt allein einigen Richtfragen:

Wem nutzt es?

Aus welcher Motivation heraus tue ich das?

Entspricht es meinem Herzen?

Führt es zu einem positiven Wandel in dieser Welt?

Die Weltanschauung bestimmt deine Berufung mit

Der letzte Punkt des positiven Wandels leitet über zum Thema der Weltanschauung. Jeder Mensch hat eine eigene Vorstellung davon, was dieser Welt dient, was sie ins Positive verändert und wie er damit auch das Thema Berufung definiert.

Unsere Berufung orientiert sich an unseren Werten. Diese wurden durch Einflüsse von außen zeitlebens mit geformt. Unsere Eltern, Freunde, die Kultur, Religion und auch die Vergangenheit unserer Familien entscheiden bis zu einem gewissen Punkt maßgeblich darüber, was für uns eine lebenswerte Berufung bedeutet.

Schon in der Religion unterscheiden sich die Sichtweisen enorm: Extremisten werden eine andere Vorstellung von Berufung haben und davon, was dieser Welt dient, als Gemäßigte. Deren Vorstellung wiederum unterscheidet sich von der Ausrichtung der Menschen, die nicht religiös verwurzelt sind.

Eine Berufung passt immer in ein bestimmtes Weltbild. Sie kann politisch motiviert sein, spiritueller Natur, Mensch, Tier oder Natur im Vordergrund haben – oder sich selbst und den Wunsch nach Anerkennung, beispielsweise durch besondere Verdienste oder Entdeckungen.

Die in diesem Buch vorgeschlagenen Ansätze sind ein weiterer Versuch, Berufung zu definieren – doch ganz ohne eine bestimmte Perspektive und Weltanschauung kommt auch diese Definition nicht aus.

Inspiration

Stelle dir folgende Fragen zu deiner Weltanschauung:

- ⇨ Welche Ideen und Vorstellungen haben dir deine Eltern und nahe Bezugspersonen in Bezug auf ihre Weltanschauung mitgegeben?
- ⇨ Welche Aspekte davon hast du übernommen?
- ⇨ Bist du von diesen Bereichen selbst überzeugt? Würdest du dich heute wieder für diese Sichtweise entscheiden, nach dem, was du bisher gelernt hast?
- ⇨ Hast du den Eindruck, dass dir deine Weltanschauung Kraft, Freude und Inspiration verleiht? Fühlst du dich in deiner Perspektive zu Hause?
- ⇨ Gibt es Teile deiner Weltanschauung, die mit Ängsten, Befürchtungen und Exklusivität belegt sind, die Trennung verursacht? Fühlst du dich darin gefangen und wünschst dir Veränderung?
- ⇨ Wie gestaltet sich der Bezug zwischen deiner Berufung und deiner Weltanschauung? Wäre deine Berufung immer noch dieselbe, wenn sich deine Perspektive ändern würde?

- ⇨ Fühlst du dich innerlich frei, dich in deiner Sichtweise zu verändern und zu entwickeln? Welchen Horizont siehst du, wie frei fühlst du dich?
- ⇨ Welche andere Weltanschauung interessiert dich, die du gerne intensiver studieren und kennenlernen möchtest?
- ⇨ Welche Länder könntest du bereisen, Menschengruppen besuchen, Bücher lesen, Themen studieren, die etwas in dir auslösen?

Öffne dich immer wieder für andere Weltanschauungen, selbst, wenn du dich in deiner eigenen wohl und komfortabel fühlst. Tue dies ein Leben lang. Es wird deiner Berufung die nötige Würze geben und deinen Geist am Leben erhalten.

Andere Welten entdecken

Dieses Kapitel stellt dir einen weiteren Inspirationskasten zur Verfügung, angelehnt an den vorherigen. Hiermit kannst du dir einen Plan erarbeiten, wie du deinen Geist in der kommenden Zeit mit Neuem in Verbindung bringen kannst, was deiner Berufung dient.

Inspiration

Ich interessiere mich für:	Meine Berufung hat damit zu tun:	Ich möchte in den kommenden 12 Monaten:
⇨ Länder ⇨ Kulturen ⇨ Religionen ⇨ Vorbilder	⇨ so möchte ich mich engagieren ⇨ mit diesen Menschen möchte ich zusammenarbeiten	⇨ etwas loslassen, um etwas anderes in mein Leben zu lassen

⇨ Technologien ⇨ Ausbildungen ⇨ unterschiedliche Lebensumstände aufgrund äußerlicher Gegebenheiten ⇨ Medien ⇨ …	⇨ von diesen Menschen möchte ich lernen ⇨ dies ist meine Zielgruppe ⇨ hier möchte ich mich weiterbilden ⇨ dies spiegelt meine Leidenschaft ⇨ …	⇨ einen anderen Ort bereisen ⇨ mein Wissen vertiefen ⇨ mit diesen Menschen in Kontakt treten ⇨ meine Komfortzone verlassen, indem … ⇨ diese Themen in mir genauer betrachten ⇨ …

Gemeinsame Werte im beruflichen Umfeld

Das berufliche Umfeld wandelt sich stark. Immer mehr Firmen werden gewahr, dass sie der Seele des Menschen gerecht werden müssen, um die Qualität der Arbeitsergebnisse weiterhin auf einem hohen Niveau zu halten. Die Sehnsucht des Menschen nach einem Leben mit Sinn und einer Arbeit, die ihnen guttut, steigt unaufhörlich. Geld allein als Anreiz reicht nicht mehr aus. Langsam, doch stetig begreifen wir, dass das unendliche Wachstum uns nicht glücklich macht.

Was uns dagegen wirklich erfüllt, ist eine Aufgabe, die zu uns passt - in einem Umfeld, das zu uns passt.

Zu diesem Umfeld gehören Menschen, die unsere Werte teilen. Werte sind die Tugenden, die uns wichtig sind und die die Basis für unsere gelingenden Beziehungen bilden. Wenn Menschen gemeinsame Werte teilen und sich als eine Art Richtungsweisung nach ihnen ausrichten, erreichen sie ihr Ziel schneller, effektiver und vor allem harmonischer. Gemeinsame Werte bilden eine stabile Basis für ein Arbeitsklima, welches im Beruf/der Berufung langfristig für gesunde Umstände sorgt.

Zudem ist es wichtig, dass die Menschen, die diese Werte teilen, vor allem auch gewillt sind, dass andere diese leben. Persönliche Vorteile oder anderweitige Ausreden verführen sie nicht dazu, den gemeinsamen Weg zu verlassen.

Eine Organisation, die auf gemeinsame Werte ausgerichtet ist, ist langlebig und beständig. Für Außenstehende ist leicht zu erkennen, worum es geht, welches Ziel verfolgt wird, welches charakterliche Profil die Gemeinschaft trägt und inwieweit die gemeinsam gewählte Berufung/Ausrichtung beseelt ist. Dient sie einem größeren Ganzen? Steckt mehr dahinter als wirtschaftlicher Erfolg? Hat sich diese Gruppierung verpflichtet, etwas auf diese Welt zu bringen, das auch im ideellen Sinne Bestand hat?

Wenn du dich auf die Suche nach einer neuen Arbeitsstelle, einem neuen Wirkungskreis machst, ist die Begutachtung gemeinsamer Werte einer der wichtigsten Kriterien für deine Wahl.

Um die gemeinsamen Werte im Arbeitsumfeld zu erörtern, ist es zunächst wichtig, dass du dir deine eigenen Werte bewusst machst. Wenn möglich, trenne dabei nicht in „Arbeit“ und „privat“. Deine echten Werte machen deinen Charakter mit aus, den du überall mit hinträgst. Wenn du auch in deinem beruflichen Umfeld bzw. in deiner Berufung mit ganzem Herzen dabei sein möchtest, gehe als vollständiger Mensch in diesen Prozess, lass keine wichtigen Wertevorstellungen zu Hause hinter der Wohnungstür, bis du abends nach Hause kommst. Wenn du eine Trennung vornimmst, wird das Unglück entweder im Arbeits- oder im Privatleben seinen Lauf nehmen, je nachdem, wo du deinen wahren Werten eher folgen kannst.

Hier findest du eine Liste mit Werten, die auch mit deiner empathischen Begabung einhergehen könnten. Wenn du möchtest, kreise diejenigen ein, die dich ansprechen oder erstelle eine eigene Liste.

Integrität, Feinfühligkeit, Sanftmut, Offenheit, Authentizität, Anerkennung, Selbstbestimmtheit, Teamgeist, Kreativität, Dankbarkeit, Vermittlungsfähigkeit, Motivation, Weitsicht, Mitgefühl, Nachhaltigkeit, Optimismus, Zuneigung, Zuverlässigkeit, Wohlwollen, Rücksichtnahme, Ruhe.

Wenn du auf der Suche nach einer neuen Arbeitsstelle oder einem anderweitigen Wirkungskreis bist, ist es ratsam, nicht danach zu suchen, was noch übrig oder zum derzeitigen Punkt für dich erreichbar scheint, sondern was du wirklich möchtest. Nur, wenn du dir darüber im Klaren bist, was für dich ideal wäre, kannst du damit in Resonanz gehen und fündig werden. Entscheide dich, keine Kompromisse zu machen, sondern dich genau dort zu positionieren, wo das Umfeld deine Begabungen, Werte und Sichtweisen wertschätzt und nutzen kann. Alles andere ist verschwendete Zeit und Energie.

Wenn du deinen Werten folgst, erschaffst du dir ein gesundes und fruchtbares Umfeld, denn sie liegen nie falsch in ihren Hinweisen auf das, was dir guttut.

Hab den Mut, alle Angebote auszusortieren, die nicht deinen Werten entsprechen. Wenn du eine Arbeit suchst, mache dir bewusst, dass du ein Geschenk bist und deine Begabungen auch deinem zukünftigen Wirkungskreis dienen. Begib dich daher mit folgenden Fragen auf die Suche:

- Was erreicht diese Firma/Gruppe in Bezug auf meine Berufung und meine Leidenschaft? Wo stimmen wir überein?

- Welche Werte scheint diese/r Organisation/Arbeitgeber zu vertreten? Wie kann ich mich davon überzeugen, ob ich in meiner Wahrnehmung richtig liege?
- Gibt es die Möglichkeit, die Atmosphäre innerhalb des Teams genauer unter die Lupe zu nehmen und persönlich zu erleben?
- Muss ich mich verstellen, wenn ich in Kontakt gehe?
- Neige ich dazu, Teile von mir zu verstecken, zu verharmlosen oder gar zu verleugnen, um besser ins Bild zu passen?
- Habe ich den Eindruck, dass genau jemand wie ich dort gebraucht wird?
- Ist das Thema der Werte auf der Arbeitsstelle präsent und wird es regelmäßig beleuchtet?
- Wie erkenne ich, dass die Menschen, mit denen ich arbeite, meine Werte teilen?
- Was kann ich tun, wenn ich andere Werte habe als die Menschen um mich herum?
- Wie kann meine Gabe der Empathie den gemeinsamen Wertekodex unterstützen?

Wichtig für Empathen - die äußeren Gegebenheiten

Zeitmanagement

Überprüfe deinen neuen Wirkungsbereich auf die zeitliche Strukturierung. Ist es möglich, dass du deinen Tag nach deinen Bedürfnissen planen kannst? Sind die Arbeitszeiten so eingeplant, dass es dir damit gutgeht und du auf lange Sicht damit nicht deine Grenzen überschreitest?

Hast du genügend Raum und Zeit für dich, um aufzutanken und dich zu erholen?

Als Empath bist du vielleicht versucht, all deine Kraft und Zeit in deine Berufung zu stecken, eben weil es so viel Freude macht und dir auch Energie schenkt – doch vergiss nicht, wie wichtig es ist, dass du Zeiträume einbaust, in denen du einfach die Seele baumeln lassen kannst, vollkommen ohne Verpflichtungen, Aufgaben und Termine.

Insbesondere dann, wenn deine Berufung/dein Beruf sich für das Wohl anderer Menschen einsetzt und du dahingehend mit berührenden Schicksalen konfrontiert wirst, ist regelmäßige Ruhezeit unerlässlich. Erhole dich, konzentriere dich auf deine Seele und dein Innenleben, frage dich regelmäßig: Wie geht es mir? Was brauche ich heute?

→ Wähle deinen Beruf so, dass du genug Zeit für dich selbst hast

Hierarchien

Entsprechen die hierarchischen oder freien Strukturen deinen Wertvorstellungen? Hast du Vorgesetzte, denen du gerne folgst? Wird deine Stimme gehört? Bist du eine Vorgesetzte, die ihre Mitarbeiter hört und ernst nimmt? Gibt es vielleicht gar keine Hierarchie, sondern eine andere Art der Zusammenarbeit? Wie organisiert ihr euch untereinander?

Vielleicht arbeitest du auch noch allein, weil du gerade erst ein Business gegründet hast. Was wünschst du dir zukünftig? Wie möchtest du mit anderen Menschen zusammenarbeiten? Was wäre deine ideale Vorstellung von einer Struktur, die zu der jeweiligen Berufung passt und diese auch nach außen hin deutlich zeigt?

→ Wähle deinen Beruf so, dass die zwischenmenschliche Organisation deinen Werten entspricht

Umgangston

Die Art, wie Menschen miteinander kommunizieren, zeigt deutlicher als alles andere, welche Werte sie sich gemeinsam auf die Fahne geschrieben haben. Hier kannst du deutlich erkennen, ob gelebt wird, was gesagt wird.

Gerade in Konflikten, die überall da auftauchen, wo es menschelt, ist der Umgangston das Aushängeschild für die gemeinsame Ausrichtung. Geht ihr respektvoll miteinander um? Hört ihr einander zu? Arbeitet ihr konstruktiv an Lösungen? Nehmt ihr euch Zeit für die Konfliktsituation?

Du als Empath spielst hier eine große Rolle – ganz gleich, ob du dich offen damit auseinandersetzt oder still beiwohnst. Du nimmst die offensichtlichen und versteckten Stimmungen auf und musst dich damit befassen, selbst, wenn es nur darum geht, dich abzugrenzen oder zu verarbeiten, was in dir dadurch an die Oberfläche geschwemmt wird.

Achte daher besonders auf den Umgangston, denn er bestimmt maßgeblich dein Wohlbefinden und auch die Möglichkeit, deine empathische Begabung mit einfließen zu lassen. Nur, wenn dir gegenüber Respekt und Anerkennung gezeigt wird, ist dieser Anteil in dir auch willkommen. Er wird willkommen sein, wenn den Menschen, mit denen du arbeitest, der Umgangston genauso wichtig ist, wie dir.

→ Wähle deinen Beruf so, dass du dich im gemeinsamen Umgangston wohl und sicher fühlst

Und wenn meine Berufung und mein Beruf getrennt sind?

Beruf und Berufung – ein Spannungsfeld. Zum Verdienen der täglichen Brötchen brauchen wir Zeit und nicht immer gibt die Berufung die Finanzen her, die nötig sind, um die Grundbasis der Versorgung sicherzustellen. Was also tun, wenn du voll in deine

Berufung einsteigen möchtest, aber deinen Beruf noch nicht verlassen kannst oder möchtest? Was ist, wenn dein Beruf so gar nicht deiner Vorstellung von einem erfüllten Leben entspricht?

Hier ist vor allem Ermutigung gefragt.

1. Erlaube dir, deinen Weg zu verändern!

Ausbildungen, Weiterbildungen, berufliche Veränderungen jeglicher Art können dich aus dem inneren Schlamassel ziehen, wenn deine Wünsche so weit entfernt von der Wirklichkeit sind. Der Beruf mag dir eine wichtige finanzielle Stütze sein, doch eine unbefriedigende Tätigkeit ist den Preis nicht wert.

2. Werde kreativ mit Ideen, wie du deinen Beruf mit deiner Berufung verbinden kannst!

Vielleicht ist dein Beruf an sich einem anderen Thema zuzuordnen als deiner Leidenschaft und deinem persönlichen Weg, doch vielleicht kannst du eine bestimmte Begabung, die du in deiner Berufung auslebst oder zukünftig ausleben möchtest, jetzt schon nutzen. Biete einen Workshop an, rufe einen neuen Zweig auf der Arbeit ins Leben, der sich mit Kommunikation, Empathie oder einem anderen deiner Interessenspunkte befasst, schließe Freundschaften auf der Arbeit, die deine Seele befruchten, dekoriere deinen Schreibtisch um, höre Podcasts, übe eine gesunde innere Haltung, kurz, bringe nach außen, was in deinem Inneren lebendig ist! Übe, dich selbst mit auf die Arbeit zu nehmen, du besetzt schließlich diese Arbeitsstelle!

Vielleicht regt sich an diesem Punkt Widerstand in dir: Ich betätige nur einen einfachen Hebel, was sollte ich daran groß verändern können? Die Kollegen behandeln mich wie Luft, wie sollte ich da Freundschaften schließen? Ich habe mich damals einfach getäuscht, mein Beruf macht mich krank, wie soll ich da eine gesunde Haltung pflegen?

Bedenke, dass du dein Leben erschaffst. Alles, was dir widerfährt, ist eine Folge dessen, was du über dich und dein Leben glaubst. Du kannst die Situation verändern oder ihr ein Ende bereiten – wenn vielleicht auch nicht sofort, weil du Geld für die Miete verdienen musst. Doch du kannst zum Beispiel damit beginnen, innerlich den Ausstieg oder die Veränderung zu planen. Starte in dir damit, eine Vision für deine Zukunft zu entwickeln, noch während im Außen alles im Chaos versinkt.

3. Überdenke deine Lebensumstände und deine Prioritäten liebevoll

Dein Weg folgt keiner äußeren Agenda. Du selbst hast das Recht, zu entscheiden, wie Beruf und Berufung in deinem Leben zusammenkommen. Wichtig ist nur, dass du dir über deine Entscheidungen bewusst bist. Vielleicht weißt du auch, dass du noch eine gewisse Zeit lang arbeiten möchtest, bevor du das Konzept Beruf verlässt und deine Berufung anstrebst. Vielleicht möchtest du deine Berufung zum Beruf machen und suchst noch nach der passenden Form. Vielleicht bist du damit einverstanden, dass deine Berufung weniger Zeit in Anspruch nimmt, als dein Beruf es tut. Es gibt kein Richtig und Falsch in dieser Angelegenheit. Niemand kann für dich entscheiden, was dir Berufung bedeutet.

Wenn du möchtest, lege ein Visionsheft an und schreibe darin immer wieder über das, was du dir wünschst und wie es zu realisieren wäre. Lass dir Zeit, überfordere dich nicht. Geh die Schritte, wenn du spürst, dass sie dran sind. Doch zwinge dich nicht zu einer Umsetzung eines Planes, der nur dem Zweck dient, dir selbst sagen zu können, dass du endlich erfolgreich deine Berufung lebst.

Wichtig ist, dass dir dein Weg in deine Berufung auch Freude macht.

Berufung ist etwas, das wächst. Mit Zeit, Liebe und Geduld wird dich dein Herz an den richtigen Stellen leiten.

Der Weg zu deiner Berufung: kreative und praktische Hilfestellung

„Jeder von uns trägt eine Art Urlebensaufgabe in sich wie einen seelischen Fingerabdruck.

Wir fühlen uns dann eins mit uns, wenn wir diese Lebensaufgabe leben, und nicht, weil wir uns irgendwelche Wünsche manifestieren. Doch unsere Wünsche bringen uns oft auf den Weg zu unserer Lebensaufgabe. Sie sind wie Wegweiser.“

Eva Maria Zurhorst

Nach dieser kleinen Reise in dein Herz, deine Vergangenheit, deine Haltung und Motivation folgt nun die Praxis auf dem Weg in deine Berufung – mit einer bunten Sammlung aus Inspiration, kreativen Ideen und praktischer Anleitung.

Erste Schritte zur praktischen Umsetzung deiner Träume und Ideen - innere Haltung

1. Erstelle eine Liste deiner persönlichen Vorzüge

Deine persönlichen Vorzüge sind die Charaktereigenschaften, Gewohnheiten und Haltungen, die du mitbringst, um gesunde Beziehungen zu fördern, deine Ziele zu erreichen und einen positiven Beitrag in deiner Welt zu leisten. Sie tragen dazu bei, dass sich dein Leben in die Richtung entwickelt, die du dir wünschst.

Diese gesunden Eigenschaften entspringen deiner Verbundenheit mit deinem Herzen. Deine Verletzungen und alter Schmerz sind in diesen Bereichen nicht aktiv oder bereits geheilt und du kannst aus deiner Kraft schöpfen. Wenn du mit der Liebe in deinem Herzen verbunden bist, kannst du eine positive, hoffnungsvolle Zukunft sehen.

Du hast in der Hand, zu entscheiden, in welche Richtung du deinen Fokus lenkst: Bist du auf deine mangelhaften Charakteranteile ausgerichtet, die immer wieder dieselben negativen Erfahrungen in deinem Leben reproduzieren? Oder richtest du dein Augenmerk auf die Eigenschaften, die zum Erfolg führen?

Wenn du dich darauf konzentrierst, was dich weiterbringt, wirst du sowohl deine Stimmung verändern, als auch hoffnungsvoll und zielgerichtet deine Pläne umsetzen können.

Beispiele für positive Eigenschaften: zielgerichtet, fokussiert, freundlich, wohlwollend, vergebungsbereit, leidenschaftlich, hingebungsvoll, fröhlich, empathisch.

Merke: Deine „mangelhaften" Charaktereigenschaften sind nichts, was von heute auf morgen verschwinden sollte. Auch diese Bereiche sind Teil deiner Persönlichkeit und du kannst sie verändern, wenn du möchtest, doch du bist mit all dem immer gleich liebenswert. Es geht einzig und allein darum, diesen Anteilen nicht zu erlauben, dein Leben immerfort in eine Richtung zu beeinflussen, die Leid und Unglück reproduziert. Der Fokus auf das, was dich stärkt, bringt mehr von dem, was dich stärkt. So kann durch positive Erfahrung auch vieles heilen.

2. Mache dir die Charakteranteile und Verhaltensweisen bewusst, die dich zurückhalten

Es ist wichtig, dass du dir bewusst und greifbar machst, welche alten Muster dir noch den Weg zu deiner Berufung versperren. Bedenke, dass du nicht in Panik verfallen oder die Hoffnung verlieren musst. Es geht lediglich darum, nicht mehr zuzulassen, dass diese Anteile ungehindert und vor allem unbewusst in deinem Leben ihr Unwesen treiben. Fünfundneunzig Prozent dessen, was dein Ich ausmacht, sind unbewusst. Daher ist es umso wichtiger, dass du alles nutzt, was in deiner Macht steht, um zu greifen, was zu greifen ist. So weißt du, worauf du im Alltag achten kannst, um die sich immer wiederholenden Erlebnisschleifen zu stoppen.

Übe regelmäßig, innezuhalten, wenn du dich in Situationen wiederfindest, in denen du Gefahr läufst, deine unbewussten Muster aus der alten Verletzung abzuspielen. Wenn du dich angegriffen, verletzt, beleidigt oder anderweitig nicht gesehen und geliebt fühlst, tendierst du ohne diese kleine Pause dazu, einfach zu reagieren und damit die gewohnten Erfahrungen zu wiederholen: Kampf, Totstellen, Flucht. Diese Reaktionsmuster basieren auf den Bereichen deiner Persönlichkeit, die sich durch dauernde Wiederholung als Charaktereigenschaften etabliert haben – du bist bereits darüber identifiziert.

Beispiele für negative Eigenschaften: stur, bockig, uneinsichtig, kritikunfähig, nachlässig, eigenbrötlerisch, verbissen.

Atme also tief durch und mache dir bewusst, was gerade, hervorgerufen durch eine äußere Situation, in dir abläuft. Denke kurz daran, wie du dich in einem solchen Moment bisher verhalten hast und entscheide dich, nun anders zu agieren. Wenn du nicht weißt, wie du ein neues Muster etablieren sollst, ist es oft auch hilfreich, einen stillen, freien Raum zu schaffen und einen Moment lang einfach gar nichts zu tun. So gibst du der äußeren Situation und dir selbst Raum, euch zu entspannen und vielleicht mit mehr Einsicht einen anderen Weg zu gehen.

Diese Veränderungen sind dringend nötig, um deinen Kurs in Richtung Berufung zu lenken. Sie helfen dir, deinen bisherigen Weg zu verlassen und dich auf dein Ziel auszurichten. Erst, wenn du Dinge grundlegend veränderst, hat dein Leben eine Chance, sich mitzuverändern. Dein Charakter und dein Wesen spielen darin die maßgebliche Rolle.

3. Schreibe eine Art Tagebucheintrag, in dem du reflektierst, worum es dir in deiner Berufung eigentlich geht

Ziel ist es, deine wahre Intention herauszufiltern. Diese muss nicht bewertet werden, sondern soll dir bewusst machen, was dich im Kern antreibt. Deine wahre Intention ist der rote Faden, der sich still und heimlich durch all deine Träume, Pläne und Verhaltensweisen zieht. Im Leben geht es nicht darum, nach dem „Warum?" zu fragen. Die wahre Frage lautet: „Wozu?" Wozu möchtest du dieses oder jenes erreichen? Was ist die wahre Motivation hinter all deinen Träumen? Entspringt diese Motivation einem offenen, liebenden Herzen? Versuchst du, etwas zu kompensieren oder einem unerträglichen Zustand ein Ende zu bereiten? Möchtest du größer sein als jetzt, dich wertvoll und geliebt fühlen, endlich anerkannt sein? Oder treibt dich die Liebe, zu dir selbst und zu anderen, dein Potential auszuschöpfen und dich an diese Welt zu verschenken?

Es gibt in diesem Sinne keine „falsche" Intention. Alles, was uns antreibt, hat letztlich die Aufgabe, uns zu heilen. Trotzdem ist es gut, auch eigennützige Motivationen zu erkennen und sich ihrer bewusst zu machen, um sie konstruktiv nutzen zu können. Wenn du einen Krug mit Wasser füllst, der an seiner Öffnung verstopft ist, wird das, was du zu geben hast, nie ganz fließen können. Dann kann keine Fülle und somit kein Überfluss entstehen, der deine Außenwelt nährt – du bist beständig damit beschäftigt, etwas für dich zurückzuhalten. Erkennst du jedoch geheime Wünsche hinter deiner Berufung und kannst sie miteinbeziehen, lässt sich die Verstopfung lösen, ohne, dass dir am Ende etwas fehlt.

Wenn du dir nicht sicher bist, wie du deine tiefe Intention herausfiltern kannst, stelle dir ein Kind vor, welches seinen Eltern gegenüber zeigen möchte, was es kann und gelernt hat. Es gibt zwei Möglichkeiten, wie eine solche Situation wirken kann:

1) Das Kind rennt seinen Eltern in die Arme, stolz und aufgeregt, beharrt überschwänglich auf Aufmerksamkeit und präsentiert dann überglücklich seine neu erworbene Fähigkeit. Es ist sich sicher, dass die Eltern sich mit ihm freuen und gemeinsam mit dem Kind sein Erleben genießen.

Das Kind hat aus eigenem Interesse und daher aus intrinsischer Motivation heraus etwas geschaffen und möchte die Freude darüber mit den Menschen teilen, die es liebt und bei denen es sich sicher fühlt.

2) Das Kind ist angespannt und hoffend, macht sich klein und erbittet die Aufmerksamkeit seiner Eltern. Es hat eine neue Fertigkeit erlernt und etwas erschaffen, um sich damit die Liebe seiner Eltern zu erarbeiten. Die Motivation hinter der neu gewonnenen Fertigkeit war die Hoffnung auf Hinwendung und Liebe. Möglicherweise hat das Kind sogar etwas ausgewählt, von dem es weiß, dass die Eltern es mögen. Ob es selbst daran interessiert ist, spielte keine Rolle.

Beide Male hat das Kind eine neue Fertigkeit erlernt oder etwas zustande gebracht. Doch bei dem ersten Beispiel ist die Grundlage eine erfüllte, sichere Bindung zu seinen Bezugspersonen, die es ihm möglich macht, von dort aus freudig die Welt und das eigene Wesen zu entdecken und sich zu entwickeln.

Im zweiten Beispiel ist sich das Kind seines Wertes und seiner Bedeutung für die geliebten Menschen nicht sicher. Es versucht, seine Welt zu retten und sich in Sicherheit zu begeben, indem es sich für die Eltern passend macht. Das Kind ist in diesem Falle nicht frei, sich freudig zu entwickeln und zu entfalten. Ändert sich seine Situation nicht und es erfährt nicht die Liebe seiner Bezugspersonen unabhängig von seinem Handeln, wird es auch in Zukunft als Erwachsener immer wieder Dinge tun, um sich Liebe und Anerkennung zu erarbeiten.

Wenn eine vermeintliche Berufung auf dieser inneren Basis erbaut wird, führt sie nicht in Glück, Wohlstand und Freiheit, sondern in innere Verzweiflung und Gefangenschaft. Eins ist vorprogrammiert: Es wird nie genug sein. Selbst, wenn kurzzeitig das Ziel erreicht scheint und Aufmerksamkeit, Zuneigung und „Liebe" aufgrund der gelebten Berufung erfahren werden, ist sich der Mensch doch tief in seiner Seele darüber bewusst, dass diese Hinwendung zu seiner Person einzig auf seinem Handeln, seinem Erfolg beruht und nicht bedingungslos um seiner selbst willen geschenkt ist.

Wahre Liebe ist einzigartig. Wir Menschen spüren den Unterschied zu erkauften Gefühlen untrüglich und werden davon nicht erfüllt, wie sehr wir uns auch bemühen. Fakt ist, je mehr wir uns bemühen müssen, umso schlimmer wird der innere Teufelskreis.

Mache dir daher deine wahre Intention bewusst, sie wird über dein Glück oder Unglück in Zukunft entscheiden, wenn deine Träume in Erfüllung gegangen sind.

4. Reflektiere die Unterschiede zwischen dem Verhalten und der Ausstrahlung deiner Vorbilder und der deinen

Deine innere Haltung zusammen mit deinen Gewohnheiten ergeben deine Zukunft. Zudem braucht es unbedingt Klarheit über deine Ziele.

Menschen, die in ihrem Leben bereits da angekommen sind, wohin du noch auf dem Weg bist, wussten zumeist genau über ihr Ziel Bescheid. Sie haben ein klares Ja zu dem gefunden, was ihr Herz ihnen sagt. Ein Nein zu allem anderen fällt ihnen daher nicht schwer. Sie legen Gewohnheiten an den Tag, die ihr Ziel unterstützt haben. Sie träumen nicht nur, sondern handeln. Zudem sind sie sich innerlich sicher, dass sie am richtigen Platz sind.

Es zeugt von Klugheit und Reife, wenn du bereit bist, von den Menschen zu lernen, die dir ein Vorbild in Sachen Berufung sind. Entscheide weise, nach welchem Vorbild du dich richtest und mache dir zusätzlich immer wieder bewusst, dass du nicht diese Person bist und eine ganz eigene Geschichte hast – doch die Haltung,

Gewohnheiten und Ausrichtungen dieser Menschen können dir enorm viel beibringen.

Es mag auch Menschen geben, die einen (von außen betrachtet) beeindruckenden Weg eingeschlagen haben, nachdem ihnen die Grundlagen dafür einfach in den Schoß gefallen sind - vielleicht durch erfolgreiche Eltern, ein Erbe oder anderweitige „Vorarbeit".

Lass dich durch solche Oberflächlichkeiten nicht blenden. Zum einen ist auch hier wieder der wichtigste Punkt: Du möchtest, dass dich deine Berufung erfüllt. Erfolg allein wird dazu nicht beitragen. Wenn du also neidisch bist, weil jemand anderes es scheinbar leichter hatte oder nicht so sehr an sich arbeiten muss, um sein Ziel zu erreichen, erinnere dich daran, dass dieser Mensch nicht automatisch auch glücklich und erfüllt ist. Berufung ist immer eine Herzenssache. Ist dein offenes, leidenschaftlich liebendes Herz nicht an Bord, bringt dir kein Erfolg dieser Welt auch nur ein Quäntchen echtes Glück.

5. Erschließe deine Ressourcen

Praktisch beginnt die Umsetzung deiner Ziele darin, zu erforschen, an welchem Punkt du dich aktuell befindest. Welche persönlichen Fähigkeiten stehen dir zur Verfügung, welche Menschen befinden sich in deinem Leben, die deinen Traum unterstützen, welche Orte sind von Bedeutung und wie sieht deine Alltagsroutine aus? Bist du auf dem richtigen Kurs? Welche Fähigkeiten oder Interessen liegen vielleicht gerade brach, die du wieder neu ins Leben rufen kannst? Wie steht es um deine Intuition, dein seelisches Wohlbefinden, deine engsten Beziehungen? Unterstützen sie deinen Weg?

Ressourcen sind all jene Lebensumstände, die dir in unterschiedlichster Form Energie zuführen. Alles, was dich schwächt und Energie von dir nimmt, gehört nicht zu deinen Ressourcen. Somit kannst du dein Leben in allen Bereichen beleuchten und reflektieren, ob dich die aktuelle Situation in eine kraftvolle Richtung bringt.

Energieziehende Gewohnheiten dürfen an dieser Stelle übrigens das Feld räumen. Die Zeit, die dir zur Verfügung steht, wird nicht mehr, die Sonne geht auf und wieder unter. Wenn du deine

Ressourcen verstärken und vermehren willst, ist es wichtig, Raum dafür zu schaffen.

Behindernde Gewohnheiten können sein (wohlgemerkt Gewohnheiten, es spricht nichts gegen gelegentliche Ausübung):

Häufiges Fernsehen, viel Zeit am Handy und in sozialen Medien verbringen, Musik hören, die deine Stimmung herunterzieht (Melancholie, schlechte Laune), oft mit anderen über Dinge sprechen, die dir nicht gefallen und die du nicht möchtest, zu viele Termine im Kalender, beständiges unterwegs sein, zu wenig aufbauende Kontakte pflegen.

Hilfreiche Ressourcen können sein:

Meditation, regelmäßiges Tagebuch schreiben, körperliche Betätigung, intensive, tiefgehende, empathische Gespräche, ermutigende Podcasts, Talks, Bücher und Musik konsumieren, einen Tag- Nacht-Rhythmus finden, der zu dir passt. Aber auch deine positiven inneren Charaktereigenschaften sind eine wertvolle Ressource, mit der du deine Berufung auf die Spur bringen kannst. Nutze z. B. deine Vorstellungskraft dafür, eine Vision für deine Zukunft zu entwickeln. Nutze Empathie, um dich mit anderen Menschen zu verbinden und um zu erkennen, ob sie zu dir passen. Nutze Geduld, um nicht aufzugeben und Ruhe, um entspannt zu bleiben. Worin auch immer du begabt bist, nutze es für seelisches Gleichgewicht und dafür, die Dinge so zu erschaffen, wie du sie wirklich und von ganzem Herzen haben möchtest.

→ Siehe hier auch die folgende Inspirationsbox für neue Gewohnheiten

Weitere Ressourcen sind zudem: Geld, Zeit, Gesundheit, Beziehungen. Erstelle einen genauen Plan, was du bereits hast und wozu du es nutzen kannst – und wovon du mehr benötigst.

Ressourcen können auch getauscht werden: Wenn du dich mit anderen Menschen zusammentust, könnt ihr gemeinsam viel mehr erreichen.

6. Nimm dir jeden Tag Zeit für dein Innenleben

Dieser Punkt ist einer der bedeutsamsten Bausteine auf deinem Weg in deine Berufung. Du brauchst Zeit für dich und mit dir selbst.

Die Beziehung zu dir selbst ist die wertvollste und wichtigste in deinem Leben.

Wie wünschst du dir, Zeit mit einem geliebten Menschen zu verbringen? Wie viel möge es am liebsten sein, was ist deine Idealvorstellung von einer liebevollen, innigen, vertrauensvollen Verbindung?

All das möchte in dir selbst und zu dir selbst entwickelt sein. Die Zeit mit deinem Herzen ist die ultimative Kraftquelle für ein erfülltes Leben und eine kraftvolle Berufung, die einen echten Unterschied macht. Wie die Zeit mit dir allein aussieht, kann dir niemand vorschreiben. Wenn du es als deine Berufung ansiehst, Geflüchtete im Mittelmeer zu retten, ist es vielleicht nicht möglich, jeden Morgen zwei Stunden allein in deiner Kajüte zu sitzen. Wenn du beim Stillsitzen total nervös wirst und keinerlei Genuss an bewegungsloser Meditation findest, läufst du vielleicht lieber eine Stunde lang durch den Wald. Wenn dir dein Zimmer nur zum Schlafen dient und du ansonsten lieber unterwegs bist, fühlst du dich vielleicht am innigsten in der Natur mit dir verbunden.

Was auch immer es ist, das dich näher zu dir bringt, setze es um! Bedenke dabei, dass es weniger ums Tun geht, sondern um das Sein mit dir. Sei präsent, sei da, beobachte, was in dir vor sich geht. Nutze deine Empathie: Stelle dir vor, du erzählst dir selbst etwas, das dir auf dem Herzen liegt. Gehe mit derselben Aufmerksamkeit und wohlwollender Zuwendung in diese Zeit hinein, die du auch einem anderen geliebten Menschen schenken würdest, wenn er dir sein Herz ausschüttet. Lass zudem nicht zu, dass dich etwas stört. Du bist verplant, auch, wenn du nur regungslos auf dem Sofa sitzt. Dies ist deine heilige Zeit, deine Kraftquelle. Hüte und schütze diese Zeit und schirme dich nach außen ab – du bist es dir wert.

7. Finde ein liebevolles, aber klares Nein zu Menschen und Umständen, die dir nicht dienen

Einen solchen Hausputz machen wir oft zu Beginn eines neuen Jahres. Du kannst und solltest ihn regelmäßig praktizieren, wenn du dein Lebenshaus frei von Energien halten möchtest, die dir die Sicht vernebeln, dich krank machen oder dich von deinem Ziel abbringen.

Die Quelle aller Entscheidungen zu einem Nein ist immer die Liebe. Erkennst du, dass ein Mensch, dir nicht mehr guttut, weil du dich dauerhaft geschwächt fühlst, sich einer von euch beiden verändert hat und ihr nicht mehr zusammenpasst, er eine negative Grundeinstellung gegenüber dem Leben hat oder dich regelmäßig und dauerhaft verkennt und lieblos kritisiert, so setze dein Ja zu dir selbst und deinem Wohlergehen und lass damit diesen Menschen los.

Selbstverständlich gibt es Phasen, in denen sich Beziehungen schwierig gestalten und es viel Liebe und intensive Gespräche benötigt, um sie wieder in ein gesundes Fahrwasser zu lenken. Es geht nicht darum, sofort aufzugeben. Doch wenn du vollkommen ehrlich und wahrhaftig zu dir selbst bist, spürst du unabdingbar, ob sich diese Beziehung nur in einer schwierigen Phase befindet, oder in ihren Grundfesten für dich nicht mehr tragbar ist.

Lass deine Intuition und dein Bauchgefühl hier die Führung übernehmen. Du spürst genau, ob diese Beziehung zu dir gehört oder nicht. Erinnere dich: Liebe ist unverkennbar.

Ebenso verhält es sich mit Wohnorten, Arbeitsplätzen und anderen äußeren Umständen. Du spürst, wann es an der Zeit ist, durchzuhalten oder grundsätzlich etwas zu verändern. Vertraue deiner Intuition und verlasse Umstände, die ausgedient haben. Andernfalls wird dein inneres Wachstum aufgehalten, du fühlst dich zunehmend unwohl und wiederholst immer wieder alte Schleifen, aus denen du eventuell bereits einen Ausgang gefunden hast.

Inspirationsbox neuer Gewohnheiten

Ernährung

„Du bist, was du isst" sagt ein Sprichwort. Es gibt unzählige Ansichten über die richtige und falsche Ernährung. Dieses Buch ist kein Fachbuch in diesen Dingen, doch eins bleibt zu sagen: Die Ernährung ist einer der Hauptbausteine für ein gesundes inneres und äußeres Leben. Spare diesen Punkt nicht aus. Beschäftige dich mit deiner Ernährung, besser heute als morgen. Wenn du spürst, dass deine Ernährung ein Reset benötigt, wende dich Inspirationen zu, die dich ansprechen und dir das Gefühl geben, dass es zu dir passt.

Zur richtigen Ernährung gehören ebenso das richtige Wasser und genug Sonnenlicht. Sei es dir wert, diesen Punkt zu einem der bedeutendsten auf deiner Skala zu machen, selbst, wenn deine Berufung nichts damit zu tun hat: Du selbst bist die ausführende Person in deiner Lebensaufgabe und wenn es dir rundum gut geht, kannst du das Gute auch nach außen geben.

Tagesroutine

Eine passende Tagesroutine zu finden, ist heute gar nicht so leicht. In vorherigen Kapiteln wurde es bereits erwähnt – so vieles steht heute zwischen dir und deinem natürlichen Rhythmus von Arbeit und Ruhe, Wach- und Schlafzeiten, Verpflichtungen und „freiem Spiel".

Kreiere mutig dein Leben von innen nach außen. Das bedeutet, dass du dir jeden Tag neu die Frage stellen kannst: Wie war mein Tag gestern? Fand ich es gut so, wie es gelaufen ist? Würde ich das heute wieder so wollen? Wenn es diese oder jene Verpflichtung nicht gäbe, wie würde ich dann leben wollen?

Dein Leben besteht nicht vorrangig aus den außergewöhnlichen Tagen, die dann und wann alles durcheinanderbringen, besonders aufregend oder besonders beglückend sind – dein Leben ist vorrangig dein Alltag. Dieser Alltag möchte so gestaltet sein, dass deine Berufung einen würdigen Platz darin findet und er dir guttut. Blicke auf deinen Alltag wie auf eine lieb gewonnene Vase, ein Schmuckstück oder einen Freund. Ergänzt er dich gut? Ist er ein guter Begleiter? Fühlst du dich mit ihm wohl?

Die gesunde Tagesroutine besteht aus sogenannten Ankerpunkten, die dir Freude bereiten, Sinn für dich ergeben und dir langfristig guttun. Selbst das tägliche Zähneputzen kann dazu gehören, wenn du dir darüber bewusst bist, dass du langfristig dein Lächeln erhältst – was deinem sozialen Leben immens zugutekommen kann. Ja, so weit lässt sich denken, um selbst den einfachsten Tätigkeiten einen Sinn zu verleihen!

Interessant ist auch der Gedanke, Tätigkeiten abzugeben, mit denen du dich beim besten Willen nicht anfreunden kannst oder die dir schlicht zu viel sind. Wie wäre es, eine Reinigungskraft einzustellen – mit der du dich vielleicht sogar gut verstehst, eine freundschaftliche Beziehung aufbauen und anregende Gespräche führen kannst und ihr gleichzeitig finanziell Gutes tust und dich selbst entlastest?

Kontakt zu Menschen

Beobachte dich im Laufe von ein bis zwei Wochen und finde heraus, welche Abstände zwischen sozialer Interaktion und Ruhezeiten für dich ideal sind. Es gibt kein Richtig und Falsch. Es kann sein, dass du in der Woche nur ein einziges Treffen möchtest – doch dieses dafür den ganzen Tag. Oder du möchtest jeden Tag Menschen treffen, mit denen du an deiner Berufung arbeiten kannst - aber nur zwischen zehn und zwölf Uhr. Der Gestaltungsmöglichkeit sind keine Grenzen gesetzt.

Probiere auch gerne unterschiedliche Kontaktvariationen aus: Du kannst dich persönlich verabreden oder aber telefonieren, ein Videotelefonat vereinbaren oder Sprachnachrichten austauschen. Letztere eignen sich im Übrigen vorzüglich dafür, lange sprechen zu können, ohne unterbrochen zu werden, deine Gedanken ungestört zu Ende zu führen, dich selbst zu reflektieren und auch Antworten der Kontaktperson dann anzuhören, wenn es zeitlich für dich passt. Auf diese Art können viele Träume geboren werden!

Selbstverständlich ist die beste Art für persönlichen Kontakt jedoch das altbewährte persönliche Treffen. Schaut einander vermehrt in die Augen. Beobachte, wie es sich anfühlt, von diesem Menschen wahrhaftig gesehen zu werden. Kannst du den Augenkontakt halten? Was löst er in dir aus? Und was hat das mit deiner Berufung zu tun?

Nun, so wie du erlaubst, dass andere durch deine Augen in dein Herz sehen dürfen, so können sie auch durch deine Berufung in dein Herz sehen. Bist du bereit, sichtbar zu sein? Bist du bereit für den Kontakt, der sich dadurch ergibt? Die Berufung ist Ausdruck des Herzens und daher lebendig und mit vielen Gefühlen verbunden. Je mehr du lernst, dich mitzuteilen, umso mehr kannst du auch in deiner Berufung bereit sein, zu zeigen, was wirklich auf deinem Herzen liegt.

Kreativität

Kreativ zu sein bedeutet, Dinge zu erschaffen und etwas ins Leben zu rufen, was vorher noch nicht da war. Im Kern sind wir alle kreativ, selbst, wenn wir nur ein Essen zubereiten. Doch der Unterschied zum kreativen Schaffen und zum mechanischen Bereitstellen liegt in der Achtsamkeit. Wenn du wach, aufmerksam und präsent bei der Sache bist, bist du bereits kreativ tätig.

Übe dich daher ganz besonders in kreativer Schaffenskraft durch deine Aufmerksamkeit.

Um deine Träume zu erreichen, ist Kreativität unerlässlich – denn hättest du bereits alles erschaffen, was du brauchst, wäre dein Traum kein Traum mehr. Du wirst also naturgemäß neue Wege gehen, Dinge tun, die du nie zuvor getan hast und deinen Horizont erweitern. Um dies auch wirklich in vollem Bewusstsein zu tun, ist deine Achtsamkeit und das Leben im Jetzt von großer Bedeutung.

Um deine Kreativität anzuregen, kannst du:

- ⇨ Traumreisen mit deiner Lieblingsmusik antreten
- ⇨ Bilder in Farben malen, die dir eigentlich nicht entsprechen und ungewohnt erscheinen, doch trotzdem etwas in dir lebendig und neugierig machen
- ⇨ deinen Kleidungsstil wechseln
- ⇨ alten Ballast verkaufen, verschenken oder mit Freunden tauschen
- ⇨ deine Wohnung umgestalten
- ⇨ jeden Tag mindestens zehn Minuten tanzen/dich bewegen, ohne darüber nachzudenken, wie es aussieht
- ⇨ Orte besuchen, die bisher nicht auf deiner Liste standen: Museen, Theater, eine bestimmte Art von Clubs und Bars, Parks, eine neue Stadt, eine Reise in ein Land, über das du noch nie zuvor nachgedacht hast
- ⇨ …

Die Wahl des sozialen Umfeldes

Erinnere dich noch einmal an die Bedeutung des Reiters aus Kapitel 2 – dort hast du gelernt, dass dein soziales Umfeld dich und deine Entwicklung maßgeblich mit beeinflusst.

Wie kannst du nun praktisch dein soziales Umfeld so gestalten, dass es dir und deiner Berufung guttut?

Am wichtigsten sind die beiden folgenden Umfelder:

Vorbilder und enge Freunde.

Deine Vorbilder sind Menschen, die mit ihrer Berufung etwas ansprechen, was dir ebenfalls am Herzen liegt. Ihre Herangehensweise muss der deinen nicht entsprechen, du musst nicht exakt in ihre Fußstapfen treten, doch es ist sehr hilfreich, wenn du Menschen findest, zu denen du aufschauen kannst.

Besonders, wenn deine frühen Bezugspersonen nicht solche Vorbilder für dich sein konnten, können dich andere Menschen aus deinem Interessensgebiet inspirieren, ihre Arbeit kann dich ermutigen und dir Kraft geben, ja, vielleicht ist es gar deren Berufung, Menschen wie dich durch ihre Inhalte in ihre Berufung zu begleiten. Zu dieser Gruppe gehören allerlei Coaches und Motivationstrainer im Allgemeinen, aber auch Menschen, die deine besondere Nische mit ihrer Arbeit ansprechen: Wenn du dich für den Beruf des Tischlers interessierst, wird es dich inspirieren, einem Tischler bei der Arbeit zuzuschauen. Wenn du in Nigeria ein Frauenhaus errichten willst, siehst du dir Dokumentationen an, knüpfst Kontakte, lauschst Menschen, die ein gleiches oder ähnliches Anliegen haben und darin bereits etwas erreicht haben.

Beachte, dass du als Empath eventuell dazu geneigt bist, dich in die Erfolgsgeschichten deiner Vorbilder so hineinzuversetzen, dass es dich vielleicht nicht ermutigt, sondern zeitweise das Gegenteil bewirkt: Vielleicht siehst du in ihnen eine Tiefe, die dir deiner Meinung nach noch fehlt. Du spürst ein gewisses Etwas, das du an dir vermisst. Du siehst, dass sie einen besonderen Zugang zu ihrer Berufung und anderen Menschen haben. Übe, deine Perspektive hier zu verändern und dich mit deinen Vorbildern innerlich zu verbinden! Freue dich über ihre Erfolge und nimm diese auch für dich auf deine Weise in Anspruch. Zähle dich zur Gruppe der Menschen, die diese Ziele erreichen. Sage dir immer wieder: Sie zeigen mir, dass es geht. Wenn sie es können, kann ich es auch.

Deine Vorbilder musst du nicht unbedingt persönlich kennen, auch wenn ein Mentor sicherlich eine sehr hilfreiche und empfehlenswerte Stütze ist. Auch die Vorbilder selbst müssen dich nicht kennen, um dich beschenken zu können. Du bist mit ihnen über ihre Berufung verbunden. Enge Freunde sind dagegen diejenigen, die alles über dich wissen: Deine Sonnen- und Schattenseiten liegen vor ihnen offen, ihr fordert euch gegenseitig heraus und lebt eine besondere Form der Intimität.

Wie kannst du nun deine engen Freunde so wählen, dass sie zu deiner Berufung passen – und ist das immer nötig?

Selbstverständlich kannst du auch mit Menschen befreundet sein, die mit deiner Berufung nicht direkt verbunden sind. Doch sie sollten dich in deiner Ganzheit lieben und anerkennen und daher auch deine Berufung mit offenen Armen in euren Gesprächen empfangen.

Es ist jedoch auch möglich, dass du unterschiedliche Freunde und Gesprächspartner für unterschiedliche Themen hast: Mit dem einen kannst du wunderbar über dein Liebesleben sprechen, andere wissen alles über deine Rolle als Mutter oder Arbeitnehmerin und wieder andere sind deine persönlichen Partner in Sachen Berufung. Diese Beziehung funktioniert am besten wechselseitig, denn ihr befruchtet euren Geist und eure Seele gemeinsam. Was diese Person von sich berichtet, gibt dir Inspiration und Auftrieb für dich und umgekehrt. Zudem könnt ihr einander sehr mitfühlend und empathisch begegnen und damit eine tiefe Bindung stärken, die die Farbe deiner Berufung und Tätigkeit mit beeinflussen wird.

Wenn du eine neue Beziehung ersehnst, schreibe auf, was du dir wünschst: Welche Eigenschaften soll die Person mitbringen? Was bist du selbst bereit, in der Beziehung zu geben? Wie soll sie dich unterstützen? Wenn du dich für eine neue Beziehung öffnest, bereit bist, dich zu verschenken und Raum dafür geschaffen hast, wird sie auch eintreten. Nun kannst du erfahren, ob diese Person die richtige für dich ist, indem du ganz offen und ehrlich über deine inneren Themen sprichst und dich immer wieder zeigst.

Gib deiner Beziehung viel Zeit und Raum. In diesen Gesprächen ergeben sich oft ungeahnte neue Ideen, Lösungsansätze und neue Träume werden geboren. Sie sind das Futter für deine Zukunft.

Fragen und Antworten

Was ich bisher gelebt habe, erfüllt mich nicht – doch ich weiß einfach nicht, was ich wirklich will!

Nun ist vielleicht die genannte Krise durch dein Leben gerauscht und hat alles in deinem Leben auf den Kopf gestellt. Nichts ist mehr, wie es bisher war, entweder in deinem Inneren oder auch in deinem Alltag. Du stehst an einem Wendepunkt deines Lebens und weißt, so kann es nicht mehr weitergehen. „Da ist mehr! Ich suche nach Sinn, nach Kraft, nach Lebendigkeit, nach etwas, das bleibt!" Die Frage nach der Berufung lässt sich nicht länger umgehen.

Doch bisher hast du dir nie intensiv Gedanken zu diesem Thema gemacht. Etwas in dir war immer auf der Suche, doch du konntest nicht klar genug sehen, wonach deine Seele sich sehnt.

Mit der Krise über den Sinn des Lebens geht immer auch eine persönliche Identitätskrise einher.

Daher ist die Frage nach dem existentiellen „Wer bin ich?" die Grundfrage zu allen weiteren Antworten, nach denen du suchst. Du wirst erst wissen, was du wirklich willst, wenn du weißt, wer du bist. Vergleiche es mit einem ganz simplen Beispiel: Bist du Tee- oder Kaffeetrinker? Erst, wenn du diese Frage beantwortet hast, kannst du der detaillierteren Frage nach der Tee- oder Kaffeesorte nachgehen. Ansonsten wirst du immer wieder an den falschen Stellen nach Antworten suchen.

Die Frage danach, was du wirklich willst, kann auch zermürbend wirken. Viele Menschen leiden darunter, das Gefühl zu haben, alles ein bisschen und nichts wirklich zu können. Sie sind kein Profi auf einem speziellen Gebiet und schwimmen im Grau durch ihren Alltag, alles scheint in Ordnung, doch fad. Wo ist die Lebendigkeit, wo sind die Farben, wo der frische Wind, der aus dem Inneren kommt? Wo ist die Begeisterung für etwas, die dich mitreißt und dir eindeutig mit rot schwenkenden Fahnen den Weg weist?

Ja, die Antwort auf die Frage, was wir wirklich wollen, ist existentiell wichtig. Doch solange du noch in einer Orientierungsphase bist, gehört sie dazu. Und es gehört ebenso dazu, vorerst keine Antwort darauf zu haben. Es kann dir helfen, deine Perspektive zu verändern:

Sieh den leeren Raum des Nichtwissens, der entsteht, als eine Chance für viel Freiheit und die Möglichkeit, Neues auszuprobieren und in dein Leben zu lassen! So oft möchten wir wissen, „was Sache ist", wir möchten „Bescheid wissen", uns festlegen, endlich einen Plan haben. Der Lebenslauf sollte lückenlos und das Ziel eindeutig sein. Doch entsteht nicht genau in dem Moment, in dem alles unklar erscheint und wir nichts kontrollieren können, ein Horizont ohne Grenzen? Ist es nicht das, was das Leben erst lebenswert macht? Was wäre dein Weg in deine Berufung, wenn du immer und zu jeder Zeit alles im Voraus wüsstest? Was wäre die Beziehung zu dir selbst, wenn du bereits alle Räume und Geheimnisse deiner Seele erkundet und ausgelotet hättest? Was, wenn sich nicht auch immer neue Räume ergeben, in denen du dich verändert hast und vor wieder neuen Geheimnissen stehst?

Gehe die Zeit der Orientierungslosigkeit positiv an. Freue dich, sei neugierig auf dich selbst. Lass die Verzweiflung los. Atme tief durch. Erkunde den Raum in deinem Inneren. Mache deinen Atem zu einer Erinnerung: Wohin kann er strömen? Wie weit den Raum der Möglichkeiten öffnen?

Dass du nicht weißt, was du willst, beweist vor allem eins: Du bist so viel mehr, als du bisher erahnen konntest. Da ist Luft nach oben, nach außen, nach hinten und vorne – und das Leben lädt dich ein, es zu entdecken.

Ich weiß, ich bin bereit, mein Leben zu ändern und in meine Berufung zu starten. Doch wo soll ich anfangen?

Ein Berg voller Herausforderungen steht vor dir. Vielleicht hast du ein vages Ziel oder auch eine klare Vision deiner Berufung, doch dein Blick ist auch auf deine aktuelle Situation gerichtet. Du stehst vor finanziellen Verpflichtungen, einem Arbeitsvertrag, einem Alltag mit Familie oder auch im Büro, vielleicht kämpfst du noch mit dem richtigen Mindset, welches dir hilft, wirklich an deine Vision zu glauben. Dein soziales Umfeld hat unter Umständen noch nie etwas von Berufung gehört oder hält es für Humbug. Vielleicht sind deine Freunde auch mehr auf ein angenehmes, doch oberflächliches Leben ausgerichtet oder sie bewegen sich seit Jahren durch die immer gleichen Schleifen innerer Herausforderungen.

Du fühlst dich fehl am Platz und schlecht ausgerüstet. Wie kannst du deinem Leben eine Richtung geben, welche dich an dein Ziel führt? Du steckst schon mitten in der inneren Arbeit, räumst mit deiner Vergangenheit auf und wirst Stück für Stück bewusster – doch was kannst du aktiv an deiner äußeren Situation verändern, wo kannst du anfangen?

Die wichtigste Gegenfrage lautet: Was sagt mir mein Herz?

Unsere innere Intuition weiß genau, welcher Schritt als Nächstes gegangen werden möchte. Das Problem liegt zwischen unseren Ohren: Der Verstand funkt dazwischen und macht dir weiß, dass es unabdingbar ist, viele Gedanken und Ideen hin und her zu wälzen, Pro-Kontra-Listen zu machen, vielleicht auch Schritte zu gehen, die du nicht tief in dir als richtig und wahr empfindest, die dir jedoch notwendig erscheinen.

Eine solche Herangehensweise kann zwar zum Erfolg führen, doch als Empath wird sie dich auf Dauer nicht erfüllen. Ein empathischer Mensch sehnt sich nach Verbindung, immer und unablässig. Diese findet er zuerst in sich selbst, indem er sich mit seiner Intuition verbindet.

Daher gilt: Beruhige im ersten Schritt deinen Verstand. Lass davon ab, der Versuchung nachzugeben, dich unablässig mit Gedanken und Ideen zu füllen und dich dadurch in einem Gewusel an Inhalt hin und her werfen zu lassen, besonders, wenn dieser Inhalt von außen kommt. Podcasts, Videos, Bücher und andere inspirative Quellen sind zeitweise hilfreich und für das innere Wachstum von Vorteil, doch mehr als alles andere darfst du lernen, deine logische Herangehensweise zu verlassen. Wenn es darum geht, die Basis zu finden, hilft dir einzig und allein deine Intuition. Dein Verstand ist dazu da, einen durch deine Intuition gefassten Plan umzusetzen. Doch der Plan an sich entsteht in diesem inneren, stillen, freien Feld, in dem dein Geist zur Ruhe kommt und jeden einzelnen Schritt in seiner Weisheit empfängt.

Ich kenne mein Ziel, doch ich habe nicht annähernd die Talente und Begabungen dafür. Wie passt das zusammen?

Nun, diese Frage lädt zum genaueren und ehrlichen Hinsehen ein. Forsche mit weiteren Fragen daran, welche Zweifel dieser scheinbaren Diskrepanz zugrunde liegen. Hier einige inspirierende Fragen zur Selbsterkenntnis:

- Habe ich durch mein Umfeld nur gelernt, dass ich diese und jene Begabung brauche, um mein Ziel zu erreichen? Glaube ich das selbst auch? Was sagt meine innere Stimme dazu?
- Halte ich es für zu schön, um wahr zu sein, dass mein Traum in Erfüllung geht?
- Schütze ich mich vielleicht durch ein Totschlagargument vor Enttäuschung, indem ich mich davon abhalte, es überhaupt zu versuchen?
- Will ich wirklich, was ich mir vorgenommen habe? Habe ich eventuell leise Zweifel? Ruft mein Herz mich vielleicht in eine andere Richtung?
- Was hält mich davon ab, Übungs- und Trainingszeiten für die nötigen Fähigkeiten zu meiner Priorität zu machen? Was ist wirklich in mir los?
- Wenn mich mein innerer Schweinehund vom Üben abhält, möchte er mich vor [...] bewahren.
- Ich habe eigentlich eine heimliche Abneigung gegen [...].

Hilfe - ich habe weder Zeit noch Geld für meine Berufung!

Zeit und Geld - die beiden häufigsten Ausreden für begrabene Träume und verlorene Berufungen. In der Tat, du verlierst nicht deine Zeit, wenn du deine Berufung lebst, sondern deine Berufung, wenn du dir nicht die Zeit dafür nimmst.

Sei auch hier ehrlich mit dir: Was hält dich in Wahrheit davon ab, deine Berufung zu deiner Priorität zu machen? Wovor fürchtest du dich vielleicht?

Geld und Zeit sind zwei sehr stark von gesellschaftlichen Normen und Vorgaben geprägte Bereiche unseres Lebens. Die Kultur, in der wir aufwachsen, bestimmt, inwieweit wir hier Freiheit oder Unfreiheit, ein Gefühl von Fülle oder Mangel, Chancen oder Gefahren sehen.

Auch unsere familiäre Herkunft spielt eine entscheidende Rolle: Hast du in deiner Kindheit in diesen Bereichen Mangel erlebt und die Erwachsenen haben dir vorgelebt, dass diese Ressourcen ausgehen, fehlen und ihr Leben durch die Beschaffung finanzieller Mittel bestimmt wird, anstatt nach dem Prinzip des Vertrauens, so wird sich dieses Denksystem mit in dein Erwachsenenleben tragen.

Daher ist es hilfreich, die Geschichte deiner Eltern und deine eigene Kindheitsgeschichte im Hinblick auf deine Glaubenssätze genau zu betrachten. Was hast du gelernt, woher kommst du, was ist deine persönliche, bisher unbewusst übernommene Wahrheit?

Im nächsten Schritt kannst du dich in Geschichten anderer Menschen einarbeiten, deren Lebensgefühl und ihre Realität anders geprägt war: Sie lebten in Fülle und ihre Herkunft sprach die Sprache des Vertrauens. Vielleicht war der Mangel an Geld und Zeit gar nicht erst ein Thema, das offen oder versteckt behandelt wurde – die Familienmitglieder hatten die Freiheit, sich mit anderen Lebensbereichen auseinanderzusetzen, da in diesem Fall kein Bedarf zur Klärung bestand.

Menschen, die mit positiven Erfahrungen zum Thema Zeit und Geld aufgewachsen sind, streiten sich nicht mit dem Gedanken und der Furcht, von beidem zu wenig zu haben. Sie finden sich vor anderen inneren Grenzen wieder. Es ist wichtig, dies zu verstehen: Deine Begrenzung kommt aus dem, was du glaubst und gelernt hast, sie ist nicht unbedingt ein vorgegebener Fakt deiner Gegenwart.

„Aber ich habe tatsächlich mehr Rechnungen als Geld und nicht einmal Zeit, um mich am Tag kurz auszuruhen! Wie kann ich da dann auch noch an meiner Berufung arbeiten?" magst du nun vielleicht einwerfen.

Nun, deine Realität hat sich nach deinen Überzeugungen ausgerichtet. Du hast dir unbewusst einen Alltag geschaffen, der deiner bisherigen Erfahrung entspricht. Als Kind kanntest du nichts anderes, daher hat sich dein inneres System auf eine Welt innerhalb dieser Grenzen eingerichtet - auch mit der Suche nach Lösungen.

Es ist für unser Gehirn schwer, unseren Horizont zu erweitern und die Welt außerhalb unserer bisherigen Erfahrungen als mögliche neue Wahrheit zuzulassen. Der wichtigste Schritt liegt darin, uns bewusst zu machen, dass es im Grunde möglich ist.

Hilfreich ist es an dieser Stelle, dich so intensiv wie möglich mit neuartigen, positiven Gedanken und Sichtweisen zum Thema Geld- und Zeitmanagement auseinanderzusetzen. Lies Bücher, wenn du magst, höre Podcasts, kurz, lass dein Gehirn und deinen Emotionalkörper auf Tuchfühlung mit neuem Denken gehen! So kann sich dein Inneres langsam für neue Möglichkeiten öffnen. Ein sicheres Zeichen dafür, dass du dich auf einem guten Weg dahin befindest, ist die Hinterfragung deiner aktuellen Umstände. Auf einmal beginnst du fast beiläufig, deine Situation von außen zu betrachten und dich zu fragen: Muss das hier wirklich so sein? Wie kommt es dazu, dass immer wieder Rechnungen in meinen Briefkasten flattern? Woher kommt das Herzrasen, das ich immer habe, wenn ich einen Brief mit einer eventuellen Rechnung öffne? Warum liege ich abends nervös im Bett und sorge mich um den morgigen Tag? Woher kommt es, dass mir immer zu wenig Zeit bleibt, wo doch allen Menschen mehr oder weniger dieselbe Menge an Zeit zur Verfügung steht? Warum sitzen andere Leute morgens tief entspannt mit ihrem Kaffee auf dem Balkon, während ich schon von der ersten Sekunde an angespannt und gestresst von einer Aktion zur nächsten haste? Liegt der Unterschied wirklich darin, dass sie vom Leben bevorzugt sind und einfach Glück haben? Warum denke ich, kein Glückspilz zu sein?

Was ist, wenn ich doch ein Glückspilz bin und in einer existierenden Realität genug Zeit und Geld habe, um alles umzusetzen, was ich mir von Herzen vornehme?

Es ist tatsächlich wahr: Du bist in der Lage, deine Verhaltensweisen und heimlichen Einstellungen hinter deinen Umständen zu erkunden, dein Innenleben auf den Kopf zu stellen und damit in eine neue Ordnung zu bringen, die dir neue, befriedigende Umstände voller Ruhe und Fülle bescheren. Es ist kein Hokuspokus und keine Schwurbelei, sondern simple Logik. Wenn du dich von deinen bisherigen Vorstellungen verabschiedest und offen wirst für Neues, kannst du dein Leben verändern. Du musst nicht bleiben, wo du bist. Es gibt so viel mehr Möglichkeiten, als du bisher ahnst.

Aus deiner Perspektive nimmst du nur einen Bruchteil davon wahr, doch wenn du deinen Standpunkt änderst, kannst du deinen Spielraum von einer anderen Seite her betrachten.

Dazu erhältst du hier eine wunderbare Übung:

Inspiration

Schreibübung

Vorbereitung:

Bereite dich vor, wie in der Inspirationsübung im ersten Kapitel beschrieben.

Übung:

Stelle dir vor, du könnest ein Treffen vereinbaren mit deinem zukünftigen Ich in ca. fünf Jahren. Wenn du magst, wähle einen anderen zukünftigen Zeitpunkt, falls fünf Jahre dir nicht stimmig erscheinen.

Stelle dir nun vor, dass dein zukünftiges Ich zu diesem von dir gewählten Zeitpunkt all seine inneren Begrenzungen aufgelöst hat, die zum Thema Zeit und Geld noch heute in dir aktiv sind.

Dein zukünftiges Ich hat es geschafft, seine Realität zu verändern und lebt nun das Leben, das du dir heute so sehr ersehnst.

Beschreibe zuerst die Ausstrahlung dieser Person: Was nimmst du wahr? Welche innere Haltung zum Leben scheint sie zu haben?

Welche Kleidung trägt sie, wie ist ihre Körperhaltung, ihr Gesichtsausdruck?

In welchen Lebensumständen befindet sie sich? Wie sieht ihr idealer Tag aus?

Setze dir in deiner Vorstellung keine Grenzen. Was du heute denken kannst, ist eine mögliche Zukunft für dich. Beschreibe detailliert, was du siehst, was du sehen willst.

Nun kannst du dein zukünftiges Ich um Rat bitten:

- ⇨ Was hast du damals getan, um zu verstehen, dass dir endlos viel Zeit und Geld zur Verfügung stehen, obwohl es noch nicht so war?
- ⇨ Welche Zeit- und Geldfresser gab es in deinem Leben? Wie hast du sie eliminiert und was hast du stattdessen getan?
- ⇨ Wie hast du es geschafft, mehr Geld anzuziehen, als auszugeben?
- ⇨ Wie wurdest du deine Sorgen los?
- ⇨ Was rätst du mir in der kommenden Woche als ersten Schritt zu tun?

Ich weiß, was zu tun ist, doch ich habe solche Angst davor, mein Leben radikal zu verändern.

Menschen sind Gewohnheitstiere. Wir richten uns gern in einem sich ständig wiederholenden Alltag ein, um dem Bedürfnis nach Sicherheit und Geborgenheit zu begegnen und uns verwurzelt zu fühlen.

Viel zu schnell geben wir uns allerdings mit einer Art der Gewohnheit zufrieden, die uns bereits aus unserer Vergangenheit bekannt vorkommt und daher eine Art Wohlgefühl in uns auslöst – obwohl wir damals vielleicht gar nicht glücklich in dieser Realität waren.

Unser Gehirn ist immer auf der Suche nach dem, was für seine bisherigen Denkstrukturen passt. Daher ist ein äußerer Umstand, der immer wieder erlebt wird, eine Art sicherer Hafen. Hier wissen wir, was geschieht, nichts kann uns überraschen, wir kennen uns aus. Wir haben die richtigen Schutzmechanismen entwickelt, uns eingerichtet in einem Feld, in dem wir uns wie ein Profi bewegen. Doch auch ein Soldat, dem bewusst ist, wo die Bomben unter dem Boden versteckt sind und der gekonnt ausweicht und sicher seinen Weg über die Kampffläche findet, befindet sich dennoch im Krieg und steht unter Stress. Alles in seinem Leben ist auf Krieg ausgerichtet – seine Kleidung, seine Bewegungen, seine Sprache, sein Nervenkostüm, sein Wach-Schlaf-Rhythmus. Er fühlt sich gut ausgerüstet. Doch wie möchte er in einer anderen Realität, z. B. der des Friedens, überleben und sich sicher und gemütlich einrichten?

Auf einmal muss er nicht mehr ausweichen. Er muss nicht mehr trainieren und nicht mehr wachsam sein vor Angriffen. Seine Welt ist sicher und er findet sich in unendlichem Potential für eigene Ideen, eine selbstgewählte Tätigkeit und eine sinnvolle Berufung wieder, die seinem Herzen entspricht. Er muss nicht mehr reagieren, sondern betritt eine Realität voller Möglichkeiten zur freien Gestaltung.

Diese Möglichkeiten machen ihm absurderweise jedoch Angst. Seine äußere Welt ist sicher, obwohl sie neu ist - doch er selbst hat nicht die Ausrüstung und die passende innere Haltung, um sich in ihr so zurechtzufinden, dass er sich als selbstwirksam und kraftvoll empfindet. Alles ist neu und ungewohnt für ihn.

Genauso verhält es sich, wenn du deine bisherige Realität durch eine neue eintauschst, die deinem Herzen voll entspricht und Platz für deine Berufung bietet. Du hast es dir gewünscht, doch alles ist neu und du musst dich neu einrichten.

Sei ermutigt – auf lange Sicht hinaus ist es zutiefst heilsam und beglückend, in dem Leben anzukommen, welches du dir von Herzen wünschst, und darin deine Berufung zu leben. Du wirst trainieren müssen, neue Denkweisen einzuüben und anders zu handeln als bisher – doch auf Dauer ist das neue Umfeld passender und bedient dein Bedürfnis nach Sicherheit viel nachhaltiger und tiefer, als es ein faktisch unsicheres, aber gewohntes Umfeld bisher getan hat.

An dieser Stelle sind dir dein Mitgefühl und dein empathisches Herz zutiefst dankbar, wenn du dich in Richtung deines persönlichen Weges und deiner Berufung entscheidest:

Du bist feinfühlig und sensibel und kannst diese Gaben in der Zukunft unter gesunden Umständen nutzen, die deine Seele erfüllen und ihr guttun.

Sei mutig und verlasse Umstände und Menschen, die dein Mitgefühl als Fass ohne Boden beständig konsumieren, deine Empathie verlachen oder dich in anderweitig respektloser Weise unter deinem Wert halten. Gib dir das Recht, diese Umstände als nicht zumutbar einzuordnen und dich deiner Berufung zuzuwenden – mit ganzem Herzen und voller Leidenschaft ein Leben zu führen, welches dein empathisches Wesen in voller Gänze aufblühen lässt.

Ich habe ein Ziel, doch mir fehlen die richtigen Kontakte.

Mit der Veränderung einer Ausrichtung hin zu deiner wahren Berufung kann es vorkommen, dass du durch einen Engpass in Bezug auf deine sozialen Kontakte gehst. Das Alte passt vielleicht nicht mehr und du musstest feststellen, dass einige Bekannte oder gar Freunde deinen Weg nicht mehr mit gehen – oder du nicht den ihren.

So möchtest du gerne neue Menschen kennenlernen, die deine Berufung unterstützen, mit dir zusammenarbeiten, sich deinem Weg anschließen oder ihn bereits beschreiten.

Vielleicht kommt dir dieser neue gewünschte Freundes- und Schaffenskreis vor wie eine Art Elite, in deren Mitte aufgenommen zu werden du dich vorerst beweisen musst. Du fürchtest, noch nicht weit genug zu sein oder nicht interessant genug, originell, begabt. Die Wahrheit ist jedoch, du musst nicht anderen etwas beweisen, sondern dir selbst.

Auch hier liegt ein kleiner, aber weitreichender Denkfehler vor: Wenn du dich fragst, ob du gut genug bist für neue Menschen, fürchtest du tief in dir, es eben nicht zu sein. Ein alter Glaubenssatz ist entdeckt, das Gefühl, sich Liebe und Zuneigung erarbeiten zu müssen.

Mache dir bewusst, dass diese Furcht allein in dir liegt. Wenn du deinen Wert in dir gefunden hast und ihn fühlst, werden sich die Türen zu neuen Menschen öffnen. Du bist kein Bittsteller. Du bist ein Mensch auf dem Weg in seine Berufung und die richtigen Begleiter werden an deine Seite finden. Hier findest du einige hilfreiche Affirmationen zu diesem Thema:

- Ich bin liebenswert
- Menschen verbringen gerne Zeit mit mir
- Ich begegne Menschen, die mir ihr Herz öffnen und mit mir befreundet sein möchten
- Diese Menschen tun mir gut und begleiten mich effektiv auf meinem Weg in meine Berufung
- Auf meinem Weg in meine Berufung begegnen mir die richten Kontakte mit all den Skills, die ich brauche, um die nächsten Schritte zu gehen
- Ich finde mühelos heraus, was ich selbst tun kann und möchte und wobei ich Unterstützung oder Begleitung wünsche

- Meine neuen Kontakte sind von tiefer, gegenseitiger Zuneigung, Respekt und Empathie geprägt
- Ich muss mich nicht mehr mit Menschen abgeben, die nicht die gleichen Werte vertreten wie ich
- Ich bin es wert, die gleiche Empathie zu empfangen, die ich gerne geben möchte

Interessiert meine Berufung wirklich jemanden?

Vielleicht kennst du diese Zweifel. Deine Berufung mag etwas sein, was in deinen Augen absolut zu erfüllen ist, dein Herz hüpfen lässt und Freude, Liebe und heilsame Gedanken in dir hervorruft. Vielleicht möchtest du einen Blumenladen eröffnen oder sogar „nur" deiner Großmutter den schönst möglichen Lebensabend gestalten. Vielleicht sieht niemand, was du tust, doch wenn man dich fragt, so musst du sagen: Ja, ich bin glücklich. Mir reicht von ganzem Herzen, was ich tue. Ich bin angekommen.

Doch da ist dieser kleine Zweifel, der dich pikst: Interessiert sich wirklich jemand für dich und deine Berufung? Soll eine Berufung nicht Aufmerksamkeit auf sich ziehen, über alle Lande hinweg bekannt sein und ein gewisses Maß an Ruhm und Ehre einbringen? Soll man nicht Vorbild sein, schauen andere nicht immer zu dem Berufenen auf?

Kurz und knapp: Nein. Eine Berufung ist, um erneut zu erinnern, eine Tätigkeit, die zur Heilung und Wiederherstellung dieses Planeten dient. Dabei ist es vollkommen egal, wie groß oder klein dieser Beitrag zu sein scheint. Wenn er dir persönlich genau passend erscheint und du dich im Kern damit von ganzem Herzen vereint hast, verändert deine Berufung die Welt. „Die Welt" ist alles, was sich auf und in ihr befindet. Jedes Lebewesen ist ein Teil davon. Es macht keinen Unterschied, ob du dich einem Lebewesen widmest oder tausenden. Alles ist miteinander verbunden und ein Teil des großen Ganzen.

Zudem weißt du nicht, welche Auswirkungen deine aus Liebe gespeisten Handlungen nach sich ziehen. Eine simple Umarmung kann ein Leben retten. Ein freundliches Wort eine Wunde heilen. Ein Ja zu dir selbst dein eigenes Leben verändern.

Jede Berufung ist gleich wertvoll.

Alles, was ich machen möchte, existiert bereits. Ist meine Stimme denn noch nötig?

Du hast eine glänzende Idee, bist mit ganzem Herzen und voller Leidenschaft dabei – und dann liest du ein Buch von einem Menschen, der genau diese Gedanken und Ideen bereits in die Welt gebracht hat.

Immer wieder kommt es vor, dass du voller Freude und Elan einen Plan für die Umsetzung deiner Berufung ausführen möchtest, doch auf deinem Weg findest du heraus, dass es dieses Engagement so oder ähnlich bereits auf dem Markt gibt. Du bist enttäuscht und entmutigt, fragst dich, ob dein Licht nicht viel zu unbedeutend und klein ist, um neben den anderen zu bestehen, ob es nicht schlicht vollkommen überflüssig ist.

Herzlichen Glückwunsch, du hast wieder einen Denkfehler erwischt! In Wahrheit ist es ein wunderbares Zeichen dafür, dass du dich auf dem richtigen Weg befindest:

- Du begegnest Menschen, die die gleiche Leidenschaft mit dir teilen
- Du beschäftigst dich offenbar tief mit deinem Thema und bist darauf ausgerichtet
- Die Menschen mit den gleichen Berufungen wie der deinen sind potenzielle Freunde, Geschäftspartner oder anderweitige Begleiter für deinen Traum
- Du kannst dich als Teil von etwas Größerem erkennen
- Es gibt immer mehrere „Brandherde“ auf dieser Welt. Für viele Bereiche, die Heilung benötigen und nach deiner Berufung und deinem Herzen rufen, benötigt es viel mehr als nur einen Menschen. Einer kann nie alle erreichen und

> helfend, heilend, inspirierend und ermutigend tätig sein. Für einen Heilungsprozess dieser Welt braucht es uns alle – auch dich.

Du hast bisher unbewusst die Welt mitgestaltet, wie sie gerade ist, denn du bist ein Teil von ihr. Nun kannst du sie bewusst mitgestalten. Unzählig viele Menschen teilen deine bisherigen, alten Glaubenssätze. Auch hier bist du damit nicht allein. Umso schöner ist es nun, wenn ihr gemeinsam die neuen Ideen und Projekte miteinander teilt und angeht.

Ich habe so viele soziale Verpflichtungen. Es scheint mir egoistisch, nun meine Berufung zu leben.

Ein heikler Einwand, so scheint es. Vielleicht hast du Kinder oder dein Chef empfindet dich als absolut unabkömmlich. Vielleicht hast du das Gefühl, dass alles um dich herum zerstört wird und du Menschen unglücklich machst oder im Stich lässt, wenn du deinem inneren Ruf folgst.

Was ist, wenn deine Berufung am Ende mehr Chaos in die Welt bringt als Frieden und Freude?

Nun, vielleicht helfen dir folgende Gedanken weiter:

Alles, was in sich zusammenfällt, sobald du deine Berufung lebst, sollte auch nicht länger bestehen. Deine Berufung fordert keine Opfer, nein. Vielmehr ist sie ein fehlendes Puzzleteil in deinem Leben, welches nun das Bild verändert, ihm Sinn verleiht und vielleicht bisherige Zusammensetzungen als unpassend entlarvt. Nun ergibt dein Lebensbild ein stimmiges Ganzes. Was an diesem Punkt nicht mehr besteht, möchte in eine andere Form fließen.

Zudem kannst du dich auf die Suche nach deinem inneren Glaubenssatz begeben, der dir sagt, dass du unabkömmlich für andere bist. Wo und wann hast du das gelernt? Macht es dich glücklich? Setzt es dich unter Druck? Was hast du vielleicht davon? Welche Angst wird durch deine Unabkömmlichkeit bedient oder unterdrückt? Wie würde dein Leben aussehen, wenn du dich abkömmlich machst? Was müssen dann andere für ihr eigenes Leben an deiner Stelle tun? Besonders als empathischer Mensch ist dieser Bereich für dich unbedingt zu beleuchten.

Viele Empathen haben das Gefühl, sich nicht um sich selbst kümmern zu dürfen oder ihre Empathie da einzusetzen, wo sie es am liebsten tun würden. Sie tun es da, wo sie denken, es zu müssen. Oft waren sie als Kinder diejenigen, die den Laden zusammenhielten, wie ein Sprichwort passend zusammenfasst. Wenn sie losließen, fiele das wackelige Familien-Kartenhaus in sich zusammen, dessen waren sie sicher. Vielleicht entsprach dies sogar der Wahrheit - doch sie waren nicht die verantwortlichen Erwachsenen, sondern das Kind. Die Rolle, die Familie zusammenzuhalten, war absolut inakzeptabel. Ein Kind sollte frei sein. Du hättest frei sein sollen. Deine Bezugspersonen waren dafür zuständig, die Familie zusammenzuhalten oder friedvolle andere Lösungen zu finden.

Heute bist du erwachsen und darfst deinen eigenen Weg gehen. Du darfst dich entfalten und alte Strukturen verlassen. Andere zu enttäuschen, gehört an einigen Stellen vielleicht dazu – es ist Teil des Loslösungsprozesses. Doch mit einem Augenzwinkern ist zu sagen: Mit der Zeit kann es dir eine schelmische Freude bereiten, andere zu ent–täuschen, dich abkömmlich zu machen und deinen Weg zu gehen. Es bietet unzählige neue Chancen, sowohl für dich als auch für die Menschen, aus deren Dunstkreis du dich entfernst.

Im Übrigen muss es nicht zwangsläufig zu zerstörten Beziehungen kommen. Vielmehr erhält euer Verhältnis nun die Chance, sich zu verändern und sich gesund zu entwickeln. Deine Berufung darf und muss einen Platz unter deinen sozialen Verbindungen haben, sie ist ein Teil von dir.

Der richtige Zeitpunkt

Viele Menschen scheitern immer wieder an der Frage des richtigen Zeitpunktes, um endlich die Berufung „zu beginnen". Sie fragen sich: Wann tue ich dies oder jenes am besten, welcher Schritt sollte wann getan werden, bin ich nicht zu jung/zu alt?

Typische Kalendersprüche, wie z. B. „Der richtige Zeitpunkt ist immer *jetzt*“, helfen dabei wenig weiter – und führen zusätzlich in die Irre, je nachdem, wie man sie verstehen möchte. Wenn man meint, von null auf hundert in seine Berufung stolpern zu können und dabei auch noch über Nacht alles dafür zu haben, was nötig ist, ohne eine Entwicklung mit einzubeziehen, wird man sich nicht wundern müssen, immer wieder enttäuscht zu werden.

Das Leben, das Universum, die Kraft der Liebe, das Quantenfeld, Gott - wie auch immer du es nennen magst, es arbeitet sozusagen mit uns zusammen und schenkt uns zur rechten Zeit das, was wir auch im Stande sind, anzunehmen und umzusetzen. Somit ist es sicher nicht der richtige Zeitpunkt, eine Firma mit abertausenden Euro Schulden zu gründen, wenn du gerade erst deine Ausbildung abgeschlossen hast – aber vielleicht ist es an der Zeit, stattdessen deinem Vater zu eröffnen, dass du nicht vorhast, seinen Familienbetrieb weiterzuführen!

Eine Interpretationsweise des Kalenderspruchs, der dir immens nützt, ist hingegen folgende: „Der *richtige* Zeitpunkt ist immer jetzt.“ Vielleicht ist der Zeitpunkt nicht immer der richtige für das, was du jetzt sofort haben oder tun möchtest – doch er ist immer richtig in dem Sinne, dass er perfekt für etwas anderes ist, das gerade dran ist. Die Zeit geht immer weiter, Tag um Tag, Monat um Monat, Jahr um Jahr. Doch womit du deine Zeit füllst und was sich gut anfühlt, verändert sich stetig mit deinem eigenen inneren Wachstum.

Finde daher das Richtige für den aktuellen Zeitpunkt, nicht den passenden Zeitpunkt für das Richtige.

Lass die Konstante der Zeit bestehen und bastle an dem *Was* und *Wie* in einem Fluss, der sich durch dein Wachstum und die damit resonierende Umgebung ergibt.

Du kannst dir sicher sein, dass dir zum richtigen Zeitpunkt die richtige Lösung einfällt oder dir von außen gegeben wird. Bis dahin ist es gut, dich an die Faustregel zu halten: Ein Schritt nach dem anderen.

Diese Formel benötigt viel Geduld und wer trotz Empathie auch recht zielstrebig ist, hat damit mitunter vielleicht Schwierigkeiten. Doch auch die kleinen Schritte bringen dich zum Erfolg. Sie sind daher nicht zu verachten und auch diese kannst du mit Achtsamkeit und im Moment gehen, so, dass sie sich wichtig und lebendig anfühlen. Denk ans Zähneputzen und das Lächeln, das auch in zehn Jahren deinen sozialen Kontakten noch guttut!

Inspiration

Den richtigen Zeitpunkt finden

Zäume das Pferd von hinten auf: Was genau ist dein Ziel, welche Berufung strebst du an? Was genau wirst du tun, wenn du in deiner Berufung stehst?

Nun stelle dir genau vor, welcher Zeitpunkt realistisch ist, gemessen an dem Einsatz, den du bringen möchtest und kannst, um dein Ziel zu erreichen. Wenn du beispielsweise deinen Job noch nicht kündigen kannst, um diese wichtige Ausbildung zu absolvieren und diese daher nur in Teilzeit antreten kannst, wird es länger dauern, dein Ziel zu erreichen.

Spürst du bei diesem Prozess, dass der realistisch angepeilte Zeitpunkt dir zu lang erscheint, überdenke deine Bereitschaft, mehr Zeit und Energie zu investieren, um dein Ziel zu erreichen. Vielleicht kannst du eine bestimmte Aufgabe an andere delegieren und sie dafür bezahlen, anstatt die Ausbildung zu absolvieren, die nötig ist, um die Schritte selbst zu tun? So sparst du eine Menge Zeit.

Im Kern geht es darum, zu entscheiden, welche Ressource du an welchem Hebel ansetzen möchtest, um die Dinge ins Rollen zu bringen.

Hast du den Zeitpunkt herausgearbeitet, den du als stimmig empfindest, lege dir nun einen Plan zurecht, wie du dieses Ziel erreichen kannst. Setze dir zeitliche Meilensteine, mit deren Eingliederung du erkennen kannst, was als Nächstes zu tun ist.

Wo möchtest du in einem Jahr stehen? Was musst du dafür in den kommenden sechs Monaten erreichen, womit kannst du in drei Monaten beginnen, was kannst du schon kommende Woche anpacken?

Beginne in kleinen Schritten. Auch der Anruf beim Amt, die E-Mail mit der Anfrage und die Klärung einer bestimmten Beziehung kann wichtig sein.

Vergiss deine Intuition nicht, lass dein Bauchgefühl diesen Prozess mitgestalten. Als Empath wird es dir bedeutend leichterfallen und mehr Freude bereiten, wenn du kreativ und mit dir verbunden an deinen Plänen bastelst, anstatt trocken und nüchtern nur Fakten abzuarbeiten.

Im Dunst der Dualität

Vielleicht leidest du, wie viele idealistische Empathen, hin und wieder an dem schmalen Grat zwischen Wunsch und Wirklichkeit, Traum und Realität, Gut und Böse. In dir brennt ein Feuer, doch deine äußere Welt sieht so anders aus, so weit weg von dem, was du dir erträumst.

Genau dafür ist der Traum von einer Berufung gemacht. Die Suche nach Sinn soll die Brücke bilden zwischen dem was ist, und dem, was werden will.

Du als Empath und Träumer spielst eine wichtige Rolle in dieser Entwicklung. Du kannst deinen Teil dazu beitragen, in deiner Umgebung Hoffnung zu spenden, denn jeder Mensch mit einer Berufung im Herzen bringt Hoffnung in diese Welt.

Vielleicht macht dich diese scheinbare Grenze zwischen Hoffnung und Erfüllung manchmal traurig. Erinnere dich daran, dass es vielen Menschen so ergeht, die erlauben, dass das Leben sie berührt und sie spüren, was vor sich geht. Es ist ein Zeichen dafür, dass wir am Leben sind und bereit dazu sind, mitzuspielen.

Halte den Kontakt zu Menschen, die ähnlich fühlen wie du. Ermutigt euch gegenseitig, bildet eine Visionsgruppe, überlegt, welche gemeinsamen Aufgaben ihr zusammen angehen könnt und freut euch gemeinsam auf und über das Gute, das ihr in diese Welt bringt.

Nachwort

Nun hast du eine tiefe innere Reise mit vielen Tipps, Inspirationen und praktischer Anleitung bekommen, um deiner Berufung auf die Spur zu kommen und sie mit den passenden Gegebenheiten in Gang zu bringen.

Das Nachwort gilt dem, was danach kommt – es ist wie bei einer Liebesbeziehung: Der Weg aufeinander zu ist spannend, lehrreich, gefühlvoll und aufregend wie in einem Film. Doch an dieser Stelle endet der Film, obwohl es eigentlich erst dann richtig losgeht, wenn sich beide gefunden haben.

Du und deine Berufung, ihr werdet mit jedem schönen Erlebnis, mit jeder gemeisterten Herausforderung mehr eins. Es ist tatsächlich so – wenn du erst einmal weißt, was du möchtest, den Sinn für dein Handeln in dieser Welt festgemacht hast und weißt, wo dein Platz ist, ist es nicht vorbei, sondern es fängt gerade alles erst an.

Betrachten wir zum Abschluss den Zahlenstrahl deines Lebens in deiner Vorstellung:

Du wirst geboren, bist voll und ganz präsent, anwesend, lebst in und mit deinem Körper, erfährst dich als Einheit mit deiner Umgebung. Die Erfahrungen der ersten Jahre prägen dich, du machst die Erfahrung der Trennung immer wieder, die Verletzungen rutschen hinab ins Unbewusste. Mit der Frage nach dem Sinn erscheint irgendwann all der Schutt wieder an der Oberfläche.

Nun begutachtest und sortierst du ihn, du heilst, du begibst dich bewusster geworden auf die Suche nach deiner Aufgabe in dieser Welt. Viele Menschen glauben, dass du mit dem Wissen um jene Aufgabe bereits auf die Welt kommst und irgendwann nur vergisst. Deine Lebenserfahrung ist es nun, dich zu erinnern und zu deinem Kern zurückzufinden.

Andere Menschen glauben, dass die Frage nach dem Sinn schlicht mit dem Erwachsenwerden entsteht, Teil eines natürlichen Prozesses von Werden und Vergehen ist.

Wie auch immer du die Sinnfrage für dich beantwortest, deine Berufung gibt dir damit einen eindeutigen Hinweis auf deine persönliche Geschichte. Zudem darf sich diese Geschichte stetig wandeln. Du bist ein lebendiges Wesen, das seine Meinung, Haltung, Weltanschauung und auch seinen Charakter entwickeln und verändern kann und darf. Auch deine Berufung darf sich dem immer wieder anpassen.

Ist es demnach nicht schön, zu wissen, dass man sich nicht festlegen muss?

Wieder einmal ist es wie mit einer Liebesbeziehung: Du bist freiwillig da, wo du gerade bist. Jeden Tag neu. Du musst nicht entscheiden, dass dies das Richtige für den Rest deines Lebens sein muss, auch wenn das durchaus möglich ist und eine herrliche, tiefe Erfahrung sein wird. Aber im Hier und Jetzt - in diesem Moment, da ist diese Berufung genau auf dich zugeschnitten und du kannst Wundervolles damit bewirken.

Um es mit den Worten von Eva Maria Zurhorst zu sagen:

„Berufung im pragmatischen Sinn ist das Gefühl, da, wo ich bin, bin ich gerade richtig.“

Quellen und weiterführende Literatur

Bak, P. M. (2015). *Zu Gast in Deiner Wirklichkeit: Empathie als Schlüssel gelungener Kommunikation.* Springer Spektrum.

Bergner, S. (2021). *Erfolgreich ist, wer mitfühlt - Emotionale Intelligenz: EQ - sich selbst & andere besser verstehen. Wie Sie Gefühle beeinflussen und Empathie lernen.* Virtuoso Verlag.

Berufungsberatung. *Zitatensammlung zu Berufungsfindung und Berufungsberatung.* Berufungsberatung nach Ursula Maria Lang. https://berufungsberatung.com/pr-medien_berufung/zitate/

Carpenter, K. (2020). *The Empath's Workbook: Practical Strategies for Nurturing Your Unique Gifts and Living an Empowered Life.* Rockridge Press.

Cassil, A. (2020). *The Empowered Highly Sensitive Person: A Workbook to Harness Your Strengths in Every Part of Life.* Rockridge Press.

Cuff, B. M., Brown, S. J., Taylor, L., & Howat, D. J. (2014). Empathy: A Review of the Concept. *Emotion Review, 8*(2), 144–153. https://doi.org/10.1177/1754073914558466

David, S. (2016). *Emotional Agility: Get Unstuck, Embrace Change, and Thrive in Work and Life.* Avery.

Davis, M. H. (2006). Empathy. *Handbooks of Sociology and Social Research*, 443–466. https://doi.org/10.1007/978-0-387-30715-2_20

de Rosa, W. (2021). *Becoming an Empowered Empath: How to Clear Energy, Set Boundaries & Embody Your Intuition.* New World Library.

Dispenza, J. (2013). *Ein neues Ich: Wie Sie Ihre gewohnte Persönlichkeit in vier Wochen wandeln können.* Koha Verlag.

Hein, M. (2018). *Empathie: Ich weiß, was du fühlst.* GABAL Verlag GmbH.

Heintze, A. (2019). *Hochsensibel im Beruf: Wie du dank deiner Empfindsamkeit erfolgreich wirst.* mvg Verlag.

Heintze, A., & Hummer, A. H. (2018). *Die Gabe der Empathen: Wie du dein Mitgefühl steuerst und dich und andere stärkst.* mvg Verlag.

Knopp, J. (2021). *Ich kann viel und das ist gut so!: Erkenne deine Stärken und entfalte dein volles Potenzial als hochsensibles Multitalent.* Remote Verlag.

Mochere, V. *Beste Zitate von Oprah Winfrey.* Victor Mochere. https://victor-mochere.com/de/best-quotes-from-oprah-winfrey

Riess, H. (2017). The Science of Empathy. *Journal of Patient Experience*, *4*(2), 74–77. https://doi.org/10.1177/2374373517699267

Rohleder, L. (2021). *Die Berufung für Hochsensible.* dielus edition.

Singer, T., & Klimecki, O. M. (2014). Empathy and compassion. *Current Biology*, *24*(18), R875–R878. https://doi.org/10.1016/j.cub.2014.06.054

Spiro, H. (1992). What Is Empathy and Can It Be Taught? *Annals of Internal Medicine, 116*(10), 843. https://doi.org/10.7326/0003-4819-116-10-843

Stahl, S. (2015). *Das Kind in dir muss Heimat finden: Der Schlüssel zur Lösung (fast) aller Probleme.* Kailash.

Tissot, S. (2021). *Hochsensibilität und die berufliche Selbstständigkeit: Wie sich ein Sensibelchen selbstständig machte und seine Lösung für das hochsensible Berufsleben fand.* dielus edition.

Zurhorst, E. (2019). *Liebe kann alles: Wie du mit deiner weiblichen Kraft zur Schöpferin deines Lebens wirst - Das Transformationsprogramm.* Arkana.

Sensible Menschen in Beziehungen

Der Weg zur wahren Liebe als Empath

So erkennst du Manipulatoren, schützt dich vor toxischen Abhängigkeiten und findest endlich deinen Traumpartner

Katrin Winter

Inhalte

Einleitung **269**

Was sind Empathen? **273**

Empathie ist ... .273

Wie erleben Empathen Beziehungen? **277**

Beziehungsdynamiken – Positives und Herausforderungen.........277

Da kommt´s her – Langzeitprägung durch Kindheitserfahrungen 280

Empathie – angelernt oder Teil deines Wesens?.......................282

Die Herausforderung 285

Ungesunde Beziehungen erkennen und sich davon lösen **297**

Empath und Narzisst – wie passt das zusammen?......................297

Ungesunde Strukturen zwischen narzisstisch und empathisch veranlagten Menschen 298

Anzeichen einer ungesunden Beziehungsstruktur 301

Wie du dich von ungesunden Beziehungen lösen kannst 320

Die richtige Partnerwahl: Worauf muss ich achten? **337**

1. Auf die Gefühle kommt es an – sie zu hinterfragen 338

2. Werte und Ziele – wollt ihr beide das Gleiche? 342

3. Brücken schlagen...351

4. Körper, Seele, Geist – worauf kommt es wirklich an?.............355

Ja! Schaffe die Beziehung, die du dir wünschst **361**

Empathie als der Stoff, der alles zusammenhält.........................364

Wo ist denn nun mein Traumprinz voller Mitgefühl? 370
Und was ist mit den anderen Beziehungen in meinem Leben? 371

Ein kleines Kapitel zum Begriff „Raum“ 375

Nachwort – von der Sehnsucht nach dem Ankommen 383

Quellen und weiterführende Literatur 385

Einleitung

Liebe Leserin, lieber Leser,

auf der Suche nach geeigneten Räumen, in denen du dich selbst verstehen, weiterentwickeln und dir Aufmerksamkeit gönnen kannst, bist du zum Bereich Beziehungen auf dieses Buch gestoßen. Du bist herzlich willkommen – du kannst dich mit all deinen persönlichen Gedanken, Sichtweisen und Entwicklungsmöglichkeiten hier ausbreiten und dieses Buch als Inspiration und Selbsterfahrungsfeld nutzen.

Persönliche Lese- und Lernzeit ist Zeit für dich, ein Geschenk. Sie hält dein Lebensgefühl bereit, die Art, wie du das Leben angehst und ihm begegnest. Dieses Buch hält diesen Raum, in dem du ein tieferes Gefühl dafür erlangen kannst, wie du die Dinge handhabst. Fülle den Platz zwischen den Zeilen mit deinen Ansichten, deiner Perspektive und dem, wonach du dich sehnst und spiegele dich in den Worten so, wie du spürst, dass es dir guttut.

In Beziehungen fällt empathischen Menschen der Raum für sich selbst meist nicht von allein in den Schoß. Durch deine mitfühlende Art und Feingefühl bezüglich Stimmungen, Atmosphären und der Wahrnehmung für die Ansichten deiner Mitmenschen stehst du immer wieder vor der Wahl, nach außen oder nach innen zu lauschen – und diese beiden Welten miteinander zu vereinen. Das Ziel gelungener Beziehungen ist es, durch die authentische, intime Gemeinschaft mit anderen mehr zu sich selbst zu finden.

Auf deinem Weg dorthin begegnen dir leichte, sonnige Phasen, aber auch solche, die Verwirrung stiften, Neuausrichtung fordern und von dir abverlangen, dass du deine eigenen Bedürfnisse vermehrt in den Vordergrund bringst. Zudem möchtest du dich in Beziehungen wiederfinden, die dir guttun und deiner Gesundheit auf allen Ebenen dienen.

Deine Sensibilität erfordert, klug zu wählen und einen Überblick darüber zu erhalten, in welcher Lebens- und Lernphase du dich gerade befindest, ob deine Beziehungen dem dienen und dich tiefer in deine Wahrheit führen oder ob du dich auf einem Terrain befindest, welches dich von dir entfremdet.

Dieses Buch hilft dir, sanft zu reflektieren, die Dynamiken in deinen Beziehungen und deine persönliche Rolle darin zu verstehen, wenn nötig neu zu justieren und die Fähigkeit zu unterstützen, Glück bringende und erfüllende Beziehungen zu leben.

Es ist für dich geeignet, wenn:

- du dich nach einer authentischen, Nähe bringenden, erfüllenden Beziehung sehnst, nach einem Menschen, mit dem du deine wertvolle Lebenszeit gemeinsam gestalten kannst
- du in deinen Beziehungen als wertvoll erachtet werden und ernst genommen werden möchtest
- du dich danach sehnst, deine Sensibilität nicht verstecken zu müssen und endlich davon ablassen kannst, dich mit einem dicken Fell vor einer rauen Umwelt schützen zu müssen
- du Empathie sowohl geben als auch empfangen möchtest
- du lernen möchtest, bei dir zu bleiben, dich nicht mehr verwirren zu lassen und klar rechtzeitig zu erkennen, wann du dich in einer ungesunden, dich möglicherweise ausnutzenden oder manipulierenden Beziehung befindest
- du deine Grenzen erkennen und herausfinden möchtest, wie du sie in die Beziehung einbringen kannst, so, dass

du nicht verlassen, sondern im Gegenteil umso mehr geschätzt wirst

- deine alten Glaubenssätze bezüglich deines Selbstwertes, dem Aushalten ungesunder Situationen oder deiner Rolle in Beziehungen ausgedient haben und du bereit bist, kraftvoll deine Beziehungen nach deinen Vorlieben mitzugestalten

Zum Thema Empathie findest du tiefergehende Inspiration im Buch „Empathie ohne Stress: Wie du Menschen mit deinem Mitgefühl hilfst und dich vor negativen Emotionen schützt". Du musst es nicht gelesen haben, um dem Inhalt dieses Buches folgen zu können, es ist jedoch eine wunderbare Ergänzung zu vielen Themen rund um das Thema Empathie.

Während du tiefer ins Thema eintauchst, erinnere dich immer wieder daran: Deine Empathiefähigkeit ist eine Gabe, kein Fluch. Du kannst lernen, ein Zuhause darin zu finden und dich in deiner Umwelt sicher und geborgen zu bewegen, je tiefer dein Verständnis darüber reicht, wie sich dein Seelenleben zusammensetzt.

Bei dieser Art Selbsterforschung ist es hilfreich, eine Perspektive einzunehmen, die betont: Alles darf sein. Ich bin gut wie ich bin und muss mich nicht anpassen oder mich verbiegen, um mich in meiner Haut und meiner Umgebung sicher zu fühlen. Es geht darum, anzunehmen, was ist, um sichere Wurzeln zu entwickeln, die es dir ermöglichen, über dich hinauszuwachsen. Deine Werte, Begabungen und Sensibilität sind ein erfolgreiches Gespann zu einem erfüllten Leben in all den Bereichen, die dir wichtig sind, allen voran in deinen nahen Beziehungen.

Viel Freude auf deinem Weg zu dir und erfüllten (Liebes-) Beziehungen!

Was sind Empathen?

„Das Gefühl kann viel feinfühliger sein als der Verstand scharfsinnig.“

Viktor Frankl

Empathie ist...

Mareike ist gerade von der Arbeit nach Hause gekommen, da klingelt das Telefon. Ihre Mutter ist am Apparat. Das Gespräch läuft wie immer – Mareike hört zu, während ihre Mutter sich wie gewohnt über ihr körperliches und seelisches Leid beschwert.

Nach zwanzig Minuten, in denen Mareike kaum zu Wort gekommen ist, fühlt sie sich erschöpft und ausgelaugt. Sie legt den Hörer auf die Gabel und lässt sich aufs Sofa fallen.

Warum ist sie nur ans Telefon gegangen? Sie wusste doch vorher bereits, wie das Gespräch verlaufen würde. Und wie kommt es, dass ihr auf einmal übel ist und ihr Körper so angespannt? Auf eine seltsame Art fühlt sie sich traurig und bedrückt, als läge ein grauer Schleier über ihrem Seelenleben.

Mareike seufzt. Immer wieder das Gleiche. Sie fühlt, was ihre Mutter fühlt, die eben nicht glücklich und zufrieden, sondern tief innen traurig und einsam ist. Sie spürt den Schmerz, der hinter all den oberflächlichen Beschwer-

den über ihre körperlichen Miseren und Ärgernisse mit den Nachbarn zutagetreten möchte.

Zugleich fühlt sie jedoch auch ihr eigenes angespanntes, kleines Ich im Kontakt mit ihrer Mutter, all die ungelösten Konflikte und Erfahrungen aus der Vergangenheit, die ihr eigenes Gefühlsleben und damit auch die Beziehung zu ihrer Mutter prägen.

Mareike möchte sich gerne tiefer damit auseinandersetzen, wie sie sich ihrer Mutter gegenüber gesund positionieren kann, ohne ihr Herz zu verschließen und hart zu werden. Sie möchte ihre Mutter verstehen, weiterhin den Herzenskontakt aufrechterhalten und spüren, was dahintersteckt – ohne immer wieder neu auch in ihrem eigenen Erleben so tief erschüttert zu werden.

Für heute ist sie jedoch mit ihrer Kraft am Ende. Zum tausendsten Mal nimmt sie zusätzlich auch noch das Surren des Kühlschranks im Hintergrund wahr und wird, wie so oft, unendlich nervös:

Nie ist sie in ihrem Alltag auch nur eine einzige Minute lang vollkommen ungestört! Wie kann ein Kühlschrank nur so laut sein? Mit Herzklopfen, bedingt durch das aufsteigende Stressgefühl, kramt sie in ihrer Nachttischschublade entnervt nach ihren Ohrstöpseln, schließt alle Fenster und verkriecht sich bis über den Kopf unter ihrer Decke.

Empathie bezeichnet die Fähigkeit, sich voll und ganz in die Lebenswelt, Emotionen, Ansichten und Motivationen eines anderen Lebewesens hineinversetzen zu können – nicht nur kognitiv, sondern so intensiv, als sei es das eigene Erleben. Demnach ist ein Empath ein Mensch, dem es leichtfällt, andere zu verstehen, zwischen den Zeilen zu lesen, zu spüren, was im Gegenüber vorgeht und tiefes Mitgefühl zu empfinden.

Empathen sind meist sehr sensibel für Atmosphären, Stimmungen und das, was zwischenmenschlich im Hintergrund geschieht, während der Alltag vor sich hinzuplätschern scheint. Sie spüren, wenn sich jemand ärgert oder traurig ist, selbst, wenn derjenige versucht, dies zu verstecken. Meist erkennen sie innerhalb von Sekundenbruchteilen, was ein anderer von ihnen hält oder wenn Bedenken im Raum sind; Unausgesprochenes, Konfliktpotential ebenso wie positive Gefühle wie Dankbarkeit, Freude, Benert sich daran, dass sie Glück hat mit ihrem Partner, dass er sie von Herzen liebt und eben alles gibt, was er nach einem stressigen Arbeitstag zu geben hat. Sie drängt sich, dankbar dafür zu sein, dass er in seiner Situation seine Freizeit mit ihr verbringt und vertröstet sich selbst mit dem Argument, es sei nur eine Phase. Markus wird sicherlich bald an seiner Situation etwas ändern oder die Anforderungen auf der Arbeit werden weniger werden. Immerhin hat er bereits erzählt, dass personelle Umstrukturierungen in der Firma bevorstehen, die ihm ermöglichen, zumindest keine Überstunden mehr zu machen.

Markus hingegen macht seinen Standpunkt wie selbstverständlich klar und scheint sich auch keine weiteren Gedanken dazu zu machen, wie es Leila mit seiner Haltung geht. Er bleibt stets bei sich und kommuniziert einfach und eindeutig. Somit bleibt Leila bisher wenig Spielraum: Seine Grenzen sind ihr dadurch voll bewusst, dass Markus meint, was er sagt, und sagt, was er meint. Da sie selbst sich aufgrund ihres Mitgefühls diese Haltung nicht erlaubt, hat sie hinsichtlich ihrer Bedürfnisse das Nachsehen, denn wenn sie selbst ebenso klar und unmissverständlich in Echtzeit ihre Wünsche äußern und dafür einstehen würde, könnte es möglicherweise schneller, als ihr lieb ist, zu einem Moment kommen, den sie unbewusst zu vermeiden sucht: Das Paar könnte feststellen, dass es in seiner Lebensform und seinen Prioritäten zu unterschiedlich ist und sich entscheiden muss, getrennte Wege zu gehen, wenn keiner von beiden mit seinen Grundbedürfnissen einen Kompromiss eingehen kann und möchte.

Leila möchte nicht verlassen werden. Sie möchte sich in derselben Intensität geliebt und wertgeschätzt wissen, die sie ihrem Partner entgegenbringt. Sie betrachtet es als selbstverständlich, durch ihre Empathie Markus diesen sicheren Raum zu bieten, auch wenn er nicht perfekt ist und nicht all ihren Bedürfnissen gerecht wird.

Empathie aus Liebe mag jedoch nicht ihre alleinige Motivation sein, sondern eben auch die tiefe Angst vor Verlust und der Glaube, nur geliebt zu sein, wenn sie sich anpasst und in wichtigen Belangen zurücksteckt.

geisterung. Sie werden schnell mitgerissen, weil sie das Erleben des anderen so stark mitempfinden und finden sich oft in der Situation wieder, unterscheiden zu müssen, welche Gefühle die eigenen sind und welche sie vom Gegenüber miterleben. Wenn sich ihnen jemand persönlich offenbart, hören sie nicht nur mit den Ohren zu, sondern fühlen sich intensiv in das Gesagte ein.

Nicht zu verwechseln ist Empathie mit Hochsensibilität. Empathie bezieht sich auf das Erleben gegenüber der Außenwelt, auf das Gegenüber und dessen Wahrnehmung, die ebenso stark aufgenommen wird wie die eigene.

Hochsensibel hingegen ist ein Mensch, der seinen eigenen Gefühlen und seinem Erleben gegenüber sehr empfindsam ist. Er nimmt überdurchschnittlich stark Reize aus seiner Umgebung auf und ist schnell mit dem überfordert, was sie in ihm auslösen. Dies bezieht sich sowohl auf die zwischenmenschliche Ebene als auch auf alles, was er mit den fünf Sinnen erfährt.

Ein hochsensibler Mensch ist herausgefordert, herauszufinden, in welchen Bereichen er besonders sensibel reagiert und sich dementsprechend angemessen zu positionieren, oft auch abzugrenzen. Er muss lernen, viel Zeit und Ruhe für sich zu nehmen und seine Grenzen zu beachten – was er durchaus mit dem Empathen gemeinsam hat.

Somit gilt eine Art Gleichung, die besagt: Viele Empathen sind hochsensibel, aber nicht jeder Hochsensible ist empathisch.

Mareike ist beides – eine hochsensible Empathin. Sie kämpft mit der starken Wahrnehmung der Erlebenswelt anderer, ihrem Mitgefühl und mit ihrer eigenen Lebenswelt, die sowohl emotional als auch über ihre fünf Sinne großes Potential an Überforderung verheißt. Sie hat aufgrund von Burnout-Gefahr vor einigen Jahren bereits entschieden, nur eine Teilzeitstelle anzutreten, denn sie wusste: Mit einer Vierzig-Stundenwoche ist sie mit ihrer sensiblen Wahrnehmung überfordert. Doch obwohl sie sich bereits viel mehr Pausen gönnt, als andere Menschen in ihrer Situation dies wahrscheinlich tun würden, fühlt sie sich oft überfordert, denn sie möchte nichts lieber, als tiefe, intime und empathische Beziehungen zu pflegen und auch körperlich das Leben voll und ganz wahrzunehmen – doch immer wieder gerät sie an ihre Grenzen und muss auch da kürzer treten, worin sie eigentlich aufgeht und ihre Seele Nahrung findet. Häufiger sagt sie Termine mit Freunden kurzfristig ab, kann schwer dabeibleiben, Pläne und Visionen zu erstellen und Träume in die Tat umzusetzen, die ihr viel bedeuten.

Wie erleben Empathen Beziehungen?

„In Wirklichkeit ist der andere Mensch dein empfindlichstes Selbst in einem anderen Körper."

Khalil Gibran

Beziehungsdynamiken - Positives und Herausforderungen

Leila ist glücklich – seit wenigen Wochen ist es endlich soweit: Der Mann, mit dem sie sich seit Monaten trifft, hat der Veröffentlichung eines festen Beziehungsstatus zugestimmt. Sie hat so lange darauf gewartet, eine klare Aussage darüber zu erhalten, ob der Mensch, für den sie sich entschieden hat, ein volles Ja ihr gegenüber findet oder ob sie wieder einmal vergeblich wartet und sich an „den Falschen" hingibt.

Das junge Paar verbringt in Markus' Augen viel Zeit gemeinsam. Leila wünscht sich insgeheim noch etwas mehr, doch sie möchte sich nicht beklagen. Ihr Partner hat eine anstrengende Phase auf der Arbeit, die ihn in seiner Aufmerksamkeit stark fordert. Wenn er bei ihr ist, ist er liebevoll und präsent, das möchte sie nicht zerstören. Schließlich möchte sie ihm eine Part-

nerin sein, die ihn nicht zusätzlich belastet, sondern ihm Freude bereitet. Sie kann so gut nachvollziehen, dass die Position, die Markus auf der Arbeit einnimmt, viel Kraft von ihm fordert, die er gerne investiert, immerhin hat er jahrelang studiert, um diese Arbeitsstelle zu erhalten.

Seit Tagen wurmt Leila ein Thema, über welches sie gerne mit Markus sprechen möchte, doch sie wartet auf den richtigen Moment: Immer wieder beobachtet sie, dass er innerlich abzuschweifen scheint, wenn sie von etwas berichtet, das nichts mit ihm zu tun hat, sondern vorrangig ihren eigenen Interessen entspricht. Sie möchte sich erkannt, wertgeschätzt und gesehen fühlen und erzählt ihm darum alles, was in ihr vorgeht und sie bewegt. Nach einigen Minuten jedoch scheint es, als schaue Markus sie zwar noch an und bemühe sich, ganz bei ihr zu bleiben, doch sie spürt, dass seine innere Aufmerksamkeit herunterfährt und er manchmal sogar plötzlich müde erscheint. Tatsächlich gähnt Markus nach einigen Minuten und sagt: „Liebling, es war ein langer Tag. Komm, wir kuscheln uns in Bett. Ich freue mich, dich im Arm zu halten."

Welch eine wundervolle Aussage! Sollte sie sich nicht überaus freuen, dass Markus nichts lieber möchte, als nach einem anstrengenden Tag mit ihr im Arm einzuschlafen? Doch aus unerklärlichem Grund hat Leila das Gefühl, allein zu sein, trotz der körperlichen Nähe.

Leila ist die typische Empathin. Sie versetzt sich durchweg intensiv in die Situation und Perspektive ihres Partners hinein und es fällt ihr nicht schwer, seine Argumente nachzuvollziehen. Da sie mit seiner Erschöpfung und der Herausforderung seiner vollgepackten Arbeitswoche gegenüber tief mitfühlt, kann sie nachvollziehen, dass er nicht noch mehr Belastung sondern Entspannung wünscht.

Wenn Leila allein ist, kommen ihre eigenen Wünsche und Bedürfnisse an die Oberfläche – wieder und wieder wälzt sie ihre Fragen und Themen, die sie so gern mit ihrem Partner besprechen möchte, hin und her. In manchen Momenten wird ihr schmerzlich bewusst, wie sehr sie unter der Situation leidet, doch wie automatisch drängen dann die empathischen Gefühle gegenüber Markus in den Vordergrund und relativieren, was sie braucht: Leila erin-

Eigentlich wünscht sich Leila, nicht eine Feierabendattraktion zugunsten bequemer Entspannung zu sein, sondern zu den Prioritäten zu gehören, denen Markus aus eigener Motivation heraus sowohl Zeit als auch Energie und Aufmerksamkeit schenkt, weil es seinem eigenen Wunsch entspricht, eine erfüllte Beziehung auf Augenhöhe zu führen. Sie möchte das Gefühl haben, in der Liste der Aktivitäten, die in einen Tag passen, nicht in der Hobbyspalte zu stehen oder bei einem Part, der sich zur Not bei Zeitmangel auch einmal absagen lässt. Ihr tiefster innerer Wunsch ist, dass ihr Partner hingerissen von ihr ist und mit ihr gemeinsam wie selbstverständlich sein Leben gestaltet – am besten um die gemeinsame Zeit herum. Da ihr Innenleben zutiefst beziehungsorientiert ist und die Verbindung zu ihren liebsten Mitmenschen ihren wichtigsten Ankerpunkt darstellt, steht es für Leila außer Frage, ihre Partnerschaft an die erste Stelle zu setzen.

Da kommt´s her - Langzeitprägung durch Kindheitserfahrungen

Unsere Kindheitserfahrungen prägen unser Unterbewusstsein bis ins kleinste Detail. Besonders unsere heutige Wahrnehmung zwischenmenschlicher Beziehungen und auch unser Selbstwert und unsere Stellung in der Gemeinschaft sind maßgeblich von unserem damaligen Umfeld beeinflusst.

Je nachdem, wie unsere Eltern und andere Bezugspersonen uns begegnet sind und mit uns kommuniziert haben, haben wir sogenannte Glaubenssätze über uns selbst und die Meinung anderer über uns entwickelt (mehr dazu liest du zum Beispiel in dem Buch „Das Kind in dir muss Heimat finden“ von Stefanie Stahl). Abhängig von unseren Erfahrungen entwickeln sich positive und negative Glaubenssätze, die unseren gefühlten Selbstwert bestimmen.

Leila wird vermutlich in einem vergleichbaren Szenario wie diesem aufgewachsen sein: Die Eltern haben sich früh getrennt. Sie lebte bei ihrer Mutter, die völlig damit überfordert war, ihr emotional präsente und liebevolle Zuwendung zu schenken, weil sie viel arbeiten musste, um finanziell über die Runden zu kommen. Leila war es gewohnt, nach der Schule allein nach Hause zu kommen, sich ihr Mittagessen in der Mikrowelle aufzuwärmen und zwar einen Zettel ihrer Mutter vorzufinden, in dem sie schreibt, dass sie sich auf die gemeinsame Zeit nach der Arbeit freut – die Mutter selbst war jedoch meistens abwesend. Sätze wie „Mein Schatz, ich bin so müde. Würdest du mir den Rücken kraulen?" oder „Bald, ganz bald fahren wir beide allein in den Urlaub, aber jetzt musst du mich noch ein wenig in Ruhe lassen, ich hatte so eine harte Woche" waren an der Tagesordnung.

Ihr Vater machte sich auf eine Art und Weise aus dem Staub, die zeigte: Ich nehme mir Zeit für dich, wenn welche übrig ist. An Weihnachten und zu ihren Geburtstagen rief er an und schickte ihr Geld. Er fragte nach ihren Noten in der Schule und ihren Freunden und Freundinnen, hörte bei ihren Antworten jedoch nur mit halbem Ohr hin. Nachdem alles gesagt zu sein schien, war er immer der Erste, der das Telefonat freundlich, doch bestimmt beendete, mit einem Verweis auf das nächste Mal. Leila blieb nichts anderes übrig, als dies zu akzeptieren – was hätte sie tun können? Ihre Sehnsucht nach einem Extrawort der Liebe und Anerkennung, nach Ausdruck von Zuneigung seitens ihres Vaters blieb unbeantwortet.

Leila befand sich also ständig in einer unbewussten inneren Hoffnungs- und Erwartungshaltung gegenüber beiden Elternteilen, die Versprechungen auf intensive Zeiten zu zweit machten, sie jedoch selten einlösten – gerade noch so oft, dass immer ein klein wenig Hoffnung auf Besserung Leila innerlich bei der Stange hielten. Sie sehnte sich nach nichts mehr als danach, im Leben ihrer Eltern eine so bedeutsame Rolle zu spielen, dass sie nicht, niemals, nach hinten zu verschieben und an den Rand zu stellen sei.

Doch der Schmerz über die sich wiederholende Enttäuschung war so groß, dass er schnell ins Unbewusste versank. Nachdem Leila kurz nach der Trennung viel geweint hatte, versiegten irgendwann ihre Tränen. Ihr kindliches Ich legte sich eine innere Überlebensstrategie zurecht: Etwas in ihr begann einerseits, das Verhalten der Eltern auf ihren Selbstwert zu beziehen und dauerhaft unter dem Gefühl zu leiden, nicht wichtig und interessant genug zu sein und offenbar dazu auserkoren, ignoriert zu werden. Nur, wenn sie besonders lieb und freundlich zu ihrer Mutter war und ihr nach der Arbeit etwas Gutes tat, konnte sie einige Minuten Aufmerksamkeit „verdienen". Andererseits erklärte sie sich die fehlende Aufmerksamkeit durch die hohe Belastung ihrer Eltern und schob diese automatisch in eine Opferrolle, für die sie Mitgefühl empfinden muss. Dies entschuldigte das Verhalten ihrer Eltern und federte den Schmerz ab, der ihr die Schuld daran zuschob, nicht geliebt zu werden – es gibt einen guten Grund und Mama und Papa waren zu bemitleiden.

So wurde das Muster geboren, das besagt: Die anderen haben einen guten Grund, warum sie sich so verhalten. Sie leiden und ich muss sie verstehen.

Ihre Glaubenssätze könnten somit in etwa lauten:

- Ich bin nicht hinreißend genug, um Aufmerksamkeit zu erhalten.
- Meine Bedürfnisse sind vollkommen irrelevant.
- Ich muss mir Aufmerksamkeit und Liebe verdienen.
- Ich muss immer verständnisvoll sein und die Situationen der anderen akzeptieren. Spiele ich nicht mit oder rede zu viel, bin ich eine Belastung in irgendeiner Art und mache ich zu viel Aufsehen, werde ich kurzerhand verlassen.

Empathie - angelernt oder Teil deines Wesens?

Ein empathischer Mensch wie Leila ist zum einen von Natur aus sehr feinfühlig. Dies zeigt sich durch die Sensibilität, die sie für Stimmungen und Belange anderer in den Raum bringt, es fällt ihr leicht, ohne direkte Hinweise zu erfassen, wie es dem Gegenüber gerade geht.

Diese Begabung hatte Leila schon von klein auf. Auch bei ihren Freunden legte sie diese an den Tag. Wenn sich jemand bei

Spielen auf der Straße verletzte und weinte, war sie als eine der Ersten sogleich an dessen Seite und umarmte, tröstete und bot von sich aus Hilfe an. Sie fühlte zutiefst mit und traf dabei immer den richtigen Ton, als könne sie genau erahnen, was der andere gerade am meisten braucht.

So überraschte Leila ihre Mutter des Öfteren auch mit selbst gekochtem Essen, als sie etwas älter war, denn viele ihrer Gedanken drehten sich darum, was ihre Mutter nach einem langen Arbeitstag am wenigsten brauchen kann: noch mehr Arbeit. Indem sie sich intensiv in deren Alltag und das damit verbundene Gefühlsleben hineinversetzte, konnte sie punktgenau die Bedürfnisse ihrer Mutter erfüllen.

Hatte Leila selbst etwas auf dem Herzen, überlegte sie unzählige Male, ob es der richtige Zeitpunkt sei, ihre Mutter damit zu belasten. Eine offene, herzliche Art, ein kraftvoller Charakter und aktive Präsenz ihr gegenüber hätten ihr helfen können, wie selbstverständlich von ihren eigenen Sorgen und Freuden zu berichten. Doch dazu war ihre Mutter in der damaligen Situation nicht in der Lage.

Dass diese Dynamik eine umgekehrte Rollenverteilung darstellt und Leila in eine extreme Verantwortungsposition drängte, hat bis heute nachhaltige Folgen: Leila kümmert sich jetzt darum, ihrem Partner den schönstmöglichen Feierabend in ihren Armen zu gewähren, der in ihrer Macht steht – ungeachtet ihrer eigenen Bedürfnisse.

In Zukunft wird sie irgendwann vermutlich an einen sehr interessanten Punkt in ihrer inneren Entwicklung gelangen. Denn immer häufiger erwischt sie sich nun dabei, dass sie nicht nur die Trauer wieder spürt, die durch Markus´ Verhalten auch alte, bisher verschlossene Emotionen wieder wach ruft, sondern auch, dass etwas in ihr emporsteigt, was ihr zuweilen sogar Angst macht und bisher so gar nicht ihrem Wesen zu entsprechen schien: Sie ärgert sich. Manchmal wird sie für einige Sekunden richtig wütend und nachts träumt sie immer öfter davon, wie sie plötzlich ihre Mutter unbändig anschreit oder am Telefon im Gespräch mit ihrem Vater vollkommen stumm ist und kein Wort herausbringt, dabei jedoch vor Zorn fast das Telefonkabel zerreißt.

In diesen Momenten fragt sie sich: „Wie kann ich nur so wütend sein?! Das bin doch nicht ich! Ich bin so sensibel und freundlich, möchte dies auch bleiben und fühle mich schuldig, wenn ich mich auf einmal so über Menschen ärgere, die ich so liebe. Bin ich etwa doch nicht so feinfühlig, wie ich bisher geglaubt habe?"

Die Frage ist berechtigt: Viele Empathen streiten innerlich mit Gefühlen wie Wut, Ekel und Traurigkeit (wenn sie sich auf eigene unerfüllte Wünsche bezieht). Diese Gefühle weisen sehr stark und kraftvoll auf den eigenen Weg, auf Bedürfnisse und Sehnsüchte hin und pochen darauf, selbst endlich mehr Raum einzunehmen und sich als wichtig genug zu erachten, die Aufmerksamkeit wieder zu sich zurückzunehmen, die bisher nur bei den Mitmenschen lag. Dies kann Schuldgefühle hervorrufen, die durch die alten Glaubenssätze begünstigt werden:

„Ich darf mir keinen Raum nehmen!"

„Die anderen sind zu bemitleiden."

„Ich habe nicht das Recht, mich zu beschweren."

„Ich habe ihren Tag verdorben."

Empathie ist nicht in allen Fällen rein natürlichen Ursprungs. Sie ist in ihrem Kern zwar als Anlage vorhanden und zeigt sich im Alltag auch ganz natürlich. Eine extreme Ausprägung hingegen, die die eigenen Bedürfnisse vollkommen ignoriert, weißt oft darauf hin, dass sie sich als Überlebensstrategie entwickelt hat. Empathie hilft in abhängigen Situationen wie der Kindheit, Enttäuschungen vorzubeugen, da sie von vornherein das Verhalten des Gegenübers kategorisieren und erklären kann. Mit ihrer Hilfe kann der kleine Mensch sich verständlich machen, warum er nicht beachtet wird oder zurückstecken muss. Das Verständnis anderen gegenüber und damit verbundenes Mitleid lenkt außerdem erfolgreich vom eigenen Schmerz ab.

Die Herausforderung

Ein empathischer Mensch steht nun in der Entwicklung hin zum Erwachsenenalter vor einer großen Aufgabe: Er wird völlig neu justieren müssen, welche Anteile seiner Empathiefähigkeit seinem Wesen und seinen echten Werten entsprechen, die er fördern und entwickeln möchte und die zu einem gelungenen Beziehungsleben beitragen sollen.

Auf der anderen Seite wird er irgendwann die Grenzen seiner Belastbarkeit erreichen, die sich durch unterschiedliche Symptome bemerkbar machen: Typische Erfahrungen in diesen Krisenzeiten sind häufigere Wahrnehmung von Wut, Trauer und anderen bisher ungelebten Gefühlen, Phasen der Empathielosigkeit und des Durchsetzens des eigenen Willens, ohne auf die Folgen zu achten oder auch passiv anmutende, auf den ersten Blick wie Vermeidung wirkende Symptome wie Krankheit oder Burnout.

Diese Grenzen verlangen, dass die alten Verletzungen an die Oberfläche kommen und bearbeitet werden. Die rebellische Haltung mag für viele Mitmenschen ungewohnt und eventuell gar verletzend wirken, ist für den Empathen jedoch überlebenswichtig und Teil seiner Entwicklung hin in eine gesunde Balance.

Am ehesten zeigen sie sich in nahen Beziehungen, in denen uns jemand wirklich kennenlernt und wir uns verletzlich machen. Unsere Triggerpunkte werden so aktiviert, dass wieder spürbar wird, welche Schmerzpunkte in der Verbindung zu Mutter und Vater oder anderen Bezugspersonen damals entstanden sind.

Der alte Schmerz wirkt sich auf unterschiedliche, wichtige Bereiche unseres emotionalen Innengefüges aus:

- Bindungsfähigkeit:

Je nachdem, welche Überlebensstrategien man sich als Kind aneignet, entwickeln sich unterschiedliche Bindungstypen (tiefer kannst du in das Thema mit folgendem Buch einsteigen: „Jeder ist beziehungsfähig“ von Stefanie Stahl).

Manche Menschen verhalten sich ängstlich–anhänglich, andere wiederum entwickeln einen eher kühlen und vermeidenden Bindungsstil. Die Forscherin Mary Ainsworth unterscheidet zwischen vier Haupt-Bindungstypen:

Bindungs-Typ A: Die unsicher vermeidende Bindung

Bindungs-Typ B: Die sichere Bindung

Bindungs-Typ C: Die unsicher ambivalente Bindung

Bindungs-Typ D: Die unsicher desorganisierte Bindung

Nach dieser Einordnung entsprechen Leilas Muster dem Bindungs-Typ C: Ihre Eltern haben sich durch ihre immer wieder hinausgezögerten und nur halbwegs eingelösten Versprechungen und Vertröstungen ambivalent ihrem Kind gegenüber verhalten und ihm damit vermittelt, dass seine Bedürfnisse willkürlich erfüllt werden, wenn es gerade passt – meist unabsehbar. Die unerwarteten Geschenke der Aufmerksamkeit können auch jederzeit wieder entzogen werden – wie bei einem abrupt abgebrochenen Telefonat.

Leila hat somit gelernt, in ständiger Unsicherheit auf die Gnade der Aufmerksamkeit und Zuwendung zu hoffen. Sie ist verunsichert und kann sich nie wirklich darauf verlassen zu wissen, wann Markus sich intensiv Zeit für sie nehmen wird. Wenn sie für kurze Zeit aufgrund seiner positiven Laune und ehrlicher Frage nach ihrem Wohlergehen Vertrauen fasst und doch einmal beginnt, von sich zu erzählen, kann sie nie ganz loslassen und vertrauensvoll davon ausgehen, dass er mit seiner Aufmerksamkeit bei ihr bleiben wird. Sie hatte damals erlebt, dass ihr Vater nur mit halbem Ohr zuhörte. Interessanterweise wiederholt sich dieses Muster jetzt in ihrer Beziehung. Mehr zur Partnerwahl nach Muster erfährst du im entsprechenden Kapitel.

➢ Emotionale Nähe:

Ihrem Naturell nach möchte Leila nichts lieber, als emotionale Nähe voll und ganz zuzulassen und in der gemeinsam verbrachten Zeit genussvoll aufzugehen. Sie hat die sogenannte „Sehnsucht nach dem ganzen Brot"; sie wünscht sich, in einer Partnerschaft alles zu erhalten, was sie als Kind von ihren Eltern hätte bekommen sollen: gemeinsame Interessen und gleichsam geteilte Leidenschaften, der Blick in die gemeinsame Richtung und eine „Familienberufung", Werte, die sie zusammenhalten, dasselbe Bedürfnis nach Nähe, Präsenz und liebevollen Gesprächen und uneingeschränkte Authentizität und Offenheit. Sie wünscht sich zutiefst, dass Markus mehr davon erzählt, was wirklich in ihm vorgeht und sich ihr emotional öffnet. Dies gäbe ihr sowohl Sicherheit als auch das Gefühl: Du bedeutest mir so viel, dass ich bereit bin, mich vor dir verletzlich zu machen. Für sie ist emotionale Nähe ein tiefer Liebesbeweis.

Weil jedoch Markus eher dem vermeidenden Bindungs-Typen angehört und sich weniger schnell und intensiv öffnet oder auch selbst noch nicht allzu tief im Kontakt mit seinen innersten Gefühlsvorgängen ist, erfährt Leila dahingehend einen Mangel an Liebesbeweisen. In Folge dessen tritt ihre Angst zutage, die besagt: Vielleicht liebt er mich ja gar nicht so sehr wie ich ihn. Um sich zu schützen und Abweisung zu vermeiden, erzählt sie ebenfalls weniger von sich und hält sich zurück, obwohl dies nicht ihrer Natur entspricht. Sie möchte sowohl vermeiden, verlassen zu werden, als auch immer wieder zu erleben, dass sie sich verletzlich und innerlich nackt zeigt, während Markus seinen Schutzschild scheinbarer Besonnenheit und auch Unangreifbarkeit durch seine klare und eindeutige Kommunikation präsentiert. Oft wirkt Markus nicht gut verbunden mit seinen Bedürfnissen und zieht aus diesem Grund gesunde Grenzen, was sich als gutes Zeichen erweist. Eher spürt Leila mithilfe ihrer Empathie, dass Markus sich mehr entspannen kann, wenn es nicht um ernste, tiefe Dinge geht und er einfach die gemeinsame Zeit genießen kann, ohne Gefahr zu laufen, sich zu tief mit sich selbst beschäftigen zu müssen.

Da sie jedoch ihrem inneren Muster nach weiterhin dazu tendiert, die Schuld bei sich zu suchen, relativiert sie auch hier ihre Wahrnehmung und das Warnzeichen in eine Richtung, die Markus und die Beziehung kritisch hinterfragen würde und legt sich eine Erklärung zurecht: „Vielleicht erwarte ich zu viel. Vielleicht sollte ich ihn in seiner Belastung verstehen. Zudem muss man ja nicht immerzu mit tiefen Gesprächen beschäftigt sein. Vielleicht muss er mir ja nicht alles geben, was ich mir wünsche."

Mit Letzterem hat Leila im Übrigen recht, denn die Sehnsucht nach dem ganzen Brot entspricht unserem menschlich angelegten Instinkt nach der Symbiose und vollkommener Einheit mit der Mutter, die wir im Mutterleib erlebt haben: Als wir in ihrem Bauch waren, war sie unsere ganze Welt, wir waren kein eigenes Individuum, sondern vollkommen eins mit ihr – allerdings auch voll und ganz von ihr abhängig. Im Erwachsenenalter ist es tatsächlich zu viel verlangt und nicht realistisch, dass alle Bedürfnisse in einer Partnerschaft erfüllt werden. Daher ist es wichtig, immer wieder zu hinterfragen, was Partnerschaft für dich persönlich bedeutet und welche Aspekte für dich in einer Beziehung abgedeckt werden sollten, während einige deiner Bedürfnisse vielleicht auch in anderen sozialen Verbindungen bei Freunden und Familie erfüllt werden können. Mehr dazu erfährst du im Kapitel zur Partnerwahl.

- Selbstwertgefühl:

Niemand steht als Mensch für sich allein. Als von Natur aus soziale Wesen können wir uns selbst nur im Spiegel anderer wirklich erfahren und lernen, uns in uns zuhause zu fühlen. Wie andere mit uns umgehen und welche Stellung wir in einem sozialen Gefüge einnehmen, hängt maßgeblich von unserem Selbstwertgefühl ab, im ersten Schritt ist es jedoch sogar umgekehrt: Das Selbstwertgefühl wird erst durch den Umgang mit anderen gebildet.

Wenn du als Kind also erfahren hast, dass deine Bedürfnisse im sozialen Familiengefüge kaum eine Rolle spielen und du nebenher mitlaufen musstest, wurde dir vermittelt: Der Wert deiner Persönlichkeit ist nicht genug, um Aufmerksamkeit und Beachtung zu erhalten. Die Folgen erweisen sich als verheerend, denn die kindliche Wahrnehmung der Situation fasst aktive oder passive Kritik, Lieblosigkeit oder fehlende Aufmerksamkeit nicht als Selbstoffenbarung des Gegenübers auf oder allenfalls als Kritik am eigenen Verhalten, sondern als Kritik an der Person selbst, am tiefsten Sein der menschlichen Seele.

Das Gefühl, als Mensch wertlos und allein zu sein, brennt sich so tief ein, dass der Schmerz darüber meist kaum zu ertragen ist und daher ins Unterbewusste verbannt wird. Dort jedoch ist er nicht etwa verschwunden, sondern treibt weiter sein Unwesen, indem er Haltungen, Überzeugungen und Werte lenkt und bestimmt. So ist auch Leila in ihrem tiefsten Inneren davon überzeugt, als Mensch nicht wertvoll genug zu sein, um zur Priorität gemacht zu werden, doch da diese vermeintliche Erkenntnis aus der Kindheit zu schmerzhaft ist, um sich ihr bewusst zu stellen, sie zu reflektieren, zu verarbeiten und umzudeuten, weicht sie auf ihre empathische Gabe aus und nutzt diese, um ihrem Partner durch Verständnis und Mitgefühl entgegenzukommen. So kann sie erfolgreich vermeiden, die alten Wunden wieder aufzureißen. Eventuell wird ihr jedoch irgendwann bewusst, dass sie durch dieses ängstlich ambivalente Verhalten den Glaubenssatz nur immer weiter bestärkt: Fehlende Grenzen und immer wiederholendes eigenes Verhalten rufen auch immer gleiche Erfahrungen hervor, die den bisherigen Glauben untermauern und laut zu rufen scheinen: Siehst du, ich wusste es – ich bin es nicht wert.

Das Selbstwertgefühl ist im Erwachsenenalter nicht mehr nur davon abhängig, wie andere mit uns umgehen. Je bewusster dir deine eigenen Muster werden, umso klarer kannst du die Richtung ändern und entscheiden: Was ich erlebt habe, hatte nichts mit meinem Wert als Mensch zu tun. Es ist in keinster Weise persönlich zu nehmen. Meine Eltern haben im jeweiligen Moment ihr Bestes getan, auch wenn dies für mich nicht genug war. Ich habe das Recht, zu trauern, wütend zu sein und meinen Gefühlen Raum zu geben, ohne damit meine Eltern zu verraten oder ihnen in den Rücken zu fallen. Ich darf das Erlebte aufarbeiten und mich dem stellen, ohne zu sterben.

Ich möchte nicht mehr abhängig von meiner Vergangenheit sein, sondern das Leben leben, nach dem ich mich immer schon gesehnt habe. Ich lerne nun, Grenzen zu setzen, mich selbst für wichtig zu erachten und frei, als erwachsene Person zu entscheiden, wie ich mein Leben führen und welchen Menschen ich mich öffnen möchte. Ich muss nicht mehr wiederholen, was damals geschah.

➢ Körperlichkeit:

Die Fähigkeit zu und auch Bedürfnis und Wunsch nach körperlicher Nähe sind ebenso von unseren Kindheitserfahrungen geprägt.

Empathische Menschen sind meist sehr sensibel im Bereich der Körperlichkeit. Sie nehmen über die Berührung emotionale Vorgänge im zwischenmenschlichen Kontakt, die Gefühle ihres Gegenübers, dessen momentane Stimmung und sogar grundsätzliche Haltungen, Verletzungen und Blockaden des Gegenübers wahr. Die herüberschwingenden Signale drücken sich durch Körperempfindungen aus, zum Beispiel, indem sie plötzlich einen Frosch im Hals haben, sich unwohl in ihrer Haut fühlen (dabei eigentlich das Unwohlgefühl des Gegenübers spiegeln) oder sich ihr Magen zusammenzieht. Auch die eigenen Triggerpunkte laufen oft über das Körpergefühl ab und je bewusster sich ein Mensch bereits über diese Vorgänge ist und sie achtsam beobachtet, umso deutlicher werden sie: Wenn Leilas Partner von der Arbeit nach Hause kommt und ausstrahlt, dass er nicht belastet werden möchte, spürt Leila in ihrem Körper sofortige Anspannung und beobachtet sich dabei, allzeit auf der Hut zu sein. Sie bewegt sich unauffällig, spricht nur, wenn sie vorher darauf geachtet hat, dass Markus nicht anderweitig beschäftigt ist und drückt sich sehr vorsichtig aus. Obwohl er stets freundlich zu ihr ist, spürt sie die unterschwellige Kälte und halbherzige Präsenz, die sie unbewusst an ihre damaligen Erfahrungen erinnern. Manchmal hat Leila sogar Herzrasen, wenn sie eine ambivalente Stimmung wahrnimmt, die extremen Stress in ihr auslöst und sie in den gefühlten Überlebensmodus durch Anpassung drängt.

Körperlich mit einem geliebten Menschen in Verbindung zu gehen ist daher für empathische Menschen nicht einfach nur eine Nebensache: Wer viel spürt und zutiefst mitfühlt, ist herausgefordert, immer wieder neu zu beobachten, ob eine körperliche Annäherung gerade guttut und für das eigene Wohlbefinden förderlich ist oder ob eine gesunde Abgrenzung in heiklen Momenten vonnöten sein kann.

Empathen machen sehr unterschiedliche Erfahrungen mit Körperlichkeit aufgrund vergangener Erfahrungen: Nur, wenn sie lernen, sich selbst und ihre Bedürfnisse voll und ganz für wichtig zu nehmen und in diesem Bereich an die erste Stelle zu setzen, machen sie Erfahrungen, die sich heilsam auf sie selbst und die Beziehung auswirken. Der Knackpunkt liegt in der Fähigkeit, gesunde Grenzen setzen zu können. Wenn die Grenzen nicht stark, sicher und deutlich gesteckt sind und der Empath unmissverständlich dahintersteht und sie kommunizieren kann, macht er immer wieder die Erfahrung, dass sie überschritten werden. Dazu muss eine Beziehung nicht missbräuchlich sein. Allein der fehlende Mut zur Kommunikation kann dazu führen, dass der Partner über die Grenzen nicht informiert ist und sie schwer spüren kann. Die Strategie der Anpassung veranlasst den Empathen dazu, seine wahren Empfindungen erfolgreich zu verstecken, was ihm in der aktuellen Situation natürlich nicht dienlich ist.

In Leilas Fall ist die Körperlichkeit davon geprägt, dass sie oft schweigt, wenn sie eine Berührung nicht mag, obwohl sie gerne darüber sprechen würde. Grund dafür ist wieder das alte Muster: Der andere zählt mehr und wenn ich zu anstrengend bin, werde ich verlassen.

Die Voraussetzung für eine gesunde körperliche Verbindung zu anderen Menschen ist ein Gefühl des In-sich-Wohnens im eigenen Körper. Dieses wird durch die Einhaltung der Grenzen erreicht, denn der Körper erfährt: Nun kann ich mich fallen lassen, die Grenzen werden kommuniziert und respektiert. Somit eröffnet sich ein völlig neuer Raum, der zulässt, sich in Sicherheit zu begegnen. Im Übrigen sollte nicht nur der Partner lernen, die Grenzen zu achten, sondern auch der Empath selbst. Es kann durchaus sein, dass er sich wünscht, einen intensiveren Kontakt zuzulassen, doch ein Teil seiner selbst und seines Körpers ist vielleicht nicht bereit, etwas anderes möchte gesehen werden und Raum erhalten, vielleicht zeigen sich versteckte Ängste und Bedenken – dann hat der Mensch selbst die Aufgabe, seine Grenze zu schützen, in der Ambivalenz innezuhalten und die Symptome ernst zu nehmen.

➢ Aufeinander eingehen:

Als Empathin hat Leila oft ein Problem damit, herauszufinden: „Worum geht es gerade? Ist mein altes Muster der Zurückhaltung am Werk oder kann ich nun gerade wirklich, in Übereinstimmung mit mir selbst und meinen inneren Bedürfnissen, auf Markus und seine Sehnsucht nach einem sorgenfreien Feierabend und entspannter Zeit zu zweit eingehen?"

Leila ist in ihrer Kindheit durchweg auf ihre Eltern eingegangen und hat somit eine Prägung von ungleicher Verteilung an gegenseitigem Entgegenkommen erhalten. Sie hat Schwierigkeiten damit, zu erkennen, wann sie sich Raum nehmen sollte und wann die Wünsche ihres Partners berücksichtigt werden können.

Sie wünscht sich nichts mehr, als dass ihr Partner von sich aus auf sie eingeht und sich Mühe gibt, nach ihren Wünschen zu fragen und zu handeln, ohne dass sie ihn darum bitten muss. Doch andererseits fühlt sie sich deswegen schuldig, weil die alten Muster sie in der Denkschleife gefangen halten, dass Markus einen guten Grund dafür hat, dies nicht zu tun. Ihre Eltern sind so selten von sich aus auf ihre Wünsche eingegangen, dass sie das Gefühl nur erahnen kann, welches eine neue, positive Erfahrung in ihr auslösen würde – eventuell wäre es so überwältigend schön, dass es ihr zu Beginn gar schwerfiele, es anzunehmen. „Zu schön, um wahr zu sein" ist demnach ein geeignetes Sprichwort, um zu beschreiben, wie tief Leilas Wunsch ist – und gleichzeitig der Glaubenssatz, der diese Erfahrung verhindert. Denn Leila wird sich unbewusst auf einer tieferen Ebene entsprechend ihres Glaubenssatzes abwehrend positionieren. Da sie als die sensible Empathin in der Beziehung gilt, die immer Nähe ersehnt, ist ihre unbewusste Abwehrhaltung nicht auf den ersten Blick erkennbar, doch sie trägt mit zu der Partnerdynamik bei. So entsteht das Dilemma, genau zu wissen, was man braucht und es doch nicht erleben zu können.

Empathen dürfen lernen, zu sich zu stehen und herauszufinden, was sie wirklich wollen und in einer Beziehung auch brauchen, um sich geliebt und angenommen zu fühlen. Im zweiten Schritt geht es darum zu lernen, Kompromisse zu schließen und gemeinsam Lösungen zu erarbeiten. Bei Empathen, deren Muster noch nicht aufgelöst sind, laufen Beziehungen oft nicht auf Augenhöhe ab, weshalb dieser Bereich ihnen große Schwierigkeiten bereitet. Sie fühlen sich oft nicht verstanden, begriffen oder finden zu Beginn nicht die richtigen Worte, weil sie sich eingeschüchtert fühlen oder die Kommunikation über sich selbst schlicht ungewohnt erscheint. Erst, wenn sich langsam neue Gewohnheiten einprägen, kann es funktionieren, dass beide Partner aufeinander eingehen.

Dies kann im Übrigen auch bedeuten, die verletzten und sensiblen Anteile des Partners kennen zu lernen, anzunehmen und mit ins Beziehungsleben zu integrieren. Hier ist jedoch beim Empathen auch wieder Vorsicht geboten: Er steht in der Gefahr, durch Mitgefühl die eigenen Grenzen wieder zu verschieben. Den anderen zu verstehen und anzunehmen, bedeutet nicht automatisch, dass man ihm erlaubt, sich auf dem Schlachtfeld der eigenen Gefühle auszutoben.

- Die Fähigkeit zu fühlen:

Man mag nicht vermuten, dass Empathen ein Problem damit haben könnten, ihre eigenen Gefühle wahrzunehmen und vollständig mit ihnen verbunden zu sein. Doch überraschenderweise ist genau dies oft der Fall: Zum einen sind sie oft mit den Gefühlen ihrer Mitmenschen so beschäftigt und verbunden, dass für die eigenen Empfindungen kein Raum bleibt und ihre Energie vor allem in dem Akt der Reaktion (Anpassung, zuhören, für den anderen da sein, aus dem Weg gehen, Gutes tun …) auf die Vorgaben anderer verpufft. Zum anderen stellen sich die eigenen Gefühle oft als so stark und überwältigend dar, dass es dem Empathen schwerfällt, sich ihnen voll und ganz zu öffnen. Der alte Schmerz möchte sich im Kontakt mit einem geliebten Menschen manchmal mit solch einer Wucht Bahn brechen, dass es ihm Angst macht, alles zu fühlen, was sich in der Seele angestaut hat. Somit ist die Versuchung groß, bestimmte Bereiche gar nicht erst anzutasten und Vermeidungsstrategien an den Tag zu legen.

Es kann sein, dass du als Empath

- ◊ dem Partner die Schuld für deine schlechte Stimmung zuschiebst
- ◊ auch als Empath einen Streit vom Zaun brichst, um Energie ablassen zu können
- ◊ Reaktionen deines Partners überinterpretierst und negativ auslegst
- ◊ andererseits dich in dem beruhigenden Gedanken wiegst, dass alles in Ordnung ist und das Alte lange vergangen

Letzteres erweist sich erst dann als sinnvoller Grundgedanke, wenn du vorher bereit warst, wirklich zu fühlen. Ermutigend kann das Wissen darüber sein, dass dein inneres System genau weiß, wann du bereit dazu bist, dem alten Schmerz zu begegnen. Er wird erst an die Oberfläche geschwemmt, wenn es wirklich Zeit dazu ist und du damit umgehen kannst. Du wirst durch die Erfahrung des wahrhaftigen Fühlens wieder mehr mit dir selbst verbunden, kannst dich besser wahrnehmen und wirst dich lebendiger fühlen. Zudem kommst du im Jetzt an, denn fließende Emotionen und Gefühle nimmst du immer im aktuellen Moment wahr.

Inspiration

Schreibübung

Nimm dir ungefähr eine Stunde lang Zeit und Raum für dich. Stelle sicher, dass du nicht gestört werden kannst und du dich an einem Ort befindest, an dem du dich wohl fühlst, sowohl körperlich als auch seelisch.

Suche dir Schreibutensilien aus, mit denen du gut zurechtkommst und die deiner Art zu schreiben und zu reflektieren entsprechen – dies kann auch ein Laptop sein, doch in der Regel ist es gut, eine Schreibübung immer mit der Hand auszuführen. Alle Gedanken fließen in einem aktiven Prozess durch deinen Körper, durch den Stift aufs Papier und hinterlassen somit prägende, dauerhafte Veränderungen neuronaler Verbindungen: Der kreative Prozess ist eine reale Erfahrung und der Gedankengang wird zu einem lebendigen inneren Weg, der aktiv gelenkt werden kann. Wenn Körper und Geist zusammenarbeiten, ist eine nachhaltige Veränderung am wahrscheinlichsten.

Schreibe nun aus deiner jetzigen Perspektive heraus einen Brief an dein jüngeres Ich:

Teile ihm mit, dass du dich auf eine Reise dahin begeben hast, deine alten Verletzungen und Muster zu entdecken, ihnen zu begegnen und damit auch die Bereitschaft zu zeigen, Heilung und neue, gesunde Erfahrungen in deinem Leben zuzulassen. Erzähle deinem jüngeren Ich, dass du auf dem Weg bist, es zu retten, indem du dich ihm und damit dir selbst voll und ganz zuwendest und seine Bedürfnisse ab sofort an die erste Stelle setzen wirst.

Schreibe all dies in deinen eigenen Worten und stell dir dabei vor, welche Wortwahl genau dein jüngeres Ich wirklich berührt. Somit wendest du die Gabe der Empathie bei dir selbst an. Es kann helfen, dich während des Schreibens auch in die Position des jüngeren Ichs als Lesenden hineinzuversetzen und damit zu spüren, welche Wortwahl dich ermutigt, sich heilsam, aufmerksam und liebevoll anfühlt und wahrhaftige Begegnung schafft.

Alles, was dir in diesem Prozess nicht lebendig und gehaltvoll erscheint, darfst du herausstreichen und verändern.

Es geht vorrangig um die Begegnung, nicht um perfekte Grammatik oder saubere Wortwahl. Achte darauf, dass dein Herz in jedem deiner Worte liegt und dies „auf der anderen Seite“ auch ankommt.

Zum Schluss kannst du im Brief noch eine Liste an Zielen erstellen, von denen du glaubst, dass sie dir heute dienen und deinem jüngeren Ich beweisen, dass du es wirklich ernst meinst: Du wirst deine Verhaltensweisen verändern und neue Erfahrungen machen.

Gehe die Aufgabe entspannt und neugierig an, du musst dich nicht unter Druck setzen. Es geht vorrangig darum, ein Gefühl für deine innere Lebenswelt zu bekommen und einen tiefen Prozess in Gang zu setzen.

Ungesunde Beziehungen erkennen und sich davon lösen

„Jeder Mensch trachtet danach zu (über)leben, zu wachsen und nahe bei anderen zu sein. Alles Verhalten drückt diese Zeile aus, unabhängig davon, wie gestört es erscheinen mag… Das, was die Gesellschaft krankes, verrücktes, dummes oder schlechtes Verhalten nennt, ist in Wirklichkeit der Versuch seitens des ge-kränk-ten Menschen, die bestehende Verwirrung zu signalisieren und um Hilfe zu rufen“

Virginia Satir

Empath und Narzisst - wie passt das zusammen?

Vielleicht hast du schon öfter diese beiden Begriffe im Zusammenhang miteinander gehört. Zuerst ist wichtig zu beachten, dass in diesem Buch die beiden Begriffe nicht wertend verwendet werden. Empathische und narzisstische Anteile hat jeder Mensch, sie können je nach Beziehungskonstellation mehr oder weniger zum Vorschein kommen und entsprechende Dynamiken begünstigen. Narzisstische Anteile in einem charakterstarken Menschen bedeuten nicht, dass dieser eine narzisstische Persönlichkeitsstörung aufweist. In diesem Buch drehen sich die beschriebenen Beziehungsdynamiken um „normalneurotische" zwischenmenschliche Strukturen. Bei Verdacht auf tieferliegende Probleme können mit den folgenden Hinweisen keine Diagnosen gestellt werden. Es geht vorrangig darum, dass du als Empath lernst zu erkennen, ob du dich in einer ungesunden Beziehung befindest und wie du dich davon lösen kannst.

Narzisstische Persönlichkeitsanteile zeigen sich unter anderem durch geringes Einfühlungsvermögen, einen stark ausgeprägten Fokus auf die eigenen Leistungen und die eigene Person, übersteigerte Selbstverliebtheit und intimitätsvermeidende Verhaltensmuster. Im tiefsten Kern liegt dem Narzissmus ein sehr niedriges Selbstwertgefühl zugrunde, der Mensch schützt sich durch seine prahlerische Schutzschicht vor Verletzungen und dem Zusammenbruch dieses Wertgefühls.

Der narzisstisch orientierte Mensch nutzt demnach seinen Partner oft dazu, sich selbst besser zu fühlen und auch in seiner Umgebung für Respekt und Bewunderung zu sorgen. Er schwelgt in der Bewunderung und Anpassungsfähigkeit des Partners und muss sich selbst kaum bewegen, um die Beziehung am Laufen zu halten – der Partner tut seinerseits alles dafür. Dies ist auch der Grund dafür, warum gerade Empathen oft mit narzisstischen Menschen in eine Verbindung gehen – die beiden Muster begünstigen sich gegenseitig und können bei unbewusstem Umgang miteinander schnell ungesunde Strukturen entwickeln.

Ungesunde Strukturen zwischen narzisstisch und empathisch veranlagten Menschen

Viele Dynamiken entwickeln sich in einer solchen Beziehung mit der Zeit. Zu Beginn erscheint vor allem dem Empathen der Partner oft wie die Erfüllung all seiner romantischen Träume. Leila hat durch starke Verliebtheitsgefühle und dem lang ersehnten Ja von

Markus zu der Beziehung – und letztlich zu ihr als Person – wie sie hofft, starken emotionalen Auftrieb erhalten. Sie bewundert die Selbstverständlichkeit, mit der er scheinbar durch den Alltag geht. Er beschwert sich zwar hin und wieder über viel Stress auf der Arbeit oder zu wenig Freizeit, macht jedoch im Allgemeinen den Anschein, seinen Weg bewusst gewählt zu haben und dazu zu stehen. Er scheint nicht besonders unter der Situation zu leiden und er scheint nicht zu beabsichtigen, akut etwas ändern zu wollen. Die Leidtragende ist vor allem Leila, die sich mehr Zeit und Intimität wünscht. Somit entsteht das Ungleichgewicht in der Verbindung, in der Leila in ihren Bedürfnissen von Markus´ Entscheidungen abhängig zu sein scheint, wenn sie ihre Wünsche explizit von ihm erfüllt wissen möchte.

Beide Parteien tragen in gleichem Maß zu der bestehenden Situation bei: Markus verhält sich ich-bezogen und kümmert sich vorrangig um sich selbst, ohne viel Zeit darin zu investieren, die Folgen zu bedenken, die seine Entscheidungen für seine Partnerin beinhalten. Es stellt sich die Frage, ob er grundsätzlich bereit ist, seinen Raum überhaupt mit einem anderen Menschen so intensiv zu teilen und sich in einen Austausch zu begeben, der auch dem anderen Menschen dieselbe Bedeutung zumisst, die er seinen eigenen Bedürfnissen zukommen lässt.

Leila hat sich in ihrem Verhalten ganz nach ihrem Partner ausgerichtet. Niemand hat dies explizit von ihr erwartet oder verlangt, doch aufgrund ihrer alten Muster ist sie von vornherein mit der Haltung in die Beziehung gegangen, Opfer zu bringen. Der Prozess verlief schleichend und nun findet sie sich in der Position des Anhängsels wieder. Sie richtet ihre Aufmerksamkeit vorrangig auf die Beziehung und alles, was damit zusammenhängt – auch ihre Wünsche an Markus sind ihr stetig präsent und sie kann sich schwer auf andere Bereiche ihres Lebens konzentrieren. Womöglich erfährt sie nur Auftrieb und hat Energie für Freunde, Hobbys und gestalterische Handlungen, wenn sie den für sie passenden Zuspruch durch Markus erhalten hat. Da dieser nicht regelmäßig abrufbar ist, lebt Leila immer unter ihrem

Potential und hat die Verantwortung für ihr Glück unbewusst an ihren Partner abgegeben.

Leila hat noch nicht den Selbstwert entwickelt, der sie selbst in ihren Entscheidungen an erste Stelle setzt. Die Angst vor dem Verlassenwerden steht ihrem Wunsch nach einer glücklichen Beziehung im Weg, denn sie wählt einen Partner, der von vornherein das alte Muster bedient, welches sie von Kind an gewohnt ist.

Wenn sie den Weg der Bearbeitung ihrer Wunden geht, kann sie lernen, für sich einzustehen und dafür sogar eine mögliche Trennung in Kauf zu nehmen, obwohl dies nicht vorprogrammiert sein muss, denn auch Markus entwickelt sich weiter und wenn die beiden einander wichtig sind, können sie gemeinsam an ihren Herausforderungen wachsen und einander entgegenkommen. Wenn Leila zu sich steht, findet sie Sicherheit und ein volles Ja zu ihrer Person zuerst in sich selbst. Dann besteht die Chance, dass die alten Verhaltensmuster auf beiden Seiten nicht mehr funktionieren und Platz für Neues geschaffen werden kann. Eine Begegnung auf Augenhöhe ist möglich, sobald auch Leila begreift, dass sie die Verantwortung für ihr Wohlergehen, welches sie in Markus´ Hände gelegt hat, zu sich zurückholen kann.

In ihrem Selbstbewusstsein geschwächte Empathen finden oft in dem schillernden Partner, der so selbstbewusst und stark daherkommt, genau die Eigenschaften wieder, die sie bewundern und eigentlich an sich selbst vermissen. Schlagfertigkeit, klare Grenzen, die selbstverständliche Erwartung der Erfüllung ihrer Bedürfnisse und – zumindest oberflächlich – ein Ruhen in sich selbst sind Teile der Persönlichkeit, die dem Empathen sehr imponieren und ihn unbewusst auch an Charaktereigenschaften erinnern, die er sich als Kind in der Beziehung zu seinen Eltern gewünscht hat, um sich sicher, geführt und aufgehoben zu fühlen.

Anzeichen einer ungesunden Beziehungsstruktur

Wenn du dich als Empath in einer Beziehung befindest, in der du emotional stark verhaftet und intensiv verliebt bist, kann es ein wenig Zeit benötigen, bis du dir über Bereiche bewusstwirst, unter denen du mehr leidest, als du bisher vielleicht zugeben konntest. Du hast dich auf die positiven Aspekte konzentriert und vom ersten Kennenlernen an auf die Eigenschaften deines Partners reagiert, die dich in ihren Bann gezogen haben. Vielleicht kennst du Gedanken wie:

„Er hat alles, was ich mir je gewünscht habe!"

„Ich werde nie einen Besseren finden! Und er sieht so gut aus! "

„Gestern hat er gesagt, dass ... Auf so etwas warte ich schon seit Jahren."

„Ich hätte nie gedacht, dass ich so jemanden verdient habe."

Wenn bestimmte Verhaltensweisen deines Partners dir wehtun, bist du schnell dabei, diese vor dir selbst oder auch deinen Freunden zu entschuldigen und dich zu beruhigen:

„Es ist nur eine Phase."

„Wir kennen uns ja kaum – vielleicht braucht er einfach noch etwas Zeit."

„Nicht jeder Mensch ist perfekt, ich kann von ihm nicht erwarten, dass er immer alles richtig macht. Ich würde auch nicht wollen, dass er dies von mir verlangt, oder?"

„Eigentlich ist mir das wirklich wichtig ... aber Menschen entwickeln sich weiter, stimmt´s? Er wird sicher nicht so bleiben, wie er gerade ist."

Beim Lesen fällt dir vielleicht auch die Ambivalenz im Erklärungsversuch auf, die Unsicherheit in der Fragestellung. Ein Empath, der sich seiner Bedürfnisse zwar bewusst ist und sie benennen kann, doch sich bezüglich deren Erfüllung abhängig vom Partner gemacht hat, schwankt immer hin und her zwischen dem, was er sich wünscht, der Trauer über den Mangel und der eigenen Beschwichtigung durch das Verständnis gegenüber dem Partner. Somit kann er kaum klar Position beziehen und strahlt Unsicherheit aus, die sich auf die Atmosphäre zwischen den Partnern auswirkt. Der andere spürt die unklare Haltung – ob bewusst oder unbewusst – und übernimmt daher wie selbstverständlich den Raum für die Gestaltung der Partnerschaft, der gemeinsamen Zeit, der Gespräche und so weiter. Dies begünstigt die fehlende Augenhöhe und der Empath rutscht immer weiter in die Abhängigkeit.

Zudem kann eine unklare Haltung seitens des Empathen dazu führen, dass der Partner ihn nicht wirklich greifen und daher nicht ernst nehmen kann – der Respekt schwindet. Wenn der Empath Unsicherheit bezüglich seines Selbstwertes, seiner Meinung, seiner Art zu leben und die Welt zu betrachten ausstrahlt und sich immer wieder wie ein Fähnchen im Wind bewegt, um nicht anzuecken, bewirkt er oft genau das Gegenteil: Ein – zumindest äußerlich – selbstsicherer Mensch greift in spiegelndem Verhalten das auf, was ihm entgegengebracht wird. In diesem Falle ist es der fehlende Selbstwert. Ein narzisstisch veranlagter Mensch wird diese Eigenschaft ablehnen oder sogar verabscheuen, denn sie dient wiederum nicht der pompösen Darstellung seines eigenen Ichs. Sie erinnert ihn an seine eigene Unzulänglichkeit, was dazu führen kann, dass er sich dem Partner gegenüber abwehrend verhält, er möchte nichts mit diesen unangenehmen Gefühlen zu tun haben. Wenn Leilas Unsicherheit diese Gefühle in Markus hervorruft, verhärten sich die Fronten: Markus wird noch weniger von sich geben und Leila noch mehr ersehnen.

Wichtig ist, dass es nicht um eine Schuldfrage geht: Jeder Partner ist für sein eigenes Empfinden selbst verantwortlich. Leila ist nicht schuld daran, wenn Markus sich durch ihre Unsicherheit an sein eigenes Unvermögen erinnert fühlt und Markus ist nicht verantwortlich für das innere Glück und die Zufriedenheit seiner Partnerin. Doch klar ist, dass beide Menschen sich sowohl mit sich selbst als auch miteinander auseinandersetzen müssen, um diese Entwicklungen zu erforschen, aufzuhalten und wenn möglich zu transformieren.

In all den Fragen, die der Empath sich bezüglich des vermeidenden Verhaltens seines Partners stellt, steckt auch ein Fünkchen Wahrheit. Es ist tatsächlich wichtig, sich gegenseitig Zeit zu lassen und einander besonnen und Schritt für Schritt kennen zu lernen. Als Single ist die Lebensgestaltung viel weniger mit Kompromissen und gemeinsamen Absprachen verbunden, der Mensch kann sich in seinem eigenen Raum frei entfalten und muss nicht unbedingt die Belange eines Gegenübers mit einbeziehen. Wer sich auf eine Partnerschaft einlässt, sagt zugleich auch Ja dazu, seinen persönlichen Raum mit einem anderen Menschen zu teilen und gemeinsam zu gestalten. Dahingehend ist es bedeutend leichter, wenn die Vorstellungen von der Gestaltung des partnerschaftlichen Lebens kompatibel sind und es benötigt naturgemäß eine gewisse Zeit, sich aneinander zu gewöhnen und aufeinander einzustellen.

Der abhängige Empath tendiert dazu, die Entwicklungen beschleunigen zu wollen. Er sehnt sich nach Einheit und Verbundenheit, nach tiefer Nähe und Austausch oft aufgrund seines erlebten Mangels und nicht aus einer Haltung der Fülle heraus. Erst, wenn er gelernt hat, bei sich zu bleiben und mit sich selbst zufrieden zu sein, wird er in der Lage sein, die Entwicklung der Beziehung auf einem realistischen Niveau zu betrachten und klug zu unterscheiden, ob der Partner die Nähe vermeidet und sich herausredet oder ob die Fusion gesund und mit der nötigen Geduld vonstattengeht.

Im Bereich der Teambildung wird von vier unterschiedlichen Fusionsphasen gesprochen. Aus diesen Fusionsphasen lassen sich auch interessante Parallelen zur Beziehungsbildung im Privatleben erkennen – schließlich geht es sowohl im Bereich der Wirtschaft, als auch im Persönlichen um fundamentale, menschliche Grundzüge, die für soziales Miteinander von Belang sind.

Die Phasen des Zusammenwachsens gestalten sich wie folgt:

- Forming

In dieser Phase lernen sich die beteiligten Menschen erstmals kennen und beobachten, was der andere mit in den gemeinsamen Raum hineinbringt: Wer ist der andere? Was hat er zu bieten? Was möchte er vom Leben/vom gemeinsamen Projekt? Kann ich ihm vertrauen?

In dieser Phase möchten viele Menschen im privaten Bereich der Partnerschaft entweder jemanden schon von vornherein ausschließen oder eben gleich fest machen, dass der andere der Richtige ist, mit dem sie am liebsten eine feste Beziehung eingehen möchten. Schuld daran sind die Hormone, die für Verliebtheit und Hochgefühle sorgen. Ihnen liegt oft auch ein Gefühl von „ich erkenne dich“ zugrunde, was jedoch zu Anfang meist nichts anderes bedeutet, als dass bestimmte Eigenschaften des anderen unbewusst an etwas erinnern, das dem inneren System aus früheren Erfahrungen und Beziehungen bekannt ist (insbesondere aus der Kindheit) und sich daher intensiv vertraut und gewohnt anfühlt. Die Forming-Phase ist daher in keinster Weise dazu geeignet, von vornherein eine Entscheidung für einen Menschen zu treffen.

Im Fall Leilas ist es daher angebracht zu reflektieren: Befindet sich die Partnerschaft noch in der Forming-Phase? Wenn ja, wie kann Leila hin und wieder von ihren starken Gefühlen von Markus entspannt etwas Abstand nehmen, um Markus unvoreingenommen kennen zu lernen? Sie kann sich andererseits auch entscheiden, die positiven Gefühle und schönen Zeiten einfach zu genießen in dem Wissen, dass es nicht um eine Phase intensiver Erwartungen geht und die Phase des tieferen Zusammenfindens noch bevorsteht. Wenn sie fähig ist, ihre Erwartungen loszulassen und von Herzen zu genießen, ohne sich unter Druck zu setzen, ist auch dies eine gesunde Einstellung.

Empathische Menschen haben allerdings oft Schwierigkeiten damit, ohne tieferen Sinn einfach etwas zu genießen. Aufgrund ihrer Sensibilität und natürlichem Hang zur Ernsthaftigkeit, Echtheit in Beziehungen und wahrer Intimität liegt ihnen oft nicht so viel an oberflächlichen Abenteuern. Zudem spüren sie sehr schnell, wenn jemand definitiv NICHT zu ihnen passt oder sie jemanden nicht mögen. Haben sie bereits den Mut, zumindest in diesem Punkt am Anfang schon ein klares Nein auszusprechen, so bleibt nur noch die Reflexionsarbeit mit einem Menschen, zu dem sie sich von Anfang an hingezogen fühlen – hier beginnt die eigentliche Arbeit, denn der Empath steht vor der Herausforderung, seine alten Muster von neuem, gesunden Verhalten zu unterscheiden.

- Storming

Wie der Name schon sagt, ist die Storming-Phase von stürmischen Auseinandersetzungen geprägt. Jeder Beteiligte macht seinen Standpunkt klar, versucht, seinen Raum zu verteidigen und zu halten und prüft den anderen auf Herz und Nieren. Es stellt sich die Frage, wer welche Rolle im gemeinsamen Gefüge spielt und inwieweit die individuellen Bedürfnisse gegenseitig wahrgenommen und berücksichtigt werden.

In der beginnenden Partnerschaft spielen sich die Vorgänge zwischen zwei Menschen ab, die aufeinander fokussiert sind. Daher ist diese Phase umso herausfordernder und intensiver.

Ein Mensch wie Markus, der gewohnt ist, sein Leben allein zu gestalten und damit auch recht zufrieden scheint, wird womöglich für eine gewisse Zeit intensiv seinen Raum verteidigen. Dies kann er passiv durchsetzen, indem er seine Zuneigung verweigert, sich auf seine eigenen Interessen konzentriert, eher schweigsam ist oder aktiv, indem er einen bestimmenden Ton an den Tag legt, Ärger gegen den Partner richtet oder ihn in der Kommunikation abwertet und seine eigenen Beiträge zur Gemeinschaft hervorhebt.

Dieses Verhalten bedeutet nicht, dass die Partnerschaft nicht gewollt ist. Vielmehr ist eine neue Phase angebrochen, in der beide Partner sich ganz neu einstellen und positionieren müssen. Es braucht Zeit, Vertrauen zu fassen, indem solche Konflikte auch ausgehalten werden.

Häufig kommen genau hier bestimmte Trigger zum Tragen, die in der ersten Phase des Forming noch nicht sichtbar wurden: Alte Muster, Verletzungen, wunde Punkte und gegenteilige Gewohnheiten prallen aufeinander und die beiden Partner möchten einander beweisen, dass sie jeweils im Recht liegen.

Wichtig ist, sich bewusst zu machen, dass in dieser Phase bestimmte Auseinandersetzungen vollkommen normal und auch angebracht sind. Es geht darum, den Partner und seine verletzlichen Seiten kennen zu lernen, zu beobachten und zuerst auch stehen zu lassen. Wenn beide Parteien sich dafür entscheiden, diese Zeit durchzuhalten, nicht alles, was zwischen ihnen geschieht, persönlich zu nehmen und respektvoll miteinander umzugehen, ist es möglich, zusammen zur nächsten Phase überzugehen.

Die Storming-Phase offenbart Charaktereigenschaften beider Partner, die es zu beachten gilt. Der Gedanke, dass es sich nur um eine gewisse Zeit handelt, ist verführerisch und teils auch wahr, denn die intensive Zeit fordert die beiden stark heraus. Doch der Kern dessen, was in der Persönlichkeit nun sichtbar wird, ist real und es lohnt sich, dass beide Partner nun sorgsam beginnen zu prüfen, ob sie mit dem anderen wirklich zurechtkommen.

Vielleicht zeigen sich Anteile, die besorgniserregend sind. Schau nicht weg! Reflektiere mutig, ob es sich um einfache Macken beim Partner handelt oder ob du dich tiefsitzenden Gewohnheiten, Haltungen und Mustern öffnest, die dir tatsächlich nicht guttun. Lass dir mit dieser Prüfung Zeit, gern auch bis in die nächste Phase hinein, es sei denn, dein Bauchgefühl sagt dir spätestens jetzt, dass du mit diesem Menschen eigentlich nicht zusammen sein möchtest und dir nicht vorstellen kannst, wirklich mit ihm zu leben.

Die Storming-Phase zeigt einmal mehr, ob ihr beiden eine reelle Chance auf eine gemeinsame Zukunft habt. Navigiert auf Augenhöhe gemeinsam euer Beziehungsschiff durch den Sturm, setzt euch Ziele und prüft, ob ihr in die gleiche Richtung blickt.

Die Beziehung entwickelt sich in eine ungesunde Richtung, wenn Empath und Narzisst hier ihre gegenseitigen Muster bedienen, indem der Empath zum Beispiel zulässt, dass der Partner den aktiv verteidigenden Raum für sich allein beansprucht und erlaubt, dass seine Bedürfnisse zurückgedrängt und ignoriert werden. Beide Partner stehen in der Verantwortung, die Konflikte zu reflektieren, den Prozess zu hinterfragen und bewusst an ihren eigenen Baustellen zu arbeiten. Wenn Empath und Narzisst sich über ihre jeweiligen Tendenzen klar sind und darüber kommunizieren, besteht eine gute Chance, dass ungesunde Strukturen vermieden werden können.

- Norming

Die Norming-Phase bedeutet eine Beruhigung des Sturms. Die Parteien sind durch eine herausfordernde Zeit gegangen und nun bereit, das gemeinsame Projekt partnerschaftlich anzugehen. Sie schätzen die positiven Anteile aneinander, konzentrieren sich auf das gemeinsame Ziel und lassen langsam davon ab, bestimmte Verhaltensweisen des Partners persönlich zu nehmen und negativ zu bewerten. Das gemeinsame „Wozu?" gewinnt an Bedeutung und die beiden formen eine neue Realität, zu der sie freiwillig ihren Anteil beitragen.

In der Norming-Phase wird deutlich, ob die Entscheidung, gemeinsam weiterzugehen, richtig war und sich als tragfähig erweist. Wenn sich in der Storming-Phase ungesunde Muster entwickelt haben, die dir als Empath nicht guttun, wirst du dich nun bereits in einer Situation befinden, in der sich Gewohnheit abzeichnet und du Kraft aufwenden musst, um die Strukturen wieder zu verändern. Die Norming-Phase bedeutet nicht unbedingt nur Gutes, wenn du dich noch in einem Aufarbeitungsprozess deiner destruktiven Haltungen befindest.

Es zeigt sich nun, inwieweit deine Empathiefähigkeit der Beziehung dient oder eben einen narzisstischen Anteil deines Partners begünstigt. Ein gewisser narzisstischer Anteil ist tatsächlich positiv zu betrachten, weil er den Selbstwert steigert, dich handlungsfähig macht und dafür sorgt, dass du Selbstliebe trainieren kannst. Es ist gut möglich, dass dich dieser Part an deinem Partner fasziniert, weil er bei dir noch fehlt und wachsen möchte.

- Performing

Die Performing-Phase bezeichnet die eigentliche Umsetzungszeit der gemeinsamen Ziele, des Zusammenlebens und des Alltags.

Erst hier wird beiden bewusst, dass sie in eine neue Zeit eingetreten sind, in der die Haltung des Lonesome Riders nicht mehr dienlich ist und auch nicht mehr gewollt wird.

Diese Phase entsteht in einer Partnerschaft üblicherweise nach einer längeren Vorlaufzeit durch die anderen Phasen. Viele Menschen wünschen sich in einer Beziehung schnell diese Zeit herbei und sind enttäuscht und frustriert, wenn sie auf sich warten lässt. Gerade als Empath hast du wahrscheinlich wie Leila den tiefen Wunsch nach Intimität von Anfang an, das Leben gemeinsam zu bestreiten und sich als eine Einheit zu begreifen, die nichts zwischen einander kommen lässt und sich gegenseitig stets als Priorität begreift.

Die Wahrheit ist jedoch, dass die ersten drei Phasen nicht dafür gemacht sind, von vornherein eine Atmosphäre des Performing zu erleben. Wie bei einer Zwiebel wird in der Kennenlern- und Fusionszeit Schale um Schale abgepflückt, bis der wertvolle Kern echter Partnerschaftlichkeit freigelegt ist. Dazu benötigt es Durchhaltevermögen, Wohlwollen und eine Menge Geduld.

Zu echter Partnerschaft findet ein Paar nur, wenn es in den Phasen vor dem Performing gesunde Strukturen entwickelt. Wenn du dich als Empath in einer ungesunden Beziehung befindest und entscheidest, diese aus purer Hoffnung weiterzuführen, wirst du dein zutiefst erwünschtes Ziel, in diese Phase zu kommen, nicht erreichen. Es ist schlicht nicht möglich, echte Authentizität, gemeinsames Vertrauen und tiefe Intimität zu leben sowie ein gemeinsames Ziel zu verfolgen, wenn die Augenhöhe nicht besteht, die dafür nötig ist und stattdessen Abhängigkeiten die Verbindung bestimmen.

Mache dir daher bewusst: Deine Partnerwahl darf nicht ausschließlich darauf beruhen, wie tief du für jemanden emotional empfindest. Wenn du es nicht schaffst, dich in der Verbindung weiterzuentwickeln, Heilung zu erfahren, mit der Zeit zu erblühen und deine Empathiefähigkeit als Schatz zu nutzen und stattdessen vorrangig unter nicht erfüllten Bedürfnissen leidest, wird dein Wunsch nach einer Traumbeziehung ein Wunsch bleiben.

Es geht daher darum zu erkunden, in welcher Phase eure Beziehung sich aktuell befindet, ob bereits ungesunde Anteile die Führung übernehmen und ob ihr euch stetig in eine Richtung vorwärtsbewegt – faktisch, nicht nur theoretisch und hoffnungsvoll. Es ist nicht leicht, eine tatsächliche Fusionsphase in einer Beziehung oder typische Konflikte, die dazu gehören, von ungesunden Entwicklungen zu unterscheiden.

Ein wichtiger neuer Glaubenssatz, den zu entwickeln dir immens weiterhelfen kann, ist: „Mein Bauchgefühl hat immer Recht." Bauchgefühl meint hier nicht etwa die alten Muster, nach denen dein inneres Frühwarnsystem dich vor Verletzungen schützen möchte und daher vielleicht auch gesunde Entwicklungen als gefährlich einstuft, weil das Neue noch so ungewohnt erscheint. Das Bauchgefühl ist deine Intuition, auf die du dich vollkommen verlassen kannst. Es zeigt dir zuverlässig an, ob du dich auf dem richtigen Weg befindest. Wenn du dir selbst gegenüber ehrlich bist, wirst du erkennen, ob du mit deiner Partnerwahl faule Kompromisse eingegangen bist, die dir nicht guttun, oder ob du dich inmitten eines unbequemen, jedoch gesunden und heilsamen Entwicklungsschrittes befindest, der dir die Chance gibt, in der neuen Verbindung über deine alten Muster und Glaubensstrukturen hinauszuwachsen.

Die Herausforderung besteht darin, die rechte Unterscheidung zu treffen, denn du wirst in deiner neuen Partnerschaft in jedem Fall mit deinen wunden Punkten konfrontiert werden, die auch deine Schattenseiten zum Vorschein bringen. Es ist natürlich, dass du dich in diesen Momenten nicht besonders wohl und sicher fühlst und eventuell auch das Bedürfnis nach Flucht verspürst. Vielleicht denkst du: „So sollte ich mich in einer Partnerschaft nicht fühlen! Der Mensch tut mir nicht gut, die Beziehung ist ungesund, weil es mir darin gerade nicht gutgeht."

Dies ist nicht zwangsweise der Fall. Die Konfrontation mit deinen Schatten ist unausweichlich, wenn du jemanden nah an dein Herz heranlässt und dich verletzlich zeigst. Der Unterschied zwischen einer gesunden und einer ungesunden Entwicklung besteht darin, wie ihr gemeinsam euren Herausforderungen entgegentretet: Erkennt ihr eure Probleme als das an, was sie meist sind: Früchte aus den Verletzungen eurer jeweiligen Vergangenheit, die es durch neue Verhaltensweisen zu ersetzen gilt? Oder entwickelt sich die Beziehung als ein Schlachtfeld voller Wiederholung des Alten ohne jeglichen Ausblick auf einen Ausweg? Seid ihr lösungsorientiert oder dreht ihr euch in euren jeweiligen alten Mustern im Kreis?

Empathen erleben oft, dass Menschen in ihrem Umfeld sie für zu sensibel und verweichlicht halten und dass sie Elefanten sehen, wo nur eine Mücke ist. Erlaube dir daher, mit deinen sozialen Kontakten wählerisch zu sein. Empathische Menschen neigen auch dazu, sich von den Meinungen und Sichtweisen anderer stark beeinflussen zu lassen, wenn sie sich nicht ständig darüber bewusst sind, erst zu prüfen, ob diese ihnen auch dienen. Wenn du erlaubst, dass deine Beziehung von außen beurteilt wird und unterschiedliche Menschen ihre Meinung dazu zum Besten geben, ohne dass du sie darum gebeten hast oder weißt, dass es für deinen Prozess dienlich ist, kann es sein, dass dein Bauchgefühl sich kurzzeitig verwirren lässt und du dich erst durch den Nebel kämpfen musst, der dadurch entsteht, dass dein Gefühl und das deiner Mitmenschen sich miteinander vermischen. Du kannst es dir viel leichter machen, indem du dir in aller Stille erst deine eigenen Bedürfnisse, Ziele und Wünsche für deine Beziehung klarmachst, bevor du anderen erlaubst, etwas dazu zu sagen.

Von diesem Standpunkt aus kannst du beurteilen, in welche Richtung deine Beziehung gerade verläuft und was dein Bauchgefühl, gepaart mit deiner Vernunft, über die Chancen einer gesunden Verbindung zu sagen hat.

In den unterschiedlichen Phasen einer sich entwickelnden Verbindung erscheinen bei toxischen Tendenzen bestimmte Warnsignale, auf die du als Empath besonderes Augenmerk legen solltest. Diese können sowohl in der Verantwortung deines Partners als auch in der deinen liegen. Im Folgenden erhältst du eine Übersicht über typische Anzeichen, bei denen du aufhorchen solltest und die am Ziel einer erfüllenden „Performing-Beziehung" auf Dauer vorbeiführen werden.

*

Eindeutige Warnsignale für ungesunde Beziehungsstrukturen von Seiten des narzisstisch veranlagten Partners:

- Dein Partner nimmt dich nicht ernst und spielt deinen Schmerz herunter:

Immer wieder erlebst du im Gespräch, dass dein Partner mit den Augen rollt, seine Aufmerksamkeit abzieht, sich abwehrend positioniert oder sein Verhalten verteidigt, ohne dir liebevoll zuzuhören und dich verstehen zu wollen. Er bezeichnet deine Bedürfnisse als übertrieben, stellt dich als hypersensibel dar und spricht mit dir in überheblichem Ton, der dich zum Schweigen bringen soll. Zudem hast du immer wieder das Gefühl, dass es dir nicht erlaubt ist, Schmerz oder Verletzung überhaupt zu empfinden und dein Partner sich überhaupt nicht kritikfähig zeigt. Wenn dir etwas wehtut, zieht er sich aus der Verantwortung und schiebt dir die Verantwortung für dein Empfinden zu. Dabei geht es nicht darum, dass er dich in deiner Eigenverantwortung ermutigen möchte, sondern darum, sich aus der Affäre zu ziehen und seine Verantwortung nicht zu übernehmen. Hintergrund dessen kann sein übersteigertes narzisstisches Selbstbild sein, welches Kritik nicht zulässt, damit der gefühlte Selbstwert nicht in sich zusammenbricht.

- Das Interesse deines Partners lässt nach, sobald es nicht um ihn geht:

Wenn du dich traust, deinem Partner einen Teil deines Herzens zu offenbaren, der ihm nicht direkt in die Karten spielt, nichts mit seiner Person zu tun hat und sich vor allem um das dreht, was dir wichtig ist, spürst du, dass sein Herz sich verschließt und er dir nicht mehr aufmerksam zuhört. Vielleicht stellt er auch Fragen wie: „Und was hat das jetzt mit mir zu tun?" „Und was habe ich davon?" „Warum erzählst du mir das?" Ein stark narzisstisch veranlagter Mensch kann es schlecht ertragen, wenn nicht die volle

Aufmerksamkeit bei ihm liegt und er in Interessen oder Überlegungen des Partners keine Rolle spielt. Er nimmt diese Aussparung seiner Wichtigkeit persönlich und kann nicht sehen, dass der Empath ihm sein Herz aus Vertrauen öffnet und dies eigentlich ein Liebesbeweis ist. Er scannt das Gehörte nur auf seinen Vorteil ab. Dahinter steckt die tiefsitzende Angst, nichts wert zu sein und nichts zu bedeuten. Er kann den Gedanken nicht ertragen, für einen Moment nicht bewundert und vielleicht vergessen zu werden.

- Du passt dich extrem an:

Wenn es um alltägliche Entscheidungen wie Freizeitbeschäftigungen, Einkäufe, Wohnungseinrichtung und Gesprächsthemen geht, ist es so gut wie immer der Partner, der ganz natürlich das Geschehen lenkt. Du hast vielleicht auch Ideen, doch hältst sie zurück, oft mit Sätzen wie: „Mir ist das egal, entscheide du!" oder „Was immer du willst."

Hier geht es nicht um gelegentliche entsprechende Vorkommnisse, sondern um ein Muster, das bereits etabliert ist. Zudem spürst du, dass du öfter nicht einverstanden bist mit dem, was dein Partner entscheidet oder dass du traurig wirst, weil er nie danach fragt, was du möchtest. Du begünstigst dieses Verhalten, indem du deine Empathie und dein Mitgefühl walten lässt: Du bist mit deiner Aufmerksamkeit bei deinem Partner und schluckst unangenehme Gefühle herunter. Oft tarnt sich der scheinbar freiwillige Verzicht auch als großzügige Liebesgabe, als ein Akt der Selbstlosigkeit. Die Grenzen zur übermäßigen, ungesunden Anpassung verlaufen fließend, daher ist es wichtig, dass du ehrlich zu dir selbst bist: Ist es dir wirklich egal, mit welchen Lebensmitteln der Kühlschrank gefüllt ist und mit welcher Farbe die Wand gestrichen wird? Gehst du mit zum Spaziergang, weil du es auch genießen kannst oder tust du es aus Angst, Liebe zu verlieren oder den anderen zu kränken? Beachte die tieferliegenden Emotionen für deine Entscheidungen und deine Haltung gegenüber deinem Partner. Es spricht nichts dagegen, dass ihr euch entgegenkommt, in der Tat ist dies in einer nahen Verbindung unvermeidlich und auch gesund. Doch wenn du aus Angst vor unangenehmen Folgen mit allem zurückhältst und nachgibst, was dir wichtig ist, spielt dabei nicht Liebe den Schachzug, sondern deine alten Verletzungen, die eine Beziehung auf Augenhöhe verhindern.

Vielleicht gibst du auch Hobbys, eine Arbeit oder andere Leidenschaften auf, die dir viel bedeuten, von deinem Partner aber nicht anerkannt werden. Hier darfst du aufmerken: Diese Entwicklung ist bereits ein Zeichen beginnender oder schon etablierten Abhängigkeit: Begleiten dich folgende Gedanken:

„Es war ja auch Zeit, loszulassen."

„Es ist schon okay, ich hab jetzt einfach andere Dinge zu tun, in einer Partnerschaft geht es einfach nicht mehr so wie als Single."

„Vielleicht hat er Recht und diese Aktivität passt wirklich nicht mehr zu mir."

„Er hat gesagt, ich soll mich um … kümmern und dieses alberne Hobby sein lassen."

Du hast bereits zugelassen, dass dein Partner über deine Handlungen bestimmt und dich in dem, was du liebst, nicht ernst nimmt. Es kann auch ein Hinweis darauf sein, dass er dich in deinem Charakter und deinem Verhalten dazu benutzt, sich selbst in ein leuchtendes Licht zu rücken – dafür muss sein Partner Beschäftigungen nachgehen, mit denen er in seinem Umfeld gut ankommt. Sobald dein Partner dauerhaft deine Lebensweise kritisiert, obwohl sie harmlos ist und nicht einer Sucht, ungesunden Mustern oder anderen schadhaften Motivationen entspricht, kannst du davon ausgehen, dass du auf dem Weg bist, dich selbst zu verleugnen. Insbesondere, wenn du ihm zuliebe etwas an deinem Leben änderst, weil er es *verlangt*, obwohl du nicht dahinterstehst und dies selbst mit ganzem Herzen als sinnvoll erachtest, dienst du mit dieser Entscheidung einer Struktur, die dir schadet. Ihr seid nicht mehr auf Augenhöhe und die Beziehung hat unter Umständen schon länger nicht mehr das Ziel, gemeinsam zu wachsen und sich so zu entwickeln, wie du sie dir wünschst.

Tipp: Hinterfrage und reflektiere dich: Bist du noch auf dem richtigen Weg? Hast du deine Ziele und tiefsten Wünsche für dein Leben noch im Blick, fühlst du dich angeschlossen an ein größeres Bild, das dich belebt? Führt die Beziehung dich langsam, aber sicher weg von deiner Essenz und laugt dich aus? Vielleicht beschleicht dich auch das Gefühl, dass du dich immer mehr in einem Wartezustand befindest. Du wartest auf Zeit, Aufmerksamkeit und kleine, liebevolle Gesten deines Partners, bereitest schöne Zeiten für ihn vor, während er selig beschäftigt ist mit dem, was für ihn wichtig ist, wobei er dich in seinen Zeitplan einfügt, wann es ihm passt.

- Du hast dauerhaft das Gefühl, in deiner Beziehung nicht ganz bei dir sein zu können. In Gegenwart deines Partners wirst du dir fremd, bist emotional vor allem im Außen und hast Schwierigkeiten damit, dich sicher, klar und frei zu fühlen.

Dieser Punkt bezieht sich auf dein Lebensgefühl und deine seelische Verfassung: Spürst du, dass die Beziehung dir Freude, Kraft und Vitalität schenkt? Oder laugt sie dich aus, hält ständiges Drama und Streitgespräche bereit? Vielleicht stellst du auch fest, dass du dich wie in einer Art grauem Schleier befindest, seit du die Verbindung eingegangen bist. Wenn du eine Meinung hast, kann ein einziges Argument deines Partners dich verunsichern und dazu führen, dass du deinen Standpunkt nicht mehr vertreten kannst. Wenn er nicht in deiner Nähe ist, fühlst du dich entweder erleichtert und atmest auf oder du fühlst dich schwach und kindlich, sehnst seine Unterstützung herbei.

Auch hier zeigt sich eine bereits stark ausgeprägte, ungesunde Entwicklung, die darauf hinweist, dass die Beziehung grundsätzlich in Frage gestellt werden sollte – oder viel Zeit, Arbeit und Bereitschaft auf beiden Seiten benötigt, die Dynamik zu durchbrechen. Beachte: Dies geht nur zu zweit. Wenn dein Partner keine Einsicht zeigt und aktiv einen Weg der Heilung mit dir geht, ist es ratsam, eine Trennung zu deinem Wohl in den engeren Kreis der Möglichkeiten einzubeziehen.

Ungesunde Beziehungsstrukturen entwickeln sich nicht zwingend von einer Seite: Es ist naheliegend, den narzisstisch veranlagten Partner in die Täter- und den Empathen in die Opferrolle zu schieben, doch beide Veranlagungen bedingen sich gegenseitig. Wenn du als Empath liebevolle, doch klare und eindeutige Grenzen hast und dafür einstehst, können die – meist unbewussten – Methoden des Partners gar nicht zum Tragen kommen, denn sie finden keine Plattform.

Somit solltest du sanft und liebevoll reflektieren, an welchem Punkt in deiner Entwicklung du dich gerade befindest. Aus den Beobachtungen deines Verhaltens im Alltag und deiner anderen sozialen Beziehungen ergeben sich wertvolle Hinweise, die dir spiegeln, ob du für eine tiefe Bindung und verantwortungsvolle Partnerschaft gerade bereit bist. Du musst nie bewerten, was dir auffällt. Im Gegenteil: Solltest du feststellen, dass du in einigen Punkten Heilung benötigst, ist es ein wundervoller Akt der Selbstliebe, dir bewusst eine Zeit zu nehmen, in der du nur dir selbst Aufmerksamkeit schenkst und dich um deine Bedürfnisse kümmerst. In bewusst gewählten Zeiten des Singleseins kannst du lernen, gut für dich zu sorgen und mit Achtsamkeit, Liebe und Respekt dein Leben so zu gestalten, wie du es brauchst, um dich wohl, sicher und geborgen zu fühlen. Je mehr du bei dir selbst ankommst, umso tiefer können deine nahen Beziehungen in der Folge werden, denn du kannst jemanden nur so tief an dich heranlassen, wie du selbst mit dir in Kontakt stehst.

Hier erhältst du einige Hinweise auf eindeutige Warnsignale für ungesunde Beziehungsstrukturen von Seiten des Empathen:

- Du neigst nicht nur bei deinem Partner, sondern allgemein in den meisten deiner Beziehungen zur extremen Anpassung und überzogenem Mitgefühl.

Wenn nicht nur in deiner Partnerschaft, sondern allgemein in deinem Alltag dieses Muster zutage tritt, darfst du dich noch einmal tiefer damit beschäftigen, welcher Glaubenssatz eventuell dahinterstecken könnte. Hast du manchmal das Gefühl, wie unter einem Schleier deinen Alltag zu verleben? Fühlst du dich wie ein Gast, allenfalls als Nebenrolle im Leben anderer Menschen, die womöglich unangenehme Aufgaben oder Themen auf dich abwälzen? Hast du große Schwierigkeiten damit, nein zu sagen? Kommt es oft vor, dass du auf Treffen mit anderen wartest, nach deren Zeitplan lebst, dich ihrem Rhythmus anpasst? Fällt es dir schwer, zuerst deinen Standpunkt klarzumachen, bevor du weißt, wie die Haltung deines Gegenübers dazu ist? Steht das Verständnis nicht nur für deinen Partner, sondern auch für Kollegen, Verwandte und Freunde meist an erster Stelle vor der Wahrnehmung deiner Bedürfnisse? Ertappst du dich über einen längeren Zeitraum hinweg dabei, dass du über deine körperlichen und seelischen Grenzen gehst oder deine Wertegrenze verschiebst, um es anderen recht zu machen und ihnen nicht auf die Füße zu treten?

Ein erster Schritt in eine heilsame Richtung kann sein, diese Tendenz in dir anzuerkennen und den Tatsachen voll und ganz ins Auge zu sehen: „Ja, so ist es. Ich bin konstant dabei, meine eigene Lebensform zu begraben, weil ich fortwährend mit meinem Mitgefühl im Außen bin. Ich habe mich selbst vergessen und vielleicht kenne ich meine Bedürfnisse gar nicht so richtig. Ich habe Angst davor, dass …, wenn ich mir darüber klar werde, was ich wirklich brauche."

Reflektiere darüber, was hinter deinem Verhalten steckt. Betrachte dich friedvoll, sanft, annehmend und verständnisvoll. Es gibt einen Grund dafür, warum du so handelst. Du hast nun die Chance, diesen Baustein in deinem Leben umzuformen.

- Du erlebst in vielen Bereichen deines Lebens, dass du nicht ernst genommen wirst.

Gehört es zu deiner Tagesordnung, dass du immer mit ein wenig Anspannung durch die Welt gehst, weil du erwartest, in Gesprächen und Begegnungen mit anderen Menschen verkannt und nicht gesehen, gegriffen und ernst genommen zu werden? Sehen die Menschen um dich herum oft eher ein kleines Kind in dir, statt einen erwachsenen Menschen mit eigener Haltung und eigenem Fußabdruck, den es respektvoll zu behandeln gilt? Hier kann sogar die Formulierung aufschlussreich sein: Hoffst du, besser behandelt zu werden, oder hast du schon ein Bewusstsein darüber erlangt, so wertvoll zu sein, dass du nicht als Gegenstand herumgeschubst, sondern respektvoll und auf Augenhöhe gesehen und erfahren wirst? Übe gerne an dieser Stelle, wie du selbst über dich denkst und sprichst. Wähle anstatt „behandelt werden" zum Beispiel einen Ausdruck wie: „Dieser Mensch verhält sich mir gegenüber so."

Ein weiterer Hinweis darauf, dass du regelmäßig nicht ernst genommen wirst, kann sein, dass du vielleicht öfter Wut darüber in dir spürst, als du es zulässt. Du neigst dazu, diese Wut wegzuschieben und nicht zu beachten. Vielleicht ist die Erkenntnis der Tatsachen geradezu schmerzhaft für dich oder du fürchtest dich gar vor der Wahrnehmung deiner Wut. Viele empathische Menschen, die sich nicht erlauben, wütend zu sein, beschreiben es so: „Ich habe Angst davor, was passiert, wenn ich den Deckel meiner Wut anhebe. Manchmal fürchte ich, nie wieder damit aufhören zu können, vollkommen auszurasten und alles um mich herum zu zerstören. Ich fürchte mich davor, dass meine Wut stärker ist als ich, dass sie mich auffrisst und keinen Stein mehr auf dem anderen lässt."

Wenn du möchtest, wage dich vorsichtig an die gefühlte Wahrnehmung dieser Aussage heran. Was löst sie in dir aus? Es gibt Wege, diese unbändige Wut, die so lange unterdrückt wurde und sich daher derart ansammeln konnte, Stück für Stück herauszulassen. Sie muss dich nicht überschwemmen und das Gefühl von Kontrollverlust in dir auslösen.

Betrachte außerdem deinen Freundeskreis und die Personengruppen, bei denen du dich nicht ernst genommen fühlst. Wie kommt es dazu, dass du mit diesen Menschen Zeit verbringst? Was gibt dir das Gefühl, dazu verpflichtet zu sein? Welche Anteile in dir sehen vielleicht gar keine andere Möglichkeit, als sich der Situation der fehlenden Augenhöhe immer wieder auszusetzen? Versuche, dich zu erinnern. Woher kennst du diese Zustände vielleicht von früher? Viele Menschen haben in jungen Jahren auch in der Schulzeit derartige Erfahrungen gemacht. Da die Pflicht zum Schulbesuch besteht, konnten sie der Situation nicht ausweichen und haben womöglich nie gelernt, das Problem konstruktiv zu lösen. Sie fühlen sich ausgeliefert und ohnmächtig und es blieb ihnen nichts anderes übrig, als sich innerlich taub zu stellen und die Momente über sich ergehen zu lassen.

Als Folge davon bist du heute vielleicht sehr schüchtern, kannst dich in Gegenwart dieser Menschen nicht so ausdrücken, wie du gerne würdest und ringst um authentischen Ausdruck, der ausstrahlt, dass du vielleicht selbst nicht sicher darüber bist, was in dir vorgeht. So erscheint deine Ausstrahlung deiner Umgebung nicht eindeutig. Zudem fehlt dir vielleicht der Mut, Situationen radikal zu verlassen, in denen du dich nicht wohlfühlst. Die daraus resultierende innere Anspannung bewirkt, dass du dich konstant unwohl in dir selbst und deiner Umgebung fühlst.

Wenn du diese Anzeichen bei dir bemerkst, darfst du sie anerkennen und feststellen: „Ich erlebe im Außen, was ich im Inneren fühle." Verurteile dich dafür nicht, nimm dich darin liebevoll an, wenn du kannst. Du bist deswegen ganz und gar nicht beziehungsunfähig oder unzumutbare eine Last für andere. Vielleicht sind dies die ersten Gedanken, die dich dazu überwältigen. Doch als Empath neigst du womöglich grundsätzlich dazu, dich anderen nicht übermäßig zumuten zu wollen und die Gründe für deren respektloses Verhalten vorrangig in deinen eigenen Mustern zu suchen.

Wir tun gut daran zu hinterfragen, woher unser Verhalten stammt und welches unser Anteil an der Situation ist, doch das bedeutet nicht, dass du dir Schuldzuweisungen machen musst. Du bist Empath – und Mensch. Du darfst dich zumuten. Und du darfst dich mit Menschen umgeben, die dich ernst nehmen, selbst, wenn du noch mitten in der Heilungsarbeit steckst.

- Du gehst zu viele Kompromisse mit dem ein, was du wirklich willst.

Erwischst du dich immer öfter dabei, dir Verhaltensweisen deines Partners schönzureden oder die rosarote Brille genau in den Momenten aufzusetzen, in denen sie abgenommen werden sollte? Wenn dir folgende Gedanken bekannt vorkommen, kann es sein, dass du dabei bist, dich von deiner persönlichen Wahrheit zu entfernen und eine Beziehung aufrechtzuerhalten, die deinem Wesen eigentlich nicht entspricht:

◊ Ich kenne sein Potential und bin ganz sicher, dass er es erreichen wird!
◊ Meine Hingabe, Liebe und Geduld werden ihn verändern.
◊ Meine positive Einstellung wird ihn bekehren.
◊ Er ist doch nicht umsonst in eine Verbindung mit mir gegangen, sicher sind all die positiven Ansätze meiner Art zu leben, auch in ihm vorhanden.
◊ Eine Beziehung ist nicht immer nur schön. Es ist normal zu leiden.

Wenn es bereits zur Gewohnheit wird, so zu denken, bist du in eine Falle getappt: Du hast deinen Partner wahrscheinlich nach deinen alten Glaubenssätzen ausgewählt. Diese besagen, dass du es nicht verdient hast, mit jemandem zusammen zu sein, der von sich aus die Voraussetzungen dafür mitbringt, dass ihr euch auf Augenhöhe in Co-Kreation begegnen könnt.

Viele Empathen neigen dazu, jemanden auszuwählen, den sie „mitschleppen" müssen. Sie fühlen sich zeitweise gut damit, diesen Menschen zu unterstützen, ihm Gutes zu tun und ihm ihr Verständnis zu schenken. Es fühlt sich selbstlos und tugendhaft an, einem geliebten Menschen Chance um Chance zu geben und Vergebung zu üben, sich mit dem Gedanken zu beruhigen, dass es in einer Partnerschaft darum geht, zu geben und nicht an sich zu reißen. Somit geraten die eigenen Bedürfnisse unter eine verschobene, falsche Sichtweise des Begriffs der Liebe und Hingabe, die nichts für sich selbst will. Liebe ist bedingungslos, doch Partnerschaft sollte es nicht sein. Du kannst in tiefer Liebe sein und doch Grenzen setzen und dafür einstehen, an der Seite eines Menschen durchs Leben zu gehen, der dich liebt und respektiert. Achte darauf, dass deine Empathie nicht Fallstrick für missbräuchliche Strukturen wird.

Wie du dich von ungesunden Beziehungen lösen kannst

Du hast einen guten Überblick über die Anzeichen ungesunder Bindungen und Muster erhalten. Nun wirst du eine Reihe von Strategien und Ansätzen kennenlernen, die dir den Weg aus solch festgefahrenen Situationen bahnen können.

Noch einmal zur Erinnerung: Du wirst auf deinem Weg mit tiefen inneren Prozessen konfrontiert werden, die herausfordernd und auch schmerzhaft für dich sein können. Bisher lagen viele deiner inneren Vorgänge vielleicht noch im Dunkel. Erst durch das Aufbrechen und Gewahrwerden dieser ungesunden Strukturen in deinem Leben und in deiner Beziehung wirst du auf deine inneren Schmerzpunkte hingewiesen. Die gute Nachricht ist, sie kommen zum Vorschein, weil die Zeit reif ist, sie zu heilen. Immer wieder kann es sich für dich jedoch überwältigend und überfordernd anfühlen, diese Phasen zu durchlaufen. Vielleicht fühlst du dich ohnmächtig, hoffnungslos oder hast körperlich wenig Kraft. Zu alledem musst du deinen Alltag bewältigen und hast vielleicht gerade nicht die Möglichkeit, dir eine echte Auszeit zu nehmen.

Es kann dir helfen, dich immer wieder daran zu erinnern: Es ist JETZT GERADE so. Es wird nicht so bleiben. Dies ist eine Phase in deinem Leben, die ein Ende hat. Du wirst gestärkt, mit neuer Kraft und gesunden, hilfreichen Erkenntnissen aus der Erfahrung gehen und deinem empathischen Herzen nähergekommen sein – auch, indem du unter dem Druck der aktuellen Situation genauer hinschaust.

Diese Zeit ist außerdem schon der Beginn einer Gesundung: Deine Bedürfnisse rücken unausweichlich in den Vordergrund, weil sie derart sichtbar werden, dass du sie nicht länger ignorieren kannst und womöglich auch nicht möchtest. Dein Unterbewusstsein und all deine auf natürlichem Wege auf Heilung ausgerichteten Zellen werden dich dabei unterstützen, nach vorn zu wachsen, anstatt in etwas Altem zu verharren, das dir dauerhaft schadet. Ein gewisser innerer Automatismus kann dir sogar helfen, Dinge nicht mehr hinzunehmen, die du aufgrund deiner bisherigen Prägung bis dato ohne Murren akzeptiert hast.

Wenn du magst, gib diesem inneren unterstützenden Vorgang ein Gesicht: Vielleicht bist du in spiritueller Hinsicht dazu geneigt, eine innere Figur zu sehen, die dich bei deinem Prozess unterstützt. Oder es hilft dir, die wissenschaftlichen Fakten über deine persönliche Entwicklung im Bereich Neurobiologie aufzufrischen. Was auch immer dich dabei unterstützt zu wissen: „Alles in mir arbeitet für mich, ich bin nicht allein!" ist für deinen Heilungsprozess von enormer Bedeutung und sehr wertvoll.

Und: Auch Gespräche und liebevoller Kontakt mit anderen Menschen, die dir wohlgesonnen sind, wirken sich positiv aus. Du machst die Erfahrung, dass du wertvoll, gesehen, geliebt und geschätzt bist. Dies gibt dir Kraft, ungesunde Bindungen leichter und effektiver zu verlassen und dein Selbstwertgefühl wieder lebendig werden zu lassen.

Hier nun ein Überblick über die heilsamen, unterstützenden Aspekte, die dir helfen, eine ungesunde Beziehung zu verlassen oder zu transformieren:

- Selbstliebe/Heilung

Der erste Schritt zur Lösung von ungesunden Beziehungen beginnt in dir: Je mehr du dich selbst kennen und verstehen lernst, umso tiefer kannst du bereit sein, dein Leben so zu gestalten, wie es dir entspricht. Du nimmst Rücksicht auf deine Bedürfnisse und lernst, anderen zu zeigen, wie sie mit dir umgehen sollen.

Begib dich auf die Reise nach deiner Entwicklung. Sei es dir wert, herauszufinden, warum die Dinge sind, wie sie sind und wo du Heilung, Annahme und Liebe benötigst. Sei es dir wert, deine Geschichte umzuschreiben, indem du, gerne auch mit professioneller Unterstützung, Muster auflöst, neue Glaubenssätze integrierst und deinem Leben bunte Farben schenkst. Du bist nicht mehr machtlos und abhängig wie damals als Kind. Heute kannst du dein Leben selbst gestalten.

Dazu gehört unter anderem, dass du die Verantwortung für dein Glück zu dir zurückholst. Damals waren die Erwachsenen dafür verantwortlich, dass du sicher warst und es dir gutging. Du hast wahrscheinlich schlechte Erfahrungen im Vertrauen dahingehend gemacht, die nun in deinem System weiterwirken und sich in Beziehungen zwischen dich und deinen Partner drängen oder ungesunde Verbindungen begünstigen, weil du nicht gewohnt bist, mehr wert zu sein als das, was du bereits kennst.

Im Laufe des Heilungsprozesses kannst du lernen, dich selbst zu beeltern und dir Zeit zu nehmen, deine Bedürfnisse kennen zu lernen, sie liebevoll zu erfüllen und auch deinen Standard an dem, was du vom Leben erwartest, anzuheben. So kannst du neue Grenzen setzen und Entscheidungen treffen, die dich nicht mehr von deiner Umwelt abhängig machen. Du kannst einen Partner wählen, der dir guttut! Dies ist jedoch nur möglich, wenn du es dir aus tiefstem Herzen wert bist – und dafür ist die Heilung deiner Verletzungen nötig.

Sei in diesem Prozess geduldig mit dir. Du wurdest jahrelang geprägt und nun dauert es einige Zeit, bis die alten Muster neu überschrieben werden können. Dazu ist dein Leben da: Der Weg zu dir selbst darf tatsächlich ein sich entwickelnder Prozess sein. Es muss nicht auf einen Schlag alles in Ordnung sein – und einige deiner Macken wirst du nie loswerden. So geht es uns allen. Heilung bedeutet nicht glattgebügelte Tadellosigkeit. Sie ist dazu da, eine Lebensform wählen zu können, die dich glücklich macht und dir einen Platz in der Welt einräumt, an dem du dich richtig fühlst.

- Bedürfnisse auf andere, enge und familiäre Beziehungen verteilen

Als Empath und stark beziehungsorientierter Mensch bist du eventuell weiterhin auf der Suche nach dem ganzen Brot – die Idealvorstellung von einer Beziehung, die alles erfüllt, was du brauchst, ist sehr verführerisch. Eine solche Verbindung wäre übersichtlich, kontrollierbar, sicher und ohne böse Überraschungen – dein Partner liebt dich vollkommen, genau so, wie du es brauchst und er liest dir jeden Wunsch von den Augen ab.

Eine dauerhafte Beziehung sollte auf einem festen Fundament gegründet sein und selbstverständlich auch Bedürfnisse erfüllen und gemeinsame Werte feiern, sonst wird sie nicht überleben. Doch dass dein Partner immer alles richtig macht und du all deine Interessen und Wünsche mit ihm teilen kannst, entspricht eher einer Illusion.

Prüfe deine Ansprüche daraufhin, ob sie wirklich in die Beziehung gehören oder ob einige Punkte nicht auch mit anderen Menschen gelebt werden können. Wenn du monogam lebst, ist die Sexualität Teil deiner Partnerschaft und möchte dort bearbeitet werden. Bist du jedoch ein Kinogänger und dein Partner nicht, könntest du diese Leidenschaft beispielsweise auch mit einer Freundin oder einem Freund ausleben. Wie steht es mit dem Thema Ernährung, Sport und anderen täglichen Gewohnheiten? Es muss nicht alles bei euch beiden gleich sein, damit ihr eine erfüllende Partnerschaft lebt.

Ergründe die Dinge, die dir wirklich wichtig sind und bei denen du keine Kompromisse machen möchtest – diese darfst du dann auch ganz klar als Bedingung und Teil deiner Persönlichkeit mit in den Raum bringen.

Tipp: Schreibe eine Liste mit diesen wichtigen Punkten und erkläre darauf, warum diese Punkte für dich unumgänglich sind. So kannst du dir in deiner Entscheidung sicher werden.

Der Sinn dahinter verbirgt sich im Thema der Abhängigkeit. Je weniger du dich wegen Kleinigkeiten von deinem Partner abhängig fühlen musst und erwartest, dass er alles für dich tut, was dir wichtig ist, umso kraftvoller und eigenverantwortlicher fühlst du dich und kannst auch besser für deine Bedürfnisse einstehen. Du musst nicht auf seine „Gnade" hoffen, bleibst in deinem Denken frei und klar und kannst vor allem aus einer reifen und nicht kindlich-ohnmächtigen Position heraus agieren, um deine Situation selbstständig zu formen.

- Ein klares Ja – werde dir darüber bewusst, was du wirklich willst

Ein Hauptteil der Heilungsarbeit besteht darin, zu wissen, was du von ganzem Herzen für dein Leben möchtest. Begib dich daher auf den Weg, herauszufinden, was dich wirklich begeistert, wohin du möchtest und was dich motiviert. Sowohl im Bereich Beziehungen als auch deiner Berufung, in deinem Wohnort, deinen Hobbys und deinem tieferen Sinn Klarheit zu erlangen, wer du bist, wird dir helfen, deinen „Plan A" nicht für eine Partnerschaft zu verlassen. Jede Beziehung, für die du etwas opferst, das deinem tiefsten Herzen entspricht, ist entweder zum Scheitern verurteilt oder an ihrer Stelle ein Teil deines Herzens.

Deine engsten Beziehungen bestimmen mit, wer du bist und wohin du dich entwickelst. Sei daher wählerisch mit der Entscheidung, wem du deinen Raum, deine Energie und deine Zeit schenkst, denn sie wird dich maßgeblich beeinflussen. Die Menschen, die mit dir leben, sollten daher dein tiefstes Wesen, deine Träume und Ziele mitfeiern und ihr Wachstum begünstigen. Dafür musst du dir zuerst über sie bewusst sein und vor allem auch eine Entscheidung treffen, keine faulen Kompromisse mehr einzugehen.

Dieser Punkt wirkt nicht nur als Hilfestellung zum Verlassen einer ungesunden Beziehung, sondern auch präventiv: Je klarer du dir über deinen Weg und deine seelische Essenz bist, umso schneller wirst du von Anfang an wissen, ob jemand zu dir passt. Du erkennst schnell, ob du deinen alten Glaubensmustern und Verletzungen aufgesessen bist oder ob du die Entscheidung für einen anderen Menschen aus deiner Kraft heraus getroffen hast. Dies kann deinen Selbstwert enorm steigern, dir Kraft, Zuversicht und gesunde Selbstkontrolle vermitteln.

Fühle dich in deinem Leben und deinen Zielen zuhause. So findest du einen Partner, der nicht dein altes Muster bedient, so dass du immer wieder nur eine Spielfigur im Leben anderer bist und dadurch in Abhängigkeit gerätst. Deine klare Linie sorgt für einen kräftigen Fußabdruck und ein leuchtendes Charakterprofil.

Im Übrigen kann auf diesem gesunden Boden auch deine Empathiefähigkeit zu einer wahren Gabe heranreifen: Im Buch „Empathie ohne Stress" lernst du mehr darüber, wie ein starker Charakter dazu beiträgt, dass du unter deiner Empathie nicht länger leidest, sondern eine vertrauensvolle, mitfühlende und sichere Atmosphäre kreierst, in der du nicht zu kurz kommst, im Gegenteil: Du bist nun Teil der Lösung und kannst gesunde Beziehungen auf Augenhöhe aktiv mitgestalten.

- Führe die unangenehmen Gespräche

Seit einigen Monaten schon fühlst du, dass Frust in dir aufsteigt. Eure Sexualität war schon von Anfang an eher auf die Bedürfnisse deines Partners ausgerichtet und du hast bisher vergeblich darauf gewartet, dass sich daran von allein etwas ändert. In deiner Sensibilität und Liebesbedürftigkeit wünschst du dir, dass dein Partner von sich aus deine Bedürfnisse erfragt und von ganzem Herzen erfüllen möchte. Voller Mitgefühl hast du dir selbst immer wieder erklärt, warum er dazu gerade vielleicht nicht in der Lage ist und dass du ihm Zeit geben möchtest. Du siehst mögliche Blockaden in seiner Seele und möchtest ihn nicht überfordern.

Doch seit einigen Wochen wird es zusehends schwerer, nicht aus jeder körperlichen Begegnung mit Frust, Schmerz und auch Ärger herauszugehen. Den Raum zu halten, in dem deine Bedürfnisse kaum beachtet werden und vielleicht sogar nur durch Zufall erfüllt werden (von dem du dich wiederum abhängig fühlst), wird zur Zerreißprobe und du spürst, dass deine innere Grenze eigentlich schon überschritten ist.

Doch es fällt dir äußerst schwer, mit deinem Partner über deine Gefühle zu sprechen. Vielleicht fürchtest du Liebesentzug oder dass er verletzt und beleidigt ist, sich abgewertet fühlt in seinen Fähigkeiten, obwohl du es anders meinst. Du sorgst dich mehr um seine Gefühle als um deine Bedürfnisse und begünstigst damit die Schieflage zwischen euch beiden, die seine narzisstischen Anteile und deine Opferhaltung begünstigen.

Wenn die Situation sich nicht verändert, werden früher oder später unangenehme Folgen auf dich zukommen. Dein Körper kann rebellieren und Krankheitssymptome aussenden. Vielleicht wehrt sich deine Haut oder du hast plötzlich tatsächlich Kopfschmerzen. Vielleicht wird dir übel oder du fühlst dich schwach und ausgelaugt. Auch emotional kann die Situation eure Beziehung überfordern: Wenn du dich von deinem Partner abhängig fühlst und deine Bedürfnisse keinen Raum erhalten, werden dein Ärger und deine Frustration sich auf eure gesamte Beziehung und euer gemeinsames Leben auswirken.

Im Bereich Sexualität ist dies besonders heikel. Wenn dein Körper, in dem du wohnst und der deine intimste Zone darstellt, nicht entsprechend gute, heilsame Erfahrungen macht, kann dies zu dauerhaften Verletzungen führen, die deine Lebensführung beeinflussen. Sexuelle Zufriedenheit entscheidet maßgeblich über inneres Gleichgewicht, einem Gefühl der Kraft, Freude und Vitalität und auch darüber, inwieweit du auf Ersatzbefriedigungen verzichten kannst, die den Frust übertünchen sollen.

Somit tust du dir auf ganzer Linie einen Liebesdienst, wenn du nicht länger Zurückhaltung übst mit dem, was dir wirklich im wahrsten Sinne des Wortes unter die Haut geht. Ob es sich nun um eure Sexualität oder um andere, ebenso wichtige Bereiche handelt. Wage es, diese unangenehmen Gespräche zu führen. Traue dich, nein zu sagen und Erwartungen zu stellen.

Bedenke: Dein Partner tut dies ganz selbstverständlich. Auch du hast das Recht dazu. Wenn du Schuldgefühle wegen deiner Erwartungen haben solltest, kannst du dich daran erinnern, dass es meist auf die Art und Weise ankommt, wie du diese kommunizierst. Wenn du gewaltfrei, respektvoll und achtsam, jedoch klar ausdrückst, was du brauchst und deinen Partner in seiner Reaktion frei lässt, ist alles legitim, was dir wichtig ist.

Zudem ist alles, was dich beschäftigt und was du immer wieder wegschiebst, ohnehin in eurem gemeinsamen Raum und lässt sich nicht dadurch wegzaubern, dass du es ignorierst. Du entscheidest lediglich, ob ihr es bewusst bearbeitet und integriert oder ob diese heiklen Punkte unterbewusst euer Zusammenleben beeinflussen und für negative Auswirkungen sorgen.

Selbiges gilt für typische Themen, bei denen du dich vielleicht aufgrund deiner empathischen Haltung nicht traust, Farbe zu bekennen. Vielleicht riecht dein Partner öfter unangenehm und du wünschst dir, dass er sich täglich duscht. Vielleicht sind eure Freizeitbeschäftigungen ein Spiegel seiner Interessen und ihr tut nichts gemeinsam, was du wirklich liebst. Oder du wünschst dir, dass dein Partner dich öfter berührt, streichelt oder von sich aus freundliche Dinge zu dir sagt.

Führe das unangenehme Gespräch. Nur so kannst du herausfinden, ob ihr gemeinsam eine neue Stufe eurer Beziehung erklimmen könnt und dieser Partner der richtige an deiner Seite ist. Andrea Lindau hat es einmal etwa so formuliert: „Was zu dir gehört, wird im Lichte der Ehrlichkeit näherkommen. Was ohnehin nicht zu dir gehört, wird sich entfernen, sobald du deine Wahrheit auf den Tisch legst."

Wenn du bei dir bleibst, wirst du glückliche Beziehungen führen können, in denen du wahrhaft erkannt und so geliebt wirst, wie es dir wirklich guttut.

➢ Sei du selbst in deinem Raum

Wenn du mit deinem Partner bereits zusammenwohnst oder ihr oft beieinander seid, kann es sein, dass du bestimmte Anteile von dir zurückhältst, sobald du in seiner Gegenwart bist. Grund dafür kann sein, dass du in der Vergangenheit gelernt hast, nicht auf „Minenfelder" bei deinen Eltern oder Erziehungsberechtigten zu treten und dich still und unauffällig zu verhalten, weil du sonst

Eskalation oder Rügen provoziert hättest. Vielleicht habt ihr in eurer Familie auch eine gewisse Verhaltensetikette im Alltag angelegt, die dich extrem unter Druck gesetzt hat, dich einwandfrei zu benehmen. Nur so konntest du vermeiden, bloßgestellt zu werden.

Liebesentzug bei nicht akzeptiertem Verhalten ist eine mächtige Waffe, um Menschen in Abhängigkeit und Angst zu halten. Besonders Kinder leiden intensiv darunter, wenn sie von ihren Eltern mit Liebesentzug für Fehlverhalten bestraft werden.

Dieses Muster kann sich in deinem Erwachsenenleben in alltäglichen Bereichen zeigen. Vielleicht traust du dich nicht, auf der Toilette typische Geräusche von dir zu geben, weil du dich schämst und fürchtest, dass dein Partner sich ekelt oder dich nicht mehr mit romantischen Augen sieht. Oder du traust dich kaum, dich nachts im Bett zu bewegen, weil du ihn nicht stören möchtest. Achte darauf, ob du oft in seiner Gegenwart körperlich angespannt bist und was dein Körper dir damit sagen möchte. Wie lautet dein aktuelles Bedürfnis und warum lebst du es nicht? Was fürchtet das innere Kind in dir? Auch bestimmte Verhaltensweisen bezüglich deiner Sauberkeit, der Art wie du aufräumst, wo du deine Tasse Kaffee abstellst und auch in deiner Kommunikation geben dir Aufschluss darüber, inwieweit du dich auf eine Weise anpasst, die dir auf lange Sicht schadet. Versuchst du, bestimmte Worte zu vermeiden, nicht aus Rücksicht, sondern aus Angst vor Ärger? Sprichst du deeskalierend mit deinem Partner und entschuldigst dich sehr häufig?

Auch in der Sexualität kann es sein, dass du dich ganz anders verhältst, als es dir eigentlich entsprechen würde – um nicht bloßgestellt, verlassen oder gerügt zu werden.

Bedenke immer: Deine Angst-Emotionen kommen nicht aus der Gegenwart, sondern vorrangig aus der Vergangenheit. Du bist nun erwachsen und kannst entscheiden, wie du dich in deinem persönlichen Raum verhalten möchtest. Außerhalb der eigenen Wohnung oder des Ortes, an dem du zuhause bist, ist es normal, wenn du dich in Gegenwart fremder Menschen anders verhältst. Du läufst nicht in Unterwäsche herum, passt dich an die moralischen Gegebenheiten deines sozialen Umfeldes an, achtest darauf, wie du sprichst. Eine gewisse Anpassungsfähigkeit und der Wunsch nach gesellschaftsfähigem Verhalten ist uns als sozialen Wesen angeboren, da wir sonst riskieren, aus der Gruppe ausgestoßen zu werden und somit allein zu sein – für unseren Urinstinkt bedeutet dies Gefahr und Tod.

In deinem persönlichen, sicheren Raum in ständiger Anspannung zu sein und dich in der Gegenwart deines Partners nicht sicher zu fühlen, ist jedoch mit Vorsicht zu betrachten. Solltest du feststellen, dass die befürchteten Akte des Liebesentzugs tatsächlich eintreten, wenn du dich fallenlässt und einfach du selbst bist, ist es ratsam, die Beziehung grundsätzlich zu überdenken, denn dies kann ein Hinweis darauf sein, dass ein narzisstischer Anteil deines Partners zum Vorschein kommt. Er möchte eventuell sein Selbstbewusstsein mit dir als Partner aufpolieren, damit du mit deiner Tadellosigkeit auf seine Größe hinweist und er sich besser fühlt. Passt du nicht in dieses Bild, möchte er dich entweder verändern oder dich loswerden – beides hat nichts mit der Art Liebe und Gemeinschaft zu tun, die du dir von einer Beziehung wünschst.

Tipp: Vielleicht hast du auch Angst, dass dein Partner dein Fallenlassen als „sich gehen lassen“ interpretiert. Doch du kannst selbst beurteilen: Dein wahrhaftiges Selbst mit deinen Gewohnheiten zu leben und auch dein Menschsein zu erlauben, ist Ausdruck deines natürlichen Seins. Wenn du jemand bist, der wachsen und sich weiterentwickeln möchte, sich Gedanken über seine Art zu leben macht und auf tieferen Sinn hinstrebt, wirst du wahrscheinlich niemand sein, der sich zuhause vollkommen unflätig benimmt und sein Leben nicht im Griff hat.

Du darfst sein. Auch in Jogginghose und mit Durchfall.

- Beende die Beziehung radikal

Diese Entscheidung ist unausweichlich, wenn die ungesunden Muster zwischen euch so eingefahren sind, dass kein Versuch, sie aufzulösen, mehr funktioniert und das Schiff eindeutig in eine immer tiefere Abhängigkeit segelt. Auch wenn du dich seit einem längeren Zeitraum fühlst, als seist du nicht mehr du selbst, bereits Eigenschaften, Verhaltensweisen, Süchte etc. bei deinem Partner sichtbar geworden sind, die nur durch deine Hoffnung noch zu ignorieren sind und dich in Co-Abhängigkeiten führen, ist eine Trennung meist unausweichlich. In ihrem Buch „Jeder ist beziehungsfähig“ beschreibt Stefanie Stahl eingehend, wie du vorgehen kannst, wenn du emotional bereits so abhängig bist, dass sich eine Trennung schon fast wie ein Drogenentzug anfühlt. Solche Dynamiken können sich, je nach Ausprägung eurer sich gegenseitig bedienenden Muster, sehr schnell entwickeln, erst recht, wenn starke körperliche Anziehung und extreme emotionale Verliebtheit mit im Spiel sind. Viele Empathen merken erst, in welcher Situation sie sich befinden, wenn es bereits zu spät ist. Zögere daher nicht, auch Hilfe anzunehmen und dich im Trennungsprozess begleiten zu lassen. Du bist es wert, liebevoll unterstützt zu werden. Dein soziales Netz kann dich auffangen, eine Therapie begleiten und die bewusste Hinwendung zu dir und deinen Bedürfnissen schenkt dir Kraft und baut deinen Selbstwert langsam wieder auf.

- Lege alte Muster ab und öffne dich für neue Gewohnheiten

Viele deiner Verhaltensweisen entsprechen deinem niedrigen Selbstwertgefühl und dem, was du über dich glaubst. Du hast Muster entwickelt, die dir schaden und obendrein deinen Mitmenschen Signale über die Art senden, wie sie mit dir umgehen sollen – denn unbewusst lebst du es ihnen vor.

Hier findest du einige typische, destruktive Verhaltensmuster von Empathen, denen du getrost den Rücken zukehren darfst:

- *Opferhaltung:* Wie an vielen Stellen bereits angerissen wurde, ist die Opferhaltung eine der schädlichsten Verhaltens- und Glaubensmuster. Der Aspekt, auf den hier eingegangen wird, ist die damit einhergehende fehlende Möglichkeit, das zu erhalten, was du wirklich möchtest: Nähe, Liebe, Zuneigung, Bewunderung und Wertschätzung. Wer sich selbst als Opfer der Umstände verhält, strahlt aus, dass er all diese Attribute nicht wert ist und darauf wartet, dass jemand anders ihm eine Art Daseinsberechtigung vermittelt, indem er ihn gnädigerweise trotzdem mit diesen Gaben füttert – obwohl er sie eigentlich nicht verdient hat.

Selbst, wenn du jemanden findest, der in diesem Bereich auf dich zukommt, kann dies dazu führen, dass du tief in dir nie ganz glauben kannst, dass der andere es wirklich ernst meint. Du selbst denkst in Wahrheit ganz anders über dich und wirst die Liebe deines Gegenübers nicht vollends annehmen können, solange du in der Tiefe davon überzeugt bist, dass du nicht gut genug dafür bist.

Eine Opferhaltung erlaubt dir zudem nie, vollends glücklich zu sein. Sie soll dazu dienen, dir Aufmerksamkeit zu sichern, die du zwar immer als halbe Lüge betrachten wirst, doch die sich für dein verletztes Selbst besser anfühlt, als sie schlussendlich aufzugeben und für dein Glück selbst zu sorgen, indem du es dir wert bist, ein glücklicher Mensch in glücklichen Beziehungen zu sein. Letzteres ist für dich kaum zu glauben und daher schwer anzunehmen. Viele Menschen fürchten tatsächlich, allein zu sein, sobald sie sich erlauben, glücklich zu sein. Sie denken gemäß ihren alten Strukturen, dass sie als zufriedene, erfüllte Menschen nicht einmal mehr die Aufmerksamkeit des Mitleids erhalten und ihre Mitmenschen es nicht mehr für nötig halten, sie zu beachten.

Es kann dir helfen, dein Glaubenssystem dahingehend zu überprüfen, mit wem DU am liebsten Zeit verbringst – sind es die glücklichen Menschen, die freudig für sich Verantwortung übernehmen oder eher die, die ständig wehmütig ihr Unglück betrauern, selbst passiv bleiben und andere für deren Erfolg bewundern?

◊ *Scham:* Scham ist eine der Haltungen, die dich am meisten zurückhalten wird. Wenn du empathisch und mitfühlend bist, wirst du mit der Scham anderer Menschen womöglich schmerzhaft mitleiden und dir sehnlichst für sie wünschen, sie müssten dieses Gefühl nicht ertragen. Außerdem tendierst du vielleicht dazu, ihnen ihre Schamgefühle zu nehmen, indem du mittels deines empathischen Eingehens einen sicheren Raum für sie erschaffst, in dem es erlaubt ist, alles zu sagen und alles zu sein, ohne dafür von dir schief angesehen und verurteilt zu werden. Gerade du leidest dabei unter dem Gefühl der Scham besonders stark – weswegen du auch weißt, wie schlimm sich dies für andere Menschen anfühlt. Wenn du als sensibler Mensch oft erlebt hast, beschämt oder entliebt zu werden, steigert dies deine Empathie anderen gegenüber – und dein eigenes Gefühl, nicht angenommen und geliebt zu sein, wie du bist. Dies begünstigt ungesunde Beziehungsmuster, da du dich aus Scham nicht vollends „zumutest", wie du wirklich bist. Mit allem, was du nicht zeigst, kannst du auch nicht gesehen und geliebt werden.

Du darfst dich auf den Weg begeben, deine Scham sanft und Stück für Stück abzulegen und dich zu zeigen, auch wenn du große Angst vor Zurückweisung empfindest. Übe, dich in Beziehungen zu zeigen, in denen du dich bereits sicher und geliebt fühlst und sauge die positiven Reaktionen als Teil deines neuen Denkens auf. Erinnere dich daran, dass du Beziehungen führen möchtest, in denen du dich nicht schämen musst. Dies benötigt die Arbeit in beide Richtungen: Wähle Menschen und Partner, die von sich aus Sicherheit vermitteln und entscheide dich deinerseits, dich so zu zeigen, wie du wirklich bist.

◊ *Falsches Verantwortungsgefühl:* Die Zeit der unangebrachten Verantwortung, die dir als Kind auferlegt wurde, ist vorüber. Du bist nicht mehr dafür zuständig, allein die Beziehung am Laufen zu halten oder für das Glück und die Entspannung deines Partners zu sorgen.

Selbstverständlich möchtest du ihm Gutes zuteilwerden lassen und in einer gesunden Beziehung ist es sehr förderlich, einander Aufmerksamkeiten zu schenken, doch es ist weder deine Pflicht noch deine Verantwortung, dafür da zu sein, alles zu richten. Wenn du ehrlich mit dir selbst bist, wirst du den Unterschied erkennen. Frage dich zu Beginn deiner Veränderung immer wieder nach deiner

Motivation für dein Handeln: Fühlst du dich verantwortlich – oder fühlst du dich frei? Je mehr du in deiner Verantwortung bei dir und deinen Belangen bleibst, umso mehr wird dein Partner sich um sich selbst kümmern, dich sehen und wahrnehmen können und sich mit dir auf Augenhöhe verbinden. Er wird dich nicht wie einen Elternteil ansehen und du wirst dich nicht länger ausgenutzt fühlen und dich insgeheim ärgern.

Inspiration

Schreibübung: Wer möchte ich sein?

Diese Übung dient dazu, dir neu über dein eigenes Potential bewusst zu werden und dich daran zu erinnern, wie wundervoll du bist. Ja, du hast das Recht auf ein glückliches Leben und befriedigende Beziehungen und ja, es ist eine Ehre für andere, mit dir zusammen zu sein!

Kommt dir diese Aussage unwirklich vor, vielleicht fast du schön, um wahr zu sein?

Schreibe eine Vision dessen auf, was du tief innen über deinen eigenen inneren Wesenskern spürst. Viele empathische Menschen haben eine Ahnung davon, dass in ihrer Mitte eine Art Schatz verborgen liegt, ein Potential, ein „Klumpen Gold", der nur nie gefunden und ausgegraben wurde. Du bist der Schatzgräber für deinen eigenen Schatz und weißt genau, was dich im tiefsten Inneren ausmacht.

Wenn du möchtest, setze dich vor dem Schreiben einige Minuten lang still an einen bequemen, ruhigen Ort und lasse dich in einen meditativen Zustand gleiten. Von dort aus kannst du dir eine Begegnung mit diesem inneren Kern vorstellen, der dich ausmacht: Welche Farben, Muster, Formen, vielleicht sogar menschliche Gestalt siehst du? Taucht ein bestimmter Archetyp vor deinem inneren Auge auf, mit dem du dich identifizieren kannst? Erlaube dir, so tief zu fühlen, bis ein Bild in dir entsteht, das dich wirklich berührt und von dem du das Gefühl hast, es zu erkennen – dich zu erkennen, in deiner heilen, starken, kraftvollen und hinreißend schönen Version. Es geht nicht darum, dich selbst in Perfektion zu betrachten und danach traurig über die Diskrepanz zwischen dem zu sein, was du gern wärst und dem, wer du faktisch bist. Die Vision deines „höheren Selbst" dient eher dazu, dich zu erinnern: Wer bist du, wenn all der Schmerz deiner Vergangenheit dich nicht mehr bestimmt und du frei wählen kannst, wer du sein möchtest?

Vielleicht kommen dir auch Bilder in den Sinn, die du bisher immer mit anderen Menschen assoziiert hast, die du bewunderst. Nie wärst du auf die Idee gekommen, dass auch für dich etwas bereitsteht, was dein tiefstes Herz strahlen lässt. Erlaube dir, diese Bilder und Assoziationen auf dich selbst anzuwenden. Was, wenn der Weg in die Selbstständigkeit nicht nur für deine beste Freundin bestimmt wäre – sondern auch für dich? Was, wenn nicht nur dein Bekannter einen wunderschönen Urlaub haben kann, sondern auch du? Was, wenn dieser oder jener Traum für dich genauso erreichbar ist, wie für jemanden, für den dessen Erfüllung beinahe selbstverständlich ist?

Was du nun über dich, dein Lebensgefühl und deinen Wesenskern gesehen, erlebt und niedergeschrieben hast, darf sich auch in deinem Leben zeigen. Nimm es als Richtlinie für die Gestaltung deines Alltags und deiner Beziehungen.

Wenn eine wichtige Entscheidung ansteht, stell dir vor, du agiertest aus dem Stand eines glücklichen, erfüllten Ichs heraus. Wenn du mit deinem Partner in Kommunikation trittst, erinnere dich daran, dass es eine Ehre ist, mit dir zusammen zu sein. Wenn du deine Bedürfnisse mitteilst, trainiere die Sichtweise, dass es deinen Mitmenschen eine Freude ist, dir Gutes zu tun.

Es mag sich zu Beginn äußerst ungewohnt, vielleicht sogar unangenehm anfühlen, so zu denken und die ersten Schritte im

Handeln vorzunehmen, doch es sei dir versichert: Schon bei den ersten positiven Erfahrungen wirst du Freude daran finden!

Bedenke, dass es eine Zeit lang dauert, eine neue Sichtweise über dich selbst zu erhalten. Immer wieder wird das alte Denken sich dazwischendrängen und du wirst mit Gedanken konfrontiert, die dich zurückhalten möchten:

- ⇨ Sei mal nicht so arrogant!
- ⇨ Was glaubst du eigentlich, wer du bist?
- ⇨ Das ist egoistisch!
- ⇨ Wie kommst du darauf, eine ganze Bäckerei zu wollen, wenn du nur kleine Brötchen verdienst?

Erinnere dich daran, dass diese Gedanken deinen alten Glaubenssätzen entsprechen. Mithilfe des Bildes von deinem höheren Selbst kannst du neue Glaubenssätze formulieren, die deine Entwicklung begünstigen.

Nutze deine empathische Gabe wie eine Mutter, die das Beste für ihr Kind wünscht: Eltern sind in der Regel überglücklich, wenn sie sehen, dass ihr Kind sich selbst mag und eine positive, gesunde Meinung von sich und seinen Fähigkeiten hat. Alles andere scheint absurd – warum sollte ein liebender Elternteil seinem Kind immer wieder mitteilen, dass es nicht das Recht hat, glücklich zu sein? Und doch tendieren wir genau dazu, wenn wir unsere alten Muster weiter füttern und uns nicht erlauben, uns in ein leuchtendes, positives Licht zu stellen.

Die richtige Partnerwahl: Worauf muss ich achten?

„Ich möchte dich lieben, ohne dich einzuengen.
Ich möchte dich wertschätzen, ohne dich zu bewerten.
Ich möchte dich ernst nehmen, ohne dich auf etwas festzulegen.
Ich möchte zu dir kommen, ohne mich dir aufzudrängen.
Ich möchte dich einladen, ohne Forderungen an dich zu stellen.
Ich möchte dir etwas schenken, ohne Erwartungen daran zu knüpfen.
Ich möchte von dir Abschied nehmen, ohne Wesentliches versäumt zu haben.
Ich möchte dir meine Gefühle mitteilen, ohne dich für sie verantwortlich
zu machen. Ich möchte dich informieren, ohne dich zu belehren.
Ich möchte dir helfen, ohne dich zu beleidigen.
Ich möchte mich um dich kümmern, ohne dich ändern zu wollen.
Ich möchte mich an dir freuen – so wie du bist.
Wenn ich von dir das Gleiche bekommen kann,
dann können wir uns wirklich begegnen und uns gegenseitig bereichern."

Virginia Satir

Nun wirst du dich sicher fragen, wie es möglich sein kann, ungesunde, toxische Beziehungen von vornherein zu vermeiden. Ist es möglich, als Empath eine glückliche, liebevolle Beziehung auf Augenhöhe zu führen, die auf Wachstum, Freude,

Tiefe und Erfüllung ausgerichtet ist? Wie kannst du in einer Beziehung voll und ganz bei dir bleiben, dich nicht verlieren und dennoch das Glück der Vereinigung erleben? Ab wann sind deine inneren Muster soweit geheilt, dass du Teil der Lösung für eine gesunde Beziehung sein kann? Was, wenn du besonders sensibel und mitfühlend bist und dies auch bleiben möchtest. Wie kann dies ein Geschenk für eure Beziehung werden?

1. Auf die Gefühle kommt es an - sie zu hinterfragen

Eine Beziehung beginnt meist sehr emotional mit Gefühlen, die sich auf den anderen beziehen. Du hast Sehnsucht danach, mit einem anderen Menschen zu verschmelzen und das Gefühl der Einheit zu erleben. Endlich hast du jemanden gefunden, den du bewunderst, der dich emotional berührt und dessen Anwesenheit in deinem Leben Glückshormone in dir auslöst – kurz, du bist bis über beide Ohren verliebt.

Doch woher kommt das Gefühl des Verliebtseins? Abgesehen davon, dass es ein Chemiecocktail deines Körpers ist, entstehen diese Gefühle oft aus einer Mischung aus Wiedererkennung, Wiederholung und Gewohnheit. Was wir kennen, löst in unserem Gehirn eine Wahrnehmung der Entspannung aus. Wenn du nun einem Menschen begegnest, dessen Ausstrahlung deinem Unterbewusstsein bekannt vorkommt, weil gewissen Anteile dich vielleicht an deine Kindheitserfahrungen erinnern, kann es dazu kommen, dass du dich verliebst, weil etwas aus seinem Wesen mit dir in Übereinstimmung geht.

Doch beachte: Auch Anteile, die dich in der Vergangenheit verletzt haben, können sich in einem Gefühl der Verliebtheit äußern. Dein Unterbewusstsein macht keinen Unterschied zwischen dem, was für dich als Kind gesund oder ungesund war, sondern achtet vor allem darauf, was du bereits kennst.

Du hast als erwachsener Mensch nun die ehrenvolle Aufgabe, deine Gefühle auf ihre Wurzel hin zu untersuchen und herauszufinden, auf welche Anteile sie sich beziehen: Verbindest du mit dem, was dir bekannt vorkommt, heilsame, freudvolle Erinnerungen? Welche alten Muster treten bei dir zutage? Erinnerst du dich mitsamt den positiven Gefühlen auch an ein Verhalten, das du vielleicht damals entwickelt hast, um dich vor Enttäuschung zu schützen? Hast du erlebt, im Gefühl der Hingabe deinen Eltern gegenüber angenommen, sicher und geborgen zu sein?

Zu Beginn ist es normal, wenn du verliebt bist und deinem Partner gefallen möchtest. Dabei können auch gewissen Unsicherheiten zutage treten. Doch wenn dein Selbstwert in Gegenwart der geliebten Person dauerhaft in Frage steht, du an dir zweifelst und stetig den Eindruck gewinnst, den anderen beeindrucken oder dich verbiegen zu müssen, ist eine ungesunde Entwicklung eurer Partnerschaft beinahe schon vorprogrammiert.

Frage dich daher: Kannst du dir von ganzem Herzen vorstellen, dich in einer solchen Konstellation auf Dauer wohlzufühlen? Bist du bei dir, wenn du mit deinem Gegenüber zusammen bist? Kannst du dich entspannen, oder bist du dauerhaft damit beschäftigt, deinem Partner jeden Wunsch von den Lippen abzulesen? Gerade zu Beginn kann deine Empathie sich als Liebe tarnen und du gehst vielleicht über Grenzen, die du aufgrund deiner Verliebtheit und des dadurch gesteigerten Hochgefühls nicht gleich wahrnimmst. Auch zu Beginn ist es wichtig, dass du spürst, dass du gemeint bist. Fühlst du dich gesehen und wertgeschätzt?

Unterscheide außerdem zwischen den Begriffen Liebe und Verliebtheit. Dies kann dir helfen, diese erste, stark emotionale Phase einzuordnen und nicht sofort von Liebe zu sprechen, die auch Hingabe, Verbindlichkeit und Vertrauen benötigt, um zu wachsen. In der Phase der Verliebtheit geht es vorrangig um körperliche und seelische Empfindungen. Dies ist wunderschön, hat seinen Platz und darf in aller Freude genossen werden. Doch du musst dich noch nicht abhängig machen und kannst deinen Raum weiterhin halten, um langsam deine Position in der Partnerschaft zu finden. So schützt du dich davor, zu schnell in eine Bindung zu geraten, die schnell so ernst wird, dass du nicht den Raum findest, deinen Partner in aller Ruhe kennenzulernen und mehr darüber zu erfahren, was euch aneinander fasziniert.

Verliebtsein kann auch aus weiteren Gründen entstehen: Womöglich verkörpert dein Partner Eigenschaften in sich, die du in dir selbst lange verdrängt und verneint hast. Vielleicht ist dein Partner besonders schamfrei, selbstsicher, extravagant oder klug. Vielleicht geht er einer kreativen Begabung nach und erschafft damit Wundervolles, erfüllt sich seine Träume, bezieht Stellung, ist eloquent oder besonders unangepasst und eigensinnig.

Tipp: Schreibe die Eigenschaften deines Partners auf, von denen du fasziniert bist. Was zieht dich in seinen Bann, was bewunderst du? Wirf dann einen Blick zurück und erkunde, ob du dich daran erinnern kannst, irgendwann in deiner Vergangenheit vielleicht selbst Ansätze dieser Eigenschaften in dir entdeckt oder gar gelebt zu haben. Was ist damit geschehen? Wurdest du in einer Situation dafür beschämt, besonders offenherzig gewesen zu sein? Hat dich jemand verlassen oder dir anderweitig Liebe, Aufmerksamkeit und Unterstützung entzogen? Vielleicht sind einige der Eigenschaften auch nie wirklich zur Entfaltung gekommen, weil du in einem Umfeld aufgewachsen bist, in dem sie besonders verpönt waren.

Gerade, wenn du dich in einer besonders bewundernden, aufschauenden Position deinem Partner gegenüber befindest, kann dies ein Hinweis darauf sein, dass die von dir angebeteten Eigenschaften eigentlich ein Teil deines Selbst sind. In der Begegnung mit anderen Menschen sind wir immer auf der Suche nach dem wichtigsten Menschen unseres Lebens: uns selbst. Dies ist die Sehnsucht, die uns antreibt, anderen zu begegnen und in den Ausdruck zu gehen.

Um dich selbst mehr zu spüren und die bewunderten Anteile zu integrieren, kannst du dich auf die Mission begeben, sie in deinem eigenen Leben aufleuchten zu lassen. Viele Menschen neigen dazu, das, was ihnen am meisten Freude und Leidenschaft beschert, in die Bewunderung anderer Menschen auszulagern, die es für sie ausleben. Sie können sich nicht vorstellen, dass das, was sie so fasziniert, gerade für sie sein könnte. „Bin ich besonders genug, um selbst die Hauptrolle in ihrem eigenen Leben zu spielen?“ fragen sie sich und erleben dann das Hochgefühl, nach dem sie sich sehnen, in Form von Verliebtsein in einen anderen Menschen.

All dies bedeutet nicht, dass die Wurzeln des Verliebtseins immer in noch unreflektierten Mustern zu finden sind. Es ist wundervoll, verliebt zu sein und sich damit so von einem anderen Lebewesen faszinieren zu lassen. Verliebtsein führt dazu, über sich selbst hinaus Grenzen zu einem anderen Menschen zu überwinden und Brücken zu schlagen. Klar ist, du fühlst dich immer von dem Partner angezogen, der genau der Richtige für dich ist – was ist damit gemeint?

„Der Richtige“ ist sehr oft missverstandener Ausdruck. Wir meinen damit, dass der Richtige unser Herz höherschlagen lässt und Glücksgefühle in uns hervorruft, was du durchaus genießen darfst! Selbstverständlich ist es wunderschön, das Glück einer jungen Liebe voll auszukosten und sich in fröhlichen Emotionen zu verlieren. Sie haben ihre Berechtigung und du darfst dir erlauben, dich mit all deinem Sein daran zu erfreuen.

Doch der Richtige ist auch derjenige, der dir zum Wachstum und zur Heilung verhilft. Üblicherweise verliebst du dich in einen Menschen, der, wie bereits erwähnt, deine Knöpfe drücken wird und damit nicht nur alte Muster zum Vorschein bringt, sondern auch das Potential, sie zu heilen. Verliebtsein ist demnach ein Hinweis auf Glück und Schmerz – und kann verheißungsvoll auf eine glückliche, gemeinsame Zukunft sein, wenn es mit den folgenden Punkten Hand in Hand geht.

2. Werte und Ziele - wollt ihr beide das Gleiche?

Für eine gelungene Beziehung ist es wichtig, dass beide Partner in dieselbe Richtung schauen. Was ist damit gemeint? Müssen alle Hobbys, die Weltsicht, Interessen und Herangehensweisen an das Leben übereinstimmen?

Mitnichten! Je länger Paare miteinander gemeinsam den Weg gehen, umso deutlicher wird ihnen oft, wie unterschiedlich sie eigentlich sind. Der eine ist vielleicht sehr genau in allem und stark leistungsorientiert, mag es, wenn die Dinge ihre Ordnung haben und alles einen geregelten Gang geht. Der andere hingegen verliert sich vielleicht gern einmal in einem Tagtraum, geht Prozesse entspannter an und ist weniger handlungsorientiert. Beide Herangehensweisen haben ihre Schätze und Berechtigung.

Auch private Interessen, Hobbys und Freundeskreise müssen nicht immer übereinstimmen. Es ist durchaus möglich, dass beide Partner sich in diesen äußeren Aspekten teilweise in unterschiedlichen Welten zuhause fühlen. Davon können sie profitieren und sich gegenseitig inspirieren.

Wichtig ist vor allem der innere Gleichklang. Die Schnittmenge zwischen Menschen, die miteinander leben und weben möchten, sollte eine tragfähige Basis für eine – sofern gewünschte – dauerhafte Beziehung sein. Am tiefsten geht das Fundament, wenn alle Parteien sich darüber im Klaren sind, was sie eigentlich von dieser Beziehung möchten. Was ist euer „wozu"? Stimmt ihr darin überein, gewisse Werte und Ziele gemeinsam zu verfolgen, die euch durch Konflikte tragen und über das Alltägliche hinausgehen? Wie steht es um eure gemeinsamen Werte, welche Absprachen habt ihr getroffen, um diese auch umzusetzen? Ist die Vorstellung von einer Beziehung bei euch beiden auf demselben Blatt geschrieben? Habt ihr beide den gleichen Anspruch an Wachstum, Fortschritt, persönliche Entwicklung? Seid ihr beide bereit, euch immer wieder zu hinterfragen, an euch zu arbeiten und beispielsweise Eigenverantwortung als euren gemeinsamen Wert zu einem Fundament eurer Verbindung zu machen? Habt ihr euch auf einen gemeinsamen Kommunikationsstil geeinigt?

Wichtig ist außerdem, dass ihr beide aus eigener Motivation Teil dieser Beziehung seid und Bereitschaft zeigt, euren Part einzubringen. Selbstverständlich warten Konflikte, unterschiedliche Erwartungen und Zeiten unerfüllter Bedürfnisse auf euch und ihr dürft gemeinsam den Weg gehen, immer wieder durchzuhalten, aufeinander zuzugehen und zu lernen, dieser Beziehung eine neue Tiefe abzugewinnen.

Es besteht jedoch ein Unterschied zwischen dauerhaftem Kampf und gegenseitigem Misstrauen – welches auf unterschiedlichen Vorstellungen beruht, bei denen mindestens einer von beiden sein tiefstes Wesen verraten müsste – und der natürlichen Auseinandersetzung damit, sich voll und ganz in der Öffnung des eigenen Herzens und dem Erlernen echter, praktischer Liebe zu üben.

Hinterfrage ehrlich, auf welche Basis du deine Beziehung stellen möchtest und was du in einer Verbindung mit einem anderen Menschen erwartest. Sei mutig, einen Partner zu wählen, der mit dir in die gleiche Richtung blickt, mit dem dich etwas verbindet, das euch immer wieder zusammen auf die Füße hilft. Hab Vertrauen, dass du wert genug bist, jemanden zu wählen, der dich wahrhaftig sehen und erkennen möchte und deine Begabungen, deine Liebe und besonders deine Empathie schätzt und nicht ausnutzt. Gehe die Kompromisse da ein, wo sie notwendig sind, um ein gemeinsames Leben aufzubauen, doch nicht da, wo es am Ende ein Opfer deiner wichtigsten und kostbarsten Werte und Anteile deiner Persönlichkeit wäre.

Hier erhältst du eine kleine Liste an Fragen, die du dir im Vorhinein oder gemeinsam mit deinem Partner stellen kannst:

- Welche fünf Grundwerte sind für mich persönlich und damit auch in einer Beziehung unerlässlich, die wir beide vertreten sollten?

Schreibe diese Werte auf und überprüfe, in welchem Teil deines Herzens sie dich bewegen. Lass sie lebendig werden und erlaube dir eine Vorstellung in naher Zukunft, in der du diese Werte lebst. Wie sieht dein Alltag aus, wie drücken sich diese Werte in eurer Beziehung aus?

Werte können zum Beispiel sein: Ausrichtung auf ein höheres Ziel, Klarheit im Umgang miteinander, Wahrhaftigkeit, Selbstreflexion, Freiheit, Integrität, Entwicklung, Flexibilität, Harmonie, Achtsamkeit, Leidenschaft

Achte auf die Unterscheidung deiner persönlichen Grundwerte, an denen nicht gerüttelt werden sollte und die idealerweise denen deines Partners entsprechen und solchen, die variieren und sich ergänzen können. Erstere bilden eine starke Grundlage für eine starke Partnerschaft und helfen euch, einander tief zu vertrauen. Je deutlicher es wird, dass ihr beide euren Werten treu seid, umso sicherer könnt ihr euch beieinander fühlen und spüren, dass ihr nicht nur dem anderen zuliebe handelt, sondern aus intrinsischer Motivation heraus, die euch viel langfristiger und verlässlicher begleitet.

- ➢ An welchen Stellen gehe ich gerne Kompromisse ein, ohne mich selbst zu verraten?

Kompromisse mit dem, was deinem tiefsten Herzen entspricht, fordern ein hohes Opfer. Deine Integrität, das Gefühl für dich selbst und deine Bedürfnisse werden in hohem Maß darunter leiden, wenn du aus falsch verstandener Empathie und Liebe dem anderen gegenüber deine Sphäre verlässt, die die Basis deiner Lebendigkeit, Persönlichkeit und Schaffenskraft bildet. Sobald du dich in deinem Kern verstellst und nicht ganz du selbst bist, verlierst du an Glaubwürdigkeit vor allem dir selbst gegenüber und bist besonders als Empath extrem anfällig dafür, wieder einmal Gast im Leben eines anderen Menschen zu sein, anstatt würde- und liebevoll dein Leben aktiv zu gestalten.

Erlaube dir daher, kompromisslos zu sein mit dem, was dir wirklich von Herzen entspricht. Erst dann kannst du auch von anderen Menschen gesehen und erkannt werden. Du hast Profil, Charakter, bist für andere greifbar – und in diesem Moment auch fähig, geliebt zu werden. Wenn dein Partner weiß, wen er vor sich hat, kann er in der Liebe dessen wachsen, was er sieht. Liebe braucht ein Ziel. Erlaube dir, klar und deutlich dieses Ziel zu sein und zu dem zu stehen, was dir wichtig ist. Wenn deine tiefsten Herzensangelegenheiten nicht geliebt werden, sondern dauerhaft auf Ablehnung stoßen, darfst du dich fragen, ob dein Partner wirklich dich meint und meinen möchte und ob du in einer solchen Partnerschaft sein möchtest.

- Welche Anteile in mir möchten durch diese Beziehung geheilt werden und wo glaube ich, dass ich noch aus alten Verletzungen heraus meinen Partner gewählt habe? Können wir dies gemeinsam angehen und die Herausforderung annehmen, für- und miteinander Heilung zu sein?

Wir alle gehen nicht unverletzt aus unserer Vergangenheit hervor. Niemand ist ohne Alltagsneurosen, Triggerpunkte oder vollends geheilt. Unsere Erfahrungen machen uns zu dem, wer wir heute sind und das ist auch gut so. Heilungsarbeit ist dazu da, dass wir nicht unverhältnismäßig unter unseren Verletzungen leiden und sie sich immer wieder zerstörend auf unsere Beziehungen und unsere Lebensgestaltung auswirken. Sie sollte nicht dazu verwendet werden, unsere Schatten ausmerzen zu wollen und auf eine perfektionierte Version unserer selbst hinzuarbeiten.

Somit ist eine Beziehung auch immer ein Ort, an dem diese alten Verletzungen sich zeigen und natürlicherweise zu Konflikten führen. Dein Partner ist also nicht gleich ein eiskalter Narzisst und die Beziehung nicht zu retten, weil er vermeidende Strukturen an den Tag legt oder du ihn emotional oft nicht erreichen kannst. Die Frage ist, ob er bereit ist, diese Verhaltensweisen als Frucht seiner Vergangenheit zu erkennen, daran zu arbeiten und sich mit dir darüber auseinanderzusetzen. Wollt ihr gemeinsam verstehen, was geschieht? Ist euch die Dynamik einer sich entwickelnden Verbindung bewusst, habt ihr gute Chancen darauf, immer wieder Lösungen zu finden, aus Konflikten gestärkt hervorzugehen und zu lernen, wie Liebe wirklich „funktioniert“: Sie ist der wundervolle

Tanz zwischen Annahme und Veränderung, Umarmung dessen, was ist und dem sanften Zug in eine gesundende Zukunft.

- Ist die Grundbasis gegeben, dass wir füreinander erste Wahl sind und wir uns bewusst für diese Beziehung entschieden haben?

Beachte: Es geht nicht um die Art einer Entscheidung wie bei einer Eheschließung, die besagt, wir bleiben zusammen, komme was wolle, selbst, wenn die Verbindung für uns beide dauerhaft nicht heilsam ist. Eine Entscheidung für den Menschen an deiner Seite kannst und darfst du jeden Tag neu treffen. Es kann euch helfen, in herausfordernden Zeiten gemeinsam zu besprechen, dass ihr nicht auseinander gehen werdet, wenn dies eurer beider Wunsch ist. Ein solches Statement ist jedoch auch daran geknüpft, dass ihr beide bereit seid, euren Teil dazu beizutragen, dass die Beziehung eine Krise überstehen kann. Ruht euch nicht auf einem Versprechen füreinander aus. Seht einander, seid bereit, den anderen mit eurer Entscheidung zu respektieren, indem ihr auch die Verantwortung dafür übernehmt.

Eine hilfreiche Affirmation kann sein: „Ich bin der beste Mensch für den besten Menschen." Somit erinnerst du dich immer wieder daran, dass du dein Bestes geben möchtest, dich zur Weiterentwicklung entschieden hast und gleichzeitig auch die gesunde Erwartung an die Partnerschaft legst, dass sie dich nicht nur fordert, sondern auch nährt und dir ein Zuhause im Herzen eines anderen Menschen schenkt.

Eine Entscheidung für die Beziehung kann und darf in jedem Moment revidiert werden. Gehe nicht leichtfertig damit um und hinterfrage dich immer, worum es gerade wirklich geht. Wenn dir jedoch grob fahrlässig Schaden zugefügt wird in Form von Sucht, Gewalt oder anderem grenzüberschreitendem Verhalten, musst du nicht abwarten, ob sich die Situation noch einmal bessert. „Aus Liebe durchhalten" ist eine beliebte Parole für Empathen, die sich selbst aufopfern und damit ungesunden Beziehungen ihren Teil des Futters liefern. Du darfst Grenzen setzen und Nein sagen. Verabschiede dich aus missbräuchlichen Zuständen, auch wenn du mit schlechtem Gewissen konfrontiert wirst. Dieses kann ebenfalls aus deiner Vergangenheit herrühren und dich dazu verleiten, solche Zustände viel länger zu ertragen, als es mit gesundem Menschenverstand angebracht ist. Als Empath bist du nicht dafür zuständig, den anderen zu retten oder seinen Teil der Verantwortung für sein Leben mit zu übernehmen. Einander zu tragen bedeutet, auf Augenhöhe gemeinsam die Beziehung zu gestalten, sich immer wieder zu öffnen und verletzbar zu machen, auch wenn es schwer erscheint. Doch es bedeutet nicht, unbewusst eine Elternrolle für den anderen zu übernehmen.

- Wo sehe ich mich in fünf oder zehn Jahren, wo sieht mein Partner sich? Verfolgen wir ein gemeinsames Ziel? Sind Grundvorstellungen der Lebensführung (Familie, Kinder, Lebensort, Karriere ...) ähnlich oder zumindest miteinander vereinbar?

Wenn die Gemeinsamkeiten an diesem Punkt gänzlich auseinanderdriften, ist es in der Regel ohnehin selten, dass zwei Menschen dauerhaft beieinander sein können und möchten. Doch kommt es unter Empathen mit ungeheilten Anteilen und hoher Opferbereitschaft oft vor, dass sie ihre Vorstellungen und Träume gänzlich für die Beziehung aufgeben. Sie verromantisieren die Idee der Selbstaufgabe im Sinne der Bereitschaft, für den Partner alles zu geben und mit ihm in (seine) neue Zukunft zu ziehen. Hier kommt das Muster der Anpassung wieder zum Vorschein: Viele Empathen haben als Kind gelernt, dass sie nur die Wahl der totalen Angleichung haben, wenn sie nicht verlassen und ausgestoßen werden möchten. Sie haben den Kontakt zu sich und ihren Bedürfnissen aufgegeben oder projizieren sie auf die geliebte Gestalt des Partners („Er/sie ist alles, was ich brauche, um glücklich zu sein“), um dem Schmerz und der Angst vor dem Verlassenwerden zu entgehen.

Eine toxische Entwicklung der Verbindung ist in diesem Fall unvermeidlich und die beiden sind wahrscheinlich nur so lange symbiotisch in der Verbindung, wie es dem führenden Part auf die eine oder andere, oft unbewusste Weise, dient.

Daher ist bei der Partnerwahl vor allem zu beachten, dass du selbst zuerst mit deinen Lebenszielen, Träumen und Wünschen in Kontakt stehst und bereit bist, diese nicht aufgrund frischer Gefühle zu verlassen. Du bist bereit für eine dauerhafte, glückliche Beziehung, wenn du formulieren kannst, was du dir wünschst und ihr beide feststellt, dass ein gemeinsam eingeschlagener Weg eurer jeweiligen Vision guttut und nicht diametral im Wege steht.

- Sehen wir beide einen höheren Sinn in der Verbindung und wenn ja, welchen?

Die gemeinsame Beantwortung dieser Frage führt zu einer stabilen Basis in eurer Verbindung, die euch auch in herausfordernden Zeiten Fokus und Anker bietet. Wenn ihr euch als Paar als Teil eines größeren Ganzen begreifen könnt, fällt es euch leichter, dem emotionalen Auf und Ab im Alltag den Platz zuzuweisen, der ihm gebührt: Es bestimmt nicht mehr länger eure tiefe Ausrichtung und die wichtigen Entscheidungen in eurem Miteinander. Ihr seid euch darüber bewusst, dass euch mehr zusammenhält als die flüchtige Befriedigung oberflächlicher Wünsche und emotionaler Hochgefühle.

Eine offene, klare Kommunikation ist in diesem Punkt von Anfang an von großer Bedeutung: Wenn dir deine Berufung und der tiefere Sinn einer Partnerschaft wichtig ist, zögere nicht, dieses Thema regelmäßig in den Raum zu bringen. An der Art, wie dein Partner darauf eingeht, kannst du schon erkennen, inwieweit er für eine Partnerschaft nach deinem Herzen in Frage kommt. Du wirst verstehen, was ihn motiviert und welche Beweggründe ihn veranlassen, sich mit dir zu verbinden.

Folgt ihr einem gemeinsamen Ziel, kann sich dies zudem heilsam auf bestimmte seelische Wunden auswirken, aus denen Verlassensängste resultieren. Wenn du spürst, dass dein Partner einem klaren Ziel, einem für sich höheren Sinn folgt, den die Partnerschaft beinhaltet, kannst du dich besser fallenlassen und lernen, seiner Integrität zu vertrauen. Du musst nicht mehr unter dem Druck leiden, perfekt zu sein und alles richtig machen zu müssen, um nicht verlassen zu werden – vielmehr gebt ihr beide euer Bestes zugunsten des gemeinsamen Ziels. Wenn das größere Bild euch trägt, ist da mehr als nur flüchtige Emotion. Dies ist die wahre Superkraft eurer Verbindung.

- Sind wir bereit zur Selbstreflexion und zur Arbeit an inneren Vorgängen?

Gut fünfundneunzig Prozent unserer Wahrnehmung, unseres Handelns und unserer Entscheidungen werden von unserem Unterbewusstsein bestimmt. Nur fünf Prozent ist uns tatsächlich bewusst und wir können daran arbeiten. Umso wichtiger ist es, immer wieder bereit zu sein, etwas tiefer zu graben und die Arbeit zu leisten, die uns auch an bisher unbewusste Anteile unserer Persönlichkeit führt. Somit kannst du dich selbst besser verstehen und akzeptieren lernen und sogar herausfinden, wie du neue, gesunde Gewohnheiten, Glaubenssätze und Lebensweisen entwickeln kannst, kurz: Du kannst deine Geschichte und dein Schicksal mit innerer Arbeit aktiv verändern.

Selbstverständlich ist dies eine Frage des Willens: Niemand ist dazu verpflichtet, so zu leben. Doch als sensibler Empath hast du vermutlich ein natürliches Bedürfnis danach zu erkunden, was hinter all dem steckt. Du findest Freude und Erfüllung darin, dich mit deiner Persönlichkeit und einem tieferen Sinn auseinanderzusetzen. Wenn dem so ist, tust du dir von Herzen Gutes mit der Wahl eines Partners, dem es ebenso ergeht. Du wirst wahrscheinlich nicht glücklich mit jemandem, der augenscheinlich damit zufrieden ist, sein Leben auf einer oberflächlichen Basis zu gestalten und sich nur mit dem auseinanderzusetzen, was er vor Augen sieht: materieller Standard, persönliche Interessen, Hobbys, Finanzen, oberflächlicher Austausch in Beziehungen.

Es kann durchaus sein, dass du hin und wieder jemanden triffst, zu dem du dich stark emotional oder körperlich hingezogen fühlst. Doch gerade, wenn dies in einer Phase geschehen sollte, in der du dich einsam fühlst und nach einer Partnerschaft sehnst, lass dein Bauchgefühl nicht aus den Augen. Wenn du wahrhaftig mit deiner Wahrnehmung bist, wird sie dir mitteilen, ob dieser Mensch realistisch zu dir passt oder ob ihr euch lediglich auf einer oberflächlichen Sphäre getroffen habt.

Viele Menschen, die kein natürliches Bedürfnis nach Selbsterkenntnis aufweisen, fühlen sich in einem bestimmten Status ihrer Entwicklung zu Menschen mit tiefsinnigeren Anteilen hingezogen. Gerade Empathen strahlen oft eine gewisse Sanftheit und Mütterlichkeit aus, Sicherheit durch Annahme und Verständnis. Dadurch kann sich wieder einmal eine ungesunde Struktur ergeben: Der Empath funktioniert als Spiegel für das Gegenüber, das sich bequem zurücklehnen und die Vorzüge der Verbindung genießen kann. Die ungeheilten Muster des Empathen verleiten ihn dazu, sich zurückzunehmen und in der Verbindung zu genießen, was er bekommen kann, beispielsweise körperliche Zuneigung oder andere äußerliche Freuden wie gemeinsame, romantische Unternehmungen oder interessante neue Erlebnisse. Doch wonach er sich wirklich sehnt, nach authentischem, intimem, wahrhaftigem Austausch, ist meist nicht möglich, die beiden Welten sind zu unterschiedlich.

Gegen eine kurzzeitige Freude mit einem Menschen, der nicht zu dir passt, ist selbstverständlich nichts einzuwenden, wenn es deiner Überzeugung und deinen inneren Werten nicht entgegensteht. Doch beachte immer den Rahmen, den du einer solchen Verbindung zusprechen möchtest und behalte das Ziel im Auge: den Traum, eine dauerhafte, haltbare Beziehung mit jemandem einzugehen, dessen Werte und Lebensweise der deinen wirklich entsprechen.

- Was liebst du am anderen, was liebt er an dir? Entsprechen die Bilder, die ihr voneinander habt, der Realität? Seid ihr wahrhaftig miteinander oder zumindest bereit, es zu werden und euch einander in eurem wahren Wesen zu zeigen?

Auf deiner Partnersuche kommt es darauf an, dass du dich in deinem wahren Selbst zeigst. Vielleicht hast du dir im Laufe der Zeit eine Art Schutzschicht zugelegt, ein Gesicht, welches du nach außen präsentierst und mit dem du hoffst, mehr in der Welt anzukommen und gesehen zu werden. Eventuell bist du in Wahrheit zurückhaltend oder gar etwas schüchtern oder du bist allgemein eher introvertiert und still und fühlst dich damit auch ganz wohl. Oder du bist recht aktiv und extrovertiert, hast jedoch erlebt, dass dir diese Eigenschaft negativ ausgelegt wurde, etwa, dass du dich in den Vordergrund drängst oder zu laut bist. Womit auch immer du beschämt wurdest, war vor dieser Verletzung noch ein natürlicher Ausdruck deines Charakters, den du mit der Zeit zu verstecken gelernt hast.

Wenn du bereit bist, dich selbst wieder anzunehmen, wie du wirklich bist und erlaubst, dass deine ursprüngliche Persönlichkeit wieder zutage tritt, ohne dass du dich dafür schämst oder entschuldigst, kann jemand in dein Leben treten, der wirklich zu dir passt. Ihr begegnet euch in eurem wahren Selbst und seid nicht geblendet von einer ansprechenden Abendgarderobe, glatten Worten oder materiellem Status.

Achte daher bei der Partnerwahl darauf, was du siehst: Blickst du aus deiner authentischen Wahrnehmung auf den anderen Menschen, nah an dem, was du wirklich willst oder suchst du dir jemanden nach den Anforderungen, von denen andere dir sagen, dass sie von Bedeutung sind? Zeigt dein Gegenüber sich außerdem authentisch? Kann er im Feuer der Wahrheit stehen, seine Schwächen zugeben, hast du den Eindruck, dass er nicht versucht, jemand anderes zu sein, als er wirklich ist? Vertraue auch hier wieder deinem Bauchgefühl: Authentizität lässt sich nicht spielen. Unsere Ausstrahlung verrät uns immer und gerade mit deinem Mitgefühl wird es dir nicht schwerfallen, echtes von unechtem zu unterscheiden.

3. Brücken schlagen

Eine Partnerschaft lebt davon, sich täglich immer wieder neu in einem gemeinsamen Raum, einer Schnittmenge, einer Mitte zu begegnen. Brücken zu bauen, ist daher eine der Hauptaufgaben einer Beziehung. Immer, wenn Menschen sich begegnen, werden Brücken zwischen zwei Lebenswelten geschlagen. Es bestehen so viele unterschiedliche Welten, wie Individuen existieren.

Mache dir bewusst, welche Brücken in welche Welten du bauen möchtest. Welche Schluchten möchtest du überwinden, in welchen Bereichen drängt es dich nach Verbundenheit, nach Austausch, nach Wiedervereinigung?

Ein Dilemma des menschlichen Seins besteht in der Auseinandersetzung mit der gefühlten Trennung zu unserer Umwelt und unserer Sehnsucht nach Gemeinschaft. Die sich stark entwickelnde Hinwendung zur Individualität in unserer westlichen Welt trägt dazu bei, dass Menschen sich zunehmend allein und isoliert fühlen und es ihnen immer schwerer fällt, sich als Teil einer Gemeinschaft einzufügen, ohne dabei das Gefühl zu haben, sich zu verlieren. Es besteht ein immer größer werdender Spagat zwischen Selbstverwirklichung und Selbstaufgabe. Die Balance möchte immer wieder neu justiert werden und das Bedürfnis nach authentischem Sein innerhalb einer liebenden, wertschätzenden Gruppe muss Rechnung getragen werden.

Empathie ist hierbei DAS Werkzeug, das echte Begegnung erst möglich macht. Ohne sie ist keine Verständigung möglich. Menschen sprechen aneinander vorbei, haben kein Gefühl dafür, was gerade wirklich vor sich geht, was der andere braucht und wie es möglich sein kann, das Gefühl der zwischenmenschlichen Trennung bei der Wurzel zu packen. Selten geht es in einem Konflikt wirklich um das, was vordergründig auf dem Tisch liegt. Werden gegenseitige Bedürfnisse nur oberflächlich bedient oder auf die eigene Art angegangen, anstatt auf die Art, die das Gegenüber wirklich berührt, werden die Parteien immer unbefriedigt aus einer Begegnung hervorgehen.

Wonach wir uns als Menschen wirklich sehnen, ist der stille Raum zwischen uns, der entsteht, wenn wir einander wahrhaftig begegnen. Der Moment, in dem jemand wagt, in gewaltfreier Kommunikation und vollkommen authentisch die Wahrheit zu sagen und er von dem Geliebten wirklich gehört wird, grenzt an Magie. Es scheint, als öffne sich ein weiter Horizont, ein besonderer

Frieden, ein zeitloser Raum, in dem alles schweigt und nicht mehr durch Floskeln und Diskussionen überdeckt wird, die doch nur an der Oberfläche kratzen.

> Stell dir vor, du springst von einem Sprungbrett ins Wasser und während du eintauchst und hinunter sinkst, ist es für einen Moment vollkommen still um dich herum.
>
> So fühlt sich ein Moment an, in dem du ganz und gar gesehen und von einem anderen Menschen erkannt wirst. Der Kampf ist vorbei, der Schrei nach der ausgestreckten Hand verstummt, sie ist da, warm und weich, zugewandt, bereit zu halten und zu geben.

Um Brücken zu schlagen, ist es notwendig, dass beide Partner grundsätzlich gewillt sind, den anderen zu erkennen, und sich dessen auch bewusst sind. Wir alle tragen die Sehnsucht danach, miteinander in Frieden zu sein und uns beieinander wahrhaftig zeigen zu können, in uns, doch eine aktive Entwicklung in diese Richtung ist nur möglich, wenn ihr euch beide darauf besinnt und auch eine Weltsicht vertretet, in der euch klar ist, dass ihr durch die Veränderung eurer Gedanken eure gemeinsame Welt erschaffen und aufeinander zugehen könnt.

Wähle daher einen Partner, der ebenso wie du den Fokus darauf legt, in einer Partnerschaft in die Tiefe zu gehen und sich selbst, dich und euch gemeinsam zu ergründen. Sprich mit einem potenziellen neuen Partner über seine Sichtweise auf diese Themen und klopfe ab, was eine Beziehung für ihn bedeutet: Möchte er nur seine oberflächlichen Bedürfnisse erfüllt wissen? Möchte er nicht allein sein, regelmäßig Sex haben, eine Partnerin, die ihm das Bett wärmt? Möchte er jemanden haben, der ihn bewundert und somit von seinen Gefühlen der Minderwertigkeit und Unzulänglichkeit ablenkt?

Hat eine Beziehung für dich und deinen Partner den Zweck, aufzuwachen, oder geht es darum, innerlich weiterzuschlafen?

Dies ist die grundsätzliche aller Fragen, die ihr euch stellen müsst. Wenn ihr euch in diesem Punkt einig seid, habt ihr eine gute Basis, um gemeinsam in dieselbe Richtung zu blicken und eine Brücke in beide Richtungen eurer Welten zu schlagen, die euch wahrhaftig verbindet.

Einige Bereiche, in denen es gilt, Brücken zu schlagen, können sein:

- Unterschiedliche Weltsichten, die nach Gemeinsamkeit verlangen
- Das Bedürfnis nach Nähe und Distanz
- Das Bedürfnis nach Symbiose und Individualität
- Das Bedürfnis nach Gewohnheit und Aufbruch
- Jeweils alltägliche Gewohnheiten, die Kompromisse benötigen
- Bekannte und versteckte Lebensziele, die übereinkommen möchten

Empathie ermöglicht es euch beiden, den anderen zu sehen, wie er ist, ohne ihn zu be- und verurteilen. Ihr dürft euch beide in diesem Raum zwischen euch zeigen, wie ihr wirklich seid und könnt einander in Mitgefühl begegnen. Damit wird die gegenseitige Verständigung möglich, die du dir ersehnst. Erst sie gibt dir das Gefühl echter Erfüllung in der Partnerschaft, die deiner Sehnsucht nach Authentizität entspricht.

Mehr dazu erfährst du in Kapitel 5, wenn es darum geht, mithilfe von Empathie die Beziehung zu erschaffen, die du dir von Herzen wünschst.

4. Körper, Seele, Geist - worauf kommt es wirklich an?

Aufgrund deiner Sensibilität in zwischenmenschlichen Bindungen wird dir vermutlich schnell deutlich werden, was euch beide verbindet und auf welcher Basis eure Anziehung stattfindet. Ist eure Beziehung vor allem körperlicher Natur, begegnet ihr euch vermutlich am tiefsten auf dieser Ebene. Es ist gut möglich, dass ihr tatsächlich fantastischen Sex habt und du dich auf dieser Ebene vollkommen ergriffen, verstanden und erfüllt fühlst. Wenn euer beider Neigungen zueinander passen und die körperliche Anziehung ganz natürlich starke Reaktionen in euch auslöst, ohne dass ihr euch dafür in Performing-Druck bringt, fungiert diese Ebene wie ein Klebstoff, der euch wie süchtig nacheinander macht. Grund dafür ist die Ausschüttung der Hormone, die die körperlichen Begegnungen und intensive Hochgefühle verursachen.

Die intensive Bindung vorrangig auf der körperlichen Ebene birgt jedoch auch eine Schattenseite: Bei starker körperlicher Anziehung ohne die tiefe Verständigung auf seelischer und geistiger Ebene kommt es oft dazu, dass auch tieferliegende Themen und Konflikte in der körperlichen Begegnung ausgetragen werden – diese Dynamik ist den Beteiligten jedoch in den seltensten Fällen bewusst.

Leila erinnert sich immer wieder an eine solche Verbindung, die sie einige Jahre vor ihrer Beziehung mit Markus eingegangen war: In einer Phase, in der sie sich in ihrem Privatleben in einer intensiven Identitätskrise im Zuge des Erwachsenwerdens befand, lernte sie bei einer Abendveranstaltung einen faszinierenden Mann kennen, zu dem sie sich unerklärlich stark hingezogen fühlte. Sie konnte sich nicht daran erinnern, körperlich je so stark auf einen anderen Menschen reagiert zu haben. Er schien alle erotischen Anteile in ihr zu wecken, die sich bis dato noch in tiefem Schlaf befanden. Noch ohne sie berührt zu haben, hatte Leila plötzlich das Gefühl, endlich aufzuwachen. Sie fühlte sich so sehr im Jetzt und so lebendig wie nie zuvor. Die starke körperliche Anziehung zwischen den beiden Menschen führte zu intensiv leidenschaftlichen Begegnungen, die in Leila zuweilen sogar die Angst auslösten, diese intensiven Erlebnisse eines Tages zu verlieren und so nie wieder erleben zu können. Je länger die Verbindung anhielt, umso sicherer war sie sich, dass diese Verbindung einzigartig und etwas ganz Besonderes sein musste.

Doch schon anfänglich zeichnete sich ab, dass die überschwänglichen Gefühle zwischen den beiden sich nicht nur auf der körperlichen Ebene abspielten – auch in der Kommunikation wallten sie auf, jedoch nicht auf die gewünschte Art: Streit und lieblose Wortwahl waren an der Tagesordnung. Leila beschlich oft das Gefühl, sich selbst gar nicht mehr wiederzuerkennen. Die Auseinandersetzungen gingen heiß her – ebenso jedoch auch die Versöhnungen, die fast allesamt durch leidenschaftliche körperliche Begegnung besiegelt wurden. Oft fielen die beiden mitten im Streitgespräch übereinander her.

Im Streit hatte Leila regelmäßig das Gefühl, dass die beiden vollkommen aneinander vorbeiredeten. Sie gab oft nach, fühlte sich untergebuttert und beschämt. Nicht selten hatte sie das Gefühl, durch die raue Wortwahl ihres Partners kleingemacht und niedergedrückt zu werden.

Oft versuchte sie, auch außerhalb der körperlichen Verbindung auf der Herzebene eine Beziehung zu dem Mann aufzubauen, doch es schien, als sei dies unmöglich: Wenn Leila sich traute, über Dinge zu sprechen, die ihr wichtig waren, beschlich sie regelmäßig die Vermutung, dass ihr Partner sich für ihre Belange wenig interessierte. Er hörte zwar zu, doch ihr Bauchgefühl ließ ihr keine Ruhe mit der Empfindung, dass es nicht darum ging, sie wirklich zu verstehen und für sie da zu sein, sondern aus den Informationen, die sie ihm über sich zukommen ließ, einen Vorteil zu schlagen. Immer wieder fand Leila sich in einer Schleife von Verzweiflung und Wut wieder, denn sie spürte, dass etwas nicht in Ordnung war, doch konnte kaum in Worte fassen, was genau im Argen lag.

In der körperlichen Begegnung fand sie jedoch solch tiefe Erfüllung, dass sie die Warnzeichen auf den anderen Ebenen ignorierte und sich immer wieder einredete, dass alles in Ordnung sei. Ihr Partner gab ihr in der weiteren Entwicklung der Verbindung immer wieder das Gefühl, sie sei schuld an Unstimmigkeiten und Streit und ihm gegenüber nicht verständnisvoll.

Die Beziehung zwischen Leila und ihrem damaligen Partner offenbart eine typische Verbindung zwischen Empathen und Narzissten. Hier ist zu beachten, dass wahrscheinlich beide

Menschen beide Anteile in sich tragen, einer davon jedoch jeweils hauptsächlich zum Vorschein kommt und die beschriebene Dynamik begünstigt.

Eine extreme körperliche Anziehung ohne Verständigung auf seelischer und geistiger Ebene fördert ebenso eine derart toxische Beziehung: Die Hormone und Hochgefühle führen dazu, dass es immer schwerer wird, sich voneinander zu lösen und vernunftbasierte Entscheidungen zu treffen. Hinzu kommen Dynamiken wie Manipulation und Täter-Opfer-Unterstellungen, die dazu führen, dass die gegenseitige Verstrickung zunimmt.

Aus diesem Grund ist es so wichtig, dass eine Beziehung auf ganzheitlicher Ebene zu echter, authentischer Begegnung führt. Gerade in der Dynamik der Empathie- und Narzissmus-Spirale ist es unausweichlich, dass beide Parteien sich ihrer Tendenz bewusst sind und gemeinsam daran arbeiten.

Auch wenn auf nur einer der anderen beiden Ebenen, seelisch oder geistig, eine Verbindung stattfindet, die körperliche Ebene im Ungleichgewicht ist und einer von beiden sich diesbezüglich eine Veränderung herbeisehnt, die nicht bearbeitet wird, kann die Täter-Opfer-Dynamik zum Vorschein kommen. Bei den meisten Menschen ist die körperliche Verbindung ebenso wichtig wie die Verständigung auf seelischer und geistiger Ebene und es kann enorm viel Druck und Erpressungspotential entstehen, wenn nicht durch gegenseitiges Mitgefühl an dieser Stelle nach Einigung gestrebt wird.

Tipp: Solltest du dich in einer Position der Abhängigkeit wiederfinden, weil du dir immer wieder Dinge von deinem Partner wünschst, die er nicht zu geben bereit ist, lohnt es sich, auf einer tieferen Ebene zu erforschen, wie diese Dynamik zustande kommen konnte. Erinnere dich an die Erklärungen aus den vorangegangenen Kapiteln: Hinterfrage deine Beweggründe, die zur Wahl dieses Menschen geführt haben: Gehst du im Hinblick auf deine Idealvorstellung einer erfüllten Partnerschaft zu viele Kompromisse ein? Hast du deinen Partner aufgrund aktiver alter Verletzungen gewählt und erlebst nun die alte Geschichte wieder von Neuem? Kann es sein, dass das Wesen deines Partners grundsätzlich gar nicht deiner Sehnsucht entspricht und er sich verbiegen muss, um deinen Bedürfnissen zu begegnen? Erlaubst du dir, jemanden zu wählen, der von sich aus einen ähnlichen Wertekern wie den deinen aufweist?

Zudem kannst du dir die Frage stellen, inwieweit du deine Eigenverantwortung an deinen Partner abgegeben hast: Kommunizierst du klar und deutlich, was du brauchst? Erwartest du von deinem Partner, dass er deine Wünsche kennt, ohne dass du sie zum Ausdruck bringst? Fühlst du dich wertvoll genug, um gesehen und beachtet zu werden – und strahlst für deinen Partner damit auch aus, dass du ihm zutraust, dich glücklich machen zu können?

Das Verhalten, welches dir entgegenstrahlt, offenbart immer die Meinung, die du von dir selbst hast. Wenn du dich selbst als wertvoll erkannt hast, wirst du nicht zulassen, deinem Partner gegenüber in Abhängigkeit zu geraten.

Auch wenn die Verbindung zwischen dir und deinem Partner auf seelischer oder geistiger Ebene besonders intensiv ist, können Herausforderungen entstehen. Eine besonders tiefe seelische Verbindung kann bedeuten, dass du

- das Gefühl hast, deinen Seelenverwandten getroffen zu haben
- dich mit jedem Wort, das du sagst, auf einer tieferen Ebene verstanden fühlst
- zu besonderen emotionalen Hochgefühlen neigst
- die rosa-rote Brille trägst
- dich mit deinem Partner intensiv über Gefühle, Sehnsüchte, gemeinsame Interessen und die Empfindung verbindest, dass ihr euch besonders ähnlich seid

Eine solche Verbindung ohne reife Grundlage wird nicht von Dauer sein, denn rein seelische Verbindungen sind emotional meist sehr stark aufgeladen, erinnern jedoch eher an die ersten Versuche junger Menschen, die von der ersten großen Liebe schwärmen. Meist werden die Herausforderungen des Alltags seelische Illusionen und Hochgefühle zunichtemachen. Dies bedeutet nicht, dass sie schlecht und unbrauchbar sind, doch sie dienen nicht als Basis für eine tragfähige Beziehung. Du kannst sie als Bonus genießen, solange sie vorhanden sind und die damit einhergehende Bereitschaft zum tiefen Einlassen auf einen anderen Menschen nutzen, um ein stärkeres Band zwischen euch aufzubauen.

Eine geistige Verbindung kennzeichnet meist eine starke Übereinstimmung in übergeordneten Werten und Weltsichten. Menschen folgen gemeinsam einer für sie höheren Bestimmung, dienen einem gemeinsamen Ziel und sind oft verlässliche Partner in Bereichen von Wachstum und Persönlichkeitsentwicklung. Ohne die nötige Bodenhaftung jedoch können auch solche Verbindungen nicht von Dauer sein, da die Praxis im Alltag mehr benötigt als tiefer kommunikativer Austausch oder theoretische Glaubenskonstrukte.

Ideal ist es, wenn die körperliche, seelische und geistige Ebene miteinander in Verbindung treten und sich beide Parteien sowohl im Alltag als auch in ihren Bedürfnissen und Wünschen, ihren Emotionen und ihrem höheren Sinn begegnen, einander Freude bereiten, sich unterstützen und füreinander da sind.

In Verbindung aller drei Bereiche ist es möglich, dass sich die Partner gegenseitig herausfordern und zu höheren Zielen ermutigen, das Gute im anderen sehen und ihn immer wieder daran erinnern, sich andererseits aber auch an dem freuen, was ist – und es im Alltag genießen können.

Inspiration

Zeichne ein Dreieck auf ein DIN-A4-Blatt. Schreibe in jede Ecke jeweils eins der Worte: Körper, Seele, Geist.

Schreibe nun zu jedem Aspekt drei bis fünf Punkte auf, die dir in einer Beziehung wichtig sind und sich auf die Eigenschaft der Empathie beziehen:

Wie kann sich Empathie in eurer körperlichen, seelischen und geistigen Verbindung weiterentwickeln und eure Beziehung fördern?

Beispiele:

Körper:

- ⇨ Den anderen neugierig erforschen und während der Begegnung mehr miteinander über das Geschehen sprechen
- ⇨ Den Unterschied im Gefühl zwischen einer gebenden und einer nehmenden Berührung entdecken
- ⇨ Sich für die Vorlieben des Partners öffnen und eigene Vorurteile abbauen

Seele:

- ⇨ Die romantischen Vorstellungen des Partners entdecken und selbst ausprobieren
- ⇨ Bereit sein zu fühlen und mich der spielerischen Seite des Lebens zu öffnen
- ⇨ Mich mit meinen fünf Sinnen verbinden und die Erfahrungen emotional verarbeiten

Geist:

- ⇨ Die Berufung des Partners unterstützen
- ⇨ Gemeinsam Teil einer Gemeinschaft sein, die einem höheren Ziel folgt
- ⇨ Ziele und Visionen intensiv kommunikativ miteinander teilen

Ja! Schaffe die Beziehung, die du dir wünschst

„Alle Formen der Abneigung lösen sich auf. Von der einfachen Tatsache, jemanden nicht zu lieben, bis hin zur Abscheu vor dem Kriminellen."

Matthieu Ricard

Du hast nun einiges darüber gelernt, wie du dich schützen und an welchen Stellen du Grenzen setzen und nein sagen kannst und darfst, sowie erfahren, worauf du bei der Partnerwahl achten solltest.

Doch wie sieht es mit dem Ja aus? Der Wunsch nach der wahren Liebe – wie kann er erfüllt werden? Wie kannst du dieses laute, klare, freudige Ja in dir und zu einem anderen Menschen finden und jubelnd in die Welt hinaustragen?

Besonders, wenn du wie im vorherigen Kapitel beschrieben, jemanden gefunden hast, mit dem du gerne eine gemeinsame Reise antreten möchtest, plagst du dich vielleicht noch mit Fragen: Woher soll ich wissen, dass es dieses Mal wirklich anders ist? Wie kann ich mich auf mein Bauchgefühl verlassen, wo ich doch vielleicht schon oft dachte, besser könne es nicht werden?

Das letzte Mal Ja sagen, am besten für immer – dies ist ein Traum vieler sensibler Empathen. Es ist nicht zu verallgemeinern, doch sie tendieren oft zum Wunsch nach Tiefe und Langlebigkeit. Dies kann auch dazu führen, dass sie in Beziehungen, die zum Scheitern verurteilt sind, weit über ihr Vermögen hinaus durchhalten.

Nun gilt es also herauszufinden, was du „geangelt hast" oder angeln möchtest. Wozu genau sagst du Ja? Ist dein Ja klar definiert, fällt ein Nein dir nicht mehr allzu schwer. Bedenke, dass du deinem Gehirn und deinem ganzen Organismus ein klares Signal sendest, in welche Richtung sich alles ausrichtet, wenn du dich auf das konzentrierst, was du wirklich willst, nicht auf das, was du verlassen möchtest.

Manchmal erhältst du erst echten Zugang zu deinen tiefsten Wünschen, wenn du dich in einer Beziehungssituation wiederfindest, die dich schier in den Wahnsinn treibt. Viele Menschen sind erst für Veränderung bereit, wenn der gegebene Zustand unerträglich scheint. Dann schreit die Seele laut auf und ist nicht mehr zu ignorieren: So hast du das nie gewollt! Vielleicht kritisierst du deinen Partner innerlich endlos, beweinst deine Einsamkeit und flüchtest dich auf diesem Wege in romantische innere Bilder. Diese können dir Aufschluss und Hinweise darauf geben, was du wirklich möchtest.

Besonders im Hinblick auf dein mitfühlendes Wesen und alle Werte, die mit Empathie zusammenhängen, möchtest du wahrscheinlich keine Kompromisse eingehen, doch die Welt erscheint dir kalt und hart und manchmal bist du versucht, einfach aufzugeben und die Dinge hinzunehmen, wie sie sind. Die Opferhaltung ist für einen Empathen sehr verlockend, sie verhilft ihm dazu, seinem Leid Ausdruck zu geben und sich weiterhin verletzlich zu zeigen, jedoch auf destruktive Weise.

Je tiefer du dich in die Trauer über nicht erfüllte Wünsche und Bedürfnisse begibst, ohne aktiv tätig zu werden, umso schlimmer wird deine Situation. Wenn es dir wichtig ist, von Herzen erkannt, erforscht und romantisch begehrt und geliebt zu werden, ist es unausweichlich, dass du diesen Punkt auf deine Prioritätenliste ganz nach oben setzt. Du wirst in deiner Partnerwahl immer wieder Kompromisse eingehen und länger aushalten und akzeptieren, was dich zutiefst schmerzt, wenn dein Ja zu einer Traumbeziehung nicht steht.

Die Hintergründe für unsere Partnerwahl liegen meist in unserer Kindheit verborgen: Die Beziehung unserer Eltern/Erziehungsberechtigten und anderen erwachsenen Vorbildern hat dich tief geprägt. Als Kind lerntest du durch Beobachtung und selbst, wenn du nicht persönlich Teil dieser Beziehung warst, wurden alle Beobachtungen in deinen Zellen gespeichert. Wie dein Vater mit deiner Mutter umging, wie diese darauf reagiert hat und umgekehrt, ist Teil deines inneren Systems von Überzeugungen über Beziehung. Gedanklich magst du schon so weit sein, erkannt zu haben, dass du die Dinge vielleicht gern anders handhaben möchtest – oder welche Aspekte du gern übernimmst. Dein Unterbewusstsein als Triebwerk für dein Handeln ist daher bei deiner Partnerwahl vorrangig am Werk. Viele Menschen finden sich in der schmerzlichen Erkenntnis wieder, dass sie exakt das wiederholen, was sie um jeden Preis vermeiden wollten.

Grund dafür ist, dass wir uns unbewusst die Partner aussuchen, die den Strukturen unserer Eltern ähneln und die Situation quasi neu erschaffen, um ungelöste Themen diesmal endlich in den Frieden zu bringen.

Wenn du also in deinem Partner plötzlich deinen Vater/deine Mutter wiedererkennst und dich erschrickst, ist es hilfreich zu wissen, wie es dazu kommen konnte. Es können ungelöste Themen zwischen dir und deinem Elternteil eine Rolle spielen und ebenso ungesunde Beziehungsdynamiken zwischen deinen Eltern, die du mitgetragen hast. Viele, besonders empathische Kinder neigen dazu, sich mit dem Elternteil ihres Geschlechtes zu identifizieren, welches unter dem Partner leidet. Sie fallen in tiefes Mitgefühl und tragen so den Schmerz des Elternteils mit, insbesondere, wenn die Eltern sich nicht bewusst darüber sind, dass sie das Kind von Konflikten fernhalten, die diese in keinem Fall tragen sollten. Auch

Unausgesprochenes liegt derartig in der Atmosphäre, dass Kinder es tief einsaugen und es ihr Bild von Liebe und Beziehung maßgeblich beeinflusst.

Wie kannst du nun aus diesem Muster ausbrechen und deine Traumbeziehung erschaffen, wenn du dein Leben lang nur negative Vorbilder hattest oder dein fehlender Selbstwert immer wieder Menschen in dein Leben zieht, die diese Glaubenssätze durch ihr Verhalten dir gegenüber untermauern? Was kannst du tun, um deine Geschichte zu verändern und nicht mehr länger fortzuführen, was dir schadet?

Es kommt nicht darauf an, eine Traumbeziehung nach dem Harmonie-Barometer zu bewerten. Konflikte und Schwierigkeiten gehören dazu. Wichtig ist, dass du dir kompromisslos klar darüber wirst, was du brauchst und möchtest, was du zu geben hast und welche Werte ihr beide in der Beziehung vertreten möchtet. Eine Traumbeziehung baut auf drei Säulen auf: Wohlwollen, Hingabe und Wahrheit. Diese Attribute sind einzig und allein durch Empathie lebendig umsetzbar. Darum ist dein Mitgefühl eines der größten und wichtigsten Schätze, die du in eine Beziehung einbringen kannst. Wenn du ein empathischer Mensch bist, hast du fast schon einen Jackpot gezogen – denn je bewusster du dir über dich selbst, deine Gaben und auch deine Schwächen bist, umso effektiver kannst du dein Mitgefühl nutzen, um deine Beziehung zu dem zu gestalten, was aus Traum Wirklichkeit macht.

Empathie als der Stoff, der alles zusammenhält

Im vierten Kapitel wurde bereits der zwischenmenschliche Raum erwähnt, in den die Parteien alles hineintragen dürfen, was sie wirklich fühlen und in dem gegenseitiges Mitgefühl praktiziert werden kann.

Dieses stille Meer zwischen euch beiden bildet die Basis für eure Verbindung. Es muss nicht sein, dass ihr einander immer versteht, dieses Ideal ist nicht möglich. Doch eure Beziehung lebt von dem beiderseitigen echten Wollen und der Ausrichtung darauf, immer tiefer in die Haltung zu gelangen, die vom anderen nicht verlangt, jemand zu werden, der vorrangig die eigenen Bedürfnisse und Wünsche erfüllt.

Mitgefühl ist eine gebende Kraft. Als Empath hast du schon oft die Erfahrung gemacht, dass ein Ungleichgewicht bestand zwischen deinem natürlichen Fluss des Gebens und dem Verhalten deines Gegenübers, welches dich selbst leer und ausgelaugt zurückließ. Daher ist es von Bedeutung, dass ihr euch beide in der Haltung einig seid, die Beziehung mit dem Gedanken zu betreten, was ihr einander schenken könnt, nicht vorrangig, was es zu holen gilt. Dies ist möglich, wenn ihr euch darum bemüht, zuerst in Verbindung mit euch selbst zu stehen.

Wohlwollen

Wohlwollen ist DAS Salz in der Suppe deiner Beziehung: Es ist die Grundlage für gegenseitiges Vertrauen. Nur wenn du dem anderen wohlwollend gegenüberstehst, kannst du seine Liebe und Zuneigung empfangen und selbst deine Schutzschichten ablegen, die dich von der authentischen Begegnung zum anderen abhalten.

Die Erinnerung an alte Verletzungen hat dazu geführt, dass du dich nicht mehr vollkommen geöffnet hast. Unbewusst fürchtest du vielleicht, wieder dieselben schlechten Erfahrungen zu machen, die in deiner Kindheit und Jugend dazu geführt haben, dass du dein Vertrauen in Menschen verloren hast, die eigentlich für dein Wohl zuständig waren.

So können sich negative Unterstellungen zwischen dich und deinen Partner schieben: Ihr glaubt einander nicht von Herzen, dass ihr es gut miteinander meint. Das innere Überlebenssystem ist immer darauf ausgerichtet, bereits gemachte negative Erfahrungen zu vermeiden. So hält es Ausschau nach Anzeichen, die auf vermeintliche Gefahr hindeuten.

Verhaltensweisen, die im Grunde nicht persönlich zu nehmen sind, rutschen dann in deiner Wahrnehmung in eine Kategorie, die dich vermuten lässt, dass dein Partner dir absichtlich schaden wollte. Dein Vertrauen schwindet und es fällt dir zunehmend schwer, ihm wohlwollend gegenüberzutreten.

Wenn du deine Angst vor Verletzung überwindest, kannst du deinem Partner mitfühlend begegnen. Du reichst nicht mehr nur den kleinen Finger aus Angst, dass er gleich die ganze Hand nimmt, sondern gibst deine Deckung und zaghaftes Geben auf. Dein Mitgefühl wird nicht dazu führen, dass du weniger Aufmerksamkeit erhältst und die Beziehung wieder ins Ungleichgewicht gerät, sondern Hand in Hand mit der Beachtung deiner Bedürfnisse die Augenhöhe fördern.

Wohlwollen führt dazu, dass du das erwartest, was du am meisten wünschst. Du besinnst dich immer wieder auf den stillen Raum zwischen euch, der durch Empathie erschaffen wird. Somit begünstigst du eine Atmosphäre, in der eure Liebe gedeihen kann. Wenn du an das Gute in deinem Partner glaubst, wird er sich gesehen und geliebt fühlen und es fällt ihm wesentlich leichter, dieses Gute auch zu zeigen.

Wie ist es dir nun möglich, eine wohlwollende Haltung deinem Partner gegenüber aufzubauen? Wie kannst du trotz alter Verletzungen mit ihm gemeinsam einen Weg beschreiten, der euch in Heilung bringt und neue Erfahrungen zulässt?

> Was du im anderen vermutest, vermutest du immer auch in dir. Konzentriere dich daher darauf, dir immer wieder darüber bewusst zu werden, dass du geliebt werden möchtest und dich danach sehnst, andere zu lieben – und werde dir darüber klar, dass dasselbe Grundbedürfnis auch in deinem Partner vorhanden ist.

In euch beiden leben alte Verletzungen – doch in euch beiden lebt auch eine Sehnsucht nach Harmonie, Schönheit und echter Liebe. Gegenseitiges Wohlwollen ermöglicht es euch, einander immer wieder daran zu erinnern, was ihr in dieser Beziehung erreichen möchtet: Ihr geht Hand in Hand das Abenteuer ein, eurer tiefen Sehnsucht Raum zu gewähren und zu lernen, neu zu vertrauen.

Wohlwollen fördert grundsätzlich ein positives Klima. Hierin können Glück, Zufriedenheit und Erfüllung erst beginnen, sich zu entfalten. Deine innere Haltung ist der wichtigste Baustein für alle Aspekte deines Lebens: Wenn du aus einer positiven Stimmung heraus agierst, wird das, was du erschaffst, eine positive Atmosphäre mit sich bringen.

Tipp: Übe dich darin, deinem Partner weniger Vorwürfe zu machen. Dies bedeutet nicht, dass deine Wünsche nicht mehr besprochen werden, im Gegenteil: Mit der richtigen Haltung wird es um ein Vielfaches leichter sein, das Herz deines Geliebten mit deinem Bedürfnis zu erreichen. Praktisches Wohlwollen zeigt sich darin, das Beste von deinem Gegenüber zu erwarten und ihm offen und zugewandt gegenüberzustehen. Wenn du emotional getroffen bist, ist das nicht leicht, doch es ist möglich. Ihr könnt gemeinsam besprechen, wie ihr mit solchen Situationen umgehen möchtet; es kann beispielsweise helfen, wenn ihr klar kommuniziert, dass der andere euch verletzt hat und ihr ein wenig Abstand braucht, um die Emotion zu verarbeiten. Ist der Sturm abgeklungen, könnt ihr in Ruhe über das Geschehene sprechen. So ist es möglich, auf Vorwürfe und Unterstellungen zu verzichten und ein positives Klima auch in heiklen Situationen zu bewahren.

Hingabe

Hingabe macht es möglich, voll und ganz im Hier und Jetzt zu verweilen und dich mit allem, was du bist, auf die Situation und die Beziehung einzulassen. Sie verlangt großen Mut von dir und die Bereitschaft, ein positives Ziel nicht aus den Augen zu verlieren. Wer hingegeben lebt, wird wahrhaft lebendig.

> Hingabe ist der Mut, alle Hintertüren zu schließen und Ja zu dem zu sagen, was du wirklich möchtest.

Um Hingabe wahrhaftig zu leben, ist es wichtig, dass du vorher sichergestellt hast, mit dem Partner an deiner Seite keine faulen Kompromisse eingegangen zu sein. Du hast darauf geachtet, deine Partnerwahl aus einem Status der Eigenverantwortung und Selbstwirksamkeit zu treffen und befandest dich nicht panisch auf der Suche nach Zweisamkeit, um Gefühle des Alleinseins zu vermeiden. Du bist sicher, für eine Beziehung und ihre Herausforderungen bereit zu sein und ihr verfolgt ein gemeinsames Ziel. Du kämpfst nicht gegen Windmühlen, sondern hast geprüft, dass du dich in einer gesunden Beziehungsstruktur befindest.

Ist diese Basis gegeben, kannst du täglich neu daran arbeiten, dich Schritt für Schritt immer tiefer zu öffnen und dich deinem Partner in all deinem Sein hinzugeben, ohne dich selbst zu verlassen. Das ist eine spannende Gratwanderung, doch wenn du den Begriff der Hingabe richtig verstanden hast und nicht mit falscher Opferbereitschaft assoziierst, wird sie dich zu tiefem Wachstum inspirieren.

Hingabe ist zudem das Tor zu wahrer Lebendigkeit, denn wenn du mit deinem ganzen Sein in den Moment des Jetzt trittst und durch dein JA vollkommen anwesend bist, wirst du so viel mehr fühlen, so viel tiefer empfinden, so viel stärker das Leben in dir spüren können, als wenn du durch falsche Vorsicht immer wieder die Handbremse anziehst.

Die Sehnsucht nach dem ganzen Brot ist an dieser Stelle eine willkommene Assoziation und hier sogar angebracht: Das ganze Brot als Beispiel für volles Dasein kann dich zutiefst erfüllen. All deine inneren Anteile sind mit von der Partie, du bist nicht zweigeteilt, sondern setzt alles auf eine Karte.

Hingabe macht dich zu einem integren, loyalen Partner mit klarer Ausstrahlung, zentrierter Kraft und wahrhaftigem Ausdruck. Zudem wirst du jemanden in dein Leben ziehen, der es wirklich ernst meint, denn hingegebene Menschen strahlen aus, dass mit ihnen keine oberflächlichen Spielchen möglich sind. Jeder, der nicht deine Werte vertritt, wird um dich einen weiten Bogen machen. Vielen Menschen ist ein inbrünstiges Leben zu anstrengend oder zu gefährlich, weil sie „aufwachen" und an sich arbeiten müssen. Daher ist Hingabe sehr hilfreich zur natürlichen Selektion der Menschen, die gern mit dir zusammen sein möchten.

Wahrheit

Nichts ist verführerischer als die pure Wahrheit. Wahrheit ist in ihrem Begriff schwer zu definieren, denn es gibt so viele Perspektiven, wie Menschen auf unserem Planeten weilen.

Deine persönliche Wahrheit ist das, wovon du im aktuellen Moment zutiefst überzeugt bist, selbst, wenn diese Wahrheit einen Schmerz oder andere negative Empfindung beinhaltet. Doch wenn sie unverschleiert zur gemeinsamen Betrachtung zur Verfügung gestellt wird, kann dies zu einer immensen Lebendigkeit in der Beziehung führen.

Jedes Mal, wenn einer der beiden Parteien lügt, durch Worte, Gesten oder Verhaltensweisen, die nicht seiner inneren Überzeugung entsprechen und vielleicht nur der Deeskalation dienen oder um den anderen nicht zu verletzen, wird ein Teil der möglichen Verbindung eingebüßt. Wahrheit ermöglicht es, einander wirklich zu sehen und begegnen zu können. Scham- und Schuldgefühle können in gegenseitigem Mitgefühl abgebaut und transformiert werden und die Beziehung trägt das Potential, wirklich das zu werden, was beide sich zutiefst wünschen.

Für empathische Menschen ist es meist nicht schwer zu spüren, wenn der Partner nicht wahrhaftig ist. Achte hierbei darauf, dass du selbst den ersten Schritt machst, solltest du eine solche Tendenz bei deinem Geliebten feststellen. Es ist nicht leicht, der Erste zu sein, der sich offenbart, doch meist zeigen Menschen ihre Wahrheit nicht, weil sie sich fürchten. Wenn einer von beiden durch das Zeigen seiner Wahrheit den Bann bricht, entsteht ein sicherer Raum, der sich stetig ausbreiten kann.

Beachte: Die individuelle Wahrheit eines Menschen kann sich mit seiner persönlichen Entwicklung immer wieder verändern. Wahr ist immer das, was im jeweiligen Augenblick authentisch gefühlt und geglaubt wird. Sei daher immer wieder bereit, deinen Partner mit neuen Augen zu betrachten und erinnere dich daran, dass er als Mensch stets im inneren und äußeren Wandel steht und dies ein positives Zeichen für seine Lebendigkeit und Bewegung ist. Du kannst ihn immer wieder neu entdecken. Mit dieser Haltung wird eure Beziehung nicht zur Langeweile verkommen.

Wo ist denn nun mein Traumprinz voller Mitgefühl?

Dieser Abschnitt ist für all diejenigen bestimmt, die sich noch auf der Suche nach dem richtigen Partner befinden. Bei all der inneren Arbeit, die du vielleicht schon hinter dir hast, kann es durchaus frustrierend sein, wenn du dich bei aller bereits bestehenden inneren Erfüllung nach einer Partnerschaft und Zweisamkeit sehnst und der dazu passende Partner einfach nicht in Sicht ist. Wie lange musst du noch warten? Welche Stellschrauben sind noch zu drehen? Liegt es an dir, hast du zu hohe Erwartungen?

Sei ermutigt: Es klingt vielleicht zu romantisch, doch wenn die Zeit reif ist, wird der richtige Mensch in dein Leben treten. Dies ist kein Hexenwerk oder unreflektierter Glaube an ein Wunder: Vielmehr wirst du in deiner Ausstrahlung automatisch den Menschen begegnen, die zu dir passen.

Um dem Glück etwas auf die Sprünge zu helfen, kannst du folgende Punkte beachten: Wähle deinen Freundeskreis klug und verlasse soziale Gefüge, die dir nicht guttun oder deiner inneren Wahrheit nicht entsprechen. Überprüfe, ob du dich tatsächlich mit Menschen und auch im beruflichen Umfeld in einer Umgebung befindest, die zu dir passt und erlaube dir, deinen Alltag an die

Gegebenheiten anzupassen, dir deinem Herzen entsprechen. Halte dich an Orten auf, die dich natürlicherweise in ihren Bann ziehen. Verbringe Zeit mit Aktivitäten, die dir Spaß machen. Hab den Mut, deine Aufmerksamkeit auf das zu zentrieren, was dir das Gefühl gibt, lebendig zu sein. So erhöhst du die Chancen darauf, sowohl ein Leben zu leben, in welchem du dich auch ohne Partner glücklich und zufrieden fühlst und gleichzeitig auf jemanden zu treffen, der wirklich zu dir passt.

Beachte auch deine Werte: Wenn es dir wichtig ist, einen empathischen Menschen kennen zu lernen, achte bei Erstgesprächen darauf, wie er kommuniziert und ob dies deiner Vorstellung entspricht. Schenke deine Zeit jemandem, dessen Grundwerte mit deinen übereinstimmen und sei es dir wert, Kontakte über Bord zu werfen, bei denen recht schnell klar ist, dass sie sich nicht in die gewünschte Richtung entwickeln.

Erinnere dich immer daran: Es ist dein Leben, es wird dein Liebesleben, du wählst einen Menschen, der dich zutiefst prägen und beeinflussen wird – du hast das Recht, dir Zeit zu lassen und klug zu wählen.

Zum Schluss kann es dir helfen, aus der Haltung des Wartens auszusteigen: Besinne dich auf das Jetzt und auf den gegenwärtigen Moment. Genieße, was gerade ist und übe regelmäßig, in deiner aktuellen Realität zuhause zu sein. Wenn du nicht wartest, sondern dich in einem kreierenden, aktiven Zustand befindest, fühlst du dich kraftvoll und selbstwirksam.

Und was ist mit den anderen Beziehungen in meinem Leben?

Alle Aspekte, die für eine Liebesbeziehung von Belang sind, lassen sich auch auf die anderen sozialen Beziehungen in deinem Leben anwenden. Die Wahl deines sozialen Umfeldes nimmt immens Einfluss auf deine persönliche Entwicklung, dein Lebensgefühl und deine Ausrichtung.

Unsere Spiegelneuronen bewirken, dass wir uns gegenseitig bestimmte Aspekte unseres Wesens spiegeln. Darum fühlst du dich auch im Beisein unterschiedlicher Menschen eventuell anders: Jemand, der dir wohlwollend gegenübersteht, wird in dir das Gefühl auslösen können, dass auch du dich mit dir selbst mehr in Einklang fühlst. Wenn ein Mensch dagegen einen deiner Charakterzüge, beispielsweise Unsicherheit, nicht mag und negativ darauf reagiert, kann es sein, dass du gerade als Empath diese Abneigung auffasst, selbst spürst und dich dies weiter verunsichert. So wird das Erleben der jeweiligen Aspekte deines Wesens verstärkt wahrgenommen, die dir von deiner Umwelt gespiegelt werden.

Wenn du integrales Wachstum anstrebst und dich weiterentwickeln sowie ein gesundes Selbstwertgefühl aufbauen und dich in deinen Beziehungen wohlfühlen möchtest, lohnt es sich, bei der Wahl deiner Freunde genauer hinzusehen.

Im ersten Schritt ist es, wie auch in einer Liebesbeziehung, wichtig, dass du dir über deine Werte im Klaren bist und weißt, welches Ziel du verfolgst. Wähle Menschen, die dich unterstützen und bestenfalls bereits die Charaktereigenschaften aufweisen, die du selbst anstrebst. Umgib dich mit Freunden, die sich denselben Werten verpflichtet haben und bereit sind, dir ein authentischer, doch in jedem Falle liebevoller und wohlwollender Spiegel zu sein. Gesunde Beziehungen kannst du mit Menschen führen, die mit sich selbst bereits in guter Verbindung stehen.

In der folgenden Tabelle erhältst du einen Überblick über positive und negative Eigenschaften von Menschen, die auf deren Haltung und Werte hinweisen.

Freunde mit gutem Einfluss	Freunde mit schlechtem Einfluss
⇨ eigenverantwortlich ⇨ lösungsorientiert ⇨ konzentrieren sich auf das Positive ⇨ unterstützen dich in deinen Herausforderungen zu reifem Handeln und glauben an dich ⇨ spiegeln dir deine Kraft und erinnern dich an deine Begabungen ⇨ gestalten ihr Leben aktiv ⇨ setzen klare Grenzen ⇨ meinen, was sie sagen und sagen, was sie meinen ⇨ investieren ihre Energie nur in Menschen und Projekte, die wirklich zu ihnen passen ⇨ geben sich das Recht, glücklich zu sein	⇨ hetzen dich gegen Menschen und Situationen auf, unter denen du aktuell leidest ⇨ verleiten dich zum Lästern ⇨ entmutigen dich im Hinblick auf deine Ziele und Träume ⇨ beschweren sich und meckern viel über ihre Situation ⇨ halten ihren Fokus auf alles Negative ⇨ drängen dir ihre Meinung auf ⇨ fallen durch Schwarzweiß-Denken auf ⇨ gehen in die Opferhaltung: Alle anderen sind schuld ⇨ haben das Gefühl, das Leben passiert ihnen

Mit der Bezeichnung positiv und negativ ist nicht etwa gemeint, ein Mensch sei besser als ein anderer. Es stellt sich lediglich die Frage nach deinen Zielen und Werten und ob deine Beziehungen diese Ausrichtung unterstützen.

Wenn du deine Freunde auswählst, geht es auch nicht darum, dass alle immer glücklich, gut gelaunt und erfolgreich sein müssen.

Echte Freundschaft lebt auch davon, dass wir uns gegenseitig tragen und füreinander da sind, wenn es uns nicht gutgeht.

Doch die Grundhaltung eines jeden Menschen kann nicht von seinen Freunden ausgebügelt werden, sie bestimmt das Klima in der Beziehung mit. Jeder Mensch ist grundsätzlich selbst dafür verantwortlich, aus welcher Perspektive er sein Leben betrachten möchte. Auch, wenn jemand tief in Verbindung steht mit seinem Schmerz, seiner Traurigkeit und seinen Unsicherheiten, kann er dennoch eine positive Grundhaltung bewahren und sich mit dir gemeinsam auf einem Weg des Wachstums befinden.

Tipp: Ziehe dein Bauchgefühl zu Rate: Fühlst du dich in der Gegenwart deiner Freunde wohl, sicher und mit dir verbunden, schöpfst du in der gemeinsamen Zeit neue Energie? Oder schwächen dich deine Beziehungen und laugen dich aus, entmutigen dich, entfernen dich von deinem inneren Kern? Deine Intuition wird dir bei der Wahl deines sozialen Umfeldes behilflich sein. Zögere nicht, das Beste vom Besten für deine engsten Beziehungen zu erwarten! Bereits ein oder zwei tiefe, intensive Freunde an deiner Seite und gesunde Grenzen gegenüber allen, die sich nicht in deinem engsten Kreis befinden, können ausreichen, um ein gesundes Seelenklima herzustellen, in dem du aufblühen und wachsen kannst.

Tipp: Achte außerdem darauf, wem du dich tiefer anvertraust und mit wem du über deine Beziehung, dein Befinden und deine Träume und Pläne sprichst. Wenn du nicht sicher bist, ob jemand dir ermutigend, unterstützend und empathisch gegenübertreten kann, tut es manchmal gut, weniger zu erzählen. Passe die Informationen, die du über dich preisgibst, an deinen Intimitätskreis an. Nicht jeder muss alles über dich wissen. Somit schützt du dich bereits vor unnötigen Entmutigungen, die besonders in sensiblen Situationen vielleicht gar nicht nötig gewesen wären.

Ein kleines Kapitel zum Begriff „Raum"

Vielleicht mag dir schon aufgefallen sein, dass in diesem Buch des Öfteren das Wort „Raum" oder der Begriff „Raum schaffen", „Raum halten" gefallen ist. Darauf möchte dieses Kapitel etwas näher eingehen.

Empathie ist im Kern exakt dies: Wir schaffen und halten Raum für alles, was in unserer heutigen Welt und Gesellschaft so wenig Platz findet.

Wir sind wie besessen davon, ein Leben zu errichten, das sich auf das konzentriert, was leicht, angenehm und genussvoll ist und dafür herhalten kann, alles zu überdecken, was unter der Oberfläche schwelgt.

Machen wir uns nichts vor – die Dinge sind trotzdem da. Während wir aufwachsen, sind wir unweigerlich dem schrecklichen Gefühl des Ausgeliefertseins ausgesetzt. Ein kleiner Mensch ist zu hundert Prozent von der Gunst und dem Wohlwollen seiner Eltern, Erziehungsberechtigten und anderen nahen Erwachsenen abhängig. Er kann nichts für sich selbst tun. Ein Baby ist auf die Fürsorge seiner Mutter angewiesen, sonst stirbt es. Nicht nur körperlich möchte ein kleiner Mensch Zuwendung erfahren, auch

Seele, Herz und Geist möchten liebevolle, sanfte, einfühlsame Zuwendung erleben, um in einem gesunden Umfeld aufzuwachsen.

Eltern können ohne Bewusstseinsarbeit ausschließlich weitergeben, was sie selbst von ihren Eltern empfangen haben. Hier beginnt das Dilemma im menschlichen Sein: Kein Mensch kommt unbeschadet durch die Kindheit, sagt ein Sprichwort. Und so werden alte Wunden und Verletzungen immer weitergetragen und legen sich auf die nächste Generation, die in dem jeweiligen Bereich im Mangel aufwächst.

Unsere Gesellschaft leidet unter den Verletzungen der vorherigen Generationen und steht zudem unter Druck, dem Trend zu folgen, der immer weiter wegführt von der Einfachheit des Lebens, der Erfüllung seelischer, körperlicher und geistiger Grundbedürfnisse hin zur Betäubung der eigentlichen Sehnsucht durch oberflächliche Ersatzbefriedigung.

Unsere wahren Bedürfnisse sind nicht durch Geld, Macht, Konsum und oberflächliche Beziehungen zu stillen und doch dreht sich unser Alltag weitgehend darum, das Rad am Laufen zu halten.

Physiologische Bedürfnisse, Sicherheitsbedürfnisse und soziale Bedürfnisse befinden sich ganz unten auf der Bedürfnispyramide und bilden tatsächlich die Basis für ein erfülltes Leben, wenn sie in der richtigen Weise befriedigt werden. Unzählige Menschen können ein Lied davon singen, wie zutiefst befriedigend es sein kann, mit den Händen in der Erde zu graben und für ihr eigenes Essen zu sorgen, ein Dach über ihrem Kopf zu errichten und mit vielleicht wenigen, dafür engen und gemeinschaftlich orientierten Beziehungen zufrieden zu sein. Sie minimieren ihre Bedürfnisse auf das Wesentliche und erleben in dieser Zentrierung, sich zum ersten Mal wieder wirklich wahrnehmen und spüren zu können, weil sie zu der Basis dessen zurückkehren, was ein Mensch wirklich braucht.

Gegen alles, was dazu kommt, ist nichts einzuwenden, doch unsere Tages- und Lebenszeit ist begrenzt und wir müssen Prioritäten setzen. Meist leidet unter der Aussortierung der Bereich, der am anstrengendsten ist, weil wir uns unserem alten Schmerz stellen müssen – die wahrhaftige Begegnung mit anderen Menschen und uns selbst. Die freie Zeit wird mit Ablenkung vollgestopft und wir verlieren uns in alltäglichen Verpflichtungen und Aufgaben.

Der Schmerz, der aus dem hilflosen Ohnmachtsgefühl eines Kindes erwächst, dessen wahre Bedürfnisse nicht erkannt oder nicht erfüllt werden konnten, ist für das Kind meist zu groß und nicht händelbar. Es lernt daher, mit allerlei Vermeidungsstrategien diesem Schmerz auszuweichen und legt sich unbewusste Strategien zurecht, wie es in einer Welt überleben kann, in der es so abhängig vom Verhalten anderer Menschen ist. Die Psychotherapeutin Stefanie Stahl beschreibt diesen Prozess sehr treffend. Hier sei ein besonderer Hinweis auf ihr Buch „Das Kind in dir muss Heimat finden“ gelegt.

Die verdrängten Bedürfnisse unserer Seele finden nur Raum, wenn wir eines Tages wagen, uns die Fragen zu stellen, die wir womöglich ein Leben lang durch diese Vermeidungsstrategien umgangen haben: Wer bin ich wirklich? Was tue ich hier? Wozu treffe ich diese oder jene Entscheidung? Macht mein Leben einen Unterschied? Wem bin ich wirklich wichtig und lebe ich wirklich für mich und das, was mir wichtig ist, oder für andere? Habe ich mich bequem eingerichtet in einem angenehmen Überlebensprogramm, beschäftige mich mit selbst geschaffenen Problemen wie der neuesten Rechnung, einer Krankheit durch ungesunden Lebensstil, einer toxischen Beziehung, dem Vereinsleben meines Kegelclubs – oder bin ich bereit, mich dem zu stellen, was mir als Kind damals den Boden unter den Füßen weggerissen hat?

Du musst keine besonders schreckliche Kindheit durchlebt haben, um tiefe Narben davonzutragen. Ein liebloser Blick, ein unbedachtes Wort oder eine Woche ohne deine Eltern im Kleinkindalter reichen bereits aus, um dazu zu führen, existentielle Verlassensängste, Hilflosigkeit und das Gefühl der Wertlosigkeit zu triggern. Scheinbar unbedeutendste Erfahrungen erinnern den kleinen Menschen an seine Sehnsucht nach Verbundenheit, danach, nicht abgetrennt zu sein – und die Welt, in der ein Auskommen ohne diese schmerzhafte Erfahrung nicht möglich ist.

Dieser Gedanke kann nebenbei für Menschen, die bereits Kinder haben und sich alltäglich Vorwürfe machen, weil sie nicht perfekt sind, sehr beruhigend sein: Du wirst Fehler machen. Es ist vollkommen unmöglich, alles perfekt zu machen. Auch du bist nicht unbeschadet deiner Kindheit entwachsen und befindest dich auf einem Weg der Bewusstwerdung darüber, was alter Schmerz in dir und deinem Wesen angerichtet hat.

Hier kommt der Raum ins Spiel, von dem dieses Buch so oft spricht – und damit die Empathie. Sie ist das Hauptwerkzeug der Liebe und Verbindung, nach der jeder Mensch sich wahrhaft sehnt. Als Kind brauchen wir empathische Menschen um uns herum, die gewillt sind, jeden Tag „Detektiv zu spielen" und zu erspüren, was wir brauchen, um unsere Bedürfnisse zu erfüllen. Als Erwachsene sehnen wir uns danach, dass andere uns ein Spiegel sind, ein offenes Ohr und offene Herzen darreichen, damit wir uns endlich in einem sicheren Raum so zeigen können, wie es damals nicht möglich war, als wir unseren Schmerz verstecken mussten, um uns die lebensnotwendige Mindestzuwendung unserer Mitmenschen zu sichern.

Empathie löst diese alten Knoten, sie schenkt die Möglichkeit zur dringend notwendigen Selbstoffenbarung, nach der wir dürsten.

Inspiration

Schreibübung

Wenn du möchtest, stelle dir in einer ruhigen Minute folgende Fragen und schreibe deine Antworten dazu ausführlich auf:

- ⇨ Welche kleinen Handlungen habe ich heute vollzogen, um mich zu zeigen in der Hoffnung, dass ein geliebter Mensch auf mich und meine Seele aufmerksam wird?

(Dies können ganz kleine Bewegungen sein, vielleicht eine Handreichung oder ein Lächeln, die Wahl eines bestimmten Kleidungsstückes oder eines klug klingenden Wortes, um zu sagen „ich bin aufmerksam, hinreißend, interessant, damit auch liebenswürdig, ich sehne mich nach Verbindung mit dir!“)

- ⇨ Wo handle ich im Selbstausdruck, verstecke mich jedoch auch gleichzeitig damit, um nicht darüber sprechen zu müssen?

(Beispiel: Du hast jemanden neu kennen gelernt und möchtest ihn beeindrucken. Du arrangierst, dass er dich von deiner Tanzstunde abholt, damit er dich noch einige Minuten lang tanzen sieht und begeistert von dir ist. Dahinter steckt dein Wunsch, in deiner inneren Wildheit und Kreativität gesehen und erkannt zu werden, was dich jedoch auch verletzlich macht. Um dies nicht zu deutlich zu präsentieren und dich zu schützen, arrangierst du die „Zufälle“, die dazu führen, gesehen zu werden, ohne deutlich zu sagen: Das bin ich! Das ist mir wichtig! Ich hoffe, du findest mich gut ...)

- ⇨ Welche Kleidung trage ich, um zu gefallen, welche Arbeitsstelle nehme ich an, um etwas zu beweisen, welcher Freundeskreis soll mir das Gefühl geben, wertvoll zu sein?

Echte Empathie schafft es zum einen, die wahren Bedürfnisse eines Menschen hinter seinen Handlungen und seinem Verhalten zu erkennen und darauf einzugehen. Dies ist besonders im Umgang mit Kindern von großer Bedeutung, denn meist können sie noch nicht verbalisieren, was sie wirklich brauchen und drücken sich in emotionalen Reaktionen aus. Wenn ein Kind seine Geschwister ärgert, an den Haaren zieht und sich anderweitig unflätig benimmt, hat dieses Verhalten oft eine viel tiefere Bedeutung als beispielsweise Langeweile oder ein negativer Charakterzug. Hinter jedem menschlichen Verhalten steht ein Bedürfnis.

Wenn du deine empathische Gabe trainierst und klug einsetzt, kannst du in deinen Partnerschaften und insbesondere gemeinsam mit einem Menschen, der sich mit dir auf Wachstum und Bewusstwerdung ausgerichtet hat, den Fokus auf diese Wahrnehmung der echten Bedürfnisse hinter dem Verhalten legen.

Empathie ist der Schlüssel zur Heilwerdung eines verletzten Herzens mit allerlei positiven Folgen: Erlebt ein Mensch die Hin- und Zuwendung zu seinen echten, tiefsten Bedürfnissen und macht damit positive Erfahrungen, die sein Vertrauen wiederherstellen, kann dies dazu führen, dass sich ein positiver Dominoeffekt entwickelt: Er erfährt, dass er wertvoll und geliebt ist, dass seine Bedürfnisse Gewicht haben und Aufmerksamkeit erfahren. Eventuell laufen Gegebenheiten zu seinen Gunsten, Mitmenschen beziehen seinen Standpunkt mit ein, kurz, sein Sein macht einen Unterschied.

Somit öffnet sich ein neuer Raum, in dem bewusst werden kann: Ich darf Nein sagen! Ich darf wählen! Ich darf mich ausbreiten, meine Träume erkunden, entscheiden, mit wem ich Zeit verbringen möchte...

Inspiration

Eine Empathie-Übung, die zu echter Verbindung in der Partnerschaft führt:

Sie ist simpel und doch können wir uns die Frage stellen, ob wir uns überhaupt daran erinnern können, wann wir zum letzten Mal einen solchen Moment erlebt haben.

Setze dich deinem Partner gegenüber und legt eine gemeinsame Zeit fest, in der ihr einander tief und wortlos in die Augen schaut. Startet wenn möglich mit einer Minute und dehnt mit zunehmender Erfahrung die Übung auf mehrere Minuten aus.

Diese Übung ist unglaublich intim und kann eine ganze Reihe an versteckten Emotionen hervorrufen. Erlaubt euch in dieser Zeit, alles zu fühlen, was gefühlt werden möchte, ohne es zu kommentieren. Freude, Trauer, Wehmut, Sehnsucht, Enttäuschung, Zuneigung …

Schenkt einander mit dieser Übung den stillen Raum und teilt ihn achtsam miteinander. Es wird euch auf besondere Weise verbinden und die empathische Beziehung zueinander stärken.

Nachwort - von der Sehnsucht nach dem Ankommen

„In meiner Praxis und in meinem Leben stelle ich fest, dass Menschen, die sich selbst als Ganzheit erleben und das Gefühl besitzen, selbst etwas wert zu sein, fähig sind, mit allen Herausforderungen des Lebens in schöpferischer und angemessener Weise fertig werden ... Wachstum bedeutet, dass das Leben in beständiger Veränderung besteht, und es gibt keine Möglichkeit dies zu unterbinden ...“

Virginia Satir

Nun bist du am Ende einer kleinen Reise angekommen – wenn du möchtest, wird es der Auftakt zu einem wunderschönen, neuen Tanzreigen deines persönlichen Ausdrucks sein. Du hast viel über den Einsatz von Empathie und dein Wesen gelernt, welches sich durch tiefes Mitgefühl deinen Mitmenschen gegenüber zeigen möchte. Empathie in Beziehungen wirkt tatsächlich wie eine Superkraft – vorausgesetzt, ihr Einsatz folgt einer gesunden Basis und dem Wissen über Chancen und Gefahren, die sich dahinter verstecken können.

Mit allem, was du nun weißt, kannst du dein Lebensschiff in die richtige Richtung lenken und neuen Wind in den Segeln zulassen.

Abschließend darfst du dir noch einmal bewusst machen, worum es wirklich geht: Die Verbindung zu dir selbst und deinem tiefsten Wesenskern ist der größte Schatz, den zu finden du im Stande sein kannst. Das Leben ist ein Balanceakt zwischen außen und innen, der Welt, die in dir lebt und der, die du um dich herum erschaffst. Der Wunsch nach dem Ankommen – die große Sehnsucht unserer Zeit.

Die wahre Erfüllung deiner Bedürfnisse und Sehnsüchte liegt immer in deinem Herzen verborgen. Was immer wir tun, gründet sich auf der Sehnsucht nach Ausdruck unseres wahren Wesens und Seins. Je tiefer du mit dir selbst verbunden und im Einklang lebst, umso intensiver und erfüllender wirst du deine Beziehungen gestalten können.

Mache dir daher zur Priorität und obersten Aufgabe, die Beziehung zu dir selbst zu pflegen, dich intensiv kennen zu lernen, dir immer wieder neu zu begegnen und Neuausrichtung entsprechend dem vorzunehmen, was dir wichtig ist. Je weniger Kompromisse du mit deinem Herzen schließt, je klarer du dich auf die Seite deiner inneren Wahrheit stellst, umso lebendiger wird dein Leben sich entfalten, umso authentischer wirst du dich bewegen können und umso geborgener im eigenen Sein kannst du dich fühlen – du bist zuhause. Du bist angekommen. Wer wahrhaft angekommen ist, wovor er ohnehin nicht fortlaufen kann, muss nicht nach unerfüllter Sehnsucht handeln und betteln, hinterherlaufen oder von seinem Weg abkommen. Er schafft mehr von dem, was bereits da ist: Glück, Frieden, Geborgenheit.

Sei es dir wert, deine innere Quelle zu schützen und immer wieder zu ihr zurückzukehren. Wo deine Fülle ist, liegt deine Kraft. Du wirst immer mehr von dem in deinem Leben sehen, was bereits vorhanden ist.

Quellen und weiterführende Literatur

Bak, P. M. (2015). *Zu Gast in Deiner Wirklichkeit: Empathie als Schlüssel gelungener Kommunikation*. Springer Spektrum.

Bauer, J. (2020). *Fühlen, was die Welt fühlt: Die Bedeutung der Empathie für das Überleben von Menschheit und Natur*. Karl Blessing Verlag.

Bergner, S. (2021). *Erfolgreich ist, wer mitfühlt - Emotionale Intelligenz: EQ - sich selbst & andere besser verstehen. Wie Sie Gefühle beeinflussen und Empathie lernen (German Edition)*. Virtuoso Verlag.

Carpenter, K. (2020). *The Empath's Workbook: Practical Strategies for Nurturing Your Unique Gifts and Living an Empowered Life*. Rockridge Press.

Chapman, G. (1994). *Die fünf Sprachen der Liebe - Wie Kommunikation in der Partnerschaft gelingt*. Francke Buchhandlung GmbH.

Cuff, B. M., Brown, S. J., Taylor, L., & Howat, D. J. (2014). Empathy: A Review of the Concept. *Emotion Review*, *8*(2), 144–153. https://doi.org/10.1177/1754073914558466

Davis, M. H. (2006). Empathy. *Handbooks of Sociology and Social Research*, 443–466. https://doi.org/10.1007/978-0-387-30715-2_20

de Rosa, W. (2021). *Becoming an Empowered Empath: How to Clear Energy, Set Boundaries & Embody Your Intuition.* New World Library.

Elliott, R., Bohart, A. C., Watson, J. C., & Greenberg, L. S. (2011). Empathy. *Psychotherapy, 48*(1), 43–49. https://doi.org/10.1037/a0022187

Goleman, D. (2005). *Emotional Intelligence: Why It Can Matter More Than IQ.* Random House Publishing Group.

Hamiko, A., & Schreiber, C. (2018). *Bindungstheorien nach Mary Ainsworth.* Bildungswissenschaften Universität Koblenz-Landau. https://userpages.uni-koblenz.de/~luetjen/sose18/di_10/Ausarbeitung_Bindungstheorien_10.07.2018_Kommunikation-1.pdf

Hein, M. (2018). *Empathie: Ich weiß, was du fühlst.* GABAL Verlag GmbH.

Heintze, A. (2020). *Empathie – Was ist das eigentlich genau?* OpenMind Akademie - Ausbildungen und Metakognitives Coaching. https://open-mind-akademie.de/empathie-was-ist-das/

Heintze, A., & Hummer, A. H. (2018). *Die Gabe der Empathen: Wie du dein Mitgefühl steuerst und dich und andere stärkst.* mvg Verlag.

Jameson, S. (2018). *The Happy Empath's Workbook: Hands-On Activities, Worksheets, and Strategies for Creating a Joyous and Full Life.* Ulysses Press.

Krznaric, R. (2015). *Empathy: Why It Matters, and How to Get It.* TarcherPerigee.

Lüling, D., & Lüling, C. (2007). *Lastentragen - die verkannte Gabe.* Asaph Verlag.

McLaren, K. (2013). *The Art of Empathy: A Complete Guide to Life's Most Essential Skill.* Sounds True.

Orloff, J. (2018). *The Empath's Survival Guide: Life Strategies for Sensitive People.* Sounds True.

Orloff, J. (2019). *Thriving as an Empath: 365 Days of Self-Care for Sensitive People.* Sounds True.

Perry, B. D., & Szalavitz, M. (2011). *Born for Love: Why Empathy Is Essential--and Endangered.* William Morrow Paperbacks.

Riess, H., & Neporent, L. (2018). *The Empathy Effect: Seven Neuroscience-Based Keys for Transforming the Way We Live, Love, Work, and Connect Across Differences.* Sounds True.

Rogers, C. R. (2012). *Die klientenzentrierte Gesprächspsychotherapie.* FISCHER Taschenbuch.

Rohleder, L. (2017). *Die Liebe empathischer Menschen: Die Gratwanderung zwischen wahrer Liebe und seelischen Verletzungen.* dielus edition.

Schulz, C. (2021). *Einfach nachhaltiger und bewusster leben.* CareElite. https://www.careelite.de

Singer, T., & Klimecki, O. M. (2014). Empathy and compassion. *Current Biology, 24*(18), R875–R878. https://doi.org/10.1016/j.cub.2014.06.054

Spiro, H. (1992). What Is Empathy and Can It Be Taught? *Annals of Internal Medicine, 116*(10), 843. https://doi.org/10.7326/0003-4819-116-10-843

Stahl, S. (2017). *Jeder ist beziehungsfähig: Der goldene Weg zwischen Freiheit und Nähe. - Mit dem Konzept von „Das Kind in dir muss Heimat finden" zu einer erfüllten Partnerschaft.* Kailash.

Stefanie, S. (2015). *Das Kind in dir muss Heimat finden: Der Schlüssel zur Lösung (fast) aller Probleme.* Kailash.

Hochsensibilität neu entdecken

Wie du aus deiner scheinbaren Schwäche das Leben deiner Träume erschaffst

Katrin Winter

Inhaltsverzeichnis

Einleitung **393**

Was ist Hochsensibilität? **397**

Woran kann ich erkennen, dass ich hochsensibel bin? **403**

Hochsensibilität ist ein Temperament 403
Hochsensibilität im Alltag 405
Hochsensibilität und Empathie 421

Das Leben als hochsensibler Mensch **425**

Das hochsensible Baby 425
Das hochsensible Kind 428
Pubertät und Jugend 432
Schul- und Lehrzeit 436
Endlich erwachsen – und jetzt? 438
Ich stehe zu mir! 439
Steh du zu mir! 443

Hochsensibilität und Gesundheit **461**

Seelische Gesundheit 461
Körperliche Gesundheit 468
Geistige Gesundheit 471

Hochsensibilität und Berufung **477**

Mein Geschenk für diese Welt 477
Herausforderungen 478

Hochsensibilität in Beziehungen/Partnerschaft 485

Verlustangst 494
Angst vor Nähe 496
Verständigung 497

Hochsensibilität im Beruf 501

Mein Beruf und ich 502
Herausforderungen 503

Praktische Übungen und Tipps 507

Große Menschenmengen 507
Viel Verkehr 508
Visuelle Reize 509
Zeitmanagement 510
Körperreaktionen 512
Es sind die kleinen Dinge 514

Abschluss 517

Quellen und weiterführende Literatur 519

Einleitung

Herzlich willkommen auf deiner Reise in die Welt der Hochsensibilität.

Ist es nicht erstaunlich, dass Hochsensibilität erst seit wenigen Jahren wirklich auf der Liste der zu beachtenden inner- und zwischenmenschlichen Themen steht? Viele Menschen sind hochsensibel und setzen sich tagtäglich mit ihren dazugehörigen Regungen, ihrem Gefühlsleben und den Berührungen und Diskrepanzen zu ihrer Umgebung auseinander. Sie erleben immer wieder, dass die Art, wie sie sich selbst und ihre Umwelt wahrnehmen, signifikante Unterschiede zum Erleben ihrer Mitmenschen ausmacht – und dass die heutige westliche Lebensweise an vielen Stellen nicht an den Bedürfnissen und Herangehensweisen hochsensibler Menschen ausgerichtet ist.

Dabei ist Hochsensibilität alles andere als eine Behinderung. Vergleicht man die Bedürfnisse mit den Anforderungen der schnelllebigen, auf Ertrag und exponentielles Wachstum angepassten Richtungsgebung, wird schnell klar, dass beides wenig zueinander zu passen scheint – und schnell stellt sich die Frage, wie Hochsensibilität als gewinnbringend und erfreulich verstanden und erlebt werden kann.

Es kommt darauf an, genau hinzusehen. Als Einzelne und als Gesellschaft müssen und dürfen wir uns fragen, wo genau die Schwachstellen und Herausforderungen in der Integration und Mitgestaltung sensibler Menschen liegen. Was macht es so schwer für den hochsensiblen Menschen selbst und seine Umwelt, mehr die Gemeinsamkeiten zu fühlen als die Gegensätze? Was lässt uns Hochsensible mit Samthandschuhen anfassen, möchte uns weismachen, sie seien unangebracht empfindlich, pingelig oder gar kitschig? Und wie kann es möglich gemacht werden, dass Hochsensibilität einen festen Platz in der Gesellschaft erhält, der nicht länger in seinem Wert für unser individuelles, gesellschaftliches und soziales Leben infrage gestellt wird?

Wenn du dir wünschst

- als das gesehen, anerkannt, geliebt und respektiert zu werden, was und wer du bist
- am liebsten laut hinausschreien zu können, dass du dich nach Begegnung und Verbundenheit sehnst und nicht möchtest, dass andere dir zu vorsichtig, ja, fast zurückhaltend begegnen, weil sie nicht wissen, wie sie mit dir umgehen sollen oder schlicht überfordert sind
- am Leben auf eine Art teilzuhaben, die dir und deinem tiefsten Wesen entspricht
- positiv auf deine Umwelt einzuwirken und sie mit deiner Gabe zu mehr Tiefgang und Miteinander zu inspirieren
- deine Hochsensibilität als Wunder und Gabe betrachten und schamlos ausleben zu können
- Menschen in deinem Leben zu begrüßen, die zu deiner Lebensweise passen
- in deiner Partnerschaft und im Beruf Verständnis, Offenheit und fruchtbare Beziehungen zu erleben

ist dieses Buch genau das richtige für dich.

Du bist ein Wunder – und deine Hochsensibilität ist es ebenso. Es gilt nun, tief anzunehmen und zu verstehen, wie du funktionierst, was gut ist, wie es ist und wie du mit dieser neuen Haltung ganz neu mit deiner Umwelt in Kontakt kommen und das Leben deiner Träume erschaffen kannst.

Du bist es wert, nicht ausgebrannt und ständig auf der Flucht vor dem „Zuviel“ Ausweichmanöver erfinden zu müssen. Du bist es wert, deine Energie in kreative, Schönheit bringende Aktivitäten fließen zu lassen. Deine Beziehungen dürfen aufblühen und von deinem sensiblen Wesen profitieren. Deine Mitmenschen können deine Grenzen spüren, beachten und respektieren und du kannst frei aufatmen, ohne ständig zu befürchten, auf die Hochsensibilität reduziert zu werden.

Du wirst in diesem Buch mehr darüber erfahren, was Hochsensibilität ist und wie sie sich individuell zeigen kann. Du wirst dich in vielen Beispielen und Beschreibungen wiederfinden können und von den Erfahrungen anderer profitieren. Praktische Tipps verhelfen dir zu einer erfolgreichen Umsetzung im Alltag und in deinen Beziehungen. Auch die Haltung dir selbst gegenüber darfst du ganz neu erforschen und dich tiefer in die Selbstakzeptanz bewegen.

Am Ende kannst du freier, fröhlicher und inspiriert deinen Alltag meistern und den dazugehörigen Herausforderungen entspannt entgegensehen.

Was ist Hochsensibilität?

„Authentisch sein ist eine Ansammlung von Entscheidungen, die wir täglich treffen. Es geht um die Wahl, sich zu zeigen und ehrlich zu sein. Die Wahl, andere unser wahres Ich sehen zu lassen.“

Brené Brown

Hochsensibilität bezeichnet die Eigenschaft, Reize aus der Außenwelt viel intensiver und stärker wahrnehmen zu können. Die Bereiche umfassen sowohl zwischenmenschliche Gefühle, Haltungen, heimliche Konflikte, Zu- und Abneigungen, Ungesagtes, das zwischen den Zeilen steht, als auch äußere Reize wie Farben, Gerüche, Berührungen, Geschmäcker und Geräusche. Diese Reize werden mit unseren Sinnen erfasst und bei vielen hochsensiblen Menschen ist die Erfahrung wesentlich stärker und intensiver als bei Menschen, die die Reize abgeschwächter wahrnehmen:

- Farben erscheinen stark und kräftig. Menschen, die darauf hochsensibel reagieren, erleben oft eine Überforderung durch zu kräftige, grelle Farben, oder sie fühlen sich bei bestimmten Farben äußerst unwohl und assoziieren damit negative Gefühle. Ihr Entspannungszustand wird maßgeblich von der Farbgebung ihrer Umgebung beeinflusst. Sie werden unruhig oder entspannen sich, je nachdem, was die entsprechende Farbe in ihnen auslöst.

- Gerüche sind für Menschen, die in diesem Bereich hochsensibel reagieren, ein sehr herausfordernder Aspekt: Überall befinden sich Gerüche in der Luft: Reinigungsmittel, Essen, Getränke, spezielle Konsumdrogen wie Alkohol und Zigaretten, Dusch- und Pflegeartikel, Parfum, Abgase, Chemikalien - im täglichen Leben ist dem Geruchssinn nicht zu entrinnen, besonders, wenn man hier hochsensibel reagiert. Gerade in zwischenmenschlichen Beziehungen beeinflusst dieser Punkt enorm: Der Körpergeruch anderer Menschen kann für den Hochsensiblen zur Qual werden, wenn er als unangenehm erscheint. Andererseits kann er viel Freude bereiten, wenn er der Wahrnehmung positiv zusagt. Doch der Geruch des anderen beeinflusst in jedem Fall die Zu- oder Abneigung. Dies tut er im Übrigen, wie auch alle anderen Sinne, bei allen anderen Menschen, deren Sinne einwandfrei funktionieren. Bei Hochsensiblen liegt lediglich ein besonderer Fokus vor, der im Alltag nicht einfach ignoriert werden kann.

Interessant ist die Beobachtung, dass Gerüche aus der Natur zwar ebenso intensiv wahrgenommen werden, jedoch häufig nicht als unbedingt negativ oder belastend empfunden werden. Wald, Wiese und unbelastete Luft gehören in diesen Bereich. Bei Tiergerüchen kann das anders sein. Wie in allen anderen Bereichen reagiert der Hochsensible hier ganz individuell. Viele Menschen spüren große innere Entspannung und Zuneigung beim Geruch eines Pferdes, das nasse Fell eines Hundes mag ihnen dagegen jedoch fast aufstoßen.

- Berührungen: Wer hier hochsensibel reagiert, muss sich täglich intensiv mit seinen Grenzen und Vorlieben im zwischenmenschlichen Bereich auseinandersetzen. Alles, was die Haut berührt oder auch nur in den Grenzbereich um den eigenen Körper herum gelangt, beeinflusst den Hochsensiblen intensiv. Sogar die Kleidung spielt hier eine große Rolle: Stoffe werden als angenehm oder unangenehm empfunden und sind daher ein wichtiger Indikator für die Wahl der Kleidung.

Wer den hochsensiblen Menschen berührt, muss sich dessen klar werden, dass seine Berührungen von großer Bedeutung sind und nicht einfach nebenbei ausgeführt werden können, um dann zum nächsten Programmpunkt zu gelangen. Eine Berührung löst in einem Hochsensiblen eine Reihe von tiefen Gefühlen und Empfindungen aus. Alles spielt eine Rolle: Ob die Berührung sanft oder fest vonstattengeht, ob gekrault, gedrückt, gestrichen, gekreist wird. Ob die Umarmung und der Händedruck fest oder locker ausgeführt werden. Welche Intention hinter der Berührung steht – es ist also auch wichtig, was energetisch beim Hochsensiblen ankommt. Neben der körperlichen Berührung spielt auch die Grenze um den Menschen herum eine große Rolle: Sein Zuhause und sein Besitz gehören für ihn oft mit in diesen Bereich hinein.

- Der Geschmack ist für alle Menschen besonders wichtig, da das Essen zu unserem Überleben beiträgt und wir natürlicherweise ein Gefühl dafür entwickeln, was uns und unserem Körper guttut und was nicht. Daher hat der Geschmackssinn eine besondere Stellung. Bei Hochsensiblen in diesem Bereich ist er besonders stark ausgeprägt, wodurch es noch mehr Überwindung kostet, etwas zu essen, was sie nicht mögen.

Doch herausragend ist in diesem Punkt auch der Zusammenhang zwischen Essen und Emotionen: Ein hochsensibler Mensch ist auch in seinem Gefühlsleben oft sehr feinfühlig und auch empathisch. Wenn er durch bestimmte Prozesse geht, spielt das Essen symptomatisch individuell eine bedeutende Rolle: Manche Menschen neigen dazu, ihre inneren Themen und Konflikte durch das Essen auszudrücken. Sie essen dann ungesund oder nehmen die falschen Dinge zu sich, die sich letztlich in ihrer Wirkung gegen sie selbst richten. Sie essen zu viel oder zu wenig oder reagieren mit Beschwerden auf bestimmte Lebensmittel (was nicht bedeutet, dass jeder Mensch mit Lebensmittelunverträglichkeiten hochsensibel ist). Emotionen werden durch die Essgewohnheiten mit ver-

und bearbeitet. Schon bei Kindern lässt sich beobachten, dass bei ihrer Zu- oder Abneigung, Kooperation oder Kampf auch andere, oft zwischenmenschliche Themen mit hineinspielen. Bei Hochsensiblen ist dies umso stärker ausgeprägt.

- Geräusche spielen bei Thema Hochsensibilität ebenso eine bedeutende Rolle: Sie lösen intensive Emotionen aus, fördern das Wohl- und Unwohlsein in stärkerem Maß als bei Menschen, die nicht hochsensibel sind. Dazu gehört laute Musik, die Wahl der Musikrichtung, die Lautstärke beim Sprechen, Verkehrslärm, die laute Umgebung bei großen Menschenansammlungen, bestimmte Geräusche, wie beispielsweise die von Kindern oder Baulärm. Die Liste lässt sich endlos fortführen. Wichtig ist in diesem Punkt, dass Geräusche in intensivem Maß dazu führen können, dass sich die hochsensible Person unwohl fühlt, indem sie sich erschreckt oder aufgrund der zu hohen Lautstärke das Weite suchen muss. Wie das berühmte Kratzen an der Tafel wohl den meisten Menschen unangenehm sein wird - so ist bei hochsensiblen Menschen im Bereich der Geräusche/des Hörsinns überdurchschnittlich hohe Achtsamkeit gefragt.

Nicht jeder Mensch ist in jedem Bereich hochsensibel. Es ist wichtig, zu verstehen, dass nicht jeder, der hochsensibel reagiert, mit anderen Hochsensiblen verglichen werden kann. Viele Hochsensible haben gewisse Schwerpunkte, in denen sie gut auf sich achten müssen, weil sie sehr empfindlich reagieren. Zudem erfolgt die Reaktion auch nicht immer auf gleichem Wege, was es so schwer macht, Hochsensibilität symptomatisch zu definieren: Manche Menschen reagieren emotional sehr stark auf die äußeren Reize, andere wiederum körperlich.

Die körperlichen und emotionalen Reaktionen gehören freilich zusammen: Im Kern sind wir als Menschen ganzheitliche Wesen, deren sichtbarer Körper mit dem emotionalen Körper verbunden ist. Die Grenzen sind also fließend.

Hochsensibilität lässt sich demnach im Grunde definieren mit überdurchschnittlich starker Wahrnehmung und Reaktionen auf innere und äußere Reize, jedoch in unterschiedlichen Bereichen.

Bei der Hochsensibilität spielt immer die eigene Geschichte des Menschen eine bedeutende Rolle. Hochsensibilität ist bei vielen angeboren, doch wird sie in besonderem Maß durch Erfahrungen geformt. Der Mensch entwickelt im Zusammenspiel mit seiner Umwelt seine persönlichen „Überlebensmechanismen" als Kind, die ihm helfen, mit der Sensibilität umzugehen und sich in der Welt zu positionieren.

Viele dieser Mechanismen dienen bis hin ins Erwachsenenalter, andere wirken sich eventuell kontraproduktiv auf Beziehungspflege und den Alltag aus, wenn sie sich an ungeeigneten Punkten zwischen den Hochsensiblen und seine Umwelt stellen. Dazu gehört auch fehlende oder unzureichende Kommunikation, die Missachtung der Grenzen des Hochsensiblen durch andere oder gar durch sich selbst oder eine unpassende Wahl der Umgebung, die wir uns als Erwachsene bekanntlich frei auswählen können.

In diesem Buch geht es darum, geeignete Herangehensweisen zu finden, um die eigene Hochsensibilität (oder die eines geliebten Menschen) besser zu verstehen, ihr entgegenzukommen und für gegenseitiges Verständnis und Verständigung zu sorgen, und zwar so, dass ein gelungenes Miteinander und heilsame Erfahrungen möglich sind, von der beide Seiten profitieren.

Woran kann ich erkennen, dass ich hochsensibel bin?

„Deine Schwäche zu zeigen heißt, Dich verletzbar machen. Dich verletzbar machen heißt, Deine Stärke zu zeigen."

Criss Jami

Hochsensibilität ist ein Temperament

„Hochsensibilität ist keine Krankheit, sondern ein besonderes Temperament" sagt die Psychologin Sandra Konrad.

Das Temperament ist der Teil der Persönlichkeit, den der Mensch schon bei der Geburt mitbringt. Es wird durch genetische und pränatale Faktoren geformt und bleibt das ganze Leben über mehr oder weniger erhalten.

Zum Temperament gesellen sich die Umwelteinflüsse, die sich aus der Erziehung, ständig bestehenden äußeren Bedingungen und sozialer Bestärkung und Unterstützung zusammensetzen. Temperament und Umwelteinflüsse in der frühen Lebenszeit bestimmen dann im Zusammenspiel die sich entwickelnde Persönlichkeit des Menschen, der an und mit den äußeren Bedingungen wächst und sich im Rahmen seines grundlegenden Temperamentes im Laufe seines Lebens verändert.

Hochsensibel ist damit derjenige, bei dem dieses Persönlichkeitsmerkmal in seinem Temperament verankert ist. Je nachdem, wie sich die Umwelteinflüsse darstellen, kann dieses Merkmal mehr oder weniger zutage treten und vermehrt oder vermindert zu Konflikten führen. Passt die Umwelt zu der Sensibilität, nimmt also Rücksicht, erlaubt Feinfühligkeit und erfüllt die individuellen Bedürfnisse, wird der Mensch sich vielleicht gar nicht als übermäßig sensibel wahrnehmen. Erst im starken Gegensatz zu seiner Umwelt und den Menschen, mit denen er sich vergleichen kann, kommt eine starke Sensibilität bei der Art, zu leben, mehr zum Tragen. In anderen Umfeldern könnte der Charakterzug natürlicher empfunden und im Zusammenleben als nicht allzu gewichtig betrachtet werden.

Im Folgenden findest du einige Bereiche, in denen du dich als hochsensibel wiederfinden kannst. Nicht alle Bereiche müssen abgedeckt sein, um dich selbst als hochsensibel zu empfinden. Vielmehr ist es Teil des Selbstgefühls, welches dir sagt, dass Hochsensibilität auf dich zutrifft.

Es kann helfen, dich immer wieder daran zu erinnern, dass Hochsensibilität keine Abnormalität ist, sondern dass sehr viele Menschen in unterschiedlichen Bereichen sehr gefühlsbetont und reizempfindlich sein können. Auch Menschen, die stark empathisch sind, sind oft hochsensibel.

Hochsensibilität ist daher kein Stempel, der dir aufgedrückt werden kann, doch vielmehr eine hilfreiche Erklärung dafür, warum du in deinem Alltag vielleicht mit einigen Bereichen zu kämpfen hast, in denen die meisten anderen Menschen um dich herum scheinbar wunderbar zurechtkommen. Eine Erklärung für die eigene Neigung zu bestimmten Reaktionen, Handlungsweisen oder Eigenschaften kann dich ebenso darin unterstützen, wirksame Werkzeuge einzusetzen, um die oft entstehende Diskrepanz zwischen deiner Außenwelt und ihren Anforderungen und deiner inneren Empfindung zu überbrücken.

Alles darf sein. Wenn du hochsensibel bist und in bestimmten Situationen stärker empfindest und reagierst als andere, ist das nicht seltsam oder unangemessen. Innerhalb der Sensibilität des Menschen gibt es keine festgelegt angebrachte oder unangebrachte Art, wie eine Situation zu erspüren oder zu erleben ist. Vielmehr ist es wichtig, die Umwelteinflüsse zu betrachten, die dafür sorgen, dass der Mensch in einen inneren Konflikt kommt. Andererseits ist es gut, viel darüber zu erfahren, wie du dich selbst innerlich stark und stabil halten kannst, um trotz deiner Sensibilität resilient zu sein. Für dich ist der Erwerb dieser Fähigkeiten nur von Vorteil, denn es geht nicht darum, dich zu zwingen, ein Leben zu führen, das dich ständig überfordert und in dem du mehr schlecht als recht mithilfe dieser Werkzeuge überleben kannst. Im Gegenteil, vielmehr geht es darum, dir ein Leben zu erschaffen, welches von Eigenverantwortung, innerer Kraft und Vitalität und gesunden Grenzen geprägt ist.

Hochsensibilität im Alltag

Im Folgenden liest du einige Beispiele von Menschen, die hochsensibel sind, sich selbst als ebenso betrachten und im Alltag inneren und äußeren Konflikten oder Herausforderungen begegnen.

Zusätzlich erhältst du inspirierende Fragen zum Selbsttest.

Die Beantwortung dieser Fragen kann dir hilfreiche Hinweise im Hinblick auf deine Sensibilität geben. Je besser du ein Gefühl für deine innere Landschaft entwickelst, umso präziser kannst du deine Bedürfnisse entschlüsseln, für dich sorgen und deine Grenzen ausloten und feststecken.

- *Maja kennt es schon ihr ganzes Leben lang: Das Gefühl, immer bei allem viel zu empfindlich zu reagieren – zumindest hat ihre Außenwelt ihr diesen Stempel seit jeher aufgedrückt. Selbst ihre Familie, Eltern und Geschwister schienen manchmal überfordert gewesen zu sein, als sie noch ein Kind war.*

Wenn sie emotional überfordert war, begann Maja schnell zu weinen. Maja erlebte viele Situationen nicht nur als zu laut für ihre sensiblen Ohren, sondern auch emotional als Stressfaktor, weil die Atmosphäre ihr überladen schien. Von allen Seiten her nahm sie die geballte Ladung an menschlichen Regungen und ihrer eigenen inneren Reaktion darauf wahr. Ihre Aufmerksamkeit flog zwischen den verschiedenen, gleichzeitig stattfindenden Szenen hin und her und immer öfter fand sie sich überaus angespannt auf dem Sofa sitzend wieder, hin und her wiegend mit dem dringenden Bedürfnis, sofort den Raum verlassen zu müssen. Sie begann zu schwitzen und sich zu winden, sprang irgendwann auf und verließ schreiend den Raum. In ihrem Zimmer stürzte sie sich weinend auf ihr Bett.

Lange wusste Maja nicht, dass sie sensibler ist als andere Menschen. Sie konnte einfach nicht verstehen, wie andere eine solch geballte Ladung an Energie und Eindrücken verarbeiten können, ohne schier verrückt zu werden. Oft beschlich sie das Gefühl, nicht gesehen und verstanden zu werden und fühlte sich ausgegrenzt. Sie fürchtete, ihrer Familie zu viel zu sein und versuchte daraufhin, jedem Familienmitglied ganz besonders unterstützend im Alltag zu Hilfe zu kommen, immer wieder unterbrochen von wütenden Aussetzern und lautem Weinen. „Ich kann einfach nicht mehr!" rief sie dann und fiel erschöpft ins Bett.

Als Maja erwachsen wurde, meinte sie einige Jahre lang, sie habe ihre überbordenden Reaktionen in den Griff bekommen. In ihrer jungen Erwachsenenzeit rund um das Abitur und ein Freiwilliges Soziales Jahr schien sie kaum von Symptomen geplagt zu sein. Dafür stellte sie im Laufe der Jahre jedoch fest, dass es ihr immer weniger möglich war, voll und ganz im Moment präsent zu sein. Sie durchlebte ihren Alltag wie in Watte gepackt und erfuhr sich wie in einem ständigen Nebel.

Nach einer besonders stressigen Zeit jedoch brachen die Dämme wieder ein. Einige Monate nach dem Antritt ihrer ersten Arbeitsstelle fiel sie durch eine besonders stressige Zeit ohne Ruhephasen in ein tiefes Loch mit Diagnose Burnout.

Erst in einer darauffolgenden Therapie wurde Maja bewusst, dass die Phase, die sie als überaus überfordernd wahrgenommen hatte, für viele andere Menschen nicht besonders zehrend war und dass sie im Vergleich dazu höchst sensibel war. Obwohl sie mittlerweile eine eigene Wohnung hatte und viel Zeit für sich genießen konnte, reichte diese nicht aus, um sich von der Lautstärke und dem dauernden Stimmgewirr auf der Arbeit erholen zu können. Immer wieder fand sie sich erneut auf ihrem Sofa sitzend, angespannt und mit Ohrstöpseln in den Ohren, den Straßenlärm durchs Fenster oder die knallenden Türen der Nachbarn fürchtend. Obwohl der Nachbarschaftslärm nicht überhandnahm, war ihr jedes kleinste Geräusch zu viel.

Die emotionale Komponente machte Maja die meisten Schwierigkeiten: Alles, was in ihrem Alltag auf sie einströmte, schien sie zu durchdringen; sie fühlte sich emotional verschmutzt und sehnte sich regelrecht nach klarer, purer Stille ohne menschliches Gefühlsgewirr. Sie fühlte sich durchlässig ohne jegliches „dickes Fell", ohne Filter, der sie von den Vorkommnissen in ihrem Umfeld abschirmen konnte.

Dies schien auch der Grund dafür zu sein, so stellte sie mit der Zeit fest, warum sie sich nicht auf eine Partnerschaft einlassen konnte: Die Vorstellung, mit einem anderen Menschen so nah beisammen zu sein und nie Stille um sich herum und in sich selbst erfahren zu können, keine Freiheit von jeglichen Energien und Atmosphären eines anderen Menschen, löste äußerstes Unwohlsein in ihr aus.

Menschen wie Maja entwickeln aufgrund dieser Dynamik oft Schuldgefühle, weil sie nicht zu viel sein möchten oder andere immer wieder von sich wegschieben. Sie erscheinen manchmal schroff und kommunizieren in der Not des Momentes unüberlegt, was die Menschen in ihrer Umgebung verunsichern oder irritieren kann. Ein hochsensibler Mensch ist für andere in seinen unmittelbaren Reaktionen oft schwer greifbar. In Echtzeit erhält das Gegenüber eine Reaktion auf sein eigenes Verhalten, die ihm dieses aus der Sicht des Hochsensiblen spiegelt. Diese Verhaltensweisen des Hochsensiblen drängen sich dann zwischen sie und ihre Mitmenschen und erschweren den Kontakt und gegenseitiges Entgegenkommen, wenn nicht gemeinsam darüber gesprochen wird.

Maja braucht einen sicheren Ort in ihrem Gegenüber, bei dem sie sich öffnen und immer wieder mitteilen kann, wie sie die Situation erlebt. Zudem muss eine Atmosphäre geschaffen werden, die es möglich macht, dass sie mit im Raum bleiben und sich dennoch entspannen kann.

- *Elena muss immer wieder erleben, dass sie unfreiwillig ihr Zuhause oder ihre gewohnte Umgebung verlassen und sich etwas Neues suchen muss. Ob es nun der Wechsel nach der Ausbildung in eine fremde Stadt war, die Veränderung während ihres WG-Lebens, durch die sie ihr Zimmer räumen musste, die Versetzung in ein anderes Team auf der Arbeitsstelle oder die Beendigung ihrer Beziehung durch ihren Partner – immer wieder findet sie sich in Situationen wieder, in denen von außen von ihr verlangt wird, sich in eine neue Situation zu begeben, obwohl sie dies nicht von sich aus möchte.*

  Elena ist hochsensibel, das weiß sie bereits. Zu einer Freundin sagt sie eines Tages:

  „Ich verstehe einfach nicht, was los ist. Ich fühle mich ständig gezwungen, mein Leben zu verändern, obwohl ich nicht bereit bin. Es überfordert mich komplett. Manchmal habe ich das Gefühl, dem Leben überhaupt nicht gewachsen zu sein. Ich liege im Bett und habe Herzrasen, Angst überfällt mich, ich fürchte, darunter zu zerbrechen. Es dauert Ewigkeiten, mich auf die neue Situation einzulassen. Wenn ich soweit bin, brauche ich dennoch beständig liebevolle, ermutigende Begleitung und immer wieder das Gefühl, dass ich nicht alleine bin. Jedes Mal, wenn diese Begleitung fehlt, verzweifle ich innerlich an meinem Leben.

  Ich habe auch den Eindruck, in immer mehr Bereichen meines Lebens so empfindlich zu sein. Alles Neue macht mir Angst, strengt mich an und ich kann mich schwer einfinden. Große Menschenmengen sind mir zu viel, all das Gewusel, die Lautstärke, die Unfreund-

lichkeit der Menschen untereinander. Wenn mein Freund ungehalten war, fühlte ich mich vollkommen überflutet von seiner Energie. Ich konnte alles wahrnehmen und habe viel geweint, weil es mir über den Kopf stieg."

Nun sei es spannend, zu erfahren, welche Gründe dahinterstecken, dass Elena immer wieder dieselbe Erfahrung macht und sich selten entspannt in ihren Alltag fallen lassen kann. Immer wieder muss sie fürchten, zu verlieren, woran sie sich gerade gewöhnt hat oder sich schützen zu müssen vor dem, was geschieht. Der Grund mag in vielerlei Hinsicht zu erforschen sein – wichtig im Zusammenhang mit der Hochsensibilität ist jedoch, dass Elena offenbar an diesem Punkt aufgrund ihrer Sensibilität nicht genug Resilienz aufbauen kann, um den unerwarteten Ereignissen dieses Lebens unbeschadet zu begegnen und an ihnen zu wachsen. Im Gegenteil: Je öfter eine solche Begebenheit auftritt, umso sensibler reagiert Elena darauf.

Für Elena ist es wichtig, zu erfahren, dass sie sich durchsetzen und mitentscheiden kann. Wenn sie übt, sich auf ihr inneres Gefühl zu verlassen und mit ins Spiel zu bringen, dass sie noch nicht bereit für eine Veränderung ist oder mehr Zeit für bestimmte Prozesse braucht, kann sie dem Gefühl der Ohnmacht Schritt für Schritt mit Handlungsfähigkeit begegnen. Hochsensible Menschen fühlen sich oft von ihren eigenen Gefühlen übermannt. Wenn sie sich bewusst Zeit nehmen, diese zu reflektieren, können sie sich besser an die neue Situation anpassen und sie gegebenenfalls sogar verändern.

Testfragen

1. Nimmst du dir die Gefühle und Emotionen deiner Mitmenschen so stark zu Herzen, dass sie dich lange Zeit beschäftigen und dich zunehmend verwirren?
2. Hast du Schwierigkeiten damit, dich von Gefühlsregungen anderer abzugrenzen, wenn du dich mit ihnen in einem Raum befindest - kannst jedoch langsam entspannen, sobald du körperlichen Abstand einnimmst?
3. Spürst du oft eine starke innere Herausforderung, dich auf neue Situationen offen und mutig einzulassen? Empfindest du deinen Alltag als überfordernd, wenn es um die Wahrnehmung und Bearbeitung deiner inneren Gefühlswelt geht?
4. Spürst du oft mehrere innere Haltungen und Sichtweisen gleichzeitig und fühlst dich überladen von der Wucht deiner dazugehörigen Emotionen?
5. Hast du den Eindruck, nicht verstehen zu können, wie bestimmte Situationen andere Menschen manchmal scheinbar kalt und gefühllos zurücklassen, anstatt in ihnen starke Emotionen auszulösen?
6. Hast du einen starken Gerechtigkeitssinn, lodernde Leidenschaft für deine Berufung und es fällt dir gleichzeitig schwer, etwas „einfach durchzuziehen“, dessen tiefere Bedeutung sich dir entzieht?
7. Bist du schnell von äußeren Anforderungen gestresst, verlierst leicht die Geduld und fühlst dich unter Druck gesetzt?

- *Carina ist achtundzwanzig Jahre alt. Solange sie sich erinnern kann, muss sie erleben, wie sie völlig unkontrolliert in Schweiß ausbricht, sobald sie in ein Auto steigt, oder einen Raum betritt, der ihr leicht stickig oder zu warm erscheint. Während andere Menschen Wohlfühltemperatur signalisieren, windet sie sich hin und her, bekommt hochrote Wangen und sucht mit einer fadenscheinigen Entschuldigung schnell das Weite.*

Carina hat das Gefühl, fast ersticken zu müssen, wenn die Temperatur für sie nicht stimmig ist. Sie hat kaum Verhaltensspielraum und fühlt sich dadurch bloßgestellt. Immer wieder gerät sie dadurch mit ihren Mitmenschen in kleine Konflikte, die sie selbst nicht ganz durchschaut.

Carina sieht sich der Herausforderung gegenüber, körperlich anders zu empfinden als andere Menschen. Es kann helfen, klar und deutlich zu kommunizieren und durchweg Lösungen zu finden. Wichtig ist, dass Carina Tools erlernt, sich selbst zu beruhigen und so entspannt wie möglich auf die Situation zu reagieren. Prompte und eindeutige Aussagen ihrerseits ihren Mitmenschen gegenüber in Bezug auf ihr Unwohlsein, sind jedoch von größter Wichtigkeit. So kann Carina lernen, gut für sich zu sorgen und den Leidensdruck dauerhaft zu verringern.

- *Dirk ist neu an der Schule als Schuldirektor eingesetzt worden. Er liebt seine neue Aufgabe und seine neue Arbeitsumgebung. In seinem Büro fühlt er sich sicher und erledigt tagein tagaus seine administrativen Tätigkeiten. Doch an Tagen, an denen er überdurchschnittlich oft in seinem Büro aufgesucht wird, platzt ihm immer öfter der Kragen. Er hat das Gefühl, andere dringen in seinen Bereich ein, obwohl alle höflich klopfen. Doch wenn sich Dirk auf viele Aspekte gleichzeitig konzentrieren muss und die Anfragen innerhalb seiner persönlichen Ruhezone „abgeladen" werden, fühlt er sich schnell überfordert. Am liebsten möchte er die Tür abschließen und nur von Zeit zu Zeit öffnen, um draußen den Anfragen zu begegnen. Er hat eine starke Abneigung dagegen, dass innerhalb „seiner Zone" etwas vor sich geht, das nicht er selbst arrangiert und begonnen hat.*

  Im Gespräch mit seiner Partnerin und nach der Lektüre einiger Bücher wird ihm klar: Dies ist nicht der einzige Hinweis darauf, dass er hochsensibel ist. Auch zuhause wird diese Dynamik immer wieder deutlich. Wenn sich Dirk im gemeinsamen Schlafzimmer befindet, braucht er unbedingte Ruhe. Betritt seine Partnerin den Raum, wird er schlagartig unruhig und möchte, dass sie wieder hinausgeht.

Seine eigene innere Welt ist für Dirk ein Bereich, mit dem er beständig beschäftigt ist. Die Wahrnehmung seines Alltages und die Bewertung der Geschehnisse nehmen seine Aufmerksamkeit in Anspruch. Mit allen Eindrücken, die von außen auf ihn einströmen, ist er im ersten Moment immer dann überfordert, wenn er gerade mit innerer Reflexion beschäftigt ist.

Für Dirk ist es nicht einfach, zu sehen, dass sich seine Kollegen und vor allem seine Partnerin immer wieder vor den Kopf gestoßen fühlen. Er kann nicht aus seiner Haut heraus und spürt den inneren Leidensdruck, sich Luft und Freiraum verschaffen zu müssen, erlebt jedoch auch die negativen Gefühle seiner Mitmenschen als sehr belastend, was als weiterer Stressfaktor das Problem verstärkt.

Es kann Dirk und vor allem seiner Partnerin helfen, seine Gefühle zu äußern und sich liebevoll, ehrlich und persönlich mit ihr darüber auszutauschen, was er empfindet. Auf seiner Arbeitsstelle ist es ebenso hilfreich, klar zu kommunizieren. Eine gesunde, für beide Seiten hilfreiche Grenze ist zum Beispiel ein Türschild mit der Aufschrift „Bitte nicht stören". Dieses erspart Dirk eine Unterbrechung, ein schlechtes Gewissen, wenn er durch eine Störung ansonsten schroff reagieren würde, und hilft auch dem Kollegium, mit Struktur und festen Zeiten die jeweiligen Anliegen vorbringen zu können, ohne der Begegnung angespannt entgegenzusehen.

- *Katja beobachtet sich selbst schon seit ihrer Kindheit sehr intensiv. Dabei wurde ihr immer mehr bewusst, wie feinfühlig und sensibel sie im Gegensatz zu den Menschen in ihrer Umgebung zu sein scheint: Sie verträgt keinen Alkohol und kein Koffein, nutzt keine Medikamente, weil sie meist starke Nebenwirkungen zeigen und spürt ihren Körper und seine Befindlichkeiten sehr intensiv. Kein noch so kleines Ziepen entgeht ihr.*

  So ergeht es ihr auch mit ihrem Seelenleben: Katja beschäftigt sich intensiv mit allem, was ihr widerfährt und sucht nach dem tieferen Sinn. Ohne bewusste Nacharbeit vieler Ereignisse ihres Lebens hat sie das Gefühl, kaum Schritt halten zu können. Immer wieder muss sie sich Auszeiten gönnen, um sich auf sich selbst zu besinnen und wieder bei sich anzukommen. Dabei ist es nicht, wie vielleicht vermutet, der Urlaub oder das Wochenende, sondern mehrere Termine in der Woche und gar am Tag, die für sie nötig sind, um Erlebnisse zu verarbeiten.

Dabei denkt sie nicht nur viel über sich selbst nach, sondern nimmt sich die Schicksale von Menschen in ihrer Umgebung sehr zu Herzen. Sie kann sich kaum vorstellen, wie es möglich ist, vom Leid anderer unberührt bleiben zu können.

In Beziehungen ist ihr die Kommunikation und vor allem Harmonie extrem wichtig. Ohne verständnisvolle, liebevolle Haltung, Ausdrucksweise und Tonlage kann sie sich sofort nicht mehr offen an einem Gespräch beteiligen.

Katjas Hochsensibilität zeigt sich in vielen Bereichen und Aspekten ihres Lebens. Sie sieht sich immer wieder Situationen gegenüber, die andere im Umgang mit ihr als übermäßig anstrengend empfinden. Für Katja ist es wichtig, ihr Selbstbewusstsein zu stärken, denn immer wieder wird sie sich fragen, ob sie zu viel ist, zu viel will, zu wählerisch oder gar penetrant ist. Andererseits darf sie lernen, ihr Gegenüber auch in seinen vielleicht weniger sensiblen Reaktionen und Sichtweisen anzunehmen und nicht von sich auf andere zu schließen. Hilfreich ist gewaltfreie Kommunikation auf beiden Seiten.

- *Michael ist mittlerweile fünfunddreißig Jahre alt und setzt sich immer noch mit seinen Eltern auseinander, die ihm bereits seit seiner Jugend mit ihren Ermahnungen in den Ohren liegen. Er verstand sich manchmal selbst nicht, doch ein normaler Job mit vierzig Stunden Arbeitszeit sind für ihn unvorstellbar.*

  Michael ist Musiker, beschäftigt sich mit außergewöhnlichen Instrumenten, viel Ruhe, wandern und entspannten Vormittagen. Er hat eine Freundin, doch die beiden leben in getrennten Wohnungen, weil sein Rhythmus mit dem ihren kaum vereinbar ist. Michael benötigt morgens fast zwei Stunden, um wirklich wach und präsent zu sein.

Lange hat er sich selbst dafür verurteilt, zu sein wie er ist, besonders, weil er ein Mann ist und immer wieder mit sexistischen Vorurteilen konfrontiert wird, die ihn enorm unter Druck setzen. Doch als er vom Thema Hochsensibilität erfahren hat, fiel ihm ein Stein vom Herzen: „Ja, das ist es! Ich fühle mich endlich verstanden und meine Fühl- und Denkweise passend beschrieben. Ich kann einfach nicht anders. Das bin ich. Ich bin sensibel, ich brauche viel Ruhe, ich bin klar und weich und lebendig, doch ich brauche einfach ein ruhiges Leben, um bei mir selbst bleiben zu können.“

Für Michael ist es nicht einfach, als Mann hochsensibel zu sein. Er sieht sich immer wieder den Anforderungen gegenüber, die auf Geschlecht ausgerichtet und reduziert sind. Immer noch denken viele Menschen, Hochsensibilität sei eher eine Charaktereigenschaft von Frauen. Für Männer, die sehr empfindsam sind, kann dies schon im Kindesalter zu seelischen Schmerzen führen. Auch die stereotypischen Erwartungen anderer Menschen bezüglich des beruflichen und persönlichen Werdeganges setzen hochsensible Männer unter Druck. Hier sind klare Grenzen gefragt. Der Umgebung, insbesondere den eigenen Eltern, hilft ein klares und unmissverständliches „Stopp! Das ist mein Leben. Ich möchte nicht, dass ihr euch weiter einmischt.“ Oft hapert es an der Umsetzung dieser Grenze, weil der hochsensible Mann nicht streiten und Konflikten aus dem Weg gehen möchte. Er darf also üben, seine Haltung zu vertreten.

Testfragen

1. Empfindest du oft Schuldgefühle wegen deiner Sensibilität oder weil du vieles besprechen musst, um dich wieder wohlzufühlen?
2. Erlebst du oft Konflikte zwischen deiner inneren Uhr und den äußeren Anforderungen? Fühlst du dich unter Druck gesetzt, Uhrzeiten und Termine einzuhalten, weil dir vieles zu viel wird oder du noch nicht bereit bist?

3. Erlebst du starke Reizüberflutung im Straßenverkehr, in städtischen Lärm, in Menschenmengen, auf der Arbeitsstelle und im Familienkreis?
4. Ist Stress ein häufiges Symptom, sobald mehr zu tun ist als das, was natürlich aus dir herausfließen möchte?
5. Bist du emotional und bezüglich deiner Stimmung stark beeinflusst durch Musik, Filme und andere künstlerische und kreative Erzeugnisse?
6. Fällt es dir schwer, einzuschlafen oder durchzuschlafen, wenn die Bedingungen nicht perfekt auf deine Bedürfnisse abgestimmt sind?
7. Reagierst du stark auf Kaffee, Düfte, Alkohol oder Zigarettenrauch?

➢ *Theresa kann sich selbst oft nicht verstehen: Alles, was ihr Partner sagt, legt sie auf die Goldwaage. Sie kann nicht einfach „Fünfe grade sein lassen" oder über eine kleine Unstimmigkeit hinwegsehen. Sie muss alle kommunikativen und unausgesprochenen Stimmungen und Vorkommnisse bis ins kleinste Detail besprechen und bearbeiten, da sie sonst schnell das Gefühl hat, den Überblick zu verlieren und sich von ihrem Partner getrennt fühlt.*

Theresas Partner kommt damit gut zurecht, solange er nicht selbst unter Stress steht. Sobald ihn seine eigenen Themen beschäftigen und er sich aufgrund seiner Arbeit oder anderer Termine nicht genug Zeit für seine Freundin nehmen kann, sorgt diese fehlende Fürsorge der gemeinsamen Beziehung bei Theresa für starke Unruhe. Sie fürchtet, dass ihnen beiden ihre inneren gemeinsamen Themen entgleiten und fühlt sich stark unter Druck gesetzt, den Berg an angehäuften Gesprächsthemen abzuarbeiten.

Theresa wünscht sich selbst auch, entspannter durch den gemeinsamen Alltag zu kommen und sich vertrauensvoll in die Beziehung fallen zu lassen. In Markus hat sie einen liebevollen Partner gefunden, auf den sie sich verlassen kann. Sie spürt, dass ihre Unruhe tatsächlich nicht an fehlender Einheit liegt, sondern an ihrer Hochsensibilität. Sobald nämlich noch weitere alltägliche Themen dazukommen, ist Theresa am Abend völlig erschöpft. Sie hat das Gefühl, sich nicht mehr auf nur eine Angelegenheit konzentrieren zu können und die unterschiedlichen Bereiche nicht gleichzeitig in sich managen zu können.

Theresa ist vor allem emotional hochsensibel. Ihr inneres Barometer schlägt bei kleinsten Unstimmigkeiten in der Partnerschaft aus. Es kann helfen, hin und wieder etwas Abstand voneinander zu nehmen. So kann Theresa üben, sich selbst zu beruhigen und einige innere Konflikte schon selbst mit sich zu lösen und zu bearbeiten, bevor sie mit ihrem Partner ins Gespräch geht. Dieser hat die Chance, sich zu entspannen und durchzuatmen, bevor er vor allem zuhört. Er muss keine Lösungen bieten oder viel klären und sprechen, sondern vor allem präsent und emotional erreichbar sein. Dies hilft Theresa, sich sicher zu fühlen.

- *Ralf kennt es schon von sich: Immer schon wollte er nachts alleine schlafen. Er empfand die stetige Nähe seiner Geschwister damals und heute die seiner Partnerin als zu nah und reizüberflutend. Wenn nachts nicht alle Rollläden geschlossen sind und der Raum weitestgehend reizarm gestaltet ist, schläft er schlecht und unruhig. Bereits als er noch ein Baby war, so erfährt er von seinen Eltern, musste der Raum zu seinen Schlafenszeiten dunkel und alles um ihn herum still sein.*

  Alle Farben müssen sanft und unauffällig sein, starke Farbgebungen machen ihn nervös. In seiner Beziehung sorgt dies oft für Konflikte, denn seine Partnerin Sophie wünscht es sich bunt und fröhlich.

  Sophie selbst ist lebhaft, lacht gern und viel und spricht mitunter lebendig und etwas lauter. Für Ralf ist der Gegensatz zu der ersehnten Stille schwer auszuhalten – er liebt Sophie, denn sie bringt eine fröhliche Atmosphäre und Lebendigkeit in sein Leben. Doch oft ist er von ihrer Lebhaftigkeit stark überfordert und braucht viel Ruhe. Glücklicherweise hat Sophie dafür Verständnis, sie ist kommunikativ und gern unter Menschen, ebenso einfühlsam und empathisch.

Sie unternimmt gern auch etwas ohne Ralf und lässt ihm daher viel Raum und Ruhe, um allein zuhause zu sein. Doch Ralfs Schwierigkeit, mit ihr gemeinsam das Bett zu teilen, geht ihr zu weit.

Ralf und Sophies Miteinander ist von Gegensätzen geprägt. Auch hier hilft genügend Abstand, jedoch vor allem auch Kompromissbereitschaft, sodass sich beide voneinander gesehen fühlen. Empathie ist das Stichwort, ebenso wie klare Absprachen und regelmäßige, schöne Erlebnisse zu zweit, die die Gemeinsamkeiten in der Beziehung immer wieder in den Vordergrund rücken. Gegenseitige Wertschätzung entsteht hier vor allem dadurch, dass auch Streit und Meinungsverschiedenheiten oder unterschiedliche Bedürfnisse sein dürfen und dass beide die Herausforderungen mit Humor meistern.

➢ *Nadine und Anton haben vor wenigen Wochen ihr erstes Baby bekommen. Nadine ist hochsensibel und leidet darunter, denn ausgerechnet zwischen ihr und ihrem Baby ist die Kennenlernzeit von Herausforderungen überschattet: Nadine liebt ihr Kind über alles, doch der andauernde Körperkontakt fällt ihr schwer. Sie spürt oft eine Abneigung gegen die Berührung ihres Körpers durch den ihres Kindes – nicht etwa, weil sie sich emotional nicht hingezogen fühlt, im Gegenteil. Vielmehr ist es ihre Haut, die empfindsam reagiert. Immer wieder muss sie Anton zur Hilfe rufen, der das weinende Baby zu sich nehmen muss, weil Nadine körperlichen Freiraum benötigt. Auch die körpernahen Geräusche und andauernde Hauptaufmerksamkeit ihrem Baby gegenüber überfordern Nadine stark – obwohl das Kind nachts gut schläft und Nadine innerlich voll und ganz bereit war, Mutter zu werden, spürt sie, dass ihr die Hochsensibilität zu schaffen macht.*

Andererseits ist Nadine sehr aufmerksam und empfindsam ihrem Baby gegenüber: Sie kennt jedes Bedürfnis schon bei leisesten Anzeichen, ist rechtzeitig zur Stelle und intensiv mit den Gefühlen und Emotionen ihres Kindes verbunden.

Nadine braucht dringend die liebevolle und präsente Unterstützung ihres Partners, von Freunden und eine wert- und verurteilungsfreie Umgebung. Zudem kann sie sich sogar dafür öffnen, professionelle Unterstützung in Anspruch zu nehmen, wo sie vor allem einen Ort findet, an dem sie frei über die Situation sprechen kann. Hilfreiche Werkzeuge aus professioneller Hand können die Symptome schnell lindern oder helfen, eine Brücke zu schlagen, sodass Nadine die Liebe zu und mit ihrem Kind wieder voll genießen und ausleben kann, ohne ihre eigenen Grenzen dauerhaft zu überschreiten und sich zu verausgaben. Es ist wichtig, nicht mit Logik an die Situation heranzutreten und Argumente aufzuschwatzen, die Nadine unter Druck setzen - innerlich wird sie damit vermutlich selbst sehr beschäftigt sein. Ihre innere Kritikerin kann sie mithilfe der Begleitung ebenso in einem sicheren Rahmen unter die Lupe nehmen und einen gesunden Umgang damit finden.

- *Max und Juliane sind beide hochsensibel. Sie sind bereits seit mehreren Jahren ein Paar und haben sich gut aufeinander eingespielt. Sie beide brauchen morgens Zeit alleine, um sich zu sammeln und entspannt in den Tag zu starten. So machen sie sich gegenseitig keine Vorwürfe, wenn sie sich zu Beginn des Tages ignorieren und einander erst begrüßen und ansprechen, wenn sie beide bereit sind. Zu Beginn der Beziehung war diese Erkenntnis für sie sehr befreiend, denn besonders Juliane hatte immer wieder die Befürchtung, zwischen ihnen beiden würde etwas nicht stimmen, wenn sie sich morgens nicht sofort freundlich einander zuwenden würden.*

  Oft verschieben die beiden ihre Termine nach hinten und haben bereits ein Muster entdeckt, nach dem sie mehr und weniger belastbare Tage und Tageszeiten ausmachen können. Sie haben ihre Hochsensibilität anerkannt und auch ihren Freunden ausführlich davon berichtet. Die offene Kommunikation hilft allen Beteiligten, zu verstehen, dass Max und Juliane sich manchmal etwas mehr zurückziehen.

  Auch das Thema Berührung spielt eine wichtige Rolle in der Beziehung: Sie beide lieben die körperliche Begegnung und hatten zu Beginn der Beziehung sehr viel Sex. Doch mit der Zeit wurde ihnen beiden bewusst, dass kleinste Unstimmigkeiten zwischen ihnen dazu führten, dass die Begegnung belastet schien und nicht so frei von-

stattengehen konnte, wie sie es sich wünschen. So haben sie sich angewöhnt, einander nicht zu drängen und die körperliche Zuwendung geschehen zu lassen, wenn sie von alleine auftaucht. Sie besprechen die Stimmungen und Wahrnehmungen untereinander intensiv und tauschen sich darüber aus, wie es ihnen mit dem anderen und auch mit sich selbst ergeht. Dadurch wird deutlich, dass oft kleinste Veränderungen in der Selbst- und Fremdwahrnehmung die körperliche Begegnung schon beeinträchtigen.

Max und Juliane haben gelernt, dies zu erlauben und zuzulassen. Sie kommen einander dadurch viel näher und helfen sich immer wieder mit dem Gedanken „Gerade jetzt fühlt es sich so an. Es darf sein. Später ist es wieder anders.“

Möglich ist dieses gemeinsame Vorgehen vor allem auf der Basis von tiefem Vertrauen. Wenn sich einer der beiden zurückzieht, so wissen sie, es liegt zu einem großen Anteil an momentaner Überforderung und ist nicht persönlich zu nehmen. Sie können sich im Alltag miteinander entspannt auch den eigenen Prozessen widmen und müssen nicht fürchten, dass sie sich voneinander entfremden, nur, weil sie mehr Raum und hin und wieder auch Abstand benötigen.

- *Lila und Sabine sind beste Freundinnen – sie erzählen sich alles, wirklich alles. Es gibt kaum etwas, das sie voneinander nicht wissen. Grund dafür ist die Tatsache, dass sie beide hochsensibel sind und sich gleichermaßen intensiv mit ihrem Innenleben, ihrer Umwelt, ihren Belastungsgrenzen, aber auch ihren Freuden und Leidenschaften auseinandersetzen. Sie beide vereint das Ziel, ein angenehmes, lebenswertes Leben zu führen, welches sie von innen heraus wärmt und ihrer sensiblen Wahrnehmung Raum schenkt. Beide Freundinnen kennen aus ihrer Kindheit Verurteilungen und ungeduldige Reaktionen ihrer nahen Bezugspersonen, daher eint sie sowohl dieselbe Wunde als auch derselbe Wunsch nach Heilung: Sie möchten Beziehungen führen, in denen sie voll und ganz geliebt und angenommen sind und wo das, was sie zu geben haben, willkommen ist.*

Lilas und Sabines Freundschaft ist sehr wertvoll – doch es ist immer wieder für beide auch interessant zu beobachten, dass sie nicht miteinander wohnen oder sich jeden Tag treffen könnten. Ihre Gespräche dauern oft stundenlang und sie achten beide beständig auf eine Umgebung, die nicht zu laut ist, darauf, ob die Lichtverhältnisse stimmen, die Türen offen oder geschlossen sind, Wasser und Tee bereitstehen. Damit sich beide wohlfühlen, braucht es beständige Aufmerksamkeit. Jede für sich hat es manchmal schwer mit ihrer Empfindsamkeit, so ist ein gemeinsames Treffen gleichermaßen intensiv und kraftraubend wie auch sehr belebend, weil zwischen den beiden Frauen auf der Beziehungsebene sehr viel geschieht.

Hochsensibilität ist in Beziehungen bei richtigem Umgang ein großer Gewinn. Die Beteiligten können sich auf eine Weise kennenlernen und begegnen, die vielen verschlossen bleibt. Sie können kleinste und scheinbar unbedeutende Vorkommnisse miteinander teilen und besprechen, oft auch nonverbal kommunizieren und sich gegenseitig erspüren, ohne, dass besonders viele Missverständnisse auftauchen.

Trotzdem sind diese nicht ganz zu vermeiden: Durch Hochsensibilität entstehen oft auch Situationen, in denen einer von beiden innerlich auf ein Detail konzentriert ist, welches dem anderen vielleicht gar nicht aufgefallen ist. Wenn die Ablenkung mitten in einer Begegnung stattfindet und der Hochsensible plötzlich „aussteigt“, kann dies zu Irritation führen. An dieser Stelle ist es besonders wichtig, dass das Paar trainiert, diese Ablenkungen zu kommunizieren. Wenn der andere dann überfordert ist von der Wahrnehmung des Hochsensiblen, darf dies genauso da sein. Zur Not können beide einen Augenblick tief durchatmen, sich umarmen und wieder im Moment ankommen, was die Irritation schon auflösen kann.

Wenn sich zwei Menschen kennenlernen, bei denen einer oder beide hochsensibel sind, kann es sehr hilfreich sein, das Kennenlernen spielerisch anzugehen. Geht gemeinsam durch die Stadt und sprecht darüber, was ihr wahrnehmt:

„Ich spüre, dass sich mein Magen zusammenzieht, wenn ich die Menschenmenge da vor mir sehe."

„Ich höre und sehe gerade alles auf einmal und ich spüre, dass ich in fünf Minuten wahrscheinlich schon genug von all dem habe: Den Autolärm, die gurrenden Tauben, rufende Jugendliche, das Brutzeln an der Dönerbude, der Dreck auf dem Boden, die Werbetafeln und grellen Farben überall, die Straßenmusik, da vorne der Mensch, der Werbezettel verteilt. Wollen wir uns nicht jetzt schon in den Park zurückziehen?"

„Ich glaube, ich habe mich nicht passend angezogen. Ich fühle mich in diesem Kleid sehr unwohl. Können wir einen Umweg nach Hause machen, damit ich mich umziehen kann?"

Auch zuhause könnt ihr euch prima gegenseitig von eurem Erleben berichten:

„Wenn die Musik läuft, kann ich mich nicht aufs Essen konzentrieren."

„Während du in der Küche stehst und kochst, wäre ich so gern bei dir. Doch die Dunstabzugshaube ist so laut, wir müssen lauter sprechen und du musst an drei Töpfen gleichzeitig werkeln. Außerdem empfinde ich den Platz als zu klein. Ich bin mal kurz drüben im Wohnzimmer."

„Ich hatte heute Morgen etwas zu wenig Zeit allein. Ich lege mich kurz hin."

„Ich bin gerade innerlich nicht bereit für volle Aufmerksamkeit. Kannst du mir später davon erzählen?"

Hochsensibilität und Empathie

Empathie spielt in vielen Beziehungen mit Hochsensiblen eine Rolle. Nicht alle Hochsensiblen sind besonders empathisch. Dennoch spüren sie oft kleinste Stimmungsschwankungen und es fehlt ihnen der Filter, um sich dagegen abzuschirmen. In der Partnerschaft fallen ihnen oft Veränderungen in der Stimmung des Partners auf, bevor dieser selbst begreifen kann, was mit ihm los ist. Wenn der Hochsensible durch die fehlende innere Barriere dann das noch unbewusste Gefühl des Partners spiegelt, kann dies zu anstrengenden Diskussionen und Streitereien führen, die beide Seiten überfordern.

Die Empathie der Hochsensiblen möchte wie eine Kunst betrachtet werden. Auch, wenn du spürst, was sich im Raum bewegt, ist es nicht immer angebracht oder nötig, dies gleich zu kommunizieren – es sei denn, du leidest darunter, weil du dich schwer abgrenzen kannst.

Hier ist es hilfreich, kurz Abstand einzunehmen und vielleicht für einen Moment den Raum zu wechseln. Oft bleibt eine Stimmung nur für einen begrenzten Zeitraum gleich und verändert sich durch die bewusste Umstrukturierung der Begegnung.

Mit einem empathischen, hochsensiblen Menschen zusammen zu sein, verlangt in jedem Fall viel ab im Hinblick auf Authentizität, Wahrheit und Achtsamkeit: Ein hochsensibler Mensch wird höchstwahrscheinlich jede Unstimmigkeit im Partner und auch in sich selbst wahrnehmen und nicht in der Lage sein, dies einfach zu ignorieren und darüber hinwegzugehen. Viele Gespräche und Auseinandersetzungen sind gefragt, die in anderen Partnerschaften vielleicht nicht nötig sind.

Beachte: Wenn du als Hochsensibler versuchst, dich in diesen Bereichen zu verbiegen und weniger empfindlich zu sein, wird sich dies wahrscheinlich kontraproduktiv auswirken. Du kannst nicht verhindern, dass du so viel wahrnimmst. Doch du kannst einen positiven Beitrag zum Gelingen der Beziehung beitragen, indem du deinen Umgang mit deiner Wahrnehmung reflektierst.

Frage deinen Partner, was er braucht, um mit deiner Hochsensibilität gut umgehen zu können. Bitte ihn darum, dir zu erklären, was er braucht, wenn seine Stimmung im Keller ist und du dies spürst. Teile ihm mit, wie es sich auf dich auswirkt – findet gemeinsam Lösungen. Es ist wichtig, dass ihr nicht den einen oder anderen als „das Problem“ betrachtet, sondern gemeinsam das Projekt Beziehung mit Hochsensibilität in Angriff nehmt.

Ein Perspektivenwechsel wirkt auch oft entzerrend: Erinnert euch immer wieder daran, dass du nicht krank bist und auch nicht „andersartig". Hochsensibilität ist kein Stempel, der dich in eine Kategorie presst. Er hilft lediglich, vieles zu erklären, was sich zwischen euch abspielt. Dein Partner ist nicht in erster Linie mit einer oder einem Hochsensiblen zusammen, sondern mit (dein Name). Und du bist nicht mit einem Stoffel zusammen, sondern mit (sein/ihr Name). Seht einander in eurem tiefsten Wesen an. Öffnet immer wieder die Schubladen und lasst einander aus der Kategorisierung herauskommen.

Positive Affirmationen

- ⇨ Ich kann mich gut abgrenzen
- ⇨ Meine Hochsensibilität dient der Verbindung zu meinem Partner
- ⇨ Ich bleibe weich und offen
- ⇨ Mir steht die Welt offen, wann immer ich sie mit meinem Partner erkunden möchte, nichts läuft mir davon, wenn ich eine Pause mache
- ⇨ Ich muss keine Verantwortung für die Stimmungen meines Partners übernehmen

Das Leben als hochsensibler Mensch

„Stress ist der Müll des modernen Lebens. Wir alle produzieren ihn. Aber wenn wir ihn nicht ordentlich entsorgen, türmt er sich auf und übernimmt unser Leben."

Terri Guillements

Das hochsensible Baby

Andrea hat gerade in einem wahren Akt der Hingabe, Größe und kraftvollem Mut ihr Baby Lisa zur Welt gebracht. Nun spürt sie zum ersten Mal die unendlich weiche Haut des Neugeborenen, betrachtet hingerissen ihre kleinen Hände und Füße, streichelt sanft ihren Kopf mit den dünnen, dunklen Haaren und schaut in tief dunkelblaue, wissende, wache Augen. Fast scheint es ihr, als strahle die pure Weisheit, alle Wahrheit und tiefste Liebe der Welt aus diesen Augen.

Innerhalb der ersten Stunden und Tage beobachtet Andrea ihr Baby voller Aufmerksamkeit und Neugier, während sich die beiden intensiv kennenlernen. Dabei fällt Andrea auf, dass ihr Baby sehr stark auf äußere Reize in Form von Geräuschen reagiert. Selbst, wenn sie nur die Seite eines Buches umschlägt oder die Nase hochzieht, zuckt Lisa im Halbschlaf zusammen. Anfangs erklärt Andrea sich diese Beobachtung daher, dass alle Geräusche für ein Neugeborenes vollkommen neu und unbekannt sind und es daher alles frisch einordnen muss.

Doch auch in den kommenden Wochen und Monaten bleibt die Sensibilität von Lisa bestehen. Richtig schlafen kann sie nur in dunklen, reizarmen Räumen, absoluter Stille und ruhiger Atmosphäre. Sobald ein Geräusch zu laut ist, wacht Lisa auf. Zudem mag sie es nicht, Auto zu fahren oder viel unterwegs zu sein. Andrea hat den Eindruck, dass Lisa dann mehr schreit und allgemein überfordert scheint. Sie ist sehr anhänglich und möchte nicht von anderen Menschen gehalten werden, zudem reagiert sie sofort, wenn sie spürt, dass Andrea angespannt oder unruhig ist.

Im Gespräch mit einer Freundin, die bereits mehrere Kinder hat, wird Andrea bewusst, dass Lisa sensibler ist als einige Altersgenossen. Es ist Teil ihres Temperamentes, die Welt sehr intensiv, feinfühlig und empfindsam wahrzunehmen.

Schon bei Babys und Kleinkindern ist Hochsensibilität erkennbar. Sie weinen schnell oder sind stark ruhebedürftig. Andere scheinen über einen längeren Zeitraum hinweg recht offen und unempfindlich, doch wenn ein gewisser Punkt überschritten ist, macht sich der angestaute Stress mit krampfartigem Schreien und erschöpfter Überlastung bemerkbar. Das Baby ist dann kaum mehr zu beruhigen, es scheint, als müsse es all die Überforderung loswerden und ausagieren.

Auch an der Präsenz des Babys und Kleinkindes lässt sich gut eine hochsensible Veranlagung erkennen: Es reagiert auf kleinste zwischenmenschliche Anzeichen, bereits leise Geräusche wecken seine Aufmerksamkeit, es verfolgt und beobachtet minimale mimische Regungen im Gesicht seines Gegenübers und spiegelt äußerst präzise dessen Stimmung und Gefühlslage. Zudem kann es lange und intensiv Augenkontakt halten, wendet sich jedoch auch schneller weg, wenn die Bereitschaft, Kontakt zu halten, sinkt. Ist das Baby überfordert, zeigt es das deutlich durch seine Körperhaltung. Viele hochsensible Babys brauchen es, in diesem Moment körperlich weiter gehalten und getragen zu werden und trotzdem im direkten Kontakt eine Pause zu erfahren, um sich wieder zu sammeln.

Viele Eltern beobachten, dass ihr hochsensibles Baby stark auf Hitze, Kälte, Schmerz oder ungemütliche Körperhaltungen reagiert. Wenn das Bedürfnis des Babys erkannt und gelöst wurde, beispielsweise das Tragen warmer Wollsocken oder das sofortige Wechseln der nassen Windel, ist das Baby entspannt und schnell beruhigt.

Zur Hochsensibilität zählt auch die Beobachtung, ob das Baby an sich eher ex- oder introvertiert ist. Kontaktfreudige, hochsensible Babys freuen sich über die Aufmerksamkeit und gehen stark in den Kontakt, auch mit fremden Menschen, sind jedoch schnell überfordert und zeigen dies durch direktes Weinen und sich winden.

Andere, eher zurückhaltende hochsensible Babys weichen dem Kontakt mit fremden Menschen von vornherein aus und vermeiden beispielsweise Augenkontakt. Sie öffnen sich dafür umso mehr der Hauptbezugsperson, lassen sich von ihr intensiv berühren und genießen engen Kontakt sichtlich.

Tipp

Wenn du mehr über deine eigene Hochsensibilität erfahren möchtest, kann es sehr hilfreich sein, deine damaligen Hauptbezugspersonen zu deinem kindlichen Verhalten zu befragen. Zudem ist es spannend, zu erfahren, wie diese deiner hochsensiblen Veranlagung begegnet sind.

Wurden deine speziellen Bedürfnisse beachtet? Wurdest du bereits als Baby angenommen, wie du warst, oder musstest du dich deiner Umwelt anpassen, wurdest vielleicht gar als „Schreikind“ oder als schwierig, überempfindlich und anstrengend charakterisiert?

Was du in Bezug auf deine Hochsensibilität an Reaktionen schon in frühesten Kindertagen erlebt hast, gibt Aufschluss über mögliche Schuldgefühle oder zwischenmenschliche Herausforderungen, denen du dich als hochsensibler Mensch im Alltag gegenüberstehen siehst.

Hier findest du eine Liste an Fragen, die dich inspirieren können, mehr von deinen damaligen Bezugspersonen zu erfahren:

- ⇨ Wie waren meine Schlafgewohnheiten?
- ⇨ Wie seid ihr damit umgegangen, wenn ich viel geweint habe? Was hat es in euch ausgelöst?
- ⇨ Wurde ich viel allein gelassen?
- ⇨ War ich sehr aufmerksam, habt ihr intensiv Kontakt zu mir gehalten?
- ⇨ Wie habe ich auf Geräusche, Lichtverhältnisse, Wärme, Kälte und Berührungen reagiert? Wie seid ihr darauf eingegangen?
- ⇨ Musste ich Kontakte zu fremden Menschen halten?
- ⇨ Habt ihr beobachtet, dass ich besonders empfindsam auf unausgesprochene Stimmungen und auf die Atmosphäre innerhalb der Familie reagiert habe?

Hochsensibilität als Temperament ist nicht etwas, das man mit der Lebenszeit dazu gewinnt – es ist bereits in dir angelegt. Allerdings kann sich der Ausdruck dieses Merkmals im Laufe deines Lebens immer wieder verändern – beginnend ab dem Säuglingsalter.

Das hochsensible Kind

Anja hat als Erzieherin alle Hände voll zu tun. Das Team in der Kindertagesstätte betreut jeden Tag insgesamt 15 Kinder und es ist nicht immer einfach, allen Bedürfnissen der kleinen Erdenbürger gerecht zu werden.

Eines der Kinder fällt Anja seit längerer Zeit besonders auf: Max. Er ist vier Jahre alt und besucht die Kita seit zwei Jahren. Schon immer verhält er sich anders als die anderen Kinder. Nachdem er den Raum betreten hat, ist er anfangs still und in sich gekehrt und beobachtet das Geschehen von einem Platz in der Ecke des Raumes aus. Er lässt alle Szenerien unter den Kindern und auch unter den Erziehern auf sich wirken und fängt die allgemeine Stimmung im Raum ein. Er geht vorerst kaum in Kontakt mit anderen Kindern, die sich ihrerseits schnell an Max Verhalten gewöhnt haben.

Erst nach ungefähr zwanzig Minuten entscheidet sich Max, an einer der Szenerien teilzunehmen und mischt sich ganz natürlich unter das Geschehen.

Max scheint keine Langeweile, Scheu oder Scham zu empfinden, im Gegenteil. Er ist neugierig und aufmerksam, doch das anfängliche Beobachten von einem geschützten Ort aus scheint ihm Sicherheit und Stabilität zu verleihen. Zudem wählt er, wie Anja beobachtet, meist eine Spielecke aus, in der es ruhig und friedlich zugeht und die Atmosphäre harmonisch erscheint. Wenn die Stimmung aufgeheizt ist, zieht ihn das nicht etwa an, wie es bei vielen anderen Kindern der Fall ist, die sehen wollen, was los ist. Er hält sich heraus und beschäftigt sich auch gerne allein, ohne sich kalt abzugrenzen.

Wenn Max von seiner Mutter abgeholt wird, bricht er jedoch häufig wie in sich zusammen. Er weint laut und lässt seinem Frust beim Anziehen freien Lauf. Besonders an Tagen, an denen es im Kindergarten wild und laut hergeht, scheint Max überfordert und muss bei seiner Mutter erst einmal die angestaute Anspannung loslassen, die sich wohl doch unbemerkt aufgebaut hat.

Hochsensible Kinder sind, wie auch Erwachsene, sehr sensibel in Bezug auf vielerlei Reize. Zudem sehen sie sich jedoch einer weiteren Herausforderung gegenüber: Sie können altersgemäß nicht wie Erwachsene ihre Grenzen und Gefühle verbal reflektiert artikulieren. Das bedeutet nicht, dass sie nicht deutlich auf sich aufmerksam machen und zeigen, wie es ihnen geht – im Gegenteil. Wir Erwachsenen haben die Aufgabe, zuzuhören und uns mit den Zeichen der Kinder auseinanderzusetzen.

Ein hochsensibles Kind ist, ebenso wie der hochsensible Erwachsene, nicht nur den eigenen inneren Regungen ausgesetzt. Es empfindet die Reize seiner Umwelt als ebenso stark und oft auch als auslaugend. Zudem ist der junge Mensch noch klein und sein Gehirn befindet sich in einem noch nicht zur Gänze entwickelten Zustand. Es hat neben seiner Aufgabe, sich heranzubilden, die

Aufgabe, all die Stimulierungen und Eindrücke zu verarbeiten, die ihm entgegenströmen. Im kindlichen Alltag spielen hohe Lautstärke, Tumult und viel Bewegung aufgrund der großen Gruppen in Schule und Kindergarten eine große Rolle – Ruhe und Erholung finden nur selten ausgiebig Platz. Wenn ein Kind zudem im eigenen Zuhause keinen Ort der Stille und Gelassenheit findet, seine Regenerationszeit gar vor dem Fernseher verbringt und dadurch mit noch mehr Bild, Ton und emotionalem Reiz überflutet wird, kommt es immer weniger zur Ruhe. Besonders hochsensible Kinder leiden in intensivem Maß darunter.

Sie reagieren mit lautem Schreien, Trotz- und Wutanfällen, ständigem Hunger oder dem Verlangen nach immer mehr Input, um das Gefühl der ständigen Anspannung zu übertünchen und es nicht spüren zu müssen – nicht wissend, dass es durch die Erfüllung ihrer Erwartungen noch verstärkt wird. Eltern dürfen lernen, in diesem Bereich Verantwortung und Führung zu übernehmen und dem Kind klare und liebevolle Grenzen zu setzen – um es in seinem hochsensiblen Wesen zu schützen.

Das Kind braucht Zeit, um sich zu erholen, um nach stark bewegten und mit Reizen gefüllten Stunden wieder bei sich anzukommen und sich durch die Grenzen spüren zu können. Nicht umsonst brauchen Kinder Führung, schon Babys erfahren diese durch den Körperkontakt und die unterstützende Nähe, während sie die Welt um sich herum entdecken.

Tipp

Hier findest du erneut eine Liste mit Fragen, mit deren Hilfe du mit deinen ehemaligen Bezugspersonen über deine Hochsensibilität im Kindesalter und deinen Erfahrungen ins Gespräch kommen kannst. Je mehr Informationen du sammeln kannst, desto intensiver lernst du dich kennen und kannst dein Verhalten von heute reflektieren, verstehen und so anpassen, dass es dir dient.

- ⇨ Wie oft und wie lange war ich im Kindergarten? Wie war die Atmosphäre dort? Wie viele Kinder waren in der Gruppe?
- ⇨ Wie viele Freunde hatte ich? War ich eher auf wenige Kinder bezogen?
- ⇨ Waren wir in unserer Freizeit viel unterwegs? Wie viel und wie oft durfte ich Medien konsumieren? Welcher Art waren die Filme und Geschichten, die ich konsumieren durfte? Welche Botschaften, Atmosphären und Stimmungen haben sie vermittelt?
- ⇨ Wie war unser Ritual vor dem Zubettgehen? War es abends ruhig und entspannt, oder hektisch mit aufgeladener Stimmung?
- ⇨ Wurde mir viel freundliche und präsente Aufmerksamkeit zuteil? Wie haben wir in der Familie miteinander gesprochen? Legten wir einen lauten, rauen Ton an den Tag oder sprachen wir freundlich und leise miteinander?
- ⇨ Haben wir gewaltfreie Kommunikation angewandt?

Diese Fragen geben dir Aufschluss darüber, wie vehement du dich in deiner Hochsensibilität instinktiv und mechanisch schützen musstest. Du hast innere Schutzmechanismen angewandt und musstest sie dementsprechend hochhalten, um die Reize so gut es geht abzufangen. In dieser Zeit haben sich nach dem Baby- und Kleinkindalter weitere Muster entwickelt, die du unter Umständen bis heute beibehalten hast.

Tipp

Hier findest du eine Liste *möglicher* Schutzmechanismen, die du dir als Kind angeeignet hast:

- ⇨ Im Kindergarten und in der Schule hast du dir die Ohren zugehalten

- ⇨ Zuhause hast du Türen zugeschlagen, dich unter der Decke versteckt oder viel gegessen
- ⇨ Du hast mit nur einem Kind oder viel alleine gespielt
- ⇨ Du hast mit vielen Kindern gespielt, jedoch immer nur oberflächlich und so, dass du dich jederzeit entfernen und die Situation verlassen konntest
- ⇨ Du hast dich angespannt und Gefühle an dir abprallen lassen
- ⇨ Über plötzliche Weinanfälle hast du versucht, darüber Aufmerksamkeit zu erlangen und Hilfe zu erbeten
- ⇨ Du hast Geschichten gehört und gelesen, um dich von deiner Umwelt abzugrenzen und abzulenken

Die Reise in deine Vergangenheit und kindlichen Erfahrungen wird dich viel lehren und dir helfen, Gewohnheiten zu verstehen, die du auch heute noch an den Tag legst. Vielleicht kannst du sogar mit anderen Hochsensiblen darüber sprechen und dich austauschen, so, dass du mit den Erfahrungen deiner Kindheit Frieden schließen und dich selbst immer besser annehmen kannst. Es ist eine besondere Reise, immer mehr Ja zu dem zu sagen, der man schon immer war und darin die eigene Persönlichkeit immer tiefer zur Entfaltung zu bringen.

Pubertät und Jugend

Das Jugendalter als Brücke zwischen Kindheit und Erwachsenenalter ist eine besonders herausfordernde Zeit für hochsensible junge Menschen. Die meisten wissen von sich selbst nicht, dass sie hochsensibel sind und schieben die inneren Anzeichen und Merkmale, die darauf hindeuten, auf ihre Pubertät oder die stressige Prüfungszeit. Als Erwachsene können wir Jugendlichen dabei helfen, mit ihrer Hochsensibilität zurechtzukommen, indem wir intensiv präsent sind und zuhören, wenn sie sich uns öffnen.

Wir bieten einen Anker in allen Bereichen ihres Lebens und selbst, wenn das Konzept der Hochsensibilität dem Jugendlichen vollkommen fremd ist, kann er bei einer Bezugsperson Ruhe und Sicherheit finden und sich entspannen.

In der Pubertät zeigen sich drei Aspekte ganz besonders, die es dem Jugendlichen schwer machen, mit Hochsensibilität zurechtzukommen:

- Gruppendynamik: In der Jugend ist die sogenannte „Peer-Group", also die Gruppe junger Menschen, zu denen man sich zugehörig fühlt, von ungeheurer Wichtigkeit. Hier lernt der junge Mensch, sich zu behaupten und abzugrenzen, aber vor allem zuerst, sich anzupassen und sich über gemeinsame, meist unausgesprochene Zugehörigkeitsregeln zu definieren und zu identifizieren. Dies führt dazu, dass er oft erst mit der Zeit seine persönlichen Grenzen entdeckt und auch lernt, sie zu vertreten, wenn sich schmerzhafte Erfahrungen häufen. Er wird sich der Herausforderung ausgesetzt finden, sein Ja und sein Nein zu vertreten und dementsprechend ins Kreuzfeuer zu gelangen oder unter dem Beifall seiner Freunde Ansehen zu genießen.
  Hochsensibilität spielt hier eine große Rolle: Ein hochsensibler Jugendlicher wird bei vielen Aspekten der Pubertät unbewusst unter dem Kriterium der Hochsensibilität Entscheidungen treffen müssen, für oder gegen eine bestimmte Musikrichtung, Freunde, ja sogar in Bezug auf den Kleidungsstil. Wer hochsensibel ist, wird intensiv wahrnehmen, wenn er sich dahingehend nicht wohlfühlt. Bei Jugendlichen ist die Gruppendynamik oft ein Druckmittel, weil der hochsensible Jugendliche eventuell Schwierigkeiten damit hat, gegen diese für etwas anderes zu plädieren und in bestimmten Punkten anders zu sein.

- Feiern und Ausgelassenheit: Zum Jungsein gehören in unseren Breitengraden das Feiern, Ausgehen und ausgelassene Vergnügen in der Regel dazu. Der Nebeneffekt hierbei ist oft intensive Lautstärke und – fast erinnert es an die

Zeit im Kindergarten – viel Gewusel, wenig Schlaf und wenig Ruhezeit. Viele Jugendliche schlafen zu wenig, sind nach einem Wochenende vollkommen erschöpft, müssen ohne Pause wieder zur Schule gehen und finden wenig Raum, um das Erlebte zu verarbeiten. Die Erwartung, bei allen Events dabei zu sein, ist hoch, die Angst, etwas zu verpassen, ebenso. Der hochsensible Jugendliche wird, auch hier meist unbewusst, großen Druck empfinden und sich mitunter vielleicht sogar einreden, all das zu mögen, obwohl es ihm zu viel ist. Er möchte die Welt mit all ihren Facetten und Möglichkeiten erleben und seine Jugend genießen, doch die allgemeine Überforderung des hochsensiblen Jugendlichen lässt ihn oft stärker leiden, als er es sich eingestehen kann.

- Selbstdarstellung: Das Jugendalter ist mehr als jedes andere eine Zeit der Identitätsfindung und auch des Identitätskonfliktes. Die Jugendlichen beschäftigen sich permanent mit Vorbildern, mit der Frage „Wie muss ich sein, wer will ich sein, wie werde ich gesehen?" Der Druck, positiv auf sich aufmerksam zu machen, ist hoch. Viele sind laut und verhalten sich fast schon proletenhaft, viele treffen sich bereits Stunden vor der großen Party, um sich gemeinsam schick zu machen, Outfits auszuprobieren, ihre Schokoladenseite hervorzubringen.
  Nicht zu vergessen ist dabei der Wunsch, vom anderen Geschlecht/der Person seiner Begierde als liebenswert wahrgenommen zu werden. Viele Hochsensible kämpfen stark mit dem schon für weniger sensible Menschen überfordernden Versuch, zu beweisen, dass man liebens- und beachtenswert ist. Der Wettbewerbscharakter unter den Jugendlichen gestaltet sich anstrengend, es wird viel Zeit, Geld und Energie geopfert, um den anderen zuvorzukommen und dennoch nicht allzu sehr aus der Peer-Group herauszustechen.

Sandra erinnert sich noch lebendig an ihr Jugendalter. Sie hatte es satt, konnte es sich jedoch kaum eingestehen: Sie konnte die Übernachtungen auf fremden Sofas nach einer durchzechten Nacht kaum mehr ertragen. Jedes Wochenende ließ sie sich überreden, noch länger zu bleiben, das Taxi zu verpassen und entgegen dem ursprünglichen Plan die Fahrt nach Hause auszulassen, angetrieben von der Angst, etwas zu verpassen – um dann völlig entkräftet am nächsten Mittag endlich im eigenen Bett zu landen - viel zu spät, um sich von all den Eindrücken des Wochenendes zu erholen, bevor am Montag die Schule wieder losging. Ihr eindrücklichstes Erlebnis schildert sie so:

„Ich wohnte einer Hausparty im Jugendzimmer eines Freundes bei, die ganze Nacht eingeschlossen in jugendlich-männlichem Mief und vollkommen überdrehter Musiklautstärke, Heavy Metal dröhnte aus den blechernen Lautsprechern und meine betrunkenen Kumpels schrien stundenlang um die Wette. Ich weiß bis heute nicht, warum ich die ganze Nacht geblieben bin. Morgens um sieben Uhr fielen alle erschöpft in den Schlaf, einer, der sich für mich interessierte, versuchte, den Moment besonders romantisch zu gestalten, indem er die Musik einfach weiterlaufen ließ und sich zu mir auf das steife Sofa kuschelte – ich fand nicht den Mut, aufzustehen und die Musik auszuschalten, geschweige denn einfach zu gehen.

So lag ich da, angespannt, die Sonne ging bereits auf, Musik dröhnte, der Junge stank nach Alkohol, ich bewegte mich keinen Zentimeter und wartete. Ja, worauf wartete ich eigentlich? Ich werde diese Nacht nie vergessen, es war eine Tortur an maßloser Überreizung und ich verstand zum ersten Mal, dass ich wohl ein ernstzunehmendes Problem damit hatte, nein zu sagen und Grenzen zu setzen. Zudem setzte ich mich danach zum ersten Mal mit dem Thema Hochsensibilität auseinander, wobei es nicht schwer anzunehmen ist, dass vermutlich auch weniger sensible Menschen, mit Ausnahme einiger weniger Metal-Fans, diese Situation nicht unbedingt hätten genießen können.“

Sandra ist einer von vielen hochsensiblen Menschen, die bereits in ihrer Jugend extrem unter all dem Druck und zusätzlich unter einem schwachen, noch nicht ausgebildeten Selbstbewusstsein litten. Die ständigen Grenzüberschreitungen, die sie sich selbst im Jugendalter zugemutet haben, nehmen sie unter Umständen mit ins Erwachsenenalter, wo sie von Grund auf lernen müssen, die inneren Barrieren zu gesunder Selbstliebe und Selbstakzeptanz abzubauen, bedeutet dies doch zuerst, die Angst davor, anders zu sein und ausgegrenzt zu werden, abzubauen.

Schul- und Lehrzeit

Auch in der Schule, im Studium und der Ausbildungszeit ist Hochsensibilität ein brisantes Thema. Der Druck, der in den Institutionen herrscht, lässt viele Hochsensible mehr leiden, als andere dies vielleicht empfinden. Viele Eindrücke kommen zusammen und bilden ein Gemisch, dem sich der hochsensible junge Mensch wie einem riesigen unüberwindbaren Berg gegenübersieht. Hier einige Erfahrungsberichte hochsensibler junger Menschen in Studium und Ausbildung:

„Ich besuchte das erste Semester im Lehramt. Die Sportstudenten richteten eine Party für die Erstsemestler aus, es war klar, dass es für Prestige und Anerkennung wichtig war, dort aufzutauchen. Doch schon beim Gedanken an eine weitere durchzechte Nacht wurde mir ganz übel. Ich entschloss mich, nicht hinzugehen, auch, wenn es mir schwerfiel. Am Montag danach erzählten alle begeistert von der wilden Party und von den Kontakten, die sie hatten knüpfen können – ich fühlte mich außen vor und hatte lange Zeit Schwierigkeiten, den verlorenen Gruppenanschluss wiederzufinden. Einladungen zu Partys bekam ich in der Regel irgendwann nur noch selten, weil alle schon vermuteten, dass ich nein sagen würde und mich dafür belächelten. Ich habe durch meine Hochsensibilität immer etwas an Aktualität einbüßen müssen."

Katrin, Lehramtsstudentin

„Ich trat eine Ausbildung zur KFZ-Mechanikerin an und wollte diese unbedingt abschließen. Als einzige Frau im Kollegium war es nicht einfach, meinen Standpunkt zu finden. Mit der Zeit häuften sich die Momente, in denen ich von Krach und Gestank in der Werkstatt und auch vom verkehrsreichen Weg zur Arbeit völlig überfordert war und mich immer wieder krankmelden musste. Ich liebte die Vorstellung, KFZ-Mechanikerin zu sein, doch irgendwann musste ich aufgeben – die Belastung durch Reizüberflutung war zu groß geworden. Meine Kollegen haben mich ausgelacht und die Kapitulation

darauf geschoben, dass ich eine Frau bin und deswegen der Beruf nichts für mich sei. Aufgrund von Hochsensibilität Sexismus ausgesetzt zu sein, war sehr schmerzhaft."

Isabelle, heute Projektleiterin

„Ich erinnere mich, dass ich nie Zeit für mich allein hatte. Ich bin der Vierte von fünf Geschwistern, habe mir mein Zimmer mit meinem Bruder geteilt. Als ich meine Ausbildung zum Zahntechniker begann und viel lernen musste, kam die Zeit zur Entspannung viel zu kurz. Schon immer litt ich unter der Lautstärke zuhause, ich habe eine sehr laute Familie. Ich weiß noch, dass ich mich als Kind sogar unter dem Bett versteckt und mir die Ohren zugehalten habe. In der Ausbildung zum Zahntechniker war dann noch zusätzlich die Lautstärke in der Klasse sehr belastend, von den Praktikumszeiten ganz zu schweigen. Ohne Ruhezeiten für mich als Hochsensiblen kaum zu ertragen. Ich weiß nicht, wie ich diese Zeit überstehen konnte, meine Noten haben dies auch widergespiegelt. Zum Glück habe ich heute eine wunderbare Stelle, wohne alleine und arbeite auch nicht in Vollzeit."

Dirk, Zahntechniker

Erinnerungen

- ⇨ Wie empfandest du deine Schul- und Lehrzeit?
- ⇨ Fallen dir Momente ein, in denen du dich selbst nicht verstehen konntest, nun aber einen Zusammenhang zu Hochsensibilität entdeckst?
- ⇨ Wie kannst du aufgrund dessen mit einigen schmerzhaften Erlebnissen Frieden schließen?
- ⇨ Befindest du dich aktuell in einem Arbeitsverhältnis und/oder Umfeld, welches dir aufgrund deiner Hochsensibilität mehr schadet als guttut? Was könntest du nun anders machen, als du es damals als sehr junger Mensch gehandhabt hast?

Endlich erwachsen - und jetzt?

Die Herausforderungen werden nicht kleiner – im Gegenteil. Nun ist das Erwachsenenalter erreicht, Überlebensstrategien haben sich verfestigt, Muster sich eingebürgert und die inneren und äußeren Konflikte bleiben bestehen. Viele hochsensible Menschen kommen gut zurecht, wenn sie in einem für sie passenden Umfeld leben und arbeiten. Doch in unserer Gesellschaft wandelt sich das Bild langsam und es wird erst tröpfchenweise für viele Menschen erkennbar, welch eine wundervolle Gabe die Hochsensibilität ist.

Der Mensch ist in seinem tiefsten Kern höchst empfänglich für Verbindung und Beeinflussung durch unterschiedlichste Reize. Hochsensible Menschen erinnern uns daran und spiegeln uns die Bereiche, in denen wir vielleicht abgestumpft sind oder mit unseren Gefühlen nicht ganz und gar in Verbindung stehen.

Oft erleben Hochsensible, dass andere schnell ungeduldig mit ihnen werden und sich nicht besonders gut in ihre Bedürfnisse hineinversetzen können. Sie erleben Ablehnung, Ärger, Frust, bis hin zu Ausgrenzung und Vorurteilen, die sich auf ihre Empfindsamkeit beziehen. Der Grund dafür liegt oft darin, dass sich weniger sensible Menschen getriggert fühlen: Ein hochsensibler Mensch ist ein sehr deutlicher und drastischer Spiegel für die Gleichgültigkeit, Mattheit und Müdigkeit, die oft in unserem sozialen Miteinander herrscht. Der hochsensible Mensch erlebt täglich, wovor so viele davonlaufen:

Ungeliebte Gefühlsregungen wie Frust, Überforderung, Hilflosigkeit, Ohnmacht, Wut und Furcht. Schwierigkeiten mit Anpassung und der Schnelllebigkeit unserer Zeit. Verletzlichkeit im Umgang miteinander. Die Scham des Andersseins. Insbesondere da, wo Leistung gefragt ist und die Seele des menschlichen Wesens nicht im Vordergrund steht, sind Hochsensible stark herausgefordert, sich immer wieder von ihren wahren Empfindungen entfernen zu müssen, die sie später umso stärker wieder überfluten, oder aber sie können gar nicht erst mithalten.

Unsere Gesellschaft braucht die Hochsensibilität. Dringend. Sie weist uns darauf hin, dass eine tiefergehende Forschung nach den wahren Bedürfnissen des Menschen an vielen Stellen im Alltag nötig ist sowie eine klare, handfeste Umstrukturierung an vielen Stellen, die nicht mehr die Gleichschaltung und Leistungsfähigkeit betont, sondern individuellen Spielraum lässt, auch und besonders für das menschliche Erleben dort, wo stets Wandel und Bewegung herrschen. Wenn bereits im Kindes- und Schulalter dafür gesorgt wird, dass sich die Umgebung den seelischen Landschaften der Kinder und Jugendlichen anpasst, anstatt diese möglichst gleichsam eine Vielzahl von Lebens- und Lerntests bestehen zu lassen, die ihrem individuellen Gemüt vielleicht gar nicht entsprechen, kann die Grundlage dafür gelegt werden, dass wir als Erwachsene zu unserer Sensibilität stehen und diese frei vertreten können.

Nun geht es also daran, die festgefahrenen Gewohnheiten und Muster langsam aufzuweichen und zu lösen, um einen neuen Zugang zur Verbindung zwischen deiner Hochsensibilität und deiner Umwelt zu finden. Sowohl du selbst als auch deine soziale Umgebung können dazu eine Menge beitragen.

Ich stehe zu mir!

Ein erster Schritt zur gegenseitigen Verständigung ist, dich selbst tief mit dir ins Reine zu bringen. Im vorherigen Kapitel hast du die Anregung erhalten, deine Eltern und Bezugspersonen dazu zu befragen, wie sie mit deiner Hochsensibilität umgegangen sind.

Erforsche deine Vergangenheit und die daraus resultierenden Glaubenssätze. Wenn du sie kennenlernst, kannst du ein Gefühl für deine Verletzlichkeiten und Unsicherheiten in Bezug auf deine Sensibilität entwickeln, welches dir hilft, dich selbst genauso anzunehmen, wie du bist.

Es ist ein bedeutender Unterschied, hochsensibel zu sein – oder aber sich dafür zu schämen, weil im Vorfeld der Vergangenheit damit nicht respektvoll, achtsam und liebevoll umgegangen wurde.

In vielen Fällen bist du wahrscheinlich gar nicht schnell beleidigt oder gekränkt, weil du hochsensibel bist – sondern, weil du eventuell bloßgestellt wurdest und dadurch gelernt hast, dich mit beleidigt sein und ablehnender, gekränkter Haltung zu schützen.

Du bist vielleicht gar nicht penibel, weil du hochsensibel bist, sondern weil damals niemand darauf Rücksicht genommen hat, dass du gerne in einem sauberen und ordentlichen Umfeld lebst, weil dich Unordnung als Kind überreizt und überfordert hat. Vielleicht musstest du in deinem familiären Umfeld permanent gegen Windmühlen kämpfen und dein Rufen wurde nicht gehört – also hast du begonnen, alles selbst zu machen und akkurat Ordnung zu halten, wo es nur ging – um dein Umfeld auszugleichen und dir selbst damit zur Hilfe zu kommen.

Du bist vielleicht nicht wütend, weil du hochsensibel bist, sondern weil du damals viel geweint hast und dein Umfeld sich darüber geärgert hat, du warst zu viel. So wandelte sich die natürliche Trauer, die sich durch deine Sensibilität an vielen Stellen zeigte, in Wut um.

Diese Beispiele verdeutlichen, wie stark dein Umfeld zum Erscheinungsbild deiner Hochsensibilität beiträgt.

Deine tieferen Überzeugungen hinsichtlich dir selbst zu benennen, kann dir helfen, wieder zu deinen ursprünglichen, natürlichen Gefühlsregungen und natürlichen Grenzen zurückzufinden.

Hier findest du einige Beispiele möglicher negativer Glaubenssätze, die Hochsensible oft mit sich herumtragen:

- ich bin zu empfindlich
- ich bin anstrengend
- ich bin nervig
- ich bin zu viel
- ich bin kompliziert
- ich zerstöre die Atmosphäre
- wegen mir macht es keinen Spaß

- ich mache das Leben der anderen schwer
- ich finde nie einen Partner
- ich bin von Natur aus ein Außenseiter
- ich muss immer leiden

Tipp

Begib dich mit deinen Glaubenssätzen in deine Vergangenheit und finde, wenn möglich, zu jedem einzelnen Glaubenssatz ein Ereignis, bei welchem er sich geformt hat oder bei dem er gefestigt wurde.

Findest du auch in deiner Gegenwart Begebenheiten und Zustände, die diese Glaubenssätze unterstreichen? Welche sind es?

Als Nächstes schreibe auf, wie du dich vermutlich verhalten würdest, wenn dieser Glaubenssatz nicht aktiv wäre. Wie würdest du beispielsweise im Kontakt mit deinen Eltern stehen, wenn du nicht glaubtest, du würdest ihnen bis heute das Leben schwer machen?

Welche Überzeugung und innere Wahrheit würdest du leben, wenn du nicht glaubtest, immer leiden und verlieren zu müssen? An welcher Stelle würdest du eine lustige Aktion ins Leben rufen, wenn du nicht glaubtest, Spaßverderber Nummer Eins zu sein? Was findest du interessant, spaßig und lustig? Worüber musst du lachen? An welchen Stellen wärest du gerne mehr und lauter, sichtbar und möchtest dich zeigen, doch hältst dich zurück, weil du fürchtest, zu viel zu sein?

Wenn du dich mit deinen negativen Glaubenssätzen beschäftigt hast, ist es ratsam, neue, positive Überzeugungen zu etablieren, die deine Hochsensibilität als Gabe und Wunder feiern und dir helfen, stolz darauf zu sein und gesund in Selbstliebe zu dir zu stehen. Überall dort, wo sich etwas Altes auflöst, möchte etwas Neues geboren werden. Unsere heutige Zeit braucht Menschen, die hochsensibel und stark empfindsam sind und dazu stehen. Sie zeigen uns, wo wir achtsamer, stiller, präsenter und weicher werden können und uns mit unserem Frust und Ärger beschäftigen müssen, der doch nur zeigt, wo wir unserer Verletzlichkeit hilflos gegenüberstehen. Du als hochsensibler Mensch kannst ein Wegweiser in ein Miteinander sein, welches diese alten Glaubenssätze überflüssig macht.

Hier findest du einige positive Überzeugungen, die du aufschreiben und an denen du dich orientieren kannst. Beim Lesen kannst du darauf achten, welche dich bewegen, was du dir wünschst und welche dir selbst vielleicht noch einfallen:

- ich bin ein Gewinn
- ich bin innerlich vielfältig
- es ist ein großes Abenteuer, mit mir zusammen zu sein
- ich bringe spannende Perspektiven
- ich bin inspirierend
- ich bin interessant und aufregend
- ich schaffe echte Verbindung
- ich finde einen Partner, für den ich mich nicht verbiegen muss
- ich darf mit allen meinen Empfindungen sein
- mein Empfinden ist ein wertvoller Sensor

Inspirationsbox „Ich bin es mir wert“

Positive Affirmationen

Ich bin es mir wert …

- ⇨ meinen Alltag so zu gestalten, dass ich hochsensibel sein kann, ohne darunter zu leiden
- ⇨ Freunde zu haben, die mich lieben, wie ich bin

- ⇨ Hochsensibilität als Thema meines Lebens nicht an den Rand zu drängen
- ⇨ die positiven Aspekte von Hochsensibilität in meinem Leben willkommen zu heißen
- ⇨ mich als normal zu betrachten
- ⇨ immer wiederkehrende, überfordernde Situationen umzustrukturieren
- ⇨ Schönheit und Entspannung als erstrebenswert zu erachten
- ⇨ mich nicht mit weniger sensiblen Menschen zu vergleichen
- ⇨ mich weniger zu entschuldigen

Steh du zu mir!

Für eine Veränderung in deinem Leben ist es wichtig, dass du dich mit Menschen zusammentust, die gemeinsam mit dir dasselbe Ziel verfolgen. Mit anderen Hochsensiblen kannst du dich austauschen und immer wieder erleben, dass du nicht im negativen Sinne speziell oder auf eine Weise anders bist, die dich ausgrenzt. Außerdem erhältst du an diesen Stellen die Empathie und zwischenmenschliche Verbindung, die du brauchst, um genährt und seelisch gesund zu sein.

Aber auch Menschen, die nicht hochsensibel sind, können wundervolle Wegbegleiter sein. Besonders deine Freunde und Familienmitglieder müssen dich nicht in allem verstehen, um dich so annehmen zu können, wie du bist.

„Steh du zu mir!“ ist ein Wunsch, den du immer wieder formulieren kannst. Mach deutlich, dass du dir wünschst, angenommen zu sein. Sprich mit deinen Mitmenschen über deine Empfindungen, deine Ruhebedürftigkeit, bestimmte Sensibilitäten im Bereich der äußeren Reize, Ungesagtes, das im Raum schwebt. Erzähle vom Konzept der Hochsensibilität, welches deinen Mitmenschen helfen kann, dich besser zu verstehen. Beachte hierbei, dass du informativ und offenen Herzens kommunizierst und nicht belehrend wirkst. Doch du kannst und darfst erwarten, dass du dich nicht länger verbiegen musst, um gemeinsam mit deinem engen sozialen Umfeld einen Raum zu schaffen, in welchem du als Hochsensibler vollkommen normal leben kannst.

Manchmal ist es auch wichtig, sich zu distanzieren. Insbesondere Eltern und nahe Verwandte haben oft Schwierigkeiten damit, Hochsensibilität als Spiegel für ihr eigenes Sein auszuhalten, anzunehmen oder sich reflektiert damit auseinanderzusetzen, um dann in respektvoller Weise mit dir umzugehen. Es ist wichtig, zu betonen, dass weder deine Mitmenschen noch du selbst Schuld tragen, wenn die Verständigung nicht funktioniert. Opfer- und Täterbeschuldigungen können sich schnell entwickeln und auch als Hochsensibler kannst du je nach Dynamik in der einen oder anderen Ecke landen.

Gegenseitige Verständigung ist möglich, wenn beide Seiten es wollen. Betrachte daher dein Umfeld eingehend und prüfe, welche Haltung deine Mitmenschen gegenüber dem Thema Hochsensibilität einnehmen. Sind sie verständnisvoll und neugierig, offen für einen Diskurs und vor allem offen dir gegenüber, als Individuum? Oder fällt es ihnen grundsätzlich schwer, andere Empfindungsweisen nachzuvollziehen oder zumindest anzuerkennen und sich zu bemühen, Rücksicht zu nehmen?

Im nächsten Schritt kannst du dich selbst hinterfragen: Wie möchtest du mit deiner Hochsensibilität umgehen? Möchtest du dazu beitragen, dass Verständigung zwischen dir und weniger sensiblen Menschen stattfindet? Bist du bereit, in den Diskurs zu gehen und auch trennende Aspekte auszuhalten? Möchtest du dich aktiv daran beteiligen, dass Hochsensibilität in unserer Gesellschaft als normal gilt und Brücken schlagen?

Oder spürst du, dass dir der Umgang zu weniger sensiblen Menschen sehr schwerfällt und du auch wenig Sinn darin siehst?

Fühlst du dich wohler bei dem Gedanken, dich mit Gleichgesinnten und ähnlich empfindenden Menschen zu umgeben, wo auch das Thema *Grenzen setzen* vielleicht gemeinsam anders angegangen werden kann?

Beide Herangehensweisen sind legitim und nachvollziehbar. Jeder Mensch positioniert sich mit seinen persönlichen Charaktereigenschaften und Haltungen in dieser Welt anders. Warum es trotzdem wichtig ist, sich darüber Gedanken zu machen, liegt an folgendem Hintergrund:

Wenn du dich beispielsweise entscheidest, dich vorrangig mit anderen Hochsensiblen zu umgeben und die „andere Welt" etwas außen vor zu lassen, entsteht unter Umständen ein starkes Gefühl der Trennung und des Andersseins, was die Herausforderung verstärken kann, dich trotzdem sicher im Umfeld mit Nicht-Hochsensiblen zu bewegen – ganz zu vermeiden ist es nie. Entscheidest du dich dagegen, mit Nicht-Hochsensiblen in regelmäßigem Diskurs und auch engen Verbindungen zu stehen, besteht die Gefahr, dass du dich zu oft nicht wirklich erkannt und verstanden fühlst und regelmäßig in Erklärungsnot gerätst, tiefe Verbindung und Nähe vermisst.

Es steht daher nicht unbedingt eine Entscheidung für die eine oder andere Option an, sondern eine liebevolle Auseinandersetzung mit dem Thema *Andersartigkeit und Gleichheit.* Gegenseitiges Verständnis, Annahme, das Thema *Kommunikation*, die Gestaltung naher Beziehungen, all das kommt auf den Tisch und wird im Zuge deiner Beschäftigung mit Hochsensibilität von Bedeutung. Es geht im Kern darum, für dich einen Standpunkt zu finden, der mit deiner individuellen Ausprägung von Hochsensibilität und auch mit deinen Werten und dem Fokus in deinem Leben vereinbar ist.

Wir arbeiten gemeinsam an neuen Strukturen

Hochsensibilität muss gesellschaftsfähig werden – nicht zuletzt aus dem Grund, dass weit mehr Menschen hochsensibel sind, als wir vielleicht vermuten würden. Viele Menschen verstecken sich immer noch vor sich selbst und vor anderen und zeigen unter anderem sogar Symptome, die erst dadurch entstanden sind, dass sie überhaupt versuchen, ihre Empfindungen abzuschalten oder irgendwie damit zu überleben. Wenn sein darf, was ohnehin da ist, kann Hochsensibilität ein neues Normal werden. Das Konzept und der Begriff der Hochsensibilität besteht unter anderem, weil es nicht als normal gilt und daher explizit besprochen und bearbeitet werden muss.

Wenn wir tiefer verstehen, was uns im Umgang mit Hochsensibilität bei uns selbst und anderen im Kontext zu unserer Außenwelt schwerfällt, können wir daran arbeiten, die Umgebung zu verändern, anstatt zu versuchen, den Menschen zu verändern und etwas aus ihm herauszupressen, was nicht seiner Natur entspricht.

Folgende Punkte sind im Zusammenhang mit Hochsensibilität für viele Menschen schwer mit ihrer Sensibilität zu vereinbaren:

- Viele Hochsensible haben Schwierigkeiten mit den Gegebenheiten am Arbeitsplatz. Die Organisation des frühen Arbeitsbeginns und der langen Arbeitszeiten passt oft nicht zu dem Bedürfnis vieler Hochsensibler, den Tag entspannt und ruhig zu beginnen. Auch für empfindsame Kinder ist der frühe Schulbeginn oft eine Qual, die kurze Phase vom Aufwachen bis zur Anwesenheit im Klassenraum, umgeben von vielen Menschen, Lärm und direkter Leistungsanforderung geht an ihrem natürlichen Potential vorbei. Viele hochsensible Kinder würden besser lernen, wenn sie ihre Lernumgebung selbst wählen, den Stoff adäquat zu ihrer inneren aktuellen Verfassung aussuchen und bearbeiten könnten und den Leistungsdruck nicht direkt spüren müssten. Viele alternative Schulkonzepte bilden daher eine beliebte Anlaufstelle für Eltern mit hochsensiblen Kindern, die dort aus sich heraus aufblühen können.
- Künstliche Umgebung: Hochsensibilität ist in einer Umgebung, die künstlich und weit weg von der Natur konstruiert wurde, oft stärker ausgeprägt. Hochsensiblen fehlt der innere Filter, um all die Reize, die durch eine sehr bewegte, grelle und künstliche Welt (Beispiel Supermarkt, Inter-

net, Hochhäuser, Stadtleben) entstehen, zu verarbeiten. In einer Umgebung, die von einem natürlichen, naturnahen Umfeld geprägt ist und daher mehr Ruhe, Gelassenheit und Langsamkeit sowie weniger unnatürlich grelle visuelle Reize birgt, kann ein hochsensibler Mensch besser bei sich bleiben und sich mehr an seiner inneren Uhr ausrichten, die der Geschwindigkeit der Natur oft viel näher ist als der von Menschen gemachten Schnelllebigkeit.

- Möglichkeiten für die Zukunft: Die allgemein anerkannten möglichen Zukunftsaussichten setzen viele Hochsensible stark unter Druck. Es geht um Aufstieg, Leistung, mehr, schneller, höher, weiter. Wer sich diesem Druck entzieht, das geht auch weniger sensiblen Menschen so, gerät automatisch etwas an den Rand und darf seine Nische finden, in der er fernab all dessen seine individuelle Art, zufriedenstellend zu leben, finden kann. Hochsensible begleitet in diesem Prozess beständig die Frage „Wie soll meine Zukunft aussehen?" oder auch die Frage danach, wie sie möglichst sanft ihr Leben in eine Richtung drehen können, die ihrer Natur und ihrem Potential entspricht. In der Schule und der Ausbildung ist eine bestimmte Richtung vorgegeben, der zu folgen im Alltag in sich schon herausfordernd ist. Doch die Richtung gegebenenfalls zu ändern, bedeutet einen zusätzlichen Kraftakt. Es bleibt die Anforderung, in all diesen Prozessen noch genügend Raum zu finden, anstelle eines Burnouts oder Resignation genug Ruhephasen zu finden, um den eigenen Weg stabil durch diesen inneren Wandel zu entdecken.

Werte helfen bei der Ausrichtung

Deine Werte spielen auch eine wichtige Rolle hinsichtlich eines gesunden, dir entsprechenden Alltages und einer Positionierung zum Thema *Beziehungen und Diskurs*. Sie helfen dir, herauszufinden, wie du leben möchtest und wie vor allem die einzelnen Schritte aussehen mögen, denn bekanntlich ist der Weg das Ziel. Für Hochsensible ist dieser Spruch umso wahrer, je mehr sie sich dessen gewahr werden, dass die Energie, die sie auf dem Weg investieren, gut angelegt sein muss, um innerlich gesund und resilient zu sein.

Deine hochsensible Veranlagung kann dir effektiv dabei helfen, deine tiefsten Werte herauszukristallisieren. Es kann sogar sein, dass du gerade dann besonders hochsensibel reagierst, wenn deine inneren Werte nicht dem äußeren Erleben entsprechen. Beobachte dieses Phänomen einige Tage lang, wenn du magst.

Hier findest du einige Erlebnisberichte dazu:

Sarina, 28 Jahre:

„Mir ist das Thema Nachhaltigkeit besonders wichtig. Ich spüre Ärger und Verzweiflung, wenn mir im Alltag bewusstwird, wie verschwenderisch und lieblos wir mit der Natur umgehen. Da ich hochsensibel bin, ist der Gang zum Supermarkt unabhängig davon für mich eine wahre Tortur. Alles dort strengt mich an: Die vielen Menschen, die oft schlechte Stimmung, die unendliche Auswahl an Lebensmitteln, Firmen, Regalen und Gängen, das grelle Licht, die Werbung, all die Farben. Bis ich an der Kasse ankomme, bin ich bereits schon völlig entkräftet. Das zeigt sich bei mir durch plötzliche Müdigkeit und dem Gefühl von Erschöpfung. An der Kasse betrachte ich dann die Waren, die meine Vorgänger aufs Band legen und werde plötzlich erneut mit dem inneren Schmerz konfrontiert, der auftaucht, sobald mir klar wird, woher das alles kommt, wie es produziert wurde und wie ungesund wir uns meistens ernähren. Dann werde ich wütend und verzweifelt. Im Zusammenhang mit der Erschöpfung ist das ein ungünstiger Cocktail, von dessen Genuss ich mich für den Rest des Tages erholen muss."

Antonia, 32 Jahre:

„Ich bin besonders sensibel, wenn es um das Thema Mitmenschlichkeit geht. Sowohl aufgrund der Hochsensibilität, die sich zeigt, wenn Konflikte lautstark ausgetragen werden und viele durcheinander sprechen, als auch thematisch, wenn es darum geht, das Leid eines Menschen zu verstärken oder zu verringern. Mobbing war ein großes Thema für mich in der Schule. Ich selbst wurde nicht gemobbt, doch eine meiner Mitschülerinnen litt sehr darunter. Ich war täglich bemüht, sie zu beschützen. Wenn ich beobachtete, dass die anderen

sie verbal attackierten, wurde ich gleichzeitig unendlich wütend, fühlte mich aber auch ohnmächtig, da ich plötzlich alles auf einmal wahrnahm: Nur noch zwei Minuten, bis die Pausenglocke klingelt, wie sollen wir die Situation in dieser kurzen Zeit lösen? Dort hinten spielt eine Gruppe Fußball, sie sind so furchtbar laut. Ich habe meine Mathehausaufgaben noch nicht geschafft und fühle mich unter Druck gesetzt. Alles wuselt durcheinander. Ich beginne zu schwitzen, meine Haare sind im Weg, ich möchte nur noch davonlaufen – dabei ist alles, was ich in diesem Moment wirklich will, meiner Mitschülerin zu helfen. Doch die Eindrücke, die alle plötzlich auf mich einprasseln, machen mich vollkommen handlungsunfähig. Ich stehe nur mitten auf dem Flur und kann mich nicht rühren."

Oliver, 35 Jahre:

„Meine Werte sind Gesundheit und Kraft. Es ist mir unendlich wichtig, fit und voller Power durch den Tag zu kommen. Dazu mache ich viel Sport und ernähre mich gesund. Ich bin jedoch auch hochsensibel und lebe in einer Stadt, in der es schwer ist, einen Ort zu finden, mich draußen sportlich zu betätigen, an dem sich nicht so viele Menschen aufhalten. Jedes Mal stehe ich vor der Entscheidung, ob ich es aktuell gut verschmerzen kann, mich für die kommende Stunde körperlich zu ertüchtigen, was schon viel Energie verbraucht, und mich gleichzeitig dem Lärm und der Geschäftigkeit um mich herum auszusetzen. Ich komme mir fast ein bisschen verblödet dabei vor, wenn ich versuche, zu beschreiben, wie es mir damit ergeht, meine Werte von Gesundheit und Fitness in meinem Leben zu verankern. Andere denken über die äußeren Gegebenheiten wohl kaum nach, sie gehen einfach ins Fitnessstudio, schließen ihre Sachen im Spind ein und spazieren gemütlich von einem Gerät zum anderen. Ich muss die Stoßzeiten auslassen und daher oft noch vor der Arbeit morgens um sechs Uhr Sport machen, wenn ich das Studio wähle. Nach Feierabend im Park joggen zu gehen, ist für mich nach einem langen Arbeitstag kaum zu ertragen. Um aus der Stadt herauszufahren, muss ich einen langen Fahrtweg auf mich nehmen, der mich zusätzlich erschöpft. Nicht zu vergessen die Mühen, die mein Körper auf sich nimmt, die sportliche Betätigung nebenbei zu verarbeiten. Sport sollte entspannend wirken und sich gesundheitsfördernd auswirken. Doch wenn man hochsensibel ist, spielt die Umgebung eine bedeutende Rolle, damit es nicht einfach nur übermäßig stressig wird."

Nicole, 30 Jahre:

Ich liebe es zu reisen. Freiheit ist mein oberstes Gebot. Wenn ich mich auf dem Highway oder im Flugzeug befinde, bin ich glücklich – zumindest theoretisch. Aufgrund der Hochsensibilität ist das Reisen für mich ebenso anstrengend wie wunderschön. Ich kann nicht einfach jegliches Motel mit Mehrbettzimmern auswählen oder inmitten einer Stadt eine entspannte Pause machen. Überhaupt schlafe ich in fremden Betten sehr schlecht. Wenn mir unterwegs das Geld ausgeht, ich etwas verliere oder anderweitig aufgehalten werde, bricht mir der pure Stressschweiß aus. Befinde ich mich dann noch in einer sehr belebten Umgebung und habe zusätzlich Hunger oder Durst, bin ich nach kurzer Zeit völlig am Ende. Das Reisen muss bei mir gut geplant sein. Bequeme Kleidung, eine Schlafmaske für absolute Dunkelheit in der Nacht, Ohrstöpsel gegen den Lärm, eine Powerbank für weniger Stress, wenn der Akku meines Handys schwach wird - einfach loszuziehen ist bei mir nicht drin. Ich habe schon viele Kurztrips mit Freunden im Jugendalter verpasst, weil ich mich nicht dazu überwinden konnte, es zu ertragen, übermüdet auf der Autobahn in einem überfüllten Kleinwagen nach Holland zu fahren, dort nicht zu wissen, wann ich allein sein und mich ausruhen kann."

Merle, 33 Jahre:

„Mein wichtigster Wert ist Authentizität. Ich bin nicht nur hochsensibel, sondern auch extrem empathisch. Für mich ist folgende Situation kaum auszuhalten: Ich sitze mit meinen Schwiegereltern am Tisch und spüre, es gibt etwas zu besprechen. Niemand traut sich, das Gespräch zu eröffnen, der Smalltalk zieht sich endlos hin. Ich nehme eine Frequenz des Misstrauens wahr, etwas wird mir unterstellt, ich spüre die Stimmung unangenehm in meinem Bauch, ich schwitze, mir wird schlecht. Nebenbei tischt meine Schwiegermutter immer mehr Essen auf, ich beginne zu essen, obwohl ich satt bin, weil ich das Gefühl zum Schweigen bringen möchte. Die Stimme meines Schwiegervaters dröhnt laut und dunkel durch den Raum, drüben bei den Nachbarn schreit ein Kind unentwegt. Ich würde am liebsten auf den Tisch hauen und sagen: Kann mir mal endlich jemand mitteilen, was hier los ist?

Für mich sind oberflächliche Gespräche viel anstrengender, als schwierige Themen gemeinsam anzupacken und dabei wahrhaftig und authentisch zu sein. Hauptsache, ich muss nicht pausenlos angespannt, mit Magenschmerzen und eng schnürender Jeans weiter dasitzen und hoffen, dass die Zeit schneller vergeht. Wenn es nicht möglich ist, auf den Punkt zu kommen, ist mir am ehesten danach, mich auf der Toilette zurückzuziehen und einige Minuten lang durchzuatmen, ich zu sein, Authentizität zu tanken. Ich möchte üben, meinen Wert der Wahrhaftigkeit auch in einem solchen Umfeld zu leben.“

Tipp:

Lege eine Liste von Werten an, die besonders in Bezug auf Hochsensibilität für dich von Bedeutung sind. Gestalte die Liste so, dass drei Grundwerte als Basis dienen, die von weiteren Werten ergänzt werden, mit denen du deine Grundwerte untermauern kannst.

Hier findest du eine Liste von Werten, aus der du dich bei Bedarf bedienen kannst:

Grundwerte	**Ergänzende Werte**
⇨ Freiheit	⇨ Finanzielle Sicherheit
⇨ Integrität	⇨ Gesundheit
⇨ Wahrheit	⇨ Kreativität
⇨ Freundlichkeit	⇨ Verletzlichkeit
⇨ Dankbarkeit	⇨ Empathie
⇨ Zufriedenheit	⇨ Gelassenheit
⇨ Hingabe	⇨ Selbstakzeptanz
⇨ Frieden	⇨ Besonnenheit
⇨ Ruhe	⇨ Spaß
⇨ Glaube	⇨ Leichtigkeit
⇨ Hoffnung	⇨ Nachhaltigkeit

Du kannst eine Liste von Werten beliebig fortführen und auch im Internet zur Inspiration fündig werden. Beispiel: www.werte-systeme.de

Wichtig ist, dass du bei der Wahl deiner Werte darauf achtest, was dich persönlich wirklich bewegt und anspricht. Beachte dabei folgende Fragen:

- Welche Werte habe ich bereits verinnerlicht und lebe sie?
- Welche Werte möchte ich gerne in Zukunft in meinem Leben verankern?
- An welchen Punkten lebe ich nicht meinen Werten entsprechend?
- Inwieweit bezieht sich das auch auf die Akzeptanz und Miteinbeziehung der Hochsensibilität? Wo gehe ich konstant über mich und meine Werte hinweg?
- Welche alten Glaubenssätze halten mich davon ab, meinen Werten nicht treu zu sein?
- Was kann ich in den kommenden zwei Wochen aktiv verändern, um meine Werte neu an die erste Stelle zu setzen?

Deine tiefste Persönlichkeit möchte sich durch deine gelebten Werte offenbaren. Du sehnst dich danach, von innen nach außen zu leben und trotz, nein, gerade mit Hochsensibilität in deiner Umwelt einen relevanten Unterschied zu machen. Wenn Hochsensibilität und ein entsprechender Wertekodex in deinem Leben Hand in Hand gehen, bilden sie die Basis dafür, dass alles, was in dir brennt, was du der Welt schenken möchtest, mit deinem persönlichen Fußabdruck versehen ist.

Ziele und Umgebung entsprechend deinem Potential

Ich stehe zu mir, stehe du zu mir - diese gemeinsame Ausrichtung verlangt nach einer Basis. Worauf richten wir uns gemeinsam aus? Nach dem, was ist – oder nach dem, was sein kann? Deine Werte hast du bereits festgelegt und erforscht, deinen Prozess in der Annahme der Hochsensibilität begonnen. Wie kannst du nun erfüllt leben?

Ziel ist es, aus dem, was ist, werden zu lassen, was sein kann. Dein Potential ist die Initialzündung eines erfüllten Lebens auf Basis deiner Hochsensibilität und deiner Werte.

Ein hochsensibler Mensch kann, sofern er sie nutzt, seine Empfindsamkeit dazu nutzen, sein Potential klar und stark vor sich zu sehen. Hochsensibilität ist nicht nur die Empfindsamkeit für Reize, sondern auch für besondere Stimmungen, Möglichkeiten, die plötzlich im Raum stehen, Fenster, die sich im unsichtbaren Raum öffnen. Das ist kein Hokuspokus, sondern eine Sensibilität für alles, was im eigenen Raum geschieht und an dich herangetragen wird.

Erlebst du öfter ein Gefühl der Überforderung und Überreizung, obwohl gar nicht so viel geschehen ist? Hast du den Eindruck, die Stimmung in dir und um dich herum ändert sich schnell, selbst kleine Nuancen vernimmst du sehr deutlich? Dann bist du auch hochsensibel für das, was im unsichtbaren Raum in den Menschen und in der kollektiven Wahrnehmung geschieht.

Neue Informationen über eine Situation ändern die Wahrnehmung und die Gefühlslage. Stimmungen anderer Menschen beeinflussen uns mit. Selbst neue Gedanken verändern das Lebensgefühl.

Daher ist es so wichtig, dass du deine Ziele kennst und deine Umgebung danach ausrichtest, was du erreichen möchtest. Wenn du spürst, dass du positiv empfindsam auf eine Gegebenheit reagierst, kannst du nach Möglichkeiten suchen, diese Situation zu bestärken und wachsen zu lassen. Wenn du negativ und belastet reagierst, kannst du dich bewusst in eine andere Richtung wenden, die dir guttut.

„Ich arbeite stetig daran, meine Umgebung so zu gestalten, dass sie meinem Potential dient. Ich bin so sensibel, habe das Gefühl, selbst eine kleine, unscheinbare Veränderung kann mich negativ beeinflussen, wenn sie nicht das Potential anspricht, das in mir lebendig ist. Wenn ich morgens aufstehe, möchte ich zwar nicht den ganzen Tag durchtakten, doch ich reflektiere genau, in welcher Stimmung ich mich befinde und welche Erfahrungen ich heute machen möchte, die mich ermutigen. Zudem arbeite ich innerlich heraus,

welche Wiederholung von gestern ich nicht mehr machen möchte, die mir nicht guttut. Auch die Menschen in meinem Umfeld sind dafür sehr wichtig. Es kann durchaus sein, dass ich mich selbst bei meiner engsten Freundin einige Tage lang nicht melde, wenn ich mich in einem inneren Wachstumsschub befinde und sie in einer Stimmung feststeckt, die mich bedrückt. Das bedeutet nicht, dass ich meine Freunde nur dann um mich haben möchte, wenn es mir gut geht – im Gegenteil. Ich möchte für die Menschen da sein, die ich liebe. Und dennoch - manchmal muss ich gerade deswegen gut auf mich achten und mein Bedürfnis an die erste Stelle setzen. Erst, wenn ich wieder sicher geerdet und stabil bin, kann ich mich hingebungsvoll den Menschen zuwenden, die Unterstützung oder Liebe benötigen.“

Sabrina, Beraterin

„Mein Ziel ist es, dauerhaft ein Leben zu führen, welches mir Energie und Freude schenkt, anstatt mich auszulaugen. Ich möchte mehr Kraft, mehr Energie, mehr Tiefe. Ich kann nicht akzeptieren, dass ich als Hochsensible mit den Jahren immer empfindlicher werde und mich immer mehr abschirmen muss, weil meine Umgebung nicht zu mir passt. Ich will mehr. Mehr Reife, mehr Verbindung, mehr Freundschaft und auch mehr Erlebnisse. Doch sie sollen zu mir passen. Ich möchte eine inspirierende hochsensible Frau sein, die für andere ein Vorbild darin ist, dass Empfindsamkeit ein herrlicher Begleiter ist, der das Leben nur noch intensiver und bunter macht. Ich habe dann lieber weniger Aktion, doch mehr Lebendigkeit, weil ich präsent sein kann in dem, was mir guttut.“

Maria, Mutter von vier Kindern

„Ich möchte mich mit Menschen umgeben, die in mir nicht nur sehen, was ist, sondern auch, was sein kann. Ich bin es mir wert, Kontakte auszusortieren, die mich als Spiegelfläche benutzen, um mit ihren eigenen ungelebten Gefühlen abzurechnen. Ich bin hochsensibel und das tut mir nicht gut – Punkt. Seit ich mich so positioniert habe, geht es mir viel besser. Es kann durchaus sein, dass ich Menschen manchmal harscher eine Grenze setze, als ich das eigentlich möchte, doch ich lerne lieber innerhalb meines neuen Denkens, respektvoll zu kommunizieren, als weiter beim Alten zu bleiben und immer noch Projektionen abzubekommen. Mein Potential, mich auszuleben, ist

enorm, so empfinde ich das. Doch es braucht auch Raum und Platz, um zur Entfaltung zu kommen. Menschen, die mich darin erniedrigen, nicht ernst nehmen oder in meinem Raum nur von sich sprechen, verschmutzen sozusagen den Boden, auf dem ich gehe – ich möchte sehen, wohin ich meine Schritte setze."

Delia, Angestellte

Wir arbeiten gemeinsam an unserer Kommunikation

Kommunikation ist für Hochsensible einer der wichtigsten Themenbereiche. Daran, wie du mit deinen Mitmenschen kommunizierst, wird deutlich, wo du innerlich stehst. Wie andere mit dir sprechen, zeigt dir deine Schwächen, deine Grenzen, deine Schwierigkeiten, aber auch die Punkte, in denen du reinen Tisch in deinem Leben gemacht hast: Menschen kommunizieren grundsätzlich so mit dir, wie du auch innerlich mit dir selbst sprichst.

Kristina ist als Hochsensible besonders empfindsam gegenüber negativen Stimmungen, die ihr zugetragen werden. Am meisten fürchtet sie, dass andere sie nicht mögen, wütend auf sie sind oder sie wegen eines kleinen Fehlers oder einer Unachtsamkeit entfreunden. Sie wünscht sich nichts sehnlicher als Nähe und Tiefe. Doch ihre Angst, abgelehnt zu werden, führt dazu, dass sie ihre Verletzung ihren Freunden gegenüber oft recht barsch und ihrerseits unsensibel offenbart. Kristina fährt die Stacheln aus und wird selbst unfair mit denen, die sie am meisten liebt, weil sie selbst solche Angst hat, derart behandelt zu werden. Viele ihrer Freunde mussten mehrere Jahre lang um ihr Vertrauen kämpfen und durchlebten mit ihr intensive emotionale Wellengänge, bis Kristina sich langsam in die Verbindung fallen lassen und vertrauen konnte. Nun lernt sie, innerhalb dieser vertrauensvollen Beziehungen die Art zu sprechen an den Tag zu legen, die sie sich selbst wünscht. Sie hat verstanden, dass es nicht förderlich ist, sich von vornherein zu verteidigen und abwehrend zu kommunizieren, doch immer wieder zu erwarten, dass ihr Gegenüber ihr die Verantwortung für die gemeinsame Beziehung gänzlich abnimmt. Kristina muss daran arbeiten, sich in der Kommunikation verletzlich zu machen – auch und gerade, weil diese ihre größte Angst ist. Regelmäßig schwitzt sie, wenn sie in der Begegnung ein heikles Thema ansprechen möchte, manchmal meldet sie sich mehrere Tage lang nicht oder schaltet gar ihr Telefon ab, so groß ist die Angst. Erst, als ihre Freunde ihr konstant mitgeteilt haben, wie sehr dieses Verhalten sie selbst verletzt und sich ihrerseits angreifbar machten, lernte Kristina, dass sie nicht ohnmächtig und hilflos ist. Sie hat die Macht, andere zu verletzen, obwohl sie hochsensibel, an Liebe und Tiefe interessiert und sehr harmoniebedürftig ist. Diese Erkenntnis hat ihr die Augen geöffnet.

Wie Kristina können wir lernen, unserem Gegenüber unsere Ängste in Bezug auf unsere Sensibilität und unsere Verletzlichkeit so mitzuteilen, dass der andere uns versteht und gewillt ist, auf uns einzugehen und ein sicherer Ort zu sein.

Zum einen ist es wichtig, dass du von dir sprichst. Es ist deine Welt, deine Wahrnehmung, es sind deine Gefühle. Mach dir zur Aufgabe, deine Welt sichtbar zu machen, damit andere dich verstehen können. Übernimm Verantwortung dafür, doch so, dass anderen nicht das Gefühl vermittelt wird, sie würden wie der Elefant im Porzellanladen durch deine verletzlichen Seelenpflanzen stampfen und alles plattmachen. Niemand, der an Beziehung interessiert ist, möchte bewusst andere verletzen. Die Menschen in deinem Umfeld möchten dich nicht verletzen. Sie möchten sich schützen. Ebenso wie du. Es gilt, eine Brücke zu bauen und euch gegenseitig zu zeigen, dass ihr einander wohlgesonnen seid.

Dies ist möglich, indem du dir bewusst machst, dass dein Gegenüber nicht für deine Verletzungen verantwortlich ist. Warum? Weil er eigentlich eine Beziehung mit dir möchte (sonst wäre er nicht in deinem Leben präsent) und sich lediglich damit schwertut, sich so zu artikulieren, dass er auf deine zarte Besaitung Rücksicht nehmen und sich dennoch zeigen kann.

Wenn du bei dir bleibst und deinem Gegenüber versicherst, dass er nicht schuld ist, wenn du verletzt bist, weil du ihm nicht unterstellst, ein schlechter Mensch zu sein, kann er sich entspannen und ihr könnt gemeinsam eine fruchtbare Art der Kommunikation trainieren. Ihr könnt euch gegenseitig Rückmeldung geben:

- War es in Ordnung für dich, wie ich es formuliert habe?
- Ich möchte dir gern etwas sagen, was mir auf der Seele brennt, doch ich fürchte, dich damit zu verletzen – ich möchte, dass du weißt, dass ich einfach mein Herz mit dir teilen möchte. Bitte hilf mir, so mit dir zu sprechen, wie du es dir wünschst.
- Ich möchte dir etwas erzählen, doch ich möchte, dass du nur zuhörst und nicht deine eigene Meinung dazu sagst. Ich brauche dein aufmerksames Ohr und deine Präsenz.
- Danke, dass du dich so bemühst, achtsam mit mir zu sprechen. Das tut mir sehr gut.
- So war es großartig! Ich fühle mich bei dir sicher.

Es ist immer hilfreich, miteinander darüber zu sprechen, worum es eigentlich geht.

- Ich möchte eine Beziehung zu dir führen, aber ich fürchte mich immer so sehr davor, mich zu öffnen. Wie geht es dir damit?
- Ich bin hochsensibel und habe oft das Gefühl, dafür verurteilt zu werden. Wie würdest du damit umgehen, wenn ich aufgrund von Überforderung oder Ruhebedürfnis ein Treffen absage, barsch reagiere oder nicht richtig zuhören kann? Was brauchst du von mir, um mit mir in liebevoller Verbindung zu stehen und mich besser zu verstehen?
- Ich wünsche mir, mit meiner Sensibilität angenommen zu sein und mich nicht verstecken oder schämen zu müssen, weil ich vielleicht manchmal Dinge anspreche, die für dich kaum relevant sind. Bitte sei trotzdem ehrlich zu mir, wenn dir etwas zu viel ist – ich möchte nicht mit „Samtpfötchen“ angefasst werden, sondern mit Empathie und Anteilnahme. Ich fühle mich im Grunde respektiert und geliebt,

wenn du ehrlich zu mir bist. Es geht nur um das WIE, das für mich einen Unterschied darin bedeutet, wie sicher ich mich dennoch fühlen kann.

Wir arbeiten gemeinsam am Abbau von Vorurteilen

Vorurteile gegenüber Hochsensiblen sind weiterhin weit verbreitet. Hier findest du einige der bekanntesten Vorurteile, die das Leben und die Beziehungen eines Hochsensiblen stark beeinflussen können:

- Hochsensible müssen mit Samtpfötchen angefasst werden – ihnen ist immer alles zu viel
- Hochsensible spielen nur Theater, sie wollen Aufmerksamkeit
- Hochsensible kann man nicht belasten, sie sind eine Belastung
- Hochsensible sind nicht lustig, immer nur auf der Hut und haben keinen Spaß
- Hochsensible weinen ständig
- Hochsensible sind nicht kritikfähig
- Hochsensible beschweren sich häufig und sind undankbar

Ein solches Bild stellt Hochsensibilität als unsympathisches Manko dar, eine fast negative Charaktereigenschaft, die besagt: Hochsensibilität ist vor allem anstrengend - nicht nur für denjenigen selbst, sondern auch für sein soziales Umfeld.

Hier ist es an der Zeit, klar und deutlich zu betonen: Das ist nicht wahr. Wenn ein hochsensibler Mensch „anstrengend“ erscheint, liegt dies immer an der Verbindung der beiden Menschen und ihrer Kommunikation, inneren Verletzungen und Projektionen, *nicht* an der Hochsensibilität selbst. Vielleicht passen die beiden Menschen nicht gut zusammen oder es kommt durch die ständige Konfrontation zu häufigen Triggermomenten, die das Gegenüber schwer aushalten kann oder auch nicht möchte. Vielleicht hat der

Hochsensible nicht gelernt, in die Eigenverantwortlichkeit zu gehen und geht davon aus, dass die Welt ihm etwas schuldet - weil er es als Kind so erlebt hat. Er hatte vielleicht besonders verständnisvolle Eltern, die alles von ihm ferngehalten haben, was ihn im Geringsten belasten könnte. Vielleicht hat sich der hochsensible Mensch unbewusst auch Beziehungen ausgesucht, die einem ihm bekannten Bild entsprechen: Von mir sind immer alle genervt, das scheint normal zu sein. Bessere Beziehungen werde ich nicht haben können.

All dies sind alte Muster und Strukturen, die angelernt sind und negative Glaubenssätze bedienen und am Leben erhalten. Die Hochsensibilität selbst aber ist eine Gabe, ein wunderbares Geschenk, eine Möglichkeit, das Leben „mit dem großen Löffel zu essen“, wie es ein Tier in dem Film *König der Löwen* ausdrückt. Du fühlst, du spürst, du erlebst, du nimmst wahr, die Dinge dringen zu dir durch, in dich ein, du bist verbunden mit allem um dich herum. Welch eine wundervolle Perspektive auf deine Empfindsamkeit. Nun geht es vor allem darum, an die Stelle der fehlenden Filter, die zu regelmäßiger Überforderung und Reizüberflutung führen, gesunde Grenzen zu platzieren, die es möglich machen, Hochsensibilität und damit auch gelingende Beziehungen, Erfolg, Gesundheit und Wohlbefinden voll und ganz zu genießen.

Hochsensibilität und Gesundheit

„Ein Meditationslehrer erzählte von einem Mann, der nichts mehr zu tun haben wollte mit dem Stress des Lebens. Er zog in eine Höhle, um dort bis ans Ende seiner Tage zu meditieren, Tag und Nacht. Aber bald schon kam er wieder heraus. Das Geräusch des tropfenden Wassers in der Höhle hatte ihn fertiggemacht. Die Moral von der Geschichte: Stress wird zumindest gewissermaßen immer da sein, gerade, wenn wir sehr sensibel sind. Was wir brauchen ist ein neuer Weg, mit diesen Stressoren umzugehen."

Elaine N. Aron

Seelische Gesundheit

Katharina findet sich als Hochsensible in einem familiären Umfeld wieder, in dem wenig über Zwischenmenschliches gesprochen wird. Ihre Eltern gehen sonntags in die Kirche, sind Mitglieder in einigen Vereinen und die Geschwister tun es ihnen auf die eine oder andere Weise nach. Bei Tisch wird laut und unsensibel diskutiert, viel gelästert und oft spät zu Bett gegangen. Etikette nach außen ist der Familie sehr wichtig und diese Haltung bewirkt, dass die intakte Familienstruktur im wahrsten Sinne des Wortes mit viel Lärm in-

standgehalten wird: Das Leise, das Stille, Reizarme, alles, was in der Tiefe der Seele vor sich geht, findet keinen Raum, jedes Familienmitglied scheint dies mit sich selbst auszumachen.

Somit ist Katharina in einer für sie stark reizüberflutenden Umgebung aufgewachsen. Es gab viele Feste, Vereinsfeiern und laute Musik am Sonntag im Gottesdienst, oft lief der Fernseher und das Machtwort des Vaters löste bis in ihre Erwachsenenzeit ein Schreckzucken in Katharina aus.

Katharina hat sich irgendwann mit den Jahren besonders innerlich immer weiter von ihrer Familie entfernt. Bereits in ihrer Jugend verbrachte sie viel Zeit allein in ihrem Zimmer, traf sich vereinzelt mit Freundinnen zu tiefen Gesprächen, schlief viel und liebte die Stille und die Natur. Als junge Erwachsene zog sie sang- und klanglos aus und musste erfahren, dass sie nicht sonderlich vermisst wurde.

Nun lebt sie mit fünfunddreißig Jahren als Single in einer großen Stadt, jedoch in einem ruhigen Stadtviertel. Sie meidet stark belebte Gegenden und den Kontakt mit ihrer Familie hält sie nur sporadisch. Bei Telefonaten startet sie immer wieder neue Versuche, von sich zu erzählen und auch mitzuteilen, was sie am Stadtleben belastet, doch die Familie hört nicht zu – oft wird sie unterbrochen und hin und wieder fällt ein flapsiger Kommentar wie „Du warst schon immer zu empfindlich."

Dieses Beispiel zeigt eine Situation, in der es guttun kann, sich für eine gewisse Zeit des Lebens der Familie gegenüber auszuklinken. Gerade in der Phase des jungen Erwachsenenalters, der oft Jahre des Gefühls vorhergingen, nicht gehört zu werden, braucht der hochsensible Mensch eine Umgebung, die er sich selbst auf seine Bedürfnisse zuschneiden kann.

Die Beschreibung der Situation ist jedoch jene aus Katharinas Sicht, der es ihrerseits schwerfällt, sich in die Lebenswelt ihrer Familie hineinzuversetzen. Das tiefere Problem und dauernde Missverständnis liegt nicht in der unterschiedlichen Wahrnehmung der Alltagssituationen, sondern in der fehlenden Kommunikation. Diese fehlt nicht nur zwischen Katharina und ihrer Familie, sondern auch unter den anderen Familienmitgliedern. Ist die Diskrepanz jedoch so stark, dass eine vorübergehende Abnabelung notwendig wird, darf Katharina dies umsetzen, ohne sich schuldig fühlen zu müssen.

Keine Seite ist Täter und keine Seite ist Opfer. Besonders wenn Katharina für sich sorgt, indem sie das für sie ungesunde Umfeld verlässt, steuert sie einer schuldzuweisenden Dynamik entgegen.

Mark wird von seiner Familie seit Anbeginn seiner Kindheit für seine Sensibilität belächelt. Er kommt aus einem Haushalt, in dem stark nach Geschlechterstereotypen erzogen wurde. Seine Hochsensibilität wird ihm als Schwäche ausgelegt, weil er ein Junge ist. Auch in der Grundschule muss Mark erleben, wegen seiner Sensibilität gehänselt zu werden. „Feigling" rufen die anderen, wenn er wegen zu viel Gewusel auf dem Spielfeld plötzlich den Platz verlässt. Er weiß gar nicht, warum er plötzlich aufgibt, gibt sich den Beschimpfungen der anderen geschlagen, die behaupten, er könne nicht gut verlieren. Erst Jahre später begriff er, dass er nicht etwa Angst hatte oder feige war, sondern dass ihm alles zu viel wurde, wenn plötzlich viele Jungen auf einem Fleck um den Ball kämpften, laut schrien und der Schiedsrichter pfiff.

Mark wächst in einer Umgebung auf, die seine Sensibilität nicht anerkennt, sondern verurteilt. Dieses Umfeld sorgt dafür, dass er als Erwachsener schüchtern ist und sich kaum wirklich zeigen kann. Frauen gegenüber, für die er sich interessiert, zeigt er Scham für seine sensible Seite und es fällt ihm schwer, sich gesund abzugrenzen, weil er immer fürchtet, etwas Essentielles schuldig zu sein. Er hat viele Glaubenssätze in sich aufgenommen, die seinen positiven Selbstwert, insbesondere in seiner Identität als Mann, nachhaltig unterdrückten.

Janik ist ein hochsensibler Mann, der als Junge von seiner Mutter übermäßig beschützt wurde. Sie erkannte seine sensitive Seite und kümmerte sich rührend um ihn, doch in ihrer eigenen Empathie kam sie dem Jungen in allem zuvor und versuchte, ihn vor jeglicher Überforderung zu schützen. Oft fühlte Janik sich wie erstickt an der Überbesorgtheit seiner Mutter.

In seiner Partnerschaft kommt dieses Gefühl heute stark zum Vorschein: Jeder Versuch seiner Partnerin, für ihn da zu sein, wird von Janik als Bemutterung empfunden. Er kann sich selbst in seiner Hochsensibilität nicht annehmen, weil sein Selbstbewusstsein nicht gestärkt wurde. Hochsensibel zu sein bedeutete für ihn, als nicht selbstständig und unfähig zur altersgemäßen Eigenverantwortung eingestuft zu werden.

Janik steht nun in der Herausforderung, zum einen gesunde Grenzen gegenüber seiner Mutter zu setzen, die sich immer noch besorgt bei ihm meldet und nicht loslassen kann. Zum anderen darf er sich mit einem positiven Selbstbild verbinden und im Zuge dessen auch lernen, seine Partnerin an sich heranzulassen. Es wird ihm helfen, von ihr Vertrauen und Bestätigung dafür zu erhalten, wie er ist, noch mehr jedoch dafür, was er tut – denn genau dies hat ihm damals gefehlt.

Ein destruktives Umfeld kann sich in unterschiedlichen Aspekten zeigen und deine seelische Gesundheit unterschiedlich beeinflussen:

Übermäßige Behütung

Wenn du als Hochsensibler ständiger Bemutterung ausgesetzt bist – ein Muster, welches im Übrigen auch von Menschen bedient werden kann, die nicht deine Eltern sind – kann dies dazu führen, dass dein Selbstvertrauen beständig in den Keller rutscht. Zudem wird es in solchen Beziehungen keine Augenhöhe geben, denn der andere agiert ein Muster an dir aus, welches auch bei dir auf Resonanz stößt: Der andere muss alles für dich regeln und du brauchst grundsätzlich Hilfe. Hier liegt der Glaubenssatz zugrunde, dass Hochsensible dieser Welt nicht gewachsen sind und unter Druck und Schmerz zusammenbrechen, wenn sie keinen Retter haben.

Ständige Kritik

Einige Hochsensible sind ständiger Kritik an ihrer Art, das Leben wahrzunehmen, ausgesetzt.

Sie erhalten oft ungefragt Ratschläge - „So kannst du das nicht machen, weißt du das denn nicht? Die Welt läuft so nicht."

Sie werden nicht ernst genommen und stattdessen herabgesetzt - „Das ist nichts für dich!"

Andere reißen ihnen ihre Arbeit beinahe aus der Hand, wenn es ihnen zu langsam, zu bedächtig, zu achtsam vor sich geht.

Generte Reaktionen

Du bist hochsensibel und

- ◊ wirst nicht mehr zu Partys eingeladen, weil du ohnehin immer nein sagst
- ◊ Menschen verdrehen die Augen, wenn du von deinem Schmerz berichtest
- ◊ deine Partner beenden die Beziehung, weil du „zu anstrengend bist"
- ◊ du kannst dich selbst kaum mehr ertragen und wünschtest, du seist nicht so empfindsam

Laut, stressig, überladen

Zum destruktiven Umfeld gehört auch deine materielle und strukturelle Umgebung: Arbeitsplatz, Fahrtwege, Wohnungssituation. Würdest du einem Hochsensiblen empfehlen, ein Leben wie das deine zu führen?

Ein destruktives Umfeld hat, ebenso wie Missverständnisse in der Kommunikation, nicht den Ursprung in der Hochsensibilität selbst, sondern in all den Vorurteilen und negativen Glaubenssätzen, die dich dazu führen, in einem solchen Umfeld zu verharren. Du selbst trägst wahrscheinlich diese Überzeugungen als hochsensibler Mensch aufgrund deiner Erfahrungen in dir, und selbst, wenn dir bereits bewusst ist, dass sie nicht wahr sind, fällt es schwer, aus dieser Spirale herauszufinden, denn dein Umfeld kreiert immer wieder dieselben Erlebnisse. Daher ist es wichtig, dein Umfeld genau unter die Lupe zu nehmen und dich grundsätzlich dafür zu entscheiden, ein konstruktives Umfeld zu verdienen, in welchem du aufblühen kannst.

Sabine übernimmt sich schon seit Jahren – sagen alle um sie herum. Sie selbst spürt es kaum, sie rennt und hetzt und ist allzeit beschäftigt, tagtäglich von Reizen aller Art umgeben, die ihr Stresslevel konstant hochhalten.

Wie sie dazu kommt?

Sabine ist es gewohnt, von anderen gebraucht zu werden. In ihrer Jugend hatte sie mehrere Partner, die psychisch labil waren und in ihr eine Freundin fanden, die sie durch ihre instabilen und meist suchtbeladenen Phasen hindurchtrug.

Im jungen Erwachsenenalter lernt sie Gerald kennen und gründet mit ihm eine Familie. Er kann gut selbst auf sich aufpassen – dafür bekommt Sabine zwei Kinder und zwei weitere Pflegekinder, von denen eines aufgrund einer geistigen Behinderung ein besonders hohes Maß an Aufmerksamkeit und Betreuung benötigt.

Immer wieder gerät Sabine in ihrem Alltag zwar an ihre Grenzen, doch sie ignoriert sie.

Nach zwanzig Jahren Erziehungszeit – Sabine ist mittlerweile vierzig Jahre alt – findet sie sich in einem leeren Haus und mit allerlei freier Zeit wieder, die Kinder sind alle ausgeflogen.

Erst da bemerkt sie, dass sie keinerlei Gespür für ihren eigenen inneren Zustand hat. Die Erschöpfung der letzten Jahre bricht über sie herein, drei Wochen lang liegt sie krank im Bett und kann die Stille kaum ertragen, obwohl etwas in ihr sich langsam löst und sie plötzlich realisiert, dass sie tiefer atmen kann. Erschreckt stellt sie fest, dass sie offenbar jahrelang flach geatmet und sich kaum aufgerichtet hat, sie ging buchstäblich wie unter einer selbst auferlegten Last.

Nachdem sich Sabine gefangen hat und wieder gesund scheint, fällt sie jedoch in die alten Gewohnheiten zurück – sie schafft sich einen schwer erziehbaren Hund an. Jeder Besuch von Freunden endet in anstrengenden Machtkämpfen und innerer Nervosität, denn der Hund ist bissig und muss beständig beobachtet werden.

Sabine ist verzweifelt. „Warum" beginnt sie sich zu fragen, „Warum nur finde ich mich immer wieder in vollkommen überfordernden Situationen wieder und kann dieses Muster nicht durchbrechen? Wo ist all meine Zeit hin? Was habe ich in den letzten dreißig Jahren gemacht? Ich habe das Gefühl, außerhalb von mir selbst gelebt zu haben. Wie eine leere Hülle. Mein Puls ist erhöht, ich fühle mich stresssüchtig. Was mache ich hier nur?"

Bei ihrer Recherche setzt sich Sabine mit dem Thema Hochsensibilität auseinander und realisiert: Das bin ich! Das bin ich! Ich habe das Gefühl, alles ist mir zu viel, immer schon! Ich erinnere mich daran, dass ich als Kind manchmal am liebsten nicht mehr leben wollte, weil alles immer so laut und schrill und überladen war mit Ereignissen, Terminen, Konsum...

Irgendwann hat Sabine damit begonnen, ihre hochsensible Tendenz, ihr Gefühl der Überforderung dadurch zu überdecken, dass sie ihrer Umgebung nachgab und sich anpasste. Sie entwickelte die Strategie, sich selbst immer von sich aus mit Terminen und Aufgaben zuzudecken. So hatte sie das Gefühl, die Kontrolle zurückzuerlangen und selbst zu entscheiden, dass ihr Leben derartig bewegt verlief.

Stille und unbeschäftigte Zeitfenster konnte sie kaum ertragen, weil ihr diese Momente verdeutlichten, dass die Wahrheit, dass sie sich selbst von innen heraus zerstört und krank macht, hinter jeder Tür und in jedem leisen Augenblick lauerte.

Wäre Sabine nicht hochsensibel, könnte sie vielleicht die Wut über die Umstände entwickelt haben, die ihr hilft, ihren Lebensstil zu verändern. Doch da sie die Überforderung durch die beständige Überlastung nicht ertragen kann, muss sie jeden Moment der Stille umschiffen - bis der totale Kollaps ins Haus steht. Sie musste immer funktionieren und wurde gebraucht, was ihr als Grundbasis für ein von außen definiertes Selbstwertgefühl diente. Gibt es auf einmal nichts mehr zu tun, nichts mehr zu regeln, nichts mehr zu erledigen, bleibt nur noch Schmerz: Schmerz darüber, so lange sich selbst ausgebeutet und übergangen, die verletzliche Seele an den Rand gestellt und sich selbst überlassen zu haben.

Wenn Hochsensibilität zu spät wertgeschätzt wird, ihr zu wenig Raum und Liebe zugestanden und der sensiblen Seele volle Beachtung im täglichen Leben gezollt wird, kann dies auf Dauer zu tiefer Trauer führen. In welchen Bereichen auch immer du hochsensibel sein magst, es ist ein Teil deiner selbst, deines Wesens. Es möchte mit eingebunden werden und die Art, wie du lebst, maßgeblich mitgestalten. Dieser Anteil in dir möchte leben, atmen und die Atmosphäre deines Alltages bereichern. Alles, was aufgeschoben wird, kann später irgendwann auf dich zurückfallen und mit größter Vehemenz verlangen, gesehen zu werden. Deine Gesundheit hängt davon ab, wie sehr du dich selbst respektierst, wertschätzt und deiner naturgemäßen Persönlichkeit Raum schenkst. Je eher du dich ausbreitest, leuchtest, zeigst und aktiv die Strukturen in deinem Leben lenkst, um sie dir dienlich zu machen, umso mehr schaffst du eine Basis für deine Zukunft, die ein starkes, erholtes, kraftvolles Ich zeigt, anstatt einer Persönlichkeit, die mit den Jahren immer mehr auslaugt. Sei es dir wert!

Tipp

Schreibe auf, welche Bereiche sich in deinem Leben negativ auf dein Wohlbefinden auswirken. Umgibst du dich mit Menschen, die dir nicht guttun? Strengen dich bestimmte organisatorische Strukturen extrem an? Ist der Weg zur Arbeit beispielsweise laut und reizüberflutend, deine Arbeitszeiten nicht deinem Rhythmus entsprechend oder deine Wohnung nicht so eingerichtet, dass sie dir hilft, zuhause zu entspannen und zu entschleunigen?

Wie zeigt sich Hochsensibilität bei dir und wie kannst du dein Leben so gestalten, dass destruktive Strukturen und Umfelder abgebaut werden?

Mehr praktische Tipps und Inspiration dazu erhältst du übrigens im entsprechenden Kapitel dieses Buches.

Körperliche Gesundheit

Die körperliche Gesundheit hängt zum großen Teil vom Zustand deiner Seele und deines Gefühlslebens ab. Doch auch unabhängig davon kannst du für deine körperliche Gesundheit wunderbar Sorge tragen. Viele Hochsensible sind stark beeinflusst von der Nahrung, die sie zu sich nehmen, von dem Fitnesszustand ihres Körpers und auch von den zeitlichen Tagesstrukturen.

Schlaf

Gesunde Schlafgewohnheiten stellen die Grundbasis für eine ganzheitliche Gesundheit dar. Was immer tagsüber geschieht: Wer nachts gut und genug schlafen kann, hat die Chance, das Erlebte zu verarbeiten und Ruhe und Erholung zu finden. Auch tiefgreifende Transformation und Veränderung findet zum großen Teil im Schlaf statt. Vielleicht kennst du das: Dein Tagespensum besteht nicht nur aus äußeren Gegebenheiten, sondern auch aus inneren Prozessen, die ständig im Hintergrund ablaufen. Oft sind hochsensible Menschen allein dadurch sehr herausgefordert, dass sie viel nachdenken, sich ständig beobachten und reflektieren und auch wachsam die Wechselwirkung zwischen sich und ihrer Umwelt erforschen. Dieser Fokus nimmt viel Zeit und Energie in Anspruch – und er läuft „nebenbei" ab, während das Tagesgeschehen seinen Lauf nimmt. Genau genommen ist damit das Energielevel vieler Hochsensibler bereits aufgebraucht. Es gilt also: Gehe ins Bett, wenn du müde wirst, und stehe auf, wenn du von dir aus aufwachst. Ideal ist ein Lebensstil, für den du keinen Wecker brauchst, du folgst deinem Biorhythmus.

Wie dies möglich sein kann? Triff in den wesentlichen Bereichen deines Lebens eine Entscheidung für dich: Familienstruktur, Arbeitszeiten, Termine – all das stellt die Basis für deine körperliche Gesundheit dar. Wenn du von alleine morgens aufwachst und eine angemessene Zeit für dich selbst hast, um entspannt in den Tag zu starten, bist du bereits auf einem guten Weg. Erlaube dir, Termine nur zu Zeiten zu setzen, die dir guttun und stelle deine Gesundheit an die erste Stelle.

Beobachte deinen Schlaf auch in Bezug auf deine Träume: Verarbeitest du einen Bereich deines Lebens darin wiederholt? Weist dieser Bereich auf einen Druck, eine Belastung hin, die mit Hochsensibilität in Verbindung zu bringen ist? Es kann dir helfen, dir deine Träume zu merken und zu versuchen, möglichst viel davon zu dokumentieren. Eventuell begegnet dir ein roter Faden.

Du kannst intuitiv nachspüren, welche Gefühle in deinen Träumen vorkommen und sie mit deinem Alltag vergleichen. Somit erhältst du eine heiße Spur auf Bereiche, in denen du noch einmal tiefer forschen kannst, was sich verändern ließe.

Fitness

Neben dem Schlaf ist auch Fitness ein wesentlicher Bestandteil für körperliche Gesundheit. Baue diesen Bereich in deinen Wochenplan ein.

Im Zusammenhang mit Hochsensibilität ist zu beachten, dass körperliche Betätigung immer so ausgeführt werden sollte, dass sie dich nicht vollkommen erschöpft. Zum einen ist eine konstante Überlastung nicht gut für deinen Körper, zum anderen verbrauchst du viel Energie damit, dich wieder zu erholen. Wenn du bereits damit kämpfst, dich im Alltag nicht zu überfordern, ist es wahrscheinlich, dass du keinen Raum findest, die Anstrengung zu kompensieren. Wir sind ganzheitliche Wesen, unser Körper, unsere Seele und unser Geist sind miteinander verwoben. Wenn dein Körper überlastet ist, wird deine Seele dies mittragen.

Nichtsdestotrotz: Du bist nicht krank oder außergewöhnlich – du bist hochsensibel. Es ist gut, deinem Körper Aufmerksamkeit in Form von sportlicher Betätigung zukommen zu lassen und dies darf auch spürbar sein. Nicht jede Anstrengung ist eine Überlastung. Du kannst dein System dabei unterstützen, indem du eine geeignete Umgebung auswählst, die dir guttut. Achte zudem darauf, dass du dich in deiner Haut wohlfühlst. Wähle bequeme Kleidung, trinke viel! Sorge gut für dich – dann fühlst du dich gut aufgehoben, sicher und kannst dir selbst vertrauen.

Nahrung

Die Wahl deiner Nahrung ist der dritte wichtige Bestandteil für dich als hochsensiblen Menschen. Warum? Deine Nahrung bestimmt deinen Hormonhaushalt mit, deine Stimmung, Fitness und Gesundheit. Was du isst, stärkt oder schwächt dich.

Vielleicht bist du im Bereich Nahrung nicht unbedingt hochsensibel, spürst jedoch trotzdem, wie die Nahrung dein Wohlbefinden beeinflusst und es fällt dir leicht, mit dem, was du zu dir nimmst, in Beziehung zu stehen. Informiere dich zum Thema Nahrung und auch zu allem, was dem Körper wirklich schadet. Beachte, ob das Thema Ernährung viel Raum in deinem Denken einnimmt und dich beschäftigt. Wenn dem so ist, kann es deinen Alltag stark beeinflussen, da die Ernährung ein menschliches Grundbedürfnis ist. Wenn du viel darüber nachdenkst, fütterst du diesen Bereich mit deiner Energie und Kraft, die dann an anderen Stellen vielleicht fehlt. Ein Tipp dazu: Nimm dir bewusst zwei bis drei Tage Zeit, um dich intensiv mit diesem Thema zu beschäftigen. In dieser Zeit kannst du dir bewusst machen, wie du dazu stehst und einen Plan erstellen, wie du gegebenenfalls Veränderungen vornehmen möchtest. So bringst du mit gebündelter Energie eine neue Richtung auf den Weg, die du nach dieser Phase entspannter in deinen Alltag integrieren kannst. Dieser Tipp ist auch für all deine anderen Lebensbereiche interessant, besonders dann, wenn du dich entscheidest, weniger Dinge gleichzeitig zu tun und zu bedenken.

Du kannst es so sehen: Dein gesunder, vitaler Körper bietet die Grundlage für Stabilität von außen nach innen. Auf dieser Basis kannst du aufbauen und dich beruhigt auf deine Seele, dein Innenleben und die Gestaltung eines Lebens konzentrieren, welches deiner hochsensiblen Seite guttut.

Geistige Gesundheit

Geistige Gesundheit ist die Basis für jede weitere Arbeit am menschlichen Seelenleben. Du kannst geistig gesund sein, wenn du dich mit Inhalten umgibst, die dich wachsen und erblühen lassen, die dich inspirieren und dir bei deiner persönlichen Entwicklung weiterhelfen.

Geistige Gesundheit bedeutet, sich gefördert zu fühlen, zuhause in seinem Lebensgefühl, ein Ziel und eine Vision zu verfolgen, die der inneren Wahrheit entspricht – und auch dein Leben nach dieser inneren Ausrichtung zu führen. Diese Haltung bringt Klarheit, wo Verwirrung herrscht, die Fähigkeit, loszulassen, was dir nicht dient und schnell erkennen zu können, was zu dir gehört und was nicht.

Für hochsensible Menschen ist geistige Gesundheit sehr unterstützend. Der Überforderung durch zu viele Reize wird bereits an der Wurzel entgegengewirkt.

Mit folgenden Fragen kannst du in individuellen Situationen herausfinden, wie du dich geistig positionieren kannst, um ein ausgerichtetes Leben zu führen:

- Welchen Inspirationsquellen kann ich folgen, um mich geistig zu bilden, mich zu ermutigen und meiner inneren Stimme Unterstützung zu verleihen?
- Welchen Dauerinformationen kann ich getrost den Rücken zuwenden, um nicht mental überladen zu sein?
- Welche Inhalte versetzen mich in Aufruhr, Angst, Anstrengung und Überforderung?
- Welche Lebenseinstellung schafft in mir ein Gefühl der Leichtigkeit, Energie, Kraft und Sinnhaftigkeit? Mit welchen Menschen möchte ich mich umgeben, um dieses Gefühl wachsen zu lassen?
- In welchen Beziehungen merke ich regelmäßig, dass ich an meine Grenzen gerate, weil ich entmutigt, niedergedrückt werde, meine Hoffnung verliere? Wie kann ich diesem Einfluss die Macht auf mein Lebensgefühl entziehen?

Deine geistige Gesundheit ist dein größter Schatz. Zu diesem Bereich gehört auch die Bewusstwerdung deiner inneren Muster, deines Entwicklungsprozesses und das Training der Fähigkeit, im Hier und Jetzt anzukommen.

Bewusstwerdung

Viele Jahre unseres Lebens verbringen wir mit wenig Bewusstsein darüber, wie wir handeln, warum wir bestimmte Gewohnheiten und Lebenseinstellungen etabliert haben und wie sich unsere Geschichte zusammensetzt.

Erst, wenn die ersten Krisen auftauchen oder unser bisher Gewohntes plötzlich durch neue Erfahrungen unterbrochen wird, tauchen Stück für Stück Fragen auf, die dich zu einem tieferen Bewusstsein darüber einladen, warum du wie lebst. Dieser Weg des inneren Aufbruches hilft dir dabei, deinem Leben aktiv eine neue Richtung zu verleihen. Du lernst, Verantwortung dafür zu tragen, wie du mit deinen Erfahrungen umgehst und in welche Richtung du dein Lebensschiff steuerst. Langsam wird dir *bewusst*, dass das Leben dir nicht einfach so „geschieht", sondern dass du dich in einer bestimmten Atmosphäre unter den immer gleichen Menschentypen, Erfahrungen und Mustern aufhältst, die deine als Kind geformten Glaubenssätze unterstützen. Deine Bewusstwerdung, verbunden mit einer gesunden, selbst gewählten Beeinflussung durch Inhalte, die dir helfen, dort hinzufinden, wohin du wachsen möchtest, schafft ein neues inneres Klima in dir, das deine Geschichte verändert.

Achtsamkeit

Adrian ist mit seinen Eltern und seiner Schwester im Auto unterwegs. Als mittlerweile Sechzehnjähriger hat er schon eine Menge Autofahrten mit seiner Familie hinter sich gebracht und kennt die kritischen Momente, in denen er sich überfordert fühlt:

Die Geschwindigkeit, der typische Innengeruch eines neuen Autos, die vorbeirauschende Landschaft, nah beieinander zu sitzen, wildes Durcheinanderreden und starker Verkehr tragen im Kollektiv zu einer gefühlten Überforderung und Überreizung bei.

Adrian hat entdeckt, dass es ihm hilft, all das wahrzunehmen und dann auch zu kommunizieren, wenn er eine Pause benötigt. So hat er gemeinsam mit seiner Familie sinnvolle Strategien entwickelt, die ihm die gemeinsamen Ausflüge erleichtern: Sie machen öfter Pausen an Raststätten, halten kleine Schweigezeiten im Auto ab oder benutzen öfter mal die Landstraße anstatt der Autobahn.

Doch die hauptsächliche Hilfe erhält Adrian durch die Ausrichtung seiner Aufmerksamkeit: Er übt immer wieder, den Moment zwar ganzheitlich wahrzunehmen, aber auch einen Anker zu finden, mit dem er sich selbst stabilisieren und beruhigen kann. So achtet er zum Beispiel auf seinen Atem, während das Auto über die Autobahn rauscht. Er benutzt positive innere Bilder, wie das Rauschen des Meeres oder die Vorstellung von frischem Wind, der um seine Ohren weht. Auch die Konzentration auf nur einen seiner Sinne ist hilfreich: Er beobachtet hin und wieder fokussiert alles, was außerhalb des Autos zu sehen ist, ist also auf seinen Sehsinn ausgerichtet, während die Geschehnisse direkt um ihn herum in den Hintergrund geraten. So kann Adrian den Fluss der Reize immer besser kontrollieren und fühlt sich nicht mehr so oft davon fortgeschwemmt.

Achtsamkeit und die damit verbundene Praxis des Seins im Hier und Jetzt ist für Hochsensible sowohl Fluch als auch Segen.

Je mehr ein Hochsensibler sich mit all seiner Aufmerksamkeit im Moment befindet, umso stärker nimmt er zum einen alles wahr, was sich an Reizen um ihn herum auftut. Zum anderen kann er aus dieser Wahrnehmung herauslesen, was ihm im derzeitigen Moment zu Kopfe steigt und wovon er sich abgrenzen muss. So gelingt es dem Hochsensiblen besser, seine Grenzen frühzeitig zu erkennen und die Situation selbstwirksam zu beeinflussen und zu verändern.

Durch diese Übungspraxis kann der Hochsensible auch seine geistige Wahrnehmung schulen und sich innerlich über das erheben, was um ihn herum geschieht: Er findet in sich einen Ruheort, der das Äußere keinesfalls ignoriert, aber in einen übergeordneten Zusammenhang bringt, der dabei hilft, die Situation gut zu meistern. Adrian kann sich beispielsweise darauf fokussieren, den tieferen Sinn der Autofahrt näher unter die Lupe zu nehmen, während sie geschieht. Er verliert nicht den Bezug zur Realität, sondern trainiert sein Gehirn, die Perspektiven auf das Erlebte zu verändern.

Achtsamkeit ist das neue Trendwort – doch was bedeutet es eigentlich? Es ist nichts anderes, als im Hier und Jetzt anzukommen. Kinder machen dies ganz selbstverständlich. Sie erleben einen Moment unmittelbar und direkt – bis sie Verletzung erfahren in Momenten, in denen sie voll und ganz präsent waren und darin beschämt, bloßgestellt oder anderweitig schmerzhaft behandelt werden. Die Achtsamkeit und Präsenz, das lebendige Erleben des jeweiligen Momentes lässt nach, wenn wir uns schützen und Anteile von uns zurückhalten und verstecken, um einer möglichen Gefahr der Grenzüberschreitung zu entgehen.

Hochsensible Menschen stehen vor der Herausforderung, zu starke äußere Reize abschirmen zu müssen, indem sie künstliche Filter vornehmen, weil die Wahrnehmung auf vielen Ebenen so intensiv ist – gleichzeitig aber auch wieder präsent zu werden für Schmerz, Trauer, ungeliebte Gefühle, steckengebliebene Emotionen, Heilungsprozesse der Seele.

Wie kann man sich von zu viel Reiz schützen und gleichzeitig wieder mehr fühlen? Es ist eine Gradwanderung, doch es ist möglich: Öffne dich da, wo dein Herz wirklich zu einer Öffnung drängt und der Wunsch groß ist, Heilung zu erfahren. Erlaube dir, Nein zu sagen: Nein zu Beziehungen, die dir schaden. Nein zu Lebenssituationen, die dich konstant überfordern und dir nicht guttun. Nein zu allem, was nicht deinem inneren Ziel, deiner Leidenschaft, deinem roten Faden dient. Verpflichtungen im sozialen sowie wirtschaftlichen Bereich sind häufig angelernt, trainiert, von Vorbildern übernommen. Wir führen ein Leben innerhalb eines Netzes, einer bestimmten Perspektive, die vorgibt: Das Rad muss sich weiterdrehen. Alles muss weiterlaufen. Nichts darf kollabieren. Wenn sich das Rad nun weiterdreht, darfst auch du nicht kollabieren. Du darfst dich nicht verändern, reagierst auf das, was du erlebst, anstatt frei zu sein, deine Welt eigenständig zu gestalten. Erst, wenn du Nein sagst, fröhlich, selbstbestimmt, klar und schamfrei Nein, wirst du ein Ja zu dem finden, was dich stärkt, ermutigt und dir Freude schenkt. Dies ist der Ausweg für Hochsensible, die präsent an ihrem eigenen Leben teilhaben möchten, ohne beständig überfordert zu werden.

Hochsensibilität und Berufung

„Was passiert, wenn Menschen ihr Herz öffnen? Sie werden besser."

Haruki Murakami

Mein Geschenk für diese Welt

Deine Berufung ist nicht unbedingt das Gleiche wie dein Beruf – es kann, muss aber nichts damit zu tun haben, Geld zu verdienen. Die Frage nach deiner Berufung lässt sich nach unterschiedlichen Ebenen und Perspektiven beantworten – geistig, spirituell, sozial, aufgrund deiner Herkunft und Beeinflussung, deines Weltbildes und deiner Werte.

Je nachdem, welche Rolle Hochsensibilität in deinem Leben spielt, ist auch dieser Bereich für die Frage nach deiner Berufung maßgeblich – denn Hochsensibilität gibt Aufschluss darüber, in welchem Umfeld du dich bewegen möchtest, was du der Welt zu geben hast, welches Lebensareal vielleicht nicht so sehr für dich geeignet ist, aber auch, in welchen Bereichen deine Begabungen und dein Geschenk für diese Welt verborgen sein können.

Hochsensibilität gibt Hinweise auf das, was die Welt braucht. Sie ist eine von vielen Begabungen, mit der Menschen ihre Umwelt so gestalten können, dass sie zu einem Ort wird, in dem menschliche Werte erblühen können.

Inspiration

Welchen Aufschluss gibt mir Hochsensibilität über meine Berufung?

- ⇨ Berufung bedeutet für mich …
- ⇨ Ich möchte in dieser Welt …
- ⇨ Ich fühle mich dazu berufen, …
- ⇨ Ich bin hochsensibel im Bereich …
- ⇨ Mit meiner Berufung hat dies zu tun …
- ⇨ Ich kann Menschen helfen, die …

Wenn du möchtest, kannst du eine Mindmap erstellen mit unterschiedlichen Ideen, wie Hochsensibilität deine Berufung beeinflussen und bereichern kann – du wirst erstaunt sein, wie viele Ideen sich zeigen, wenn du deinen Fokus darauflegst!

Herausforderungen

Maria kennt ihre Berufung – sie weiß, dass sie der kommenden Generation etwas hinterlassen möchte, das weit mehr bedeutet als finanzielle Sicherheit oder ein festes Zuhause. Maria empfindet sich gemeinsam mit anderen in der Verantwortung, diese Welt in einem besseren Zustand zu hinterlassen, als sie diese vorgefunden hat und ist daher dabei, ein Team zusammenzustellen, um in ihrer direkten Umgebung echte Veränderung zu schaffen.

Da Maria hochsensibel ist, gerät sie durch ihren visionären Geist, der schneller schaltet und plant, als sie in ihrer Sensibilität zur Umsetzung schreiten kann, immer wieder in inneren Zugzwang. Die Kommunikation mit

Teammitgliedern fordert viel Kraft von ihr und lässt sie abends erschöpft aufs Sofa sinken.

Immer wieder findet Maria sich in dem Gefühl der Überforderung wieder und möchte in diesen Momenten am liebsten alles hinwerfen, was ihr lieb und teuer ist. Alles, wonach sie sich dann sehnt, ist ein stilles, reizarmes Zimmer und einen stillen Geist, der sie nicht weiter mit all ihren Ideen und Träumen vorantreibt.

Wenn sie sich erholt hat, beginnt der Kreislauf erneut: Mit viel Elan und Leidenschaft geht sie an die Arbeit und vernetzt, plant, trifft sich mit Menschen – bis sie wieder alles unterbrechen und sich zurückziehen muss.

Marias Hochsensibilität zeigt sich in mehreren Facetten:

Zum einen ist das Reisen für sie sehr herausfordernd. Straßenlärm, unbekannte Gegenden und Kontakte mit immer neuen Menschen strengen sie an und bringen sie für den jeweiligen Moment an die Grenzen ihrer Belastbarkeit. Im Zug muss sie immer wieder das Abteil wechseln, wenn sie sich von zu vielen Menschen und deren individueller Stimmung und Ausstrahlung umringt fühlt. In der Fußgängerzone trägt sie Ohrstöpsel oder hört Musik, durch die sie sich abgeschirmt fühlt.

Bei Teambesprechungen beginnt Maria zu schwitzen oder zeigt plötzlich allergische Reaktionen wie Niesen und Hautkribbeln, wenn ihr innerer Zenit überschritten ist. Sobald zu viele Themen aufeinandertreffen, alle durcheinanderreden oder zu laut sprechen, der Gang zur Cafeteria in der Pause nicht entspannt, sondern weiter mit Reizen auf sie eindringt oder ein Kollege besonders viel Raum einnimmt, dem sie sich innerlich nicht entziehen kann, wehrt sich ihr Körper und sie muss nicht selten den Ort des Geschehens für eine Pause verlassen.

Wie Maria geht es vielen Menschen, die große Ambitionen haben und hochsensibel sind. Sie schwanken zwischen Tatendrang und Überanstrengung und finden nur schwer eine Balance, haben das Gefühl, mit all ihren Plänen nicht hinterherzukommen.

Der Geist eines hochsensiblen Menschen braucht beides: Die Befriedigung und Ermutigung durch erfüllte Träume und umgesetzte Pläne, die Motivation der Sinnhaftigkeit – und ebenso den stillen, ruhigen Raum, der ihnen erlaubt, nichts tun, nichts sein zu müssen, keine Termine wahrnehmen zu müssen und sich von dem Erlebten zu erholen.

Für Hochsensible ist die angebrachte Regenerationszeit für den Erfolg eines angedachten Projektes maßgeblich. Nur so können sie auf lange Sicht durchhalten und mit ihren Kräften gut haushalten.

Nicht zu vergessen ist der Bonus, dass gerade in diesen Regenerationsphasen ganz besondere Entwicklungen und neue Ideen in Umlauf kommen, auf deren Entwicklung sich der Hochsensible während seiner Ruhephase konzentrieren kann. Sie kommen fast automatisch auf, sobald genug Reizarmut und Freiheit von äußeren Aufgaben diesen Raum bieten.

Es würde Maria sehr helfen, ihre Hochsensibilität dadurch anzuerkennen, dass sie ihre körperlichen und seelischen Reaktionen mit einbezieht und handelt, bevor es so weit kommt, dass alles in ihr sich wehren muss. Sie kann schon fünf Minuten eher den Raum verlassen, Teammeetings konsequent auf Zeiten legen, in denen sie belastbarer ist und bei Dienstreisen ein Einzelzimmer mit kurzen Lauf- und Fahrtwegen buchen.

Wenn Maria ihre Empfindsamkeit voll und ganz mit einbezieht, kann sie ihre Berufung erfolgreich weiter kreieren und leben. Sie wird dann den besonderen Touch eines Menschen haben, der andere vielleicht sogar eher damit berühren und ansprechen kann, denen es im Alltag ähnlich ergeht.

Jasmin hat eine große Vision vor Augen und freut sich auf die Zeit, in der sie ihren Traum leben wird. Doch sie steht vor einer großen Herausforderung: Durch ihre Hochsensibilität, vor allem im Bereich des Lautstärkepegels, fällt es ihr sehr schwer, sich Raum dafür zu schaffen, ihren Traum auf den Weg zu bringen. Sie hat zwei Kinder und arbeitet halbtags, der Alltag hat sie voll im Griff und sie ist damit beschäftigt, sich übermäßige Reizüberflutung vom Leibe zu halten. Die wenigen Minuten des Tages, in denen es still ist, nutzt sie, um tief durchzuatmen und sich so gut es geht zu entspannen. Auf ihrer Liste steht zudem der Wunsch, sich wieder sportlich zu betätigen, außerdem neue Freundschaften zu pflegen, die ihr guttun, sich von ihrer Mutter etwas mehr abzugrenzen, ihre Ernährung (und damit auch die ihrer Familie) umzustellen, mehr Zeit mit ihrem Partner zu verbringen, sich öfter etwas Gutes zu tun – und endlich ihren Traum zu verwirklichen, ein eigenes Unternehmen aufzubauen. Wie soll sie dies alles nur schaffen?

Jasmin spricht mit ihrer Freundin darüber, dass sie völlig erschöpft ist und zunehmend das Gefühl hat, aufgrund ihrer Hochsensibilität ihren Traum begraben zu müssen – es ist alles zu viel. Ihre Stimme ist hoch und piepsig, sie klingt erschöpft und traurig. Sie äußert gegenüber ihrer Freundin das Gefühl, dass sie immer etwas von sich opfern muss, das ihr sehr wichtig ist, um einen anderen Aspekt in sich zu schützen. Sie fühlt sich zerrissen und vom Leben ungerecht behandelt.

Im Gespräch mit ihrer Freundin findet Jasmin heraus, dass sie sehr starke Anforderungen an sich stellt: Alles muss zeitlich geschehen, die Traumversion ihres Lebens am liebsten heute zustande kommen. Obwohl der Tag nur vierundzwanzig Stunden hat und Jasmin am Rande ihrer Kräfte ist, erwartet sie von sich selbst beständige Leistungsfähigkeit. Ihr gedanklicher Versuch, sich selbst voranzutreiben, bringt als Argument an: Ich muss doch heute gesund und vital sein, um morgen mein Unternehmen erfolgreich führen zu können. Also muss ich gesund essen, toxische Beziehungen verlassen, neue Freunde finden, mich bewegen, genug Sex haben, mich geliebt fühlen und die Schuldgefühle gegenüber meinen Kindern abbauen, indem ich eine perfekte Mutter bin. Dass ich das Gefühl habe, dieses Leben eigentlich gar nicht meistern zu können, weil alles zu schnell, zu laut, zu intensiv ist, um auch nur ansatzweise meinen Anforderungen gerecht zu werden, ist in dieser Rechnung gar nicht erst mit einbezogen. Ich fühle mich, als lebte ich auf Pump. Ich borge von mir selbst die Energie, die ich gar nicht habe, weil es einfach nicht still genug um mich herum ist.

Jasmin benötigt im ersten Schritt vor allem ein offenes Ohr. Die angestaute Überforderung möchte sich Platz machen, indem sie darüber sprechen und dadurch die Last von ihren Schultern gleiten lassen kann. Sie wird für den Moment Erleichterung finden, indem sie jemand auffängt und versteht. Ihre Freundin leistet darin wunderbare Unterstützung.

Jasmin neigt jedoch auch dazu, direkt nach der erfahrenen Erleichterung mit demselben Druck und Pensum weiterzuleben, weil sie der Illusion unterliegt, es ginge ihr schon viel besser. So bleibt der Kreislauf der Überforderung erhalten.

Um an diese Dynamik in sich überhaupt heranzukommen und all diese Gefühle wirklich fühlen, wahrnehmen und anerkennen zu können, braucht Jasmin als Hochsensible vor allem eins: Stille. Solange sie nicht regelmäßig ruhige Momente für sich erschaffen kann, ist es schwer für sie, zu erkennen, wo sie zu viel von sich selbst erwartet und vielleicht auch zu erkunden, warum dieses Muster so tiefgreifend ihr Leben bestimmt.

Erst, wenn sie Ruhe findet, kann Jasmin sich den wirklich wichtigen Fragen stellen:

- ⇨ Was will ich wirklich und warum?
- ⇨ Warum sabotiere ich mich selbst?
- ⇨ Warum meine ich, perfekt sein zu müssen, um ein erfolgreiches Unternehmen führen zu können?
- ⇨ Was ist der Unterschied zwischen perfekt und ausgeglichen?
- ⇨ Wie kann ich mir selbst helfen, meinen Perfektionismus loszulassen?
- ⇨ Was kann mir dabei helfen, wenn ich überfordert bin, meinen Traum nicht mehr loszulassen?
- ⇨ Wie kann ich den Weg mehr genießen und mir dauerhafte Erleichterung verschaffen?
- ⇨ Kann es sein, dass einige der Anforderungen, die ich an mich selbst stelle, angelernt oder von außen vorgegeben scheinen? Habe ich eigentlich andere Werte? Was ist *mein persönlicher* Standard?
- ⇨ Ich bin hochsensibel - mag ich das an mir? Wie kann ich lernen, es ernst zu nehmen und darin Selbstliebe zu praktizieren?
- ⇨ Wie kann ich ein Unternehmen führen, ohne mich selbst konstant auszulaugen?

Hochsensibilität kann zwar zeitweise unterdrückt werden, doch diese Handhabung holt dich irgendwann immer wieder ein. Hochsensibilität gehört zu dir. Es ist wie bei deinem Körperbau, deiner Stimme, deinen anderen Persönlichkeitsmerkmalen oder deiner Geschichte: Es ist, wie es ist. Innerhalb dessen, was dich ausmacht, kannst du wunderbar kreativ gestalten. Was das Leben dir mit deiner Persönlichkeit geschenkt hat, möchte darin anerkannt werden, dass dein Leben und deine Berufung sich da heraus entfalten, nicht, dass du dich zwanghaft in Vorstellungen einfügen musst, die dir nicht entsprechen.

Hochsensibilität in Beziehungen/Partnerschaft

„Ich verstand die Wahrheit, die in die Lieder so vieler Dichter einfloss und welche so viele Denker in ihrer ultimativen Weisheit verkündeten. Die Wahrheit, dass Liebe das ultimative und höchste Ziel ist, nach dem ein Mensch streben kann."

Viktor Frankl

Hochsensibilität in der Partnerschaft – was ist besonders, was ist beachtenswert?

Hochsensible erleben in ihrer Partnerschaft oft am intensivsten, was es bedeutet, mit dieser Feinfühligkeit ausgestattet zu sein. Wie du vielen Geschichten in diesem Buch bereits entnehmen konntest, ist Hochsensibilität nicht nur auf die körperlichen Sinne bezogen, sondern auch im zwischenmenschlichen Geschehen von großer Bedeutung. Was immer zwischen ihm und dem anderen vor sich geht, wird einem hochsensiblen Menschen nicht entgehen, selbst dann, wenn es im Hintergrund abläuft und nicht ausgesprochen wird.

Hochsensible Menschen in Partnerschaften setzen sich demnach nicht nur mit dem auseinander, was sie von sich selbst spüren, sondern auch mit der Lebenswelt ihres Partners. Dieser lebt so nah bei ihnen, dass sie oft intensiv spüren können, welche Stimmungen von ihm ausgehen und mit welchen Herausforderungen er zu kämpfen hat. Wenn die Beteiligten sich mit dem Thema Hochsensibilität auseinandersetzen, können viele Missverständnisse, Kämpfe und Schwierigkeiten geklärt werden. Vieles, was sich als vermeintlicher Konflikt in der Partnerschaft zeigt, liegt an einer Überforderung, oft in ganz anderen Bereichen. Die Partnerschaft möchte befeuert und gepflegt werden, doch oft fehlt die Energie, um sich ganz darauf zu konzentrieren und nach einem – aus der Sicht des Hochsensiblen – ereignisreichen Tag noch die Kraft aufzubringen, um in die Nähe und Verbundenheit zu kommen. Die Partnerschaft muss dann stark sein und beide Beteiligten fähig, in die Eigenverantwortung zu gehen, um einander Verständnis entgegenzubringen, aber auch die Aufgabe ernst zu nehmen, die Partnerschaft als Priorität zu betrachten. Für Hochsensible kann dies durchaus bedeuten, ihr Leben auch in anderen Bereichen immer wieder zu überprüfen: Wo liegt mein Augenmerk? Was ist mir wichtig? Ist meine Partnerschaft ein wichtiger Bestandteil meines Lebens? Wie zeigt sich dies in meinem Umgang damit, finde ich bei meinem Partner einen Raum zum Auftanken, ohne ihn auszulaugen, ohne mich selbst auszulaugen? Können wir einander ermutigen und in eine gemeinsame Richtung blicken, die unsere beiden Leben bereichert?

Jan und Lisa sind beide hochsensibel und streiten daher oft. Wie kommt es dazu?

Jan ist hochsensibel im Bereich Geräusche, Lisa im Bereich Berührung. Wenn Jan morgens aufsteht, braucht er viel Ruhe und möchte alleine sein, um seine Geräuschkulisse niedrig zu halten. Erst nach einer bestimmten Zeit, wenn er sich gesammelt und innerlich vorbereitet hat, hat er den Eindruck, für den Tag und seine Herausforderungen bereit zu sein. Lisa ist morgens sehr gesprächig und wünscht sich, den Tag gemeinsam zu starten. Sie sucht Verbindung über Kommunikation und ist morgens am meisten dazu in der Stimmung.

Aufgrund der konstanten Abwehr ihres Partners fühlt sie sich in ihrem Bedürfnis nicht gesehen und hat das Gefühl, es sei ihm nicht wichtig, ihr entgegenzukommen.

Jan hingegen ist abends recht anhänglich und sehnt sich nach körperlicher Berührung und Verbindung. Lisa hat dann jedoch bereits einen anstrengenden Tag hinter sich, ist erschöpft und es fällt ihr schwer, die Berührung zu ertragen. Oft hat sie Jan schon barscher zurückgewiesen, als sie eigentlich wollte, weil sie unbewusst im Schutzmodus verharrt. Sie muss Jan oft erklären, wie sie berührt werden möchte und wie nicht, denn viele Berührungen, vor allem leichter, flirrender, zarter Art sind für sie äußerst unangenehm. Fast tut es ihr weh, besonders dann, wenn auch ihr seelisches Nervenkostüm geschwächt ist. In diesen Momenten hat Jan das Gefühl, alles falsch zu machen. Er fühlt sich abgelehnt und ohnmächtig.

Beide Partner möchten also mehr Nähe und Verbindung und lieben einander von Herzen, doch sie finden nicht die passenden Zeitfenster und Übereinstimmung ihrer Bedürfnisse, um miteinander in tiefen Kontakt treten zu können. Die gegenseitig empfundene Ablehnung, die aus Selbstschutz resultiert, verursacht immer neuen Schmerz.

Jan und Lisa finden Hilfe, wenn sie üben, einander mit einem verständnisvollen Ohr zuzuhören und zu erkennen, dass sie beide etwas verbindet: Sie sind hochsensibel. Wenn dies zu einer verbindenden Basis führt, können sie beide konkret und ohne störende Emotionen nach Lösungen suchen.

Enissa ist seit geraumer Zeit auf der Suche nach einer festen Partnerschaft. Sie hat für sich erkannt, dass sie bereit ist, ihr Leben mit einem anderen Menschen zu teilen und gemeinsam zu wachsen. Sie hat sich entschieden, nicht zu verheimlichen, dass sie hochsensibel ist und dieses Thema bereits bei den ersten Treffen mit einem potentiellen neuen Menschen anzusprechen.

Doch jedes Mal, wenn Enissa einem Mann davon berichtet und auch mitteilt, was es im Alltag bedeutet, hochsensibel zu sein, ist dies das Ende des weiteren Kennenlernens. Enissa beschleicht das Gefühl, dass die Männer meinen, es käme eine anstrengende, freudlose Beziehung auf sie zu und Hochsensibilität sei etwas, mit dem sie sich nicht auseinandersetzen möchten.

In einer solchen Situation stellen sich folgende Fragen:

- Mit welcher Art von Mann trifft sich Enissa regelmäßig? Schaut sie sich in Kreisen um, in denen die Beschäftigung mit tieferen Themen und bewusster Auseinandersetzung mit dem eigenen Leben überhaupt populär ist? Erkennt Enissa vielleicht ein Muster der Männerwahl, welches sie schon von Anbeginn verfolgt und gar nicht zu ihr passt?
- Wie spricht Enissa selbst über das Thema Hochsensibilität? Kann sie von Herzen dazu stehen, oder teilt sie es bereits mit einem halb schlechten Gewissen, welches sich in der Wahrnehmung auf das Gegenüber überträgt?
- Ist Enissa damit einverstanden, einen Mann an ihrer Seite zu haben, der selbst nicht hochsensibel ist oder sich mit dem Thema von Grund auf beschäftigen muss?
- Berichtet Enissa von den schönen, wundersamen Eigenschaften ihrer Hochsensibilität? Sie nimmt das Leben so direkt, unmittelbar, lebendig wahr – kann sie dem anderen diese Erfahrungen schmackhaft machen?

Beim Dating kommt es, nicht nur in Bezug auf Hochsensibilität, darauf an, wie sehr man zuerst Ja zu sich selbst gesagt hat und zu sich stehen kann. Wenn du einen neuen Menschen in dein Leben einladen möchtest, werde dir darüber bewusst, was du dir wünschst. Sei spezifisch. Erlaube dir, dir genau auszumalen, wie du mit einem anderen Menschen dein Leben gestalten möchtest und welche Eigenschaften er haben soll. Prüfe zuvor auch, ob du die gewünschten Eigenschaften für dich selbst auch forcierst und bereit bist, mit deinem Partner darin zu wachsen. Erlaube dir, keine faulen Kompromisse einzugehen, erst recht nicht dann, wenn du dir eine langfristige Partnerschaft wünschst. Gerade als hochsensibler Mensch ist die Wahl des Partners, der dein Leben direkt und täglich mit beeinflussen wird, ein wichtiger Part auf dem Weg zu einem erfüllten Leben.

Inspiration

Hier findest du einige Fragen, die dir bei der Partnerwahl im Vorfeld helfen können, eine gewisse Eingrenzung vorzunehmen, damit der Partner auch wirklich zu dir passt:

- ⇨ Welche Eigenschaften meiner Hochsensibilität soll mein Partner lieben?
- ⇨ Soll Hochsensibilität ein Hauptbereich unserer Beziehung sein, oder ist es eine Eigenschaft von vielen, der Augenmerk geschenkt werden soll?
- ⇨ Soll mein Partner ebenfalls hochsensibel sein?
- ⇨ Welche Eigenschaften sollte mein Partner vorrangig mitbringen, um meiner Hochsensibilität gerecht zu werden? (Geduld, Verständnis etc.)
- ⇨ Soll mein Partner sich bereits bestens mit dem Thema auskennen oder ist es für mich in Ordnung, ihn ganz neu damit vertraut zu machen?
- ⇨ Was möchte ich genau im Leben? Worauf steuere ich zu? Welche Beziehungsaspekte sind mir dahingehend in Bezug auf Hochsensibilität wichtig?

  - Kommunikation
  - Nähe
  - Freiheit
  - kein Nachtragen
  - viel Ruhe, ein ruhiger Alltag
  - Ich möchte mein Leben verändern, und zwar so:

- ⇨ In welchen Bereichen meines Lebens möchte ich ganz klar gemeinsam mit meinem Partner wirken – und was mache ich gerne alleine?

- ⇨ Wenn ich hochsensibel in Bezug auf Lautstärke und Geräusche bin: Spricht der potentielle Partner sehr laut? Welche Gewohnheiten in Bezug auf Schlaf, Musik hören, Geräusche zuhause, Zeiten, in denen er nicht da ist, Ausgehen und Partys etc. hat er? Passt es zu meinem Ruhebedürfnis?
- ⇨ Wenn ich hochsensibel in Bezug auf Gerüche bin: Passen seine Körperpflege und andere Gewohnheiten, die mit dem Geruch zusammenhängen, zu meiner Empfindsamkeit?
- ⇨ Wenn ich hochsensibel in Bezug auf Berührung bin: Welche Bedürfnisse hat mein Partner? Passen sie zu den meinen?

Selbstverständlich finden sich viele Aspekte erst in der Partnerschaft so wieder, dass man sie gemeinsam besprechen kann. Doch es lohnt sich, gleich zu Beginn zu beobachten und zu besprechen, was dir wirklich wichtig ist.

Achte vor allem auf dein Bauchgefühl. Deine Intuition wird dir den richtigen Weg weisen. Suche nach einem Partner, der zu dir passt, genau dort, wo er vermutlich auch zu finden ist. Platt ausgedrückt ist damit gemeint: Suche nach einem passenden Partner, der die Stille liebt, nicht am Freitagabend in einer lauten Disco. Vermutlich wirst du ihn dort nicht antreffen. Dieser Hinweis schont deine Zeit, Energie und deine Nerven. Du bist klar und ausgerichtet und erwartest, dass der richtige Partner deine Grundwerte mit dir teilt und mit bestimmten Bereichen, die dir wichtig sind, bereits vertraut oder zumindest damit in Berührung gekommen und positiv darauf eingestellt ist.

Anna und ihr Freund Gregor möchten heiraten. Welch wundervolle Ideen ihnen durch den Kopf gehen! Anna träumt seit ihrer Kindheit von einem riesigen Fest mit unzähligen Gästen, bunten Farben, viel Programm und einer Party bis tief in die Nacht. Am liebsten möchte sie ein Schloss mieten und unter dem lauten Jubel ihrer Mitmenschen ihre Liebe mit Gregor feiern.

Sie erzählt Gregor seit Wochen von ihren Ideen und spürt nur hintergründig, dass dieser nicht allzu viel Begeisterung zeigt und recht einsilbig antwortet.

Je näher jedoch die Hochzeit rückt und je weniger Gregor in die Aktion geht, um das Fest vorzubereiten, spürt Anna deutlich, dass etwas nicht stimmt. Sie wird immer ungehaltener und wütend auf Gregor, weil dieser sich so passiv gibt. Plötzlich taucht ein Gedanke in ihr auf: Was ist, wenn Gregor mich gar nicht mehr heiraten will? Vielleicht hat er Torschlusspanik und merkt nun, dass ich nicht die Richtige für ihn bin?

Anna bricht aus ihrer Angst heraus einen riesigen Streit vom Zaun und beschuldigt Gregor sogar, sie vielleicht zu betrügen und hinterhältig verlassen zu wollen.

Erst im intensiven Gespräch findet Gregor endlich den Mut, über das zu sprechen, was ihm Bauchschmerzen bereitet: Es graut ihm endlos vor diesem Tag, weil ihn der Gedanke an eine solch riesige Party vollkommen überfordert. Gregor war schon immer sensibel und besuchte nur im äußersten Notfall ein Fest, verbrachte lieber Zeit mit einzelnen Menschen oder in kleinen Gruppen, führte eher ein stilles Leben. Die Vorstellung, vielen Menschen gleichzeitig zu begegnen, Lautstärke, Musik, viel Bewegung, viele Farben, eine unübersichtliche Umgebung um sich zu haben, während er eigentlich mehr nach innen gehen und die Liebe still genießen möchte, macht ihm zu schaffen. Dass er hochsensibel ist, weiß Gregor zu diesem Zeitpunkt noch nicht. Er spürt nur: Ich bekomme Panik bei dem Gedanken an diese Feier, habe das Gefühl, in Krach und Gewimmel verschluckt zu werden!

Gregor teilt Anna mit, dass er so lange nichts gesagt hat, weil er sie nicht verletzen und ihr ihren Traum von der großen Hochzeit nicht verderben wollte. Doch die zunehmende Beklemmung ließ ihn starr und passiv werden und innerlich beinahe aus der gemeinsamen Planung aussteigen.

Abgesehen davon, dass diese Kettenreaktion in Anna wahrscheinlich aus alten Wunden herrührt, wird hier deutlich: Hochsensibilität wird zum Problem, wenn nicht zwischen den Beteiligten kommuniziert wird. Wichtige gemeinsame Erlebnisse, die das Paarleben prägen, werden zum Konfliktherd, wenn Hochsensibilität im Spiel ist, die nicht bereits ihren Platz im Beziehungs- und Alltagsgeschehen gefunden hat.

Bei Gregor und Anna hilft vor allem gegenseitiges Wohlwollen, Verständnis, Empathie. Da die beiden sich offensichtlich lieben und füreinander nur das Beste wollen, ist es hilfreich, wenn sie sich gegenseitig den Raum schenken, all ihre Wünsche, Sehnsüchte und Ängste zu kommunizieren und dann gemeinsam eine Lösung zu finden. Ohne Kompromisse wird es nicht gehen, weil die Vorstellungen so weit auseinander gehen. Doch an diesem Punkt hat die Beziehung eine Chance, zu wachsen und sich vielleicht genau da hinzuentwickeln, wo noch tiefere Verbindung möglich ist. Hochsensibilität wird im ersten Moment vielleicht als Stolperstein und Herausforderung wahrgenommen, kann jedoch beiden Partnern eine neue Perspektive öffnen. Hochsensibilität weist immer, wenn wir bereit sind, uns zu öffnen, auf ein tieferes Bedürfnis der Menschheit hin. Wir wollen Brücken zueinander bauen, wo im ersten Moment keine Einigung in Sicht zu sein scheint. Wir möchten Einheit erschaffen, wo die Fronten verhärtet sind und Heilung in die Bereiche bringen, die schon lange unter Schmerz leiden. Eine einfache Hochzeitsfeier, die für so viel Zündstoff sorgt, kann im Vorfeld die Beziehung in eine neue Tiefe bringen. Beide Partner können lernen, einen Anteil des anderen auch in sich selbst neu zu entdecken und einander damit noch tiefer schätzen zu lernen. Vielleicht geht es am Ende gar nicht so sehr um die Ausrichtung der Hochzeitsfeier, sondern darum, als Paar diese Situation zu ergreifen, um gemeinsam zu reifen und einander durch den Konflikt näher zu kommen.

Inspiration – Übungen in der Partnerschaft

Empathie-Übung: Der Buddha

Setzt euch einander im Schneidersitz gegenüber, der Abstand zwischen euch so, dass ihr euch beide damit wohlfühlt. Diese Übung hat zwei Runden, in der ihr euch abwechselt: Einer ist „der Buddha“ und der andere darf sprechen.

Der Buddha hat die Aufgabe, sich so wenig wie möglich zu bewegen und keinerlei Reaktion zu zeigen, weder mimisch, noch verbal. Er soll ganz stillsitzen und dem Sprechenden als Spiegel und offenes Ohr dienen. Der Sprechende hat in einem Zeitraum von 3-5 Minuten Zeit, alles zu sagen, was ihm auf der Seele liegt, ohne den Buddha in seiner natürlichen Identität als Partner direkt anzusprechen. Er spricht also, wenn es um den Partner gehen sollte, über ihn als dritte Person. Achtet darauf, dass es darum geht, sich Luft zu machen und sich dem anderen so zu zeigen, wie man es am liebsten immer gern einmal ausgedrückt hätte.

Nach dem festgelegten Zeitraum werden die Rollen gewechselt.

Es wird vorerst für den Rest des Tages nicht über das gesprochen, was gesagt wurde. Beide Parteien leben weiter miteinander und lassen zwischen sich wirken, was sie gehört haben, ohne es zu zerreden. Erst, wenn beide spüren, dass die Emotionen abgeflacht sind, können sie konstruktiv miteinander sprechen.

Voraussetzung: Beide Partner haben bereits eine intensive Grundarbeit im Bereich Eigenverantwortung geleistet und wissen, wie sie sich selbst beruhigen können, wenn sie getriggert sind. Ebenso können sie einen Raum für ihren Partner halten und wissen, wie sie Gehörtes für den Moment nicht persönlich nehmen müssen.

Gesprächsübung: Wiederholung in eigenen Worten

Auch diese Übung ist eine Wechselübung. Ein Partner darf ein bis drei Minuten lang etwas teilen, das ihm auf dem Herzen liegt. Danach gibt der andere das Gehörte in eigenen Worten wieder:

Ich habe gehört, dass du ...

dass es dir wichtig ist …

dass …

Am Ende fragt er: Habe ich dich so richtig verstanden?

Wenn der Partner zufrieden ist, wird er sich wahrhaft verstanden, ergriffen und angenommen fühlen. Sobald dieses Gefühl in ihm auftaucht, ist die Übung beendet und ihr wechselt die Rollen.

Diese Art, miteinander zu sprechen, ist für das tägliche Leben sehr dienlich und kann euch helfen, gegenseitiges Verständnis zu trainieren und grundlegende Denkmuster des anderen kennenzulernen.

Verlustangst

Viele Hochsensible leiden unter massiven Verlustängsten. Sie fürchten, für den anderen zu viel und zu anstrengend zu sein und verbiegen sich daher immer wieder in eine Richtung, von der sie meinen, dem anderen helfen zu können, sie mit ihren vielen unterschiedlichen Bedürfnissen auszuhalten. Zudem fällt es ihnen oft schwer, die eigenen Bedürfnisse selbst zuerst anzunehmen und zu sich zu stehen.

Wenn der Alltag einen Hochsensiblen oft überfordert, kann er sich schwer vorstellen, dem anderen eine Freude zu sein. Zu oft kommt die alte Angst zum Vorschein, die damals aktiv war: Ich bin meiner Familie zu viel und zu anstrengend. Sie müssen wegen mir auf so vieles verzichten, das ihnen wichtig ist. Ich halte immer alles auf. Ständig stolpern alle über meine Überforderung. Ich bin zu viel.

Wenn ein Hochsensibler mit diesen Ängsten in eine Beziehung geht, kommt es zu Konflikten: Die Verantwortung liegt zum großen Teil auf dem Partner, der zum einen damit beschäftigt ist, den hochsensiblen Lebensgefährten mit seinen Eigenarten kennenzulernen, sich dabei selbst nicht zu verlieren und zusätzlich dem Hochsensiblen immer wieder versichern zu müssen, dass er ihn liebt, wie er ist.

Ein Hochsensibler mit Verlustangst darf lernen, diese Angst intensiv kennenzulernen, sich damit auseinanderzusetzen und die Verantwortung zu sich zurückzunehmen. Er darf üben, sich eventuell unsensible Reaktionen des Partners auf seine Bedürfnisse nicht zu sehr zu Herzen zu nehmen und Geduld mit dem anderen zu haben, der erst noch lernen muss, die verletzlichen Punkte des Hochsensiblen besser zu umsorgen.

Training in Selbstliebe ist ein heilsames Mittel für Verlustangst. Je mehr ein Hochsensibler zu sich stehen kann und den Fokus auf seine eigenen Begabungen und die Schönheit der sensiblen Wahrnehmung lenkt, umso mehr kann er sich auch vorstellen, dass sein Partner ihn liebt, wie er ist.

Positive Affirmationen

- ⇨ Ich zeige meinem Partner eine wunderschöne neue Perspektive
- ⇨ Mein Partner profitiert von meiner Aufmerksamkeit auf Details
- ⇨ Ich kann auch mal etwas alleine machen, die Beziehung ist dadurch nicht in Gefahr – und ich kann die Ruhe genießen
- ⇨ Mein Partner hat mich ausgesucht, *weil* ich so bin, wie ich bin
- ⇨ Ich muss nicht so sein wie mein Partner, um von ihm geliebt zu werden
- ⇨ Ich bin nicht anstrengend und auslaugend, sondern vielseitig und interessant
- ⇨ Ich habe einen wertvollen Zugang zu Achtsamkeit und Präsenz

Angst vor Nähe

In vielen Fällen kann Hochsensibilität zu Angst vor Nähe führen, weil die Nähe eines anderen Menschen prinzipiell überfordernd und anstrengend wirken kann. Hier ist wichtig zu beachten: Vermeidung von Nähe aufgrund von Hochsensibilität ist nicht gleichzusetzen mit Beziehungsvermeidung aufgrund von inneren Verletzungen. Viele Hochsensible sehnen sich unendlich nach Liebe, Nähe und Zuwendung, doch sie haben Schwierigkeiten damit, alle Eindrücke zu verarbeiten, brauchen viel Ruhe und Zeit für sich und fürchten, all diese unterschiedlichen Bedürfnisse nicht unter einen Hut bringen zu können. Sie fragen sich, wie es praktisch umsetzbar ist, eine nahe Verbindung einzugehen und gleichzeitig nicht von der stark empfindsamen Wahrnehmung überfordert zu werden.

Hochsensibilität ist nicht nur im Außen zu finden, sondern auch oft im Zusammenhang mit besonders ausgeprägter Empathie. Ein Mensch, der dem Hochsensiblen nun besonders nahesteht, trägt auch seine eigenen Bedürfnisse, seine Geschichte und seine Weltsicht in die Beziehung mit hinein.

Ist der Hochsensible bereits mit dem Management seiner eigenen Lebenswelt ausgelastet, bedeutet eine Beziehung für ihn zusätzlichen Stress, obwohl er sich nach dieser Nähe sehnt.

Es ist hilfreich, intensiv miteinander zu sprechen und sich darüber auszutauschen, wie das gemeinsame Leben gelingen kann: Vielleicht kann der Partner dem Hochsensiblen regelmäßig etwas abnehmen, was diesem bisher oft zu viel wurde. So wird Energie frei, die der Beziehung zugutekommt. Einkaufen, kochen, bestimmte Termine wahrnehmen, Anrufe tätigen, den Müll rausbringen - sogar Kleinigkeiten können enorme Erleichterung bringen und der Beziehung und dem Hochsensiblen zur Entspannung verhelfen.

Positive Affirmationen

- ⇨ Eine Beziehung ist ein Gewinn für mich, weil ich nun nicht mehr allein für alles verantwortlich bin
- ⇨ Ich kann mir immer wieder Ruhe und Auszeiten gönnen und dies fair kommunizieren
- ⇨ Mein Partner gönnt mir Ruhe und Erholung
- ⇨ Mit dem richtigen Partner muss ich nicht um Erholung kämpfen
- ⇨ Ich darf um Hilfe bitten
- ⇨ Ich darf überfordert sein

Verständigung

Klare und deutliche Verständigung und empathische Kommunikation ist in einer Partnerschaft mit Hochsensiblen unumgänglich.

Sowohl der Hochsensible, als auch sein Partner dürfen lernen, einander mitzuteilen, was in ihnen vorgeht. Dabei kann es zu folgenden Herausforderungen kommen:

- ➢ Der nicht hochsensible Partner kommt an seine Grenzen und zweifelt die Glaubhaftigkeit des Hochsensiblen an: Nicht selten sehen sich Hochsensible der Unterstellung ausgesetzt, zu übertreiben oder nur Aufmerksamkeit auf sich zu ziehen. Insbesondere dann, wenn ein wichtiges Gespräch ansteht oder die überforderte Reaktion dann erfolgt, wenn es einmal nur um den Partner gehen sollte, kann dieser sich unter Umständen zurückgesetzt und vernachlässigt fühlen. Es kann der Eindruck entstehen, dass für ihn kaum Raum übrigbleibt und die Bedürfnisse des Hochsensiblen immer Vorrang haben müssen. Ist die

Frustrationsschwelle überschritten, kann es dazu führen, dass er dem Hochsensiblen unterstellt, egoistisch zu sein und nur zu schauspielern.

- Wenn der Hochsensible nicht rechtzeitig kommuniziert, was in ihm vorgeht, kommt der Partner nicht mit der plötzlichen Stimmungsveränderung oder dem Ausbruch aus der Situation hinterher. Er fühlt sich stehengelassen und übergangen und kann nicht nachvollziehen, was in seinem Partner vorgeht, die Verbindung wird getrübt.
- Wenn gemeinsame Unternehmungen und Pläne immer wieder unterbrochen oder verändert werden müssen, ist dies eine Zerreißprobe für den weniger sensiblen Partner. Er möchte die Party noch nicht verlassen, möchte noch gern auf der Wiese sitzen bleiben oder den Urlaub in Rom verbringen, wo garantiert Überforderung des Partners droht.
- Wenn der Hochsensible stark abwehrend und korrigierend auf Berührung reagiert, ist dies für den Partner mitunter sehr verletzend und frustrierend. Es kann dazu führen, dass er an seiner eigenen Fähigkeit zweifelt, den Partner glücklich zu machen oder anziehend zu wirken. Er vergisst oder versteht nicht, dass diese Überempfindlichkeit der Anteil des Hochsensiblen ist, der die Begegnung erschwert und dass dies nicht seine Schuld ist.
- Der Partner fühlt sich vom Hochsensiblen immer wieder abgelehnt, wenn dieser empfindlich reagiert: Ich rieche unangenehm, ich spreche zu laut, zu schnell, bewege mich ruckartig, mir darf es nicht schlecht gehen etc.

Bei all diesen Konflikten ist eine Grundbasis vonnöten: Die Hochsensibilität muss als Parameter in der Beziehung anerkannt und mit einbezogen werden. Die Schuldfrage darf immer weniger gestellt werden. Es hilft beiden enorm, immer wieder zu sagen: So ist es gerade, so darf es sein. Wir schieben einander nicht die Schuld für die Situation in die Schuhe. Auch der Hochsensible achtet hier darauf, dem anderen keine Schuld dafür einzureden, dass dieser ihn oft nicht verstehen und seine Reaktionen schwer nachvollziehen kann. Hier liegt auch Potential verborgen, eine besondere Tiefe der Liebe zu entdecken. Beide nehmen einander so an, wie sie sind und lassen davon ab, sich gegenseitig verändern zu wollen. Sie arbeiten daran, eine Brücke zueinander zu finden. Die klare Kommunikation kann ihnen dabei helfen.

Positive Affirmationen

Für den Hochsensiblen	Für den Partner
⇨ Ich kann sensibel auf meinen Partner eingehen ⇨ Mein Partner muss nicht alles verstehen, was in mir vorgeht ⇨ Mein Partner ist eine wertvolle Ergänzung für mich ⇨ Auch mein Partner kann tief lieben ⇨ Ich darf mich zeigen	⇨ Ich kann sensibel auf meinen Partner eingehen ⇨ Ich bin kein Elefant im Porzellanladen, sondern eine starke Begleitung ⇨ Meine Gefühle sind wichtig ⇨ Ich bin geliebt ⇨ Ich kann mit dieser Situation gut umgehen

Wir sind ein wunderbares Team!

Hochsensibilität im Beruf

„Selbst moderate und vertraute Reize, wie ein normaler Arbeitstag, können dazu führen, dass eine hochsensible Person abends ihre Ruhe braucht."

Elaine Aron

Hochsensible Menschen und Beruf – einer der brisantesten Themenbereiche für Menschen, die hochsensibel sind. Im Beruf geraten sie am häufigsten an ihre Grenzen, denn die wenigsten Arbeitsstellen versprechen Reizarmut, Rücksicht, Empathie, Verständnis, Gleitzeiten oder lange Pausen, Verschiebung von Abgabeterminen aufgrund persönlicher Bedürfnisse.

Doch genau diese Aspekte sind nötig, um einem hochsensiblen Menschen echte Erleichterung zu verschaffen. Wäre das Berufsleben bzw. eine individuelle Stellenausschreibung nicht auf Profit, sondern auf menschliche Bedürfnisse ausgerichtet, würde der Wirtschaftssektor ein ganz anderes Gesicht erhalten.

Nun begreifen einige Firmen, dass viele Menschen produktiver sind, wenn die Arbeitszeiten, die Umgebung und die Anforderungen besser auf deren Bedürfnisse abgestimmt sind. Wie für Empathen ist auch für Hochsensible ein passendes Arbeitsumfeld ein Ort, an dem sie zu Höchstleistungen animiert werden können – aus intrinsischer Motivation heraus. Je weniger ein Mensch Energie aufbringen muss, um sich zu schützen, umso mehr bleibt frei, um in dieser Welt kreativ wirken zu können.

Mein Beruf und ich

Für dein Berufsleben kannst du ebenso eine Wunschliste anfertigen, wie für alle anderen Bereiche deines Lebens. Wo du vielleicht noch keine Lösung siehst, kann eine solche ab dem Punkt auftauchen, an dem du entscheidest, dass dieser Punkt dir wirklich wichtig und indiskutabel ist. Wenn du zielgerichtet nach einer passenden Arbeitsstelle suchst und deinen potentiellen Arbeitgebern klar kommunizieren kannst, was genau du brauchst, wird dir mehr Gehör geschenkt werden. Du zeigst damit: Ich weiß, was ich brauche und übernehme dafür Verantwortung. Ich bin lösungsorientiert. Ich sorge für eine gesunde Umgebung für mich, um optimal arbeiten zu können und bin daher eine gute Wahl für euer Team.

- ⇨ Brauche ich einen eigenen Raum?
- ⇨ Wie lange brauche ich Mittagspause?
- ⇨ Möchte ich Vollzeit oder Teilzeit arbeiten?
- ⇨ Wie möchte ich den Fahrtweg entspannt gestalten?
- ⇨ Brauche ich Gleitzeit? Was bin ich dafür bereit, mit meinem Arbeitgeber zu vereinbaren?
- ⇨ Möchte ich bei Überstunden lieber das Geld ausgezahlt bekommen, oder stattdessen freie Zeit haben?
- ⇨ Werde ich bereit sein, Überstunden zu machen?
- ⇨ Welches Beziehungsklima wünsche ich mir auf der Arbeit? Passt das potentielle Unternehmen zu meiner Vorstellung?
- ⇨ Ist dies ein Bereich, in dem grundsätzlich Hochsensibilität anerkannt und ernst genommen wird?

- ⇨ Wie hochsensibel bin ich eigentlich (individuell) und passt das daran geknüpfte Lebensgefühl zu der Arbeit, die ich dort machen soll?
- ⇨ Passt diese Arbeitsstelle zu meiner Lebensausrichtung? (Beachte hier das Kapitel zum Thema *Geistige Gesundheit.* Ein Job nimmt viel Aufmerksamkeit und Energie in Anspruch.)

Herausforderungen

Einige Hochsensible klagen über immer wiederkehrende Situationen im Arbeitsleben, bei denen sie keine Aussicht auf Veränderung sehen:

Ich muss mich immer wieder krankmelden, weil ich überfordert bin – und fühle mich schuldig, weil ich eigentlich nicht krank bin

Es ist richtig, du bist nicht krank, du bist hochsensibel. Doch wenn du nicht auf dich achtest und dir erlaubst, dich auszuruhen, wirst du auf lange Sicht krank werden können. Erlaube dir die innere Kompetenz, darüber entscheiden zu können, ob du eine Auszeit benötigst. Viele Hochsensible sind von Schuldgefühlen geplagt, weil sie weniger aushalten können als andere, mit denen sie sich vergleichen. Sie haben das Gefühl, zu schwindeln und sich einen Sonderstatus herbei zu betrügen. Sie finden sich wieder zwischen dem dringenden Bedürfnis, sich auszuruhen und andererseits dem Druck, nicht aus der Reihe zu fallen, mitzuhalten und nicht als Spielverderber zu gelten. Gerade im beruflichen Umfeld müssen sie sich auch den eigenen inneren Verurteilungen stellen:

Du bist zu empfindlich. Du willst nur Aufmerksamkeit. Du spielst nur Theater. Du redest dich immer raus.

Diese Glaubenssätze sind alte Muster aus deiner Kindheit, die dir die Kompetenz und Fähigkeit zur Eigenverantwortlichkeit aberkennen möchten. Erinnere dich daran: Was du hier gelernt hast, bist nicht du, es ist allenfalls, was andere damals über dich dachten – oder sogar nur, was du meintest, was andere über dich denken. Du hattest als Kind nur eine bestimmte Kapazität, das Verhalten und den Spiegel deiner Mitmenschen zu interpretieren. Im Berufsleben wirst du immer wieder an den einen oder anderen Glaubenssatz stoßen, der sich damals gebildet hat.

Diese Affirmation ist daher ein großer Schatz:

Ich weiß, wann ich Ruhe brauche. Ich sorge gut für mich. Ich gebe mein Bestes. Ich habe meinen eigenen Rhythmus. Ich bin ehrlich, kompetent und verlässlich.

Ich habe das Gefühl, beim Vorstellungsgespräch oder im Arbeitsalltag zu viel zu verlangen – ohne dafür etwas zurückzugeben

Auch hier spielen wieder alte Muster eine große Rolle: Wer hochsensibel ist und sich entschieden hat, auf seine besonderen Bedürfnisse Rücksicht zu nehmen, sieht sich oft in dem Gefühl, eine Sonderbehandlung zu verlangen und dafür auch noch weniger zu leisten als andere.

Dieser Empfindung kann man durch folgende Anstöße entgegenwirken:

- Was ist deine genaue Aufgabe in deinem Arbeitsalltag? Sind die „normalen" Arbeitsumstände dafür notwendig? Beispiel: Deine Aufgabe ist es, am Telefon Kunden zu beraten. Musst du dafür unbedingt in einem Großraumbüro sitzen, wenn eigentlich noch ein Einzelbüro frei wäre? Was hat das Telefonat tatsächlich mit deiner Umgebung zu tun? Würdest du deine Arbeit vielleicht sogar besser machen, wenn du mehr Ruhe hättest?
- Kennst du das Gefühl, unrechtmäßig zu viel zu wollen, noch von früher?

- Möchtest du diesen Job wirklich machen? Passt du dort hin? Welche Arbeit würdest du am liebsten machen, wenn alles möglich wäre?

Hochsensibilität im Job bringt Unsicherheiten und Ängste, sofern die Umgebung der inneren Lebenswelt nicht entspricht. Du darfst dir immer wieder darüber Gedanken machen, inwieweit du dich bewusst anpassen möchtest und wo du keine Kompromisse eingehst, um dir selbst treu zu bleiben. Den Standard stellst du. Sei es dir wert.

Praktische Übungen und Tipps

„Das beste Mittel gegen Stress ist unsere Fähigkeit, einen Gedanken einem anderen vorzuziehen.“

William James

In diesem Kapitel findest du ein Sammelsurium an Tipps und Tricks für den Alltag - denn auf die kleinen Momente kommt es an! Ein Werkzeugkoffer mit hilfreichen Ideen kann dir helfen, überfordernden Situationen stabil zu begegnen.

Große Menschenmengen

Begib dich inmitten der Situation an einen Ort der inneren Sicherheit. Fokussiere dich auf einen bestimmten Menschen in der Menge und auf den Kontakt zu ihm. Übe, die Reize um dich herum auszublenden. In bewegten Transportmitteln mit vielen Menschen kannst du dich auf die vorüberziehende Landschaft konzentrieren – das heißt, du verlagerst deine Aufmerksamkeit weg von allem, was unter den Menschen um dich herum geschieht, hin zu dem, was statischer und ruhiger ist.

Übe, dich auf deinen Atem zu konzentrieren. Er kann dir als Anker dienen und dich immer wieder daran erinnern, bei dir zu bleiben. Das stetige Auf und Ab beruhigt und schafft für den Moment Struktur.

Entscheide (so gut es geht) eigenverantwortlich, wann du dich größeren Menschenmengen aussetzt. Wenn du diese Situationen auf Zeitfenster verlegst, in denen du in der Regel nicht vorher schon viele Reize verarbeiten musstest und Kapazitäten frei hast, um resilient damit umzugehen, ziehen sie dir nicht zu viel Energie ab.

Überprüfe deinen Alltag auf die Menge dieser Situationen: Wohnst du in der Stadt oder ist dein täglicher Arbeitsweg stark von Menschenmengen geprägt? Es lohnt sich, die Grundstrukturen deines Alltages von Reizüberflutungen zu befreien! Siehe auch den Inspirationskasten *Ich bin es mir wert.*

Viel Verkehr

Benutze Ohrenstöpsel oder Musik (wenn du nicht gerade selbst Auto fährst)! Sie können dich nach außen abschirmen und deine Aufmerksamkeit zu dir lenken.

Vermeide diese Situationen so oft es geht, das bedeutet auch, anderen Menschen mitzuteilen, dass du gern einen anderen Weg nehmen, dich woanders treffen, Alternativen finden möchtest. Sei es dir wert, nein zu sagen, wenn eine zusätzliche Aufgabe oder Anfrage in deinem Alltag eine Situation beinhaltet, in der du viel Verkehr ausgesetzt bist.

Nutze Gedankenspiele:

Gerade jetzt ist es sehr laut hier, in einigen Minuten ist es wieder still.

Gerade jetzt fühle ich mich überfordert, gleich ist es wieder besser.

Gerade jetzt fühlt sich das Leben nicht angenehm an, es ist nur ein einzelner Moment.

Gerade jetzt überkommt mich das Gefühl, in einer absurden Welt festzustecken, doch später bin ich wieder in einer anderen Situation.

Visuelle Reize

Wichtig ist, dass du dich immer wieder daran erinnerst, dass überfordernde Situationen nicht gänzlich vermeidbar sind. Zoome daher aus deinem Alltag etwas heraus und betrachte deine Lebenswelt als großes Ganzes: Welche Situationen überwiegen? Befindest du dich mehrheitlich in Umgebungen, die zu starke Reize beinhalten? Oder ist ein Ort der Erholung immer nah?

Deine Wohnung, dein Zuhause, dein Zimmer können solch ein Ort sein. Achte darauf, dass er deinem Wohlfühlmodus voll und ganz entspricht. Dein Wohnraum ist dein Anker, der Ort, an dem du verarbeiten kannst, was du draußen erlebt hast. Wähle Farben und Formen, die einen entspannten Zustand fördern. Trenne dich von Einrichtungsgegenständen, die dich stören – selbst dann, wenn du nicht genau erörtern kannst, woran es liegt.

Umgib dich mit Natur und Pflanzen! Sie fördern innere Ruhe und einen ausgeglichenen Zustand.

Wenn du Kinder hast, erlaube dir, das Zuhause so zu organisieren, dass nicht zu viel herumliegt und sich die Spielsachen an dafür festgelegten Orten befinden.

Fokussiere dich auf eine Ordnung, die dir entspricht, sowohl an deinem Arbeitsplatz, als auch in deinem Zuhause.

Die Achtsamkeitsübung für visuelle Überreizung ist die Vorstellung des Regenbogens:

Suche dir einen ruhigen Ort in deiner aufgeräumten Wohnung und platziere dich so, dass es dir angenehm ist. Schließe die Augen und konzentriere dich auf deinen Atem.

Wenn du spürst, dass du langsam tiefer und ruhiger atmest, stelle dir beim Einatmen vor, ein sanfter, lilafarbener Nebel fließt mit der Atemluft in deinen Körper und breitet sich dort seicht und lautlos aus. Beim Ausatmen stellst du dir vor, dass sich alles, was in dir durcheinander war oder dort nicht hingehört, zurechtrückt und deinen Körper verlässt. Stelle dir vor, der lilafarbene Nebel verbreitet sich angenehm weich in deinem ganzen Körper und verblasst dann nach und nach, weil deine Zellen ihn Stück für Stück aufgenommen haben.

Wenn du bereit bist, stelle dir beim nächsten Einatmen einen sanft orangefarbenen Nebel vor, mit dem du ebenso verfährst.

Gehe so mit allen Farben vor, die du gern in dir tragen möchtest. Besonders mit Farben, die dich im Außen oft überfordern, kannst du so verfahren, dass du sie in deiner Vorstellung weicher und sanfter werden und eine nebelartige Form annehmen lässt. So kannst du bei dir ankommen und die Farben in dir integrieren.

Zeitmanagement

Multitasking ist bei den meisten Hochsensiblen ohne negative Folgen kaum möglich. Oft verlangt der Alltag von uns ab, dass wir nicht nur viel gleichzeitig *tun*, sondern auch viel gleichzeitig *bedenken*. Dies führt zu einer oft schleichenden Überlastung des Systems und zu Depression, Burnout und Dauerstress.

Als hochsensibler Mensch darfst du dir erlauben, deinen Alltag nach ganz anderen Parametern zu bestimmen, als nach denen der Leistungsfähigkeit. Alles darf sich viel mehr ums Sein drehen, als um Tun. Das bedeutet nicht, dass du nichts mehr produzieren oder erschaffen kannst, sondern aus einer ganz neuen Perspektive heraus am Leben teilnimmst:

Strukturiere deinen Alltag so, dass du den jeweiligen Moment voll und ganz fühlen und erleben kannst, ohne davon überfordert zu sein. Dies bedeutet, dass du dich eine Zeit lang selbst beobachten und herausfinden kannst, an welchen Stellen du in die Überforderung abgleitest. Dann entzerrst du deine To-do-Liste so, dass die Dinge hintereinander folgen, nicht zeitgleich.

Stelle dir dazu folgende Fragen:

- Was ist gerade wirklich dran?
- Muss ich mich hiermit aktuell wirklich beschäftigen?
- *Will* ich mich damit überhaupt beschäftigen?

- Ist es nützlich?
- Ist es verschiebbar?
- Passt es zu einem anderen Zeitpunkt besser?
- Welche Atmosphäre trägt dieser Tag? Welche Aktionen passen dazu?
- Was möchte heute geschehen?
- Wo zwinge ich mich schon fast, etwas durchzudrücken, was ich am liebsten loslassen würde?

Achtsamkeitsübung für Zeitmanagement

Nimm dir die visuelle Übung des Regenbogens als Grundlage und stelle dir mit jedem Einatmen vor, dass eine Farbe für eine Handlung/ein Thema steht, dem du dich widmen möchtest. Erst, wenn dieses Thema abgehakt ist, wendest du dich dem nächsten zu.

Wenn du die Gegenprobe machen möchtest, kannst du mehrere Farben gleichzeitig hineinlassen, passend zu den Punkten, die du vorher meintest, gleichzeitig erledigen zu müssen – wie fühlt es sich an? Wo entsteht Druck? Wo entstehen Unordnung und das Gefühl von Stress in deinen Gliedern?

Du kannst damit spielen und nachspüren, welche Farbe du gerade nicht in deinem Körper haben möchtest. Dies ist auch ein gutes Training dafür, zu erkennen, dass du sehr wohl entgegen vieler Vertreter knallharter Disziplin nach deiner Gefühlsstimmung leben und diese ernst nehmen kannst. Es geht nicht darum, blind deinen Emotionen zu folgen, sondern deine Bedürfnisse des jeweiligen Momentes ernst zu nehmen. So kannst du auch herausfinden, wie du deine Zeit so gestalten kannst, dass du Dinge konsequent verschiebst, die jetzt gerade nicht wirklich notwendig und dran sind.

Der innere Antreiber hat bei vielen Hochsensiblen die Zügel fest in der Hand – jedoch nur so lange, wie ihnen nicht bewusst ist, dass sie jederzeit das Recht haben, eine Aufgabe beiseitezulegen, einen Ort zu verlassen, einen Tagesplan zu verändern, wenn sich ein Bedürfnis dazu zeigt.

Körperreaktionen

Dein Körper teilt dir am deutlichsten und auf vielerlei Art und Weise mit, wenn du überfordert bist. Er kann aber auch selbst zu einer überfordernden Situation beitragen, wenn du seine Signale zu lange ignorierst.

- Toilettengang: Du möchtest etwas Wichtiges erledigen oder befindest dich gerade in den letzten Zügen einer Aktion, bevor du endlich zum Ende gelangst. Du möchtest es beenden, um damit abzuschließen, doch plötzlich unterbricht dich das Gefühl, zur Toilette zu müssen. Du folgst dem Gefühl nicht, sondern fährst mit deiner Aktivität fort, weil du so vertieft bist oder „das schnell noch fertig machen“ möchtest. Das Bedürfnis, zur Toilette zu gehen, wird immer größer, doch du möchtest durch die Unterbrechung den Gedanken nicht verlieren, den Flow nicht verlassen oder hast Angst, etwas zu verpassen. Somit steigt dein Stresspegel und du fühlst dich immer unwohler.

- Schwitzen/Frieren: Du sitzt auf deinem Sofa und widmest dich kreativen Prozessen wie dem Schreiben, Musikhören, Malen - kaum merklich spürst du, dass deine Füße kalt sind und du beginnst, zu frieren. Immer wieder wird dein kreativer Fluss von dieser Wahrnehmung unterbrochen. Du kannst dich immer schlechter konzentrieren und spürst zunehmende innere Unruhe. Mit Hitze verhält es sich ebenso: Du sitzt mit deinem Kaffee auf der Terrasse und möchtest die wunderbare Frühlingssonne genießen, doch der Wollpullover erweist sich als überflüssig und die Sonne blendet dich. Wenn du deinem Bedürfnis nach weniger Hitze nicht nachkommst, kann es sein, dass du dich von dem einen auf den anderen Moment vollkommen überfordert fühlst.

- Haare: Du spülst das Geschirr oder trägst dein Baby auf dem Arm, fährst mit offenem Fenster Auto oder sitzt auf dem Spinning-

Rad – deine Haare können in den unterschiedlichsten Situationen im Weg sein. Das Gefühl, dass sie stören, kann zur Überforderung in der Situation führen und vermeidbaren Stress in dir auslösen.

- Allergie: Pollenallergie und Heuschnupfen gehören mit zu den anstrengendsten körperlichen Herausforderungen von Hochsensiblen. Meist taucht eine allergische Reaktion mitten im Alltag genau dann auf, wenn sie am wenigsten zu gebrauchen ist: Vier Töpfe befinden sich auf der Herdplatte, der Ofen ist an und die Kinder streiten laut im Wohnzimmer. Du läufst mitten durch die Fußgängerzone, umringt von unzähligen Menschen. Du gehst mit deinem Hund spazieren und musst darauf achten, dass er nicht wegläuft. Du möchtest den Tag gemütlich und entspannt beginnen und hast dich gerade zum Kaffeetrinken hingesetzt. Niesen, Augen- und Nasenjucken, verschleimte Atemwege, die allergische Reaktion kann unendlichen Stress hervorrufen. An dieser Stelle hilft nur eins: Für den Moment steige kurz aus. Drehe die Herdplatten herunter, lege den Hund an die Leine, setze dich hin, ziehe dich in dein Zimmer zurück und warte, bis es etwas besser wird. Überraschenderweise lässt die Allergie oft etwas nach, wenn der Stresspegel sinkt. Du wirst überrascht sein, wie viele Situationen sehr wohl zu unterbrechen und zu verändern sind, wenn du für einen Moment Ruhe benötigst. Plötzlich wird dir bewusst, dass es kein Problem ist, wenn das Essen eine halbe Stunde später auf dem Tisch steht, der Termin verschoben oder die Wäsche noch nicht zusammengelegt ist. Selbst auf der Arbeitsstelle werden sich einige Menschen vielleicht viel eher verständnisvoll zeigen, als du bisher vermutet hast.

Der richtige Umgang mit solch kleinen Stressmomenten ist für Hochsensible von größter Wichtigkeit: Weniger sensible Menschen kümmern sich scheinbar nebenbei um die Befindlichkeiten ihres Körpers, sie müssen nicht allzu sehr darauf achten und halten es damit viel selbstverständlicher. Hochsensible werden durch die Hinweise ihres Körpers regelrecht in ihrem alltäglichen Tun unterbrochen und müssen dem volle Aufmerksamkeit schenken, um anschließend erleichtert zu ihrer Beschäftigung zurückkehren zu können.

Dein neuer Umgang mit hochsensiblen Reaktionen kann dazu führen, dass du in eine völlig neue Freiheit gelangst: Du stehst immer mehr zu dir, Schritt für Schritt. Damit erlebst du, dass deine Umwelt beginnt, sich nach dir auszurichten und sich dir mehr anzupassen. Du als hochsensibler Mensch kannst deinen Bedürfnissen mehr gerecht werden und Stresssituationen vermeiden.

Wenn du deinem Körper als Richtlinie und Zeichengeber vertraust und danach handelst, kannst du gut bei dir bleiben und dem Alltag entspannter begegnen.

Es sind die kleinen Dinge

Vorsorge zu treffen ist ein Akt der Selbstliebe. Hochsensible kämpfen mit Nebensächlichkeiten, denen weniger sensible Menschen kaum Beachtung schenken müssen. Kleine Vorbereitungen können daher enorme Abhilfe schaffen und einer Überforderung vorbeugen:

- Ladekabel: Überfordert es dich enorm, immer an dein Ladekabel für dein Telefon denken zu müssen?
  - → Schaffe mehrere an! Deponiere eins in deinem Rucksack, in deinem Schlafzimmer, am Arbeitsplatz, im Auto, schlicht überall, wo du es in der Regel benötigst.
- Lichtverhältnisse: Stört es dich besonders, wenn es zu dunkel oder zu hell ist?
  - → Statte deine Wohnung und deinen Arbeitsplatz mit den für dich passenden Lichtquellen aus. Achte darauf, dass du nicht viel kriechen und krabbeln musst, um Steckdosen zu erreichen oder einen Schalter zu drücken.
- Körper: Empfindest du Stress, wenn nicht alles griffbereit ist, was du brauchst und du erst danach suchen musst?
  - → Habe deine nötigen Utensilien immer griffbereit. Taschentücher, Haargummis, Pullover, Creme für trockene Lippen, Nasenspray - was auch immer du regelmäßig brauchst, trage es am besten direkt bei

dir, sodass du dich im Stressmoment nicht weiter darum bemühen musst, es zu beschaffen.

- Schlafgewohnheiten: Überschreitest du die Schwelle zur Müdigkeit sehr schnell und plötzlich?
  - → Es kann sein, dass dein Körper dir schon weit vorher Signale sendet, dass du langsam müde wirst. Lerne, diese Signale zu beachten und deinen Alltag danach auszurichten, dass du dann zu Bett gehst, wenn dein Körper es dir sagt. Auf Dauer ist dieses kleine Detail gar nicht so klein, sondern trägt maßgeblich zu deiner seelischen und körperlichen Gesundheit bei. Es ist dauerhaft schädlich, die natürlichen Schlaf- und Wachzeiten des Körpers immer wieder zu übergehen und zu versuchen, dir etwas anderes anzutrainieren.

- Bettwäsche, Kleidung, Gemütlichkeit: Steigt dein Stresspegel, wenn du dich in deiner Kleidung, deinem Bett oder deiner Ruhezone nicht wohlfühlst?
  - → Trenne dich von allem, was dich diesbezüglich stresst und stört, selbst, wenn es schön aussieht. Als Hochsensibler kannst du es auf Dauer schwer kompensieren, wenn es deiner Seele und deinem Körper dort, wo es dir am nächsten steht (Kleidung, Bett), nicht wohl ergeht und du dich deswegen nicht entspannen kannst.

Hochsensible leiden tatsächlich vermehrt unter diesen kleinen Details, die den Alltag für sie schwerer zu bewältigen machen. Das liegt daran, dass ihre Aufmerksamkeit so vehement immer in die Richtung gelenkt wird, aus der die Störung kommt. Es ist nicht einfach eine Lappalie, die entspannt zu regeln ist, sondern bringt den Hochsensiblen oft grundlegend aus dem Konzept.

Wenn du diese oder ähnliche Reaktionen bei dir feststellst, denke daran: Du bist hochsensibel. Es ist normal. Es ist nichts, wofür man sich schämen oder das man verstecken muss.

Es kann öfter zu Kollisionen und Auseinandersetzungen mit anderen Menschen kommen, die weniger sensibel sind und unter

Umständen dein Dilemma gar nicht verstehen können. Bleibe in diesen Momenten klar und deutlich bei dir und stehe für dein Bedürfnis ein. Je natürlicher und selbstverständlicher du damit umgehst, dass dir diese Kleinigkeiten wichtig sind, desto selbstverständlicher wird auch dein Umfeld damit umgehen. Sensibilisiere dich selbst zuerst auf deine Bedürfnisse. So kannst du sie gut nach außen kommunizieren.

Kurz: Richte deinen Alltag so ein, dass er zu dir passt und verbiege dich nicht so, dass du zu deinem Alltag passen musst.

Abschluss

Du bist und bleibst eine Inspiration. Hochsensibilität ist ein wundervolles Geschenk und wenn du es richtig nutzen kannst, wirst du dich damit sehr wohlfühlen können. Du kannst zeigen, wie wir empathisch, mitfühlend, wahrnehmend, wach und aufmerksam in diese Welt blicken können, wie ein gesundes Nein viel Freiheit schafft, wie wir loslassen können, was wir ohnehin nicht mögen und wie wir uns nach dem ausrichten können, was uns guttut.

„Mut ist nicht immer brüllend laut. Manchmal ist es die ruhige, leise Stimme am Ende des Tages, die sagt: Morgen versuche ich es wieder“ sagt Mary Anne Radmacher.

Du hast dich auf den Weg der Selbstliebe und Annahme begeben und viele Werkzeuge kennengelernt, die dir auf deinem Weg behilflich sind, aus einem offenen Herzen heraus zu handeln, immer mehr ins Vertrauen zu kommen und Hochsensibilität für ein erfülltes Leben zu nutzen.

Quellen und weiterführende Literatur

Acevedo, B. P., Aron, E. N., Aron, A., Sangster, M., Collins, N., & Brown, L. L. (2014). The highly sensitive brain: an fMRI study of sensory processing sensitivity and response to others' emotions. *Brain and Behavior*, *4*(4), 580–594. https://doi.org/10.1002/brb3.242

Aron, E. N. (1997). *The Highly Sensitive Person: How to Thrive When the World Overwhelms You.* Broadway Books.

Benham, G. (2006). The Highly Sensitive Person: Stress and physical symptom reports. *Personality and Individual Differences*, *40*(7), 1433–1440. https://doi.org/10.1016/j.paid.2005.11.021

Bühr, B., & Engl, E. (2019). *Ernährung für Hochsensible.* Graefe und Unzer Verlag.

Esposito, B. A. (2018). *The Gifted Highly Sensitive Introvert: Wisdom for Emotional Healing and Expressing Your Radiant Authentic Self.* Flourishing Love Press, LLC.

Gerstemeier, A. (2018). *Hochsensibel: Was ist das? Kann Coaching helfen?* MeinAllergiePortal. https://www.mein-allergie-portal.com/

nahrungsmittelallergie-und-unvertraeglichkeiten/1855-hochsensibel-was-ist-das-kann-coaching-helfen.html

Greven, C. U., & Homberg, J. R. (2020). Sensory processing sensitivity—For better or for worse? Theory, evidence, and societal implications. *The Highly Sensitive Brain*, 51–74. https://doi.org/10.1016/b978-0-12-818251-2.00003-5

Grimen, H. L., & Diseth, G. (2016). Sensory Processing Sensitivity. *Comprehensive Psychology*, *5*, 216522281666007. https://doi.org/10.1177/2165222816660077

Hall, K. D. (2014). *The Emotionally Sensitive Person: Finding Peace When Your Emotions Overwhelm You*. New Harbinger Publications.

Harke, S. (2016). *Hochsensibel ist mehr als zartbesaitet: Die 100 häufigsten Fragen und Antworten*. ViaNova Verlag.

Harke, S. (2019). *Gelassen leben mit Hochsensibilität: Selbstbewusst abgrenzen im Alltag, Zeit für mehr innere Ruhe*. ViaNova Verlag.

Hart, S. M. (2009). *Leben mit Hochsensibilität: Herausforderung und Gabe*. Aurum Verlag.

Heintze, A. (2015). *Ich spüre was, was du nicht spürst: Wie Hochsensible ihre Kraftquellen entdecken*. Graefe und Unzer Verlag.

Hensel, U. (2018). *Hochsensibilität verstehen und wertschätzen: Mit ausführlichem Fragebogen - Bin ich hochsensibel?* Junfermann Verlag.

Jonsson, K., Grim, K., & Kjellgren, A. (2014). Do Highly Sensitive Persons Experience More Nonordinary States of Consciousness During Sensory Isolation? *Social Behavior and Personality: An International Journal*, *42*(9), 1495–1506. https://doi.org/10.2224/sbp.2014.42.9.1495

Kern, P. A. (2020). *Gesunde Ernährung für hochsensible Menschen: Wie du deine Mahlzeiten zu echten Energiespendern machst und dich mit deiner Hochsensibilität dauerhaft stark und ausgeglichen fühlst.* Remote Verlag.

Lefkowitz, A. (2020). *The Highly Sensitive Person's Toolkit: Everyday Strategies for Thriving in an Overstimulating World.* Rockridge Press.

Reinhardt, S. (2015). *„Hochsensibilität ist keine psychische Störung, sondern ein besonderes Temperament".* Psychologie Heute. https://www.psychologie-heute.de/leben/artikel-detailansicht/39225-hochsensibilitaet-ist-keine-psychische-stoerung-sondern-ein-besonderes-temperament.html

Repkowsky, M. (2020). *Hochsensibel und glücklich! Das kleine Buch für große Herzen: Wie du achtsamer leben, deine innere Stärke aufbauen, deine Resilienz steigern & Stress bewältigen kannst.* Independently published.

Rohleder, L. (2021). *Die Berufung für Hochsensible: Die Gratwanderung zwischen Genialität und Zusammenbruch.* dielus edition.

Sánchez, G. *Zitate.* Gedankenwelt. https://gedankenwelt.de/wohlbefinden/zitate/

Schlenzig, T., & Meyer, J. (2017). *Die 20 besten Zitate für hochsensible Menschen.* myMONK.de. https://mymonk.de/hochsensible-zitate/

Schorr, B. (2020). *Hochsensibilität: Empfindsamkeit leben und verstehen.* SCM Hänssler.

Sellin, R. (2020). *Wenn die Haut zu dünn ist: Hochsensibilität – vom Manko zum Plus.* Kösel-Verlag.

Weinbach, P. (2021). *Bin ich hochsensibel? Hochsensibilität bei Frauen: Wie du als hochsensible Frau deine Resilienz erhöhen, Gelassenheit steigern und Stress bewältigen ... Glück und Zufriedenheit.* KR Publishing.

www.ingramcontent.com/pod-product-compliance
Lightning Source LLC
Chambersburg PA
CBHW070857030426
42336CB00014BA/2238
9781734189490